2021年版　論点別・重要度順

中小企業
診断士試験　過去問
完全マスター

経済学・経済政策

過去問完全マスター製作委員会［編］

1

同友館

はじめに

1. 中小企業診断士試験が受験生に求めているもの

　中小企業診断士試験は，受験生に対して中小企業診断士として活動するための基礎的能力を持っているかを問う試験である。

　<u>1次試験では，考える力の土台となる幅広い知識を一定水準で持っているかを問い，2次試験では，企業を実際に診断・助言する上で必要になる情報整理力（読む力）・情報分析・考察力（考える力）・社長にわかりやすく伝える力（書く力・話す力）を持っているかを問うている。</u>

　これらは表面上で問われている能力であるが，実はあと<u>2つの隠れた能力</u>を問われている。

　それは，<u>「計画立案・実行能力」</u>と<u>「要点把握力」</u>である。

　中小企業診断士には，一定の期限までにその企業を分析・診断し，効果的な助言を行うことが求められる。

　そのためには，診断助言計画を立案した上で，実行し，その結果を検証し，改善策を立案・実行する能力が必要である（計画立案・実行能力）。

　また，自分にとって未知の業種・業態の企業を診断・助言する際には，できるだけ短期間でその企業に関する専門知識を得て，社長とある程度対等に論議できるように準備する能力も必要である（要点把握力）。

　したがって，中小企業診断士試験では，1次試験で多岐にわたる領域を短期間で要領よく要点を把握し合格レベルに近づける力が問われており，試験制度全体では1年に1回しか実施しないことで，学習計画を立て効果的に学習を進める能力を問うているといえる。

2. 本書の特徴

　本書は，中小企業診断士試験の1次試験受験生に対して，上述した「計画立案・実行能力」と「要点把握力」向上をサポートするためのツールである。

　1次試験は7科目の幅広い領域から出題され，合格には平均6割以上の得点が求められるが，1年間で1次試験・2次試験の両方の勉強をするためには最大でも8か月くらいしか1次試験に時間を割くことはできないため，すべての科目のすべての領域

を勉強することは非効率である。

したがって，受験生はいかに早く出題傾向を把握し，頻出な論点を繰り返し解くことができるかが重要となる。

では，出題傾向や重要な論点はどのように把握すればよいのか？

そのためには，過去問題を複数年度確認する必要がある。

しかし，これまでの市販や受験予備校の過去問題集は年度別に編集されているので，同一論点の一覧性を確保したい場合や論点別に繰り返し解くツールが欲しい場合は，受験生自身が過去問題を出題項目ごとに並べ替えたツールを自ら作成する必要があった。

これには時間も労力もかかるため，「市販の問題集で論点別にまとめたものがあったらいいのに…」と考える受験生も多かった。

本書はそのようなニーズに対して応えたものである。

平成23年度から令和2年度までの1次試験過去問題を収録し，中小企業診断協会の1次試験出題要項を参考にして並び替えたことで，受験生が短期間に頻出の論点を容易に把握し，繰り返し解き，自分の苦手な論点を徹底的に克服することができるよう工夫した。なお，**問題ランク（頻出度）Cの問題と解説については，電子ファイルで「過去問完全マスター」のホームページからダウンロードできる。**（最初に，簡単なアンケートがあります。URL：https://jissen-c.jp/）

受験生の皆さんは，本書を活用して1次試験を効率よく突破し，2次試験のための勉強に最大限時間を確保してもらいたいというのが，本プロジェクトメンバーの願いである。

本書の使い方

1. 全体の出題傾向を把握する

巻末に経年の出題傾向を俯瞰して把握できるよう，**「出題範囲と過去問題の出題実績対比」**を添付した。

問題を解く前にこの一覧表で頻出論点を把握し，頻出な部分から取り組むことをお勧めする。

また，実際に問題に取り組んでいく際，各章ごとに**「取組状況チェックリスト」**に日付と出来栄えを記入し，苦手論点を把握・克服する方法を推奨するが，出題領域のどの部分が苦手なのかという全体感の把握には活用できない。

したがって，この一覧表をコピーし，自分が苦手な論点をマーカーなどでマークし

2

ておけば，苦手論点の全体把握ができるようになる。

2．各章の冒頭部分を読む

　以下のような各章の冒頭部分に，出題項目ごとの頻出論点に関するポイントと出題傾向を記載している。まずは，この部分を読み，頻出論点の内容と傾向を把握してほしい。

1．国民所得概念と国民経済計算

1－①　国民所得概念と国民経済計算

▶▶ 出題項目のポイント

　この項目では，診断先企業を取り巻く環境の1つである経済環境のうち，一国の経済の規模を把握するための指標の基礎についての理解を問われる。

　一国の経済を測定する国民経済計算とその構成要素の1つである国民所得勘定，そして，国民所得勘定の三面等価の原則，GDPを中心とした国民所得指標に関する知

3．問題を解く

　各章の論点別に問題を解き，解説や各章の冒頭部分の説明を読み，論点別に理解を深める。取り組む優先順位がわかるように，各問題の冒頭には「頻出度」をベースに執筆者が「重要度」を加味して設定した「問題ランク」をA〜Cで記載している。

　「頻出度」は原則として平成23年度から令和2年度の過去10年間で3回以上出題されている論点はA，2回出題されている論点はB，1回しか出題されていない論点をCとしている。ただし，平成13年度からの出題回数も一部加味している場合もある。

　また，「重要度」は，論点の基礎となる問題や良問と判断した問題ほど重要であるとしている。取り組む順番はAから始めてB，Cと進めることが最も効率よく得点水準を高めることになる。

4．解説を読む・参考書を調べる

　頻出論点の問題を解き，解説を読むことを繰り返していくと，類似した内容を何度も読むことになる。結果，その内容が頭に定着しやすくなる。これが本書の目指すと

ころである。

解説については，初学者にもわかりやすいように配慮しているが，市販や受験予備校の参考書のような丁寧さは紙面の都合上，実現することができない。また，本書の解説についてはわかりやすさを優先しているため，厳密さにはこだわっていない。

なかなか理解が進まない場合もあるかもしれないが，そのような場合は，自分がわからない言葉や論点がわかりやすく書いてある受験予備校や市販の参考書を読んで理解を深めることも必要になる。

この「興味を持って調べる」という行為が脳に知識を定着させることにもなるので，ぜひ，積極的に調べるという行為を行ってほしい。調べた内容は，本書の解説ページの余白などにメモしておけば，本書をサブノート化することができ，再び調べるという手間を省略できる。

5. 取組状況チェックリストを活用する

各章の冒頭部分に，「取組状況チェックリスト」を挿入してある。これは，何月何日に取り組んだのかを記載し，その時の結果を記しておくことで，自分がどの論点を苦手としているのかを一覧するためのツールである。結果は各自の基準で設定してよいが，たとえば，「解答の根拠を説明できるレベル＝◎」「選択肢の選択だけは正解したレベル＝△」「正解できないレベル＝×」という基準を推奨する。

何度解いても◎となる論点や問題は頭に定着しているので試験直前に見直すだけでよい。複数回解いて△な論点は本番までに◎に引き上げる。何度解いても×な論点は試験直前までに△に引き上げるという取組目安になる。

時間がない場合は，ランクがCやBで×の論点は思い切って捨てるという選択をすることも重要である。逆にランクがAなのに×や△の論点は試験直前まで徹底的に取り組み，水準を上げておく必要がある。

■取組状況チェックリスト（例）

1. 国民所得概念と国民経済計算						
問題番号	ランク	1回目		2回目		3回目
令和元年度 第1問	A	1／1	×	2／1	△	3／1 ◎

目　　次

マクロ経済学

第 **1** 章　国民経済計算の基本的概念 …………………… 9

第 **2** 章　主要経済指標の読み方 ……………………… 87

第 **3** 章　財政政策と金融政策…………………………… 127

第 **4** 章　国際収支と為替相場…………………………… 233

第 **5** 章　主要経済理論 ………………………………… 299

ミクロ経済学

第 **6** 章　市場メカニズム ……………………………… 321

第 **7** 章　市場と組織の経済学…………………………… 407

第 **8** 章　消費者行動と需要曲線 ……………………… 437

第 **9** 章　企業行動と供給曲線…………………………… 501

第 **10** 章　産業組織と競争促進 ………………………… 557

第 **11** 章　その他経済学・経済政策に関する事項 ……… 591

■経済学・経済政策　出題範囲と過去問題の出題実績対比 ……… 598

マクロ経済学

第1章
国民経済計算の基本的概念

1. 国民所得概念と国民経済計算

1-① 国民所得概念と国民経済計算

▶▶ 出題項目のポイント

　この項目では，診断先企業を取り巻く環境の１つである経済環境のうち，一国の経済の規模を把握するための指標の基礎についての理解を問われる。

　一国の経済を測定する国民経済計算とその構成要素の１つである国民所得勘定，そして，国民所得勘定の三面等価の原則，GDPを中心とした国民所得指標に関する知識がこの項目のポイントとなる。

　国民経済計算とは，一国の経済規模やその活動状況を集計する方法のことで，世界各国が同一基準で作成することで，国際的な比較や判断を行うことができる。

　国民経済計算は，国民所得勘定，産業連関表，資金循環勘定，国際収支表，国民貸借対照表からなる。

　国民所得勘定とは，ある期間内に新しく生産された財貨・サービスの価値額を推計把握するものである。把握方法には，①各財貨・サービスの生産額から生産のための原材料等として使用された財貨・サービス（中間投入）を控除して得られる付加価値といった生産面から集計する方法，②賃金や利潤等の分配された所得といった分配面から集計する方法，③消費者の消費や企業の投資などその期間内での支出面からの集計方法がある。そして，それら３つの推計値は概念的に一致する。これを三面等価の原則という。

　国民所得を表す指標としては，GDP（国内総生産），GNP（国民総生産），NNP（国民純生産）などの各種指標がある。

1-② 三面等価の原則

▶▶ 出題項目のポイント

　以下では，国民経済計算の問題で頻出な，「三面等価の原則」について説明する。

　国民所得は一国において一定期間の生産によって生み出された付加価値の合計，または所得の合計である。

　付加価値とは，ある生産主体が生み出した財・サービスの市場価値から，中間財の価値を差し引いたものである。式で表すと以下のようになる。

第 1 章　国民経済計算の基本的概念

> 付加価値額＝生産額（市場価値）－中間投入物額

　付加価値の簡単な例としては，売上高から費用を引いた結果の利益などが挙げられる。三面等価の原則を簡単な例で説明する。

　ある国が，ラーメンを作って，それを所得の源とし，その所得でラーメンを消費しているとした場合，その国の国民所得は以下のようになる。

① 農家が 0 円の費用で生産した小麦を製粉業者に 50 円で販売する。
② 製粉業者が購入した小麦を製粉した小麦粉を製麺業者に 70 円で販売する。
③ 製麺業者が購入した小麦粉で作った麺をラーメン屋に 100 円で販売する。
④ ラーメン屋が購入した麺を使ったラーメンを消費者へ 200 円で販売する。

これを表にすると下記のようになる。

生産主体	生産額（市場価値）	中間投入物	付加価値額
農家	50 円	0 円	50 円
製粉業者	70 円	50 円	20 円
製麺業者	100 円	70 円	30 円
ラーメン屋	200 円	100 円	100 円
合計	420 円	220 円	200 円

　付加価値合計＝200 円＝国民所得となる。これは財を生み出した（生産した）面からみた国民所得である。

　農家，製粉業者，製麺業者，ラーメン屋はそれぞれの付加価値を所得として得ている。この概念を「所得（分配）面からみた国民所得」という。また，消費者はラーメンを 200 円支出して食べる。これを支出面からみた国民所得＝国民総支出という。

　上記でわかるとおり，生産国民所得＝分配国民所得＝国民総支出となる。これを三面等価の原則という。なお，国民所得を計算するときには，生産・分配・支出の構成要素を各種調整した後（事後的）に一致させる。

1－③　GDP と GNP の定義と関係性

▶▶ 出題項目のポイント

　三面等価の原則とともに，GDP と GNP の定義と両者の関係性についても頻繁に問われている。具体的には下記のとおりである。

　　GDP＝日本人が日本で得た所得＋外国人が日本で得た所得

　　GNP＝日本人が日本で得た所得＋日本人が海外で得た所得

11

上記を踏まえると，GNP から日本人が海外で得た所得を減算して，外国人が日本で得た所得を加算すれば GDP になることがわかる。

GDP＝GNP－海外からの要素所得受取＋海外への要素所得支払

▶▶ 出題の傾向と勉強の方向性

過去に出題された論点としては，ストックとフローの概念（平成13年度第1問），三面等価の原則（平成20年度第1問，平成21年度第1問），GDP の定義（平成14年度第8問，平成26年度第1問，令和2年度第3問），GDP と GNP，NNP の関係（平成18年度第1問，平成23年度第1問，平成27年度第3問，平成28年度第4問），帰属計算（平成16年度第1問，平成28年度第4問，平成29年度第3問，平成30年度第5問）が挙げられる。総合的な問題としては，平成16年度第1問が挙げられる。

勉強の方向性としては，①上記頻出論点の言葉の定義を正確に把握⇒②言葉同士の相互の関係性を理解⇒③定着するまで過去問に取り組むというステップを踏むことが望ましい。

■取組状況チェックリスト

1. 国民所得概念と国民経済計算							
問題番号	ランク	1回目		2回目		3回目	
平成23年度 第1問	A	╱		╱		╱	
平成27年度 第3問	A	╱		╱		╱	
平成28年度 第4問	A	╱		╱		╱	
平成29年度 第3問	A	╱		╱		╱	
平成30年度 第5問	A	╱		╱		╱	
令和2年度 第3問	A	╱		╱		╱	
平成26年度 第1問	A	╱		╱		╱	

第1章　国民経済計算の基本的概念

国民所得概念と 国民経済計算	ランク	1回目		2回目		3回目	
	A	／		／		／	

■平成23年度　第1問

　GDP（国内総生産）とGNP（国民総生産）の関係について，次の式の空欄にあてはまる最も適切なものを下記の解答群から選べ。

$$GDP = GNP + \boxed{}$$

〔解答群〕

　　ア　海外からの要素所得受取 − 海外への要素所得支払

　　イ　海外への要素所得支払 − 海外からの要素所得受取

　　ウ　固定資本減耗 + 間接税 − 補助金

　　エ　固定資本減耗 + 補助金 − 間接税

13

解答	イ

■解説

平成 18 年度第 1 問とまったく同様の論点が問われている。

この論点は、「国内外問わず自国民が得た所得は GNP に含め、自国民・外国人問わず、自国の領土で得た所得は GDP」と覚えればよい。

ア：不適切である。GNP は自国民が得た所得、GDP は自国の領土で生み出された所得である。GNP には既に自国民が海外で得た所得（海外からの要素所得受取）が含まれているので、海外からの要素所得受取を加算してしまうと、二重に海外からの要素所得を加えてしまうことになる。また、GNP は、自国領土内で外国人が得た所得（海外への要素所得支払）は既に減算されているので、海外への要素所得支払を減算してしまうと、二重に減算することになるからである。

イ：適切である。以下のように式を書いてみよう。

GDP = 日本人が日本で得た所得 + 外国人が日本で得た所得

GNP = 日本人が日本で得た所得 + 日本人が海外で得た所得

上記を踏まえると、GNP から日本人が海外で得た所得を減算して、外国人が日本で得た所得を加算すれば GDP になることがわかる。

GDP = GNP − 海外からの要素所得受取 + 海外への要素所得支払

  = GNP + 海外への要素所得支払 − 海外からの要素所得受取

ウ・エ：不適切である。GDP = DI（= 国内所得）+ 固定資本減耗 + 間接税 − 補助金である。DI + 間接税 − 補助金 = NDP、NDP + 補助金 − 間接税 = DI である。これらの式との混同を狙った選択肢である。

よって、イが正解である。

第1章　国民経済計算の基本的概念

国民所得概念と国民経済計算	ランク	1回目		2回目		3回目	
	A	／		／		／	

■平成 27 年度　第 3 問

国民経済計算の概念として，最も適切なものはどれか。

ア　国内純生産＝国内総生産＋固定資本減耗

イ　国内総生産＝雇用者報酬＋営業余剰・混合所得＋生産・輸入品に課される税
　　－補助金

ウ　国内総生産＝民間最終消費支出＋政府最終消費支出＋総固定資本形成＋在庫
　　品増加＋財貨・サービスの純輸出

エ　国民総所得＝雇用者報酬＋海外からの所得の純受取

15

解答	ウ

■解説

国民経済計算の概念として，以下の式が挙げられる。

国内純生産＝国内総生産－固定資本減耗

国内総生産＝民間最終消費支出＋政府最終消費支出＋総固定資本形成＋在庫品増
加＋財貨・サービスの純輸出

国民総所得＝国内総生産＋海外からの所得の純受取

よって，ウが正解である。

第1章　国民経済計算の基本的概念

国民所得概念と 国民経済計算	ランク	1回目		2回目		3回目	
	A	/		/		/	

■平成 28 年度　第 4 問

マクロの経済活動を表す指標に関する記述として，最も適切なものはどれか。

ア　国内総生産には，居住者である外国人の所得は含まれない。

イ　国内総生産には，農家の自家消費や持ち家の帰属家賃は含まれない。

ウ　市場価格表示の国民所得は，国民総所得から固定資本減耗を控除したものに
　　等しい。

エ　要素費用表示の国民所得と市場価格表示の国民純生産は一致する。

17

解答	ウ

■解説

頻出論点の国民経済計算の問題である。各指標は以下の要素で構成されている。

①国内総生産（GDP）＝日本人が日本で得た所得＋外国人が日本で得た所得

②国民総生産（GNP）＝日本人が日本で得た所得＋日本人が海外で得た所得

③国内純生産（NDP）＝GDP－固定資本減耗[1]

④国民純生産（NNP）＝GNP－固定資本減耗

⑤国民所得（NI）＝雇用者報酬＋企業所得＋財産所得[2]

⑥要素費用表示の国民所得＝雇用者報酬＋企業所得＋財産所得

⑦市場価格表示とは，生産・輸入に課される間接税－補助金を含んだ価格表示

[1] 固定資本減耗は再生産可能な有形固定資産の通常の摩耗・損傷などの減耗分

[2] 財産所得は金融資産や土地などを持つ人が得る利子や賃借料，企業からの配当，海外直接投資から得る再投資収益，著作権使用料や特許権使用料など

⑧国民総所得（GNI）＝GDP－非居住者単位の第1次所得の支払分＋非居住者単位からの受取分

⑨帰属計算：GDPやGNPなどの国民経済計算の際，財貨・サービスの提供ないし享受に際して，実際には市場でその対価の受払が行われなかったにもかかわらず，あたかも行われたかのようにみなして擬制的取引計算を行うこと（内閣府ホームページ用語解説，http://www.esri.cao.go.jp/jp/sna/data/reference4/contents/kaisetsu.html より）

ア：不適切である。上記①より，居住者である外国人の所得は含まれる。

イ：不適切である。上記⑨より，農家の自家消費や持ち家の帰属家賃は帰属計算により国内総生産に含まれる。

ウ：適切である。国民総所得（GNI）＝GNPであり，GNI－固定資本減耗＝NNPである。また，市場価格表示のNI＝NNPとなる。したがって，市場価格表示の国民所得は，国民総所得から固定資本減耗を控除したものに等しい。

エ：不適切である。要素費用表示とは間接税－補助金を含まない価格表示である。ウの説明のとおり，市場価格表示の国民純生産は市場価格表示の国民所得と等しくなる。要素費用表示の国民所得と等しくなるのではない。

よって，ウが正解である。

第1章　国民経済計算の基本的概念

国民所得概念と 国民経済計算	ランク	1回目	2回目	3回目
	A	／	／	／

■平成 29 年度　第 3 問

　国内総生産（GDP）に含まれるものとして，最も適切なものの組み合わせを下記の解答群から選べ。

　　a　株価の上昇

　　b　警察や消防などの公共サービスの提供

　　c　農家の自家消費

　　d　中古住宅の購入

〔解答群〕

　　ア　aとb

　　イ　aとc

　　ウ　bとc

　　エ　bとd

　　オ　cとd

19

解答	ウ

■解説

GDP に含まれるもの・含まれないものは何かという問題である。

GDP は基本的に新たに生み出された付加価値の合計であるという定義を基準として選択肢を吟味すれば正答に近づくことができる。

a：不適切である。株価が上昇しただけでは付加価値は生まれないため，GDP には含まれない。一方，株式を売却した時点で発生した売却益は付加価値に含まれる。

b：適切である。警察や消防などの公共サービスはそのサービスに従事する人々の役務をベースとして生み出される付加価値があるため，GDP に含まれる。

c：適切である。農家の自己消費は帰属計算によって GDP に含まれる。帰属計算とは，GDP や GNP などの国民経済計算の際に，財貨・サービスの提供ないし享受に際して，実際には市場でその対価の受払が行われなかったのにもかかわらず，それがあたかも行われたかのようにみなして擬制的取引計算を行うことをいう。

d：不適切である。住宅は新築の購入時には住宅を構成する木材や大工さんの役務提供などを原価として住宅の売価が設定され，売価と原価の差に利益，すなわち付加価値が発生する。中古住宅の場合は，売買時に発生する仲介手数料は付加価値に含まれるが，購入額は所有権が移転しているだけで付加価値は生み出さないので，GDP に含まれない。

よって，ウが正解である。

第1章　国民経済計算の基本的概念

国民所得概念と 国民経済計算	ランク	1回目	2回目	3回目
	A	／	／	／

■平成30年度　第5問

　下記の財政に関わる支出の中で，GDPに含まれるものの組み合わせとして，最も適切なものを下記の解答群から選べ。

　　a　移転支出

　　b　公的資本形成

　　c　財政投融資

　　d　政府最終消費支出

〔解答群〕

　ア　aとc

　イ　aとd

　ウ　bとc

　エ　bとd

21

解答	エ

■解説

GDP に含まれる財政支出に関する問題である。財政支出とは，国および公共団体がその任務を果たすために支出する経費である。（参考：金森久雄・荒憲治郎・森口親司『経済辞典（第 5 版）』有斐閣）

内閣府のホームページに掲載されている統計資料の「国内総生産（支出側）」には，財政支出のうち，公的資本形成と政府最終消費支出が記載されている。

a：不適切である。移転支出とは，政府が個人に支払う失業保険給付や年金などの支出である。個人が提供する財やサービスを政府が受け取ってその対価を支払うものではないため，国内総生産 GDP には含まれない。

b：適切である。公的資本形成は，いわゆる公共投資（道路などへの投資）であり，政府が民間企業や個人が提供する財やサービスに対価を支払っているため，政府支出として国内総生産 GDP には含まれる。

c：不適切である。財政投融資とは，民間では事業の実施や資金の調達が困難な場合に，租税によらず有償資金の活用が適切な分野について，投資や融資という手法を用いる仕組みのことである。この財政投融資は，GDP には含まれない。

d：適切である。政府最終消費支出は，政府サービス生産者の産出額（雇用者報酬，固定資本減耗，中間消費，清算・輸入品に課される税）から商品・非商品販売を差し引き，医療給付などの現物社会移転を加えた額に等しい。国内総生産 GDP には含まれる。

よって，エが正解である。

第1章　国民経済計算の基本的概念

国民所得概念と 国民経済計算	ランク	1回目		2回目		3回目	
	A	／		／		／	

■令和2年度　第3問

国民経済計算の概念として，最も適切なものはどれか。

ア　国内総生産は，各生産段階で生み出される産出額の経済全体における総額である。

イ　中間投入には，減価償却費や人件費を含まない。

ウ　名目国内総生産は，実質国内総生産をGDPデフレーターで除したものに等しい。

エ　名目国内総生産は，名目国民総所得に海外からの所得の純受取を加算したものに等しい。

23

解答	イ

■**解説**

　本問は，国民経済計算の概念に関する内容となっている。基本的な知識で対応可能である。

　ア：不適切である。国内総生産は，経済全体（財・サービス）における各生産段階で生み出される産出額ではなく付加価値（簡単にいえば，売上高から原価を引いて残った利益）の総額である。

　イ：適切である。中間投入とは，中間消費ともいい，生産の過程で原材料・光熱・燃料・間接費などで消費された非耐久財およびサービスのことであるが，減価償却費や人件費を含まない。減価償却費や人件費は分配面からみた国内総生産に含まれる。

　ウ：不適切である。実質＝名目÷物価指数，名目＝実質×物価指数となる。したがって，名目国内総生産は，実質国内総生産に GDP デフレーターを乗じたものに等しいといえる。

　エ：不適切である。名目国民総所得＝名目国内総生産＋海外からの純受取（準要素所得），名目国内総生産＝名目国民総所得－海外からの純受取（準要素所得）である。したがって，名目国内総生産は，名目国民総所得に海外からの所得の純受取を減算したものに等しい。

　よって，イが正解である。

国民所得概念と国民経済計算

ランク	1回目	2回目	3回目
A	/	/	/

■平成26年度　第1問

下図は，日本の国内総生産に占める，「雇用者報酬」，「営業余剰・混合所得」，「固定資本減耗」，「生産・輸入品に課される税と補助金の差額」，それぞれの割合をa～dに表したものである。これらのうち，「雇用者報酬」の割合を表すものとして最も適切なものを下記の解答群から選べ。

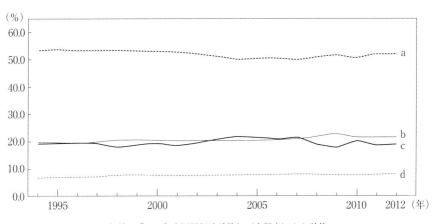

出所：『2012年度国民経済計算』（内閣府）から計算

〔解答群〕

ア　a

イ　b

ウ　c

エ　d

解答	ア

■**解説**

　国内総生産に関する問題である。内閣府発表の 2012 年度の国民経済計算のフロー編（付表）の「(2)経済活動別の国内総生産・要素所得」を参照すると以下の数値を得ることができる。

(http://www.esri.cao.go.jp/jp/sna/data/data_list/kakuhou/files/h24/h24_kaku_top.html)

■ 2012 年度　経済活動別の国内総生産・要素所得

	国内総生産 （生産者価格表示）	固定資本減耗	生産・輸入品 に課される 税・補助金	雇用者報酬	営業余剰・ 混合所得
金額 （単位：10 億円）	474,409	100,590	37,410	245,759	90,651
構成比	100.0%	21.2%	7.9%	51.8%	19.1%

　上記表の「雇用者報酬」が国内総生産に占める割合は 51.8％であることから，「雇用者報酬」は問題文にあるグラフの a にあたることがわかる。

　なお，b は固定資本減耗，c は営業余剰・混合所得，d は生産・輸入品に課される税・補助金である。

　よって，アが正解である。

　なお，内閣府発表の国内総生産・要素所得の表によれば，各指標は以下の関係性にあるとわかる。今後の出題につながる可能性もあるので確認しておこう。

産出額（生産者価格表示）(1)

中間投入(2)

国内総生産（生産者価格表示）(3)＝(1)－(2)

固定資本減耗(4)

国内純生産（生産者価格表示）(5)＝(3)－(4)

生産・輸入品に課される税（控除）・補助金(6)

国内要素所得(7)＝(5)－(6)

雇用者報酬(8)

営業余剰・混合所得(9)＝(7)－(8)

第 1 章　国民経済計算の基本的概念

2. 貯蓄と投資

▶▶ 出題項目のポイント

　出題項目としては「貯蓄と投資」になっているが，実質的な出題は「消費と貯蓄」に関するものが多い。経済学では所得は消費と貯蓄によって構成され，消費は直接的に景気に影響を与え，貯蓄は銀行に預けられることで投資に回るというように間接的に景気に影響を与えると考えられている。

　診断士試験では各経済学派の貯蓄と消費に関する考え方の違いが頻繁に問われている。

- ・ケインズ学派は，消費＝基礎消費＋限界消費性向×所得（限界消費性向（c）は0＜c＜1）という消費関数を提言した。つまり，消費は所得が0であっても発生する基礎消費と所得の増減に連動して増減する消費の合計である。なお，限界消費性向は0より大きい値なので，所得が増加すれば，それに従って消費も拡大していく。つまり，所得が増減すれば消費も増減すると考えていた。
- ・恒常所得仮説（フリードマン）は，消費の大きさは恒常的に得られる所得のみによって決まり，偶発的な一時所得には影響されないとする考え方である。
- ・ライフサイクル仮説（モディリアーニ）は，家族は生涯の残余期間を踏まえて消費パターンを計画し，残った貯蓄総額を退職後の消費と子供への遺産に振り分けるという考え方である。
- ・相対所得仮説（デューゼンベリー）は，人々は他人の平均的な消費行動に影響を受ける（デモンストレーション効果・空間的相対所得仮説），また，現在の消費行動は過去の最高所得に依存して決定される（ラチェット効果・時間的相対所得仮説）という考え方からなる。

　そのほかに，「倹約のパラドックス」の定義が2回ほど問われている。「倹約のパラドックス」とは，景気が悪いから家計レベルで倹約すると国全体の需要が減少し，結果として国民所得が低下するという考え方である。

▶▶ 出題の傾向と勉強の方向性

　消費に対する経済学派の考え方の違いは平成17年度第1問，平成21年度第9問，平成23年度第3問，平成26年度第6問，平成27年度第4問，令和元年度第4問，

27

消費や貯蓄に関する統計データは，平成14年度第9問，平成15年度第2問，平成22年度第2問，平成24年度第5問，投資に関しては平成13年度第7問，平成25年度第12問，令和2年度第7問でトービンのq，平成16年度第5問，平成26年度第7問でケインズの投資理論，平成28年度第9問では，クラークの投資の加速度原理などが問われている。平成22年度第4問，平成29年度第8問では，トービンのq，ケインズの投資理論，クラークの投資の加速度原理すべてについて問われた。

　勉強の方向性としては，各経済学派の消費に関する主張の違いを把握することと直近の経済白書などを読み，国内の消費動向や国内や海外との比較などに関する部分を把握しておくことなどが挙げられる。

■取組状況チェックリスト

2. 貯蓄と投資				
問題番号	ランク	1回目	2回目	3回目
平成26年度 第6問	A	／	／	／
平成23年度 第3問	A	／	／	／
平成27年度 第4問	A	／	／	／
令和元年度 第4問	A	／	／	／
平成24年度 第5問	B	／	／	／
平成25年度 第12問	B	／	／	／
令和2年度 第7問	A	／	／	／
平成29年度 第8問	A	／	／	／
平成28年度 第9問	B	／	／	／
平成26年度 第7問	C*	／	／	／

＊ランクCの問題と解説は，「過去問完全マスター」のHP（URL：https://jissen-c.jp/）よりダウンロードできます。

第1章　国民経済計算の基本的概念

	ランク	1回目	2回目	3回目
貯蓄と投資	A	/	/	/

■平成26年度　第6問

　定期給与の増加または一時金の支給が消費に与える影響を，恒常所得仮説を用いて説明した記述として，最も適切なものはどれか。

　　ア　一時金の支給は恒常所得の減少にあたり，消費を増加させる。

　　イ　一時金の支給は変動所得にあたり，消費を減少させる。

　　ウ　定期給与のベースアップは恒常所得の増加にあたり，消費を増加させる。

　　エ　定期給与のベースアップ分は変動所得にあたり，消費を変化させない。

解答	ウ

■解説

「貯蓄と投資」に関する問題である。経済学では，所得は消費と貯蓄によって構成され，消費は直接的に景気に影響を与え，貯蓄は銀行に預けられることで投資に回るというように間接的に景気に影響を与えると考えられている。

診断士試験では，各経済学派の貯蓄と消費に関する考え方の違いが頻繁に問われている。

・ケインズ学派は，消費＝基礎消費＋限界消費性向×所得（限界消費性向（c）は0＜c＜1）という消費関数を提言した。つまり，消費は所得が0であっても発生する基礎消費と所得の増減に連動して増減する消費の合計である。なお，限界消費性向は0より大きい値なので，所得が増加すれば，それに従って消費も拡大していく。つまり，所得が増減すれば消費も増減すると考えていた。

・恒常所得仮説（フリードマン）は，消費の大きさは恒常的に得られる所得のみによって決まり，偶発的な一時所得には影響されないとする考え方である。

・ライフサイクル仮説（モディリアーニ）は，家族は生涯の残余期間を踏まえて消費パターンを計画し，残った貯蓄総額を退職後の消費と子供への遺産に振り分けるという考え方である。

・相対所得仮説（デューゼンベリー）は，人々は他人の平均的な消費行動に影響を受ける（デモンストレーション効果・空間的相対所得仮説），また，現在の消費行動は過去の最高所得に依存して決定される（ラチェット効果・時間的相対所得仮説）という考え方からなる。

上記の下線部分の恒常所得仮説を踏まえながら，各選択肢を検討する。

　　ア・イ：不適切である。恒常所得仮説は，「消費の大きさは恒常的に得られる所得のみによって決まり，一時所得には影響されない」とする。したがって，一時所得である一時金は消費の増減には無関係である。

　　ウ：適切である。定期給与の上昇は恒常所得の増加にあたり，消費を増加させる。なお，「ベースアップ」とは，定期給与の賃金テーブル（賃金表）の書き換えによる一斉の賃上げのことである。

　　エ：不適切である。定期給与の上昇は恒常所得の増加であり，変動所得ではない。

よって，ウが正解である。

第 1 章　国民経済計算の基本的概念

貯蓄と投資	ランク	1回目	2回目	3回目
	A	／	／	／

■平成 23 年度　第 3 問

消費の決定に関する説明として，最も不適切なものはどれか。

ア　倹約のパラドクスでは，美徳とされる倹約の推奨が経済全体では消費支出と GDP の減少を引き起こすと考える。

イ　消費の習慣仮説では，景気の後退局面においても，消費の減少に対して歯止めが作用すると考える。

ウ　絶対所得仮説では，1 回限りの減税によって変動所得が増加しても消費は一定にとどまると考える。

エ　ライフサイクル仮説では，生涯所得の増加が消費の増加を引き起こすと考える。

解答	ウ

■**解説**

　本問は，消費と貯蓄に関する各学派の論点の違いを問う問題である。平成 17 年度第 1 問とほぼ同じ内容の出題である。

　ア：適切である。「倹約のパラドックス」とは，景気が悪いからといって家計レベルで倹約すると国全体の需要が減少し，結果として国民所得が低下するという考え方である。平成 17 年度第 1 問の選択肢ウでも出題されている。

　イ：適切である。相対所得仮説（デューゼンベリー）は，①人々は他人の平均的な消費行動に影響を受ける（デモンストレーション効果・空間的相対所得仮説），②現在の消費行動は過去の最高所得に依存して決定される（ラチェット効果・時間的相対所得仮説）という考え方からなる。後者を消費の習慣仮説という。景気が良いときに拡大した消費水準は，景気が後退局面に入っても景気拡大前の水準に戻ることはできず維持される。一度贅沢に慣れた人は，所得が減っても贅沢な暮らしを止められないことをイメージするとよい。

　ウ：不適切である。絶対所得仮説とは，消費の大きさは現在所得の大きさのみに依存するという考え方である。絶対所得仮説のもとでは，その所得がどのような種類であれ，所得が大きくなれば消費も大きくなると主張する。本肢は，恒常所得仮説の説明であり，消費の大きさは恒常的に得られる所得のみによって決まり，偶発的な一時所得には影響されないというものである。

　エ：適切である。ライフサイクル仮説では消費の大きさを決定する要因は生涯の合計所得である。「一生で得られる所得」が増加すれば消費が増大するといえる。

　よって，ウが正解である。

第 1 章　国民経済計算の基本的概念

貯蓄と投資	ランク	1回目	2回目	3回目
	A	／	／	／

■平成 27 年度　第 4 問

　ライフサイクルモデルの消費と貯蓄に関する記述として，最も適切なものはどれか。なお，生涯所得を一定とし，選択肢中にある貯蓄率とは所得に対する貯蓄の割合をさす。

　　ア　個人の各期の消費は，個人の年功所得にあわせて変化する。

　　イ　個人の各期の貯蓄は，生涯を通じて一定である。

　　ウ　労働から引退した高齢者の，人口全体に占める割合が大きくなれば，貯蓄率が低くなる。

　　エ　労働しない若年者の，人口全体に占める割合が大きくなれば，貯蓄率が高くなる。

解答	ウ

■解説

「貯蓄と投資」に関する問題である。経済学では，所得は消費と貯蓄によって構成され，消費は直接的に景気に影響を与え，貯蓄は銀行に預けられることで投資に回るというように間接的に景気に影響を与えると考えられている。

診断士試験では，各経済学派の貯蓄と消費に関する考え方の違いが頻繁に問われている。

- ケインズ学派は，消費は一定で可処分所得が増加すれば貯蓄は増加すると主張する。
- 恒常所得仮説（フリードマン）は，消費の大きさは恒常的に得られる所得のみによって決まり，偶発的な一時所得には影響されないとする考え方である。
- ライフサイクル仮説（モディリアーニ）は，家族は生涯の残余期間を踏まえて消費パターンを計画し，残った貯蓄総額を退職後の消費と子供への遺産に振り分けるという考え方である。
- 相対所得仮説（デューゼンベリー）は，人々は他人の平均的な消費行動に影響を受ける（デモンストレーション効果・空間的相対所得仮説），また，現在の消費行動は過去の最高所得に依存して決定される（ラチェット効果・時間的相対所得仮説）という考え方からなる。

　ア：不適切である。ライフサイクル仮説では，個人の年功所得ではなく，生涯の残余期間を踏まえて消費を計画する。その際，消費は一定となる。

　イ：不適切である。ライフサイクル仮説では，消費は一定となるが所得は変動するので，貯蓄額も変動する。

　ウ：適切である。ライフサイクル仮説によれば，貯蓄総額を退職後の消費と子供への遺産に振り分けるが，高齢者が多くなれば，退職後の消費に振り向けることが多くなる。貯蓄＝所得－消費であることを踏まえれば，高齢者の人口全体に占める割合が大きくなれば，貯蓄率が低くなるといえる。

　エ：不適切である。貯蓄＝所得－消費なので，労働せず所得が少ない若年者の人口全体に占める割合が大きくなれば，所得に占める貯蓄の割合である貯蓄率は低くなる。

よって，ウが正解である。

第1章　国民経済計算の基本的概念

	ランク	1回目	2回目	3回目
貯蓄と投資	A	／	／	／

■令和元年度　第4問

　消費がどのようにして決まるかを理解することは，経済政策の手段を検討する際にも，また，景気動向を予測する上でも重要である。一般に，消費の決定に所得が影響すると考えられているが，具体的な影響の仕方についてはいくつかの考え方がある。

　消費の決定に関する記述として，最も適切なものはどれか。

　ア　恒常所得仮説では，一時金の支給によって所得が増加しても，消費は増加しない。

　イ　絶対所得仮説によるケインズ型消費関数では，減税によって可処分所得が増加しても，消費は増加しない。

　ウ　絶対所得仮説によるケインズ型消費関数では，定期給与のベースアップによって所得が増加しても，消費は増加しない。

　エ　ライフサイクル仮説では，定期昇給によって所得が増加しても，消費は増加しない。

解答	ア

■解説

　消費の決定に所得がどう影響するのかを論じた消費決定理論に関する問題である。

　経済学では所得は消費と貯蓄によって構成され，消費は直接的に景気に影響を与え，貯蓄は銀行に預けられることで投資に回るというように間接的に景気に影響を与えると考えられている。

　特に消費については，重要な論点となっているが，試験における消費に関する論点では，各経済学派の貯蓄と消費に関する考え方の違いが頻繁に問われている。

　ア：適切である。恒常所得仮説（フリードマン）は，消費の大きさは恒常的に得られる所得のみによって決まり，偶発的な一時所得には影響されないとする考え方である。

　イ：不適切である。絶対所得仮説は，消費を所得の絶対水準そのものの関数と仮定するケインズの理論である。つまり，消費は所得の絶対水準によって増減する。そのため，減税による可処分所得の増加は消費を増加させる。

　ウ：不適切である。絶対所得仮説は選択肢イの解説のとおりであり，定期給与のベースアップによる所得の増加は消費を増加させる。

　エ：不適切である。ライフサイクル仮説（モディリアーニ）は，家族は生涯の残余期間を踏まえて消費パターンを計画し，残った貯蓄総額を退職後の消費と子供への遺産に振り分けるという考え方である。つまり，生涯所得の大きさは貯蓄と消費に影響を与えると考える。そのため，定期昇給などによる所得の増加は生涯所得の増加を表すので，消費は増加する。

　よって，アが正解である。

第1章　国民経済計算の基本的概念

	ランク	1回目	2回目	3回目
貯蓄と投資	B	／	／	／

■平成24年度　第5問

　下表は，総務省が公表した「家計調査報告（二人以上世帯）」2010年11月分，2011年11月分にある勤労者世帯の収支内訳から，実収入（世帯主収入，配偶者の収入，他の世帯員の収入等の合計），消費支出，非消費支出（所得税，社会保険料等）の金額を抜き出したものである。これら勤労者世帯の限界消費性向を求めるとき，その求め方として最も適切なものを下記の解答群から選べ。

	実収入	消費支出	非消費支出
2010年11月	A＝431,281円	B＝309,548円	C＝74,018円
2011年11月	D＝424,272円	E＝295,066円	F＝73,480円

〔解答群〕

ア　$\dfrac{E}{D-F}$

イ　$\dfrac{B+E}{A+D}$

ウ　$\dfrac{E-B}{D-A}$

エ　$\dfrac{B+E}{(A-C)+(D-F)}$

オ　$\dfrac{E-B}{(D-F)-(A-C)}$

37

解答	オ

■解説

 限界消費性向とは，可処分所得の増加分に占める消費支出の増加分の割合のことであり，可処分所得が1単位増加したときに消費がどれだけ増加するかを表すものである。

 非消費支出とは，税金や社会保険料のことであり，消費支出には含まれない。

 また，可処分所得とは，実収入から非消費支出を引いたものである。

 したがって，限界消費性向は以下の式で表される。

 可処分所得の増分 $= (D-F) - (A-C)$

 消費支出の増分 $= E-B$

 限界消費性向 $=$ 消費支出の増分 $\div$ 可処分所得の増分 $= \dfrac{E-B}{(D-F)-(A-C)}$

となる。

 よって，オが正解である。

第1章 国民経済計算の基本的概念

貯蓄と投資	ランク	1回目		2回目		3回目	
	B	/		/		/	

■平成25年度　第12問

トービンの q に関する記述として，最も不適切なものはどれか。

ア　投資に影響を与えるのは株価であるとされる。

イ　トービンの q が1を上回ると，企業は新たな投資を行うことが望ましい。

ウ　トービンの q が1を下回ると，企業が保有する資本ストックを市場で売却した金額のほうが，その資本ストックを使って企業が生み出す利益よりも小さいことを表している。

エ　トービンの q は，分子に株式市場で評価された企業価値と企業の負債総額の和をとり，分母に資本の再取得価格をとる。

39

解答	ウ

■解説

　トービンのｑとは，企業が投資判断をする指標であり，「株式市場で評価された企業の価値÷企業が保有する資本の再取得価格」の値である。企業価値とは株式市場が評価する企業の株価総額と債務総額との和であり，資本の再取得価格とは現存する資本をすべて買い換えるために必要となる費用の総額のことである。ｑが１より小さい場合，市場が評価している企業価値は企業が保有する現存の資本ストックの価値よりも小さい，つまり，企業価値に比べ資本が過大なので企業は資本に対する投資を抑制・縮小すべきであると判断する。

　一方，ｑが１より大きい場合，市場はこの企業の価値が既存設備の価値よりも高い，つまり，企業価値に比べ資本が過小なので企業は資本に対する投資を拡大すべきであると評価する。トービンのｑは財務会計の企業価値評価の論点でも出題されるので，上記下線部の式は覚えておこう。

　ア：適切である。トービンのｑが１よりも大きいか小さいかによって企業は投資を抑制すべきか拡大すべきかを判断することができる。上記の式からの明らかなように，投資に影響を与えるは株価であるといえる。

　イ：適切である。トービンのｑが１より大きい場合，市場はこの企業の価値が既存設備の価値よりも高い，つまり，企業価値に比べ資本が過小なので企業は資本に対する投資を拡大すべきであると評価する。

　ウ：不適切である。トービンのｑが１より小さい場合，企業は現状の資本ストックを買い替える費用のほうが，その企業が資本ストックを使って生み出す利益より大きいことを表している。

　エ：適切である。トービンのｑは，「株式市場で評価された企業の価値÷企業が保有する資本の再取得価格」の値である。なお，分子である企業価値とは株式市場が評価する企業の株価総額と，債務総額との和である。

　よって，ウが正解である。

第1章　国民経済計算の基本的概念

貯蓄と投資	ランク	1回目	2回目	3回目
	A	／	／	／

■令和2年度　第7問

トービンの q に関する記述として，最も適切なものはどれか。

ア　企業の株価総額と現存の資本の買い替え費用の総額が等しいとき，企業は新規の投資を増やす。

イ　企業の市場価値が資本の再取得価格を下回るとき，企業は新規の投資を実行する。

ウ　企業の市場価値と投資費用が等しいとき，企業は新規の投資を増やす。

エ　資本投資の予想収益が投資費用よりも大きいとき，企業は新規の投資を実行する。

41

解答	エ

■解説

　本問は，トービンの q 理論に関する問題である。トービンの q とは，企業が投資判断をする指標であり，「株式市場で評価された企業の価値÷企業が保有する資本の再取得価格」の値である。企業価値とは，株式市場が評価する企業の株価総額（株価総額に負債総額を加える場合もある）であり，資本の再取得価格とは，現存する資本をすべて買い換えるために必要となる費用の総額のことである。

　q が1より小さい場合，市場が評価している企業価値は企業が保有する現存の資本ストックの価値よりも小さい，つまり，企業価値に比べ資本が過大なので企業は資本に対する投資を抑制・縮小すべきであると判断する。

　一方，q が1より大きい場合，市場はこの企業の価値が既存設備の価値よりも高い，つまり，企業価値に比べ資本が過小なので企業は資本に対する投資を拡大すべきであると評価する。

　　ア：不適切である。株式市場で評価された企業価値と現存の資本の買い替え費用の総額が等しいとき，企業は新規の投資を増やさない。

　　イ：不適切である。企業の市場価値が資本の再取得価格を下回るとき，企業は新規の投資を実行しない。

　　ウ：不適切である。企業の市場価値（株式市場で評価された企業価値）と現存の資本の買い替え費用の総額（投資費用）が等しいとき，企業は新規の投資を増やさない。

　　エ：適切である。株価にはその企業の資本投資の予想収益も加味される。つまり「資本投資の予想収益が投資費用よりも大きいとき」とは，「企業の市場価値が資本の再取得価格を上回るとき」と同義であり，その場合，企業は新規の投資を実行する。

　よって，エが正解である。

第1章 国民経済計算の基本的概念

貯蓄と投資	ランク	1回目	2回目	3回目
	A	／	／	／

■平成29年度　第8問

投資の決定に関する記述として，最も適切なものの組み合わせを下記の解答群から選べ。

　　a　ケインズの投資理論によれば，利子率の低下は投資を増加させる。

　　b　資本ストック調整原理によれば，投資の調整速度が大きいほど，投資が減少する。

　　c　投資の限界効率とは，投資収益の現在価値の合計を投資費用に等しくさせる収益率である。

　　d　トービンのqとは，企業の市場価値を資本の割引価値で除したものである。

〔解答群〕

　　ア　aとc

　　イ　aとd

　　ウ　bとc

　　エ　bとd

43

解答	ア

■解説

投資の決定に関する問題である。平成22年度の第4問に類似している。

a：適切である。ケインズの投資理論では，投資の限界効率（投資1単位に対して産み出す利益の割合）が利子率を上回る限り，投資を行ったほうがよいと主張されている。理由は，投資の限界効率が利子率を上回っていれば，保有している資金を銀行に預けて貯蓄した場合より，投資に回したほうが得られる利益が大きくなるからである。したがって，利子率が低下すると投資の限界効率は利子率を上回るので，投資は増加する。

b：不適切である。資本ストック調整原理とは，望ましい資本量を現実の資本量に等しくさせるように投資活動が行われるとする原理のことである。現実の資本量が望ましい資本量（必要資本量）より少ないと，資本不足分を埋めるために投資が行われる。本選択肢の説明は加速度原理に関するものであり，加速度原理とは，消費ないし所得の増加が投資を誘発することをいい，その係数を加速度係数（資本の調整速度）という。加速度係数が大きいと，投資は増加する。

c：適切である。ケインズは，資本財を1単位追加したときに生ずると期待される収益総額を，現行の当該資本財の供給価格に等しくさせる割引率を考えて，そのうちの最高のものを投資の限界効率と定義した。つまり，投資の限界効率とは，投資収益の現在価値の合計を投資費用に等しくさせる収益率である。
（参考：金森久雄・荒憲治郎・森口親司『経済辞典（第5版）』有斐閣）

d：不適切である。トービンのqとは，企業が投資判断をする指標であり，「株式市場で評価された企業の価値を<u>企業が保有する資本の再取得価格で除した</u>」値であり，資本の割引価値で除したものではない。

以上より，aとcが適切である。
よって，アが正解である。

44

第1章　国民経済計算の基本的概念

貯蓄と投資	ランク	1回目		2回目		3回目	
	B	／		／		／	

■平成28年度　第9問

　経済成長のためには，企業による投資の増加が必要である。投資の変化を説明する伝統的な理論に加速度原理がある。加速度原理の説明として，最も適切なものはどれか。

　　ア　生産量が一定のとき，投資は増加する。

　　イ　生産量の増加が拡大傾向にあるとき，投資は増加する。

　　ウ　生産量の増加の度合いが小さくなるとき，投資は増加に転じる。

　　エ　生産量の変化は，在庫の調整によって吸収されるため，投資に影響を与えない。

45

解答	イ

■解説

　加速度原理とは，消費ないし所得の増加が投資を誘発することをいい，その係数を加速度係数という。たとえば，ある年に 10 台の機械で 1 万個の製品を作っていたが，翌年の需要が 1 万 1 千個に増加した場合，企業は機械を 1 台追加するということになる。つまり，加速度原理では，GDP（国民所得）＝総需要が増えると，生産量が増加し，それにともない投資も増加するとされる。生産量が減少する場合は，投資も減少する。(参考：伊東光晴編『現代経済学事典』岩波書店，p.106)

　なお，加速度原理は，平成 22 年度第 4 問，平成 26 年度第 7 問で出題されている。

　ア：不適切である。加速度理論によれば，生産量が一定のとき，投資も一定である。

　イ：適切である。加速度理論によれば，生産量の増加が拡大傾向にあるとき，投資は増加する。

　ウ：不適切である。生産量の増加の度合いが小さくなるとき，投資の増加度合いも小さくなる。ただし，減少に転じるわけではない。

　エ：不適切である。生産量の増減は投資の増減に連動し，在庫の調整は投資の増減に影響を与えない。

　よって，イが正解である。

第1章　国民経済計算の基本的概念

3. 総需要と総供給

▶▶ 出題項目のポイント

　さまざまな経済モデル式で総需要と総供給を示し，国民所得＝総需要＝総供給の点である均衡GDPを算出したり，均衡するプロセスについて問われるなど，主に均衡GDPに関する論点が頻出している。

　均衡GDP（均衡国民所得）はケインズ学派の「有効需要の原理」と密接に関係している。古典派が需要と供給が一致する水準で財市場が均衡するとしていたのに対し，ケインズは需要の大きさが先に決まり，それに合わせて供給量が決まるとした。供給量は消費された分と消費されなかった分から構成されるが，これは消費と貯蓄と同様なので，総供給＝消費＋貯蓄＝国民所得となる。したがって，有効需要の原理に基づけば，総需要が決まり，それに合わせて総供給＝国民所得＝経済の大きさが決まるということになる。なお，先に決まった総需要に対して総供給は均衡点まで調整されるが，その際は，価格調整ではなく，供給数量の調整がなされる。

　例年，総供給＝消費（C）＋貯蓄（S），総需要＝消費（C）＋投資（I）の経済モデルを基本としながら，さまざまな要素を加えて拡張した経済モデルによって上記下線部の論点を問うことが多い。家計，企業，政府，外国から構成される経済モデルが最も広い要素を網羅した経済モデルであるが，その場合の生産物（財）市場の均衡条件は総需要＝消費（C）＋投資（I）＋政府支出（G）＋輸出（X）－輸入（M）＝国民所得（Y）となる。

▶▶ 出題の傾向と勉強の方向性

　平成13年度第1問，平成17年度第2問，平成18年度第4問，平成19年度第4問，平成21年度第4問，平成22年度第5問，平成23年度第6問，平成24年度第6問・第7問，平成25年度第2問・第3問・第4問，平成26年度第4問，平成28年度第8問，平成29年度第4問（設問2）・第5問，平成30年度第6問，令和元年度第5問，令和2年度第4問（設問1・2）・第5問で問われている。45度線分析の閉鎖または開放経済モデルを構成する要素の変化が均衡GDPにどのような影響を与えるかという論点が頻繁に問われている。

47

勉強の方向性としては，本書に収録されている過去問題を繰り返し解き，複数の出題パターンに慣れておけば十分である。

■取組状況チェックリスト

3. 総需要と総供給					
問題番号	ランク	1回目		2回目	3回目
平成26年度 第4問	A	╱		╱	╱
平成28年度 第8問	A	╱		╱	╱
平成29年度 第4問（設問2）	A	╱		╱	╱
平成25年度 第2問	A	╱		╱	╱
平成29年度 第5問	B	╱		╱	╱
平成24年度 第6問	A	╱		╱	╱
平成25年度 第3問	A	╱		╱	╱
平成24年度 第7問	A	╱		╱	╱
平成23年度 第6問	A	╱		╱	╱
平成25年度 第4問	A	╱		╱	╱
平成21年度 第4問	A	╱		╱	╱
令和元年度 第5問（設問1）	A	╱		╱	╱
令和元年度 第5問（設問2）	A	╱		╱	╱
令和2年度 第5問	A	╱		╱	╱
令和2年度 第4問（設問1）	A	╱		╱	╱
令和2年度 第4問（設問2）	A	╱		╱	╱
平成30年度 第6問	C*	╱		╱	╱

＊ランクCの問題と解説は，「過去問完全マスター」のHP（URL：https://jissen-c.jp/）よりダウンロードできます。

第1章 国民経済計算の基本的概念

総需要と総供給	ランク	1回目	2回目	3回目
	A	/	/	/

■平成26年度 第4問

　財市場における総需要 A^D は，消費 C，投資 I，政府支出 G の合計であるとする。所得を Y，限界消費性向を c，所得がゼロでも必要な最低限の定額の消費額を c_0 とすれば，消費は $C = c_0 + cY$ と書き表すことができる。総供給 A^S と所得が等しいとすれば，これらの関係から(1)式と(2)式が得られ，下図のように示すことができる。

　いま，上記の標準的なモデルに追加して，所得 Y に対して定率 t で課税する線形の租税関数 tY を考えると，消費関数は $C = c_0 + c(Y - tY)$ となり(3)式を得る。

　また，企業投資が(3)式の I から外生的に増加して I' になった場合を(4)式で表記する。なお，税収は政府支出 G には影響を与えないものとする。

　このとき下記の設問に答えよ。

(1)　$A^S = Y$
(2)　$A^D = c_0 + cY + I + G$
(3)　$A^D_1 = c_0 + c(1-t)Y + I + G$
(4)　$A^D_2 = c_0 + c(1-t)Y + I' + G$

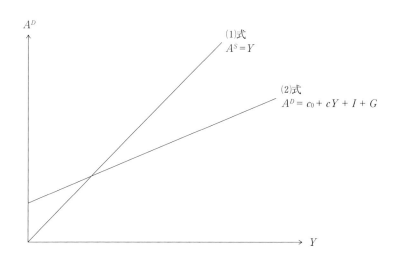

（設問 1）

　この図の中に(4)式を描き，(2)式と比較した場合の記述として最も適切なものはどれか。

　　ア　(2)式と(4)式の傾きは等しく，(4)式の縦軸の切片の位置は(2)式よりも下になる。

　　イ　(4)式の傾きは(2)式よりも急になり，(4)式の縦軸の切片の位置は(2)式よりも上になる。

　　ウ　(4)式の傾きは(2)式よりも急になり，(4)式の縦軸の切片の位置は(2)式よりも下になる。

　　エ　(4)式の傾きは(2)式よりも緩くなり，(4)式の縦軸の切片の位置は(2)式よりも上になる。

　　オ　(4)式の傾きは(2)式よりも緩くなり，(4)式の縦軸の切片の位置は(2)式よりも下になる。

（設問 2）

　他を一定として，企業投資が I から I' へ 1.8 だけ増加した形で(3)式から(4)式への変化が発生したものとする。このとき，所得 Y の変化として最も適切なものはどれか。ただし，限界消費性向 c は 0.8，税率 t は 0.2 とする。

　　ア　Y は 1 増加する。

　　イ　Y は 1.8 増加する。

　　ウ　Y は 5 増加する。

　　エ　Y は 9 増加する。

　　オ　Y は増加しない。

第1章 国民経済計算の基本的概念

(設問1)

| 解答 | エ |

■解説

財市場における経済モデルに関する問題である。

(2)式は $A^D = c_0 + cY + \boxed{I} + G$、(4)式は $A^D_2 = c_0 + c\boxed{(1-t)}Y + \boxed{I'} + G$ である。

(2)式と(4)式の違いは、上記□部分である。

まず、傾きに着目する。(2)式の傾きは「c」であり、(4)式の傾きは「$c(1-t)$」である。なお、$0 < t < 1$ である。両式の傾きを比較すると、(2)式の傾き>(4)式の傾きとなる。傾きが小さいということは、傾斜が緩やかということである。

次に、切片に着目する。切片は $Y = 0$ の時の A^D の値である。(2)式で $Y = 0$ の時、$A^D = c_0 + I + G$、(4)式で $Y = 0$ の時、$A^D_2 = c_0 + I' + G$ である。両式の切片を比較すると違いは、I と I' である。問題文には、「I から外生的に増加して I' になった場合」と記載があるので $I < I'$ である。つまり、両式の切片の関係は、$c_0 + I + G < c_0 + I' + G$ となる。結果、(4)式の切片は(2)式の切片よりも上になる。

よって、エが正解である。

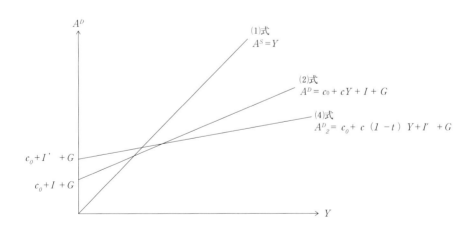

（設問2）

解答	ウ

■解説

　投資の増加が国民所得にどのように影響するかは投資乗数によって表される。まずは，投資乗数を求める。具体的には，(3)式である $A^D_1 = c_0 + c\,(1-t)\,Y + I + G$ に限界消費性向 $c = 0.8$，税率 $t = 0.2$ を代入する。

$$A^D_1 = Y = c_0 + 0.8\,(1-0.2)\,Y + I + G$$
$$Y = c_0 + 0.64Y + I + G$$
$$0.36Y = c_0 + I + G$$
$$Y = \frac{1}{0.36}\,(\,c_0 + I + G\,)$$

以上より，投資乗数は $\dfrac{1}{0.36}$ である。

1.8増加した投資に投資乗数を掛けると，投資の国民所得に対する影響は +5 となる。

よって，ウが正解である。

52

総需要と総供給

	ランク	1回目	2回目	3回目
	A	/	/	/

■平成28年度　第8問

財市場における総需要Aが以下のように定式化されている。

　　A＝C＋I＋G

【C：消費，I：投資，G：政府支出】

ここで，消費Cを以下のように定式化する。

　　$C = C_0 + cY$

【Y：所得，C_0：独立消費，c：限界消費性向（0＜c＜1）】

このとき，総需要は$A = C_0 + cY + I + G$と書き改めることができ，総需要線として下図の実線AAのように描くことができる。

下図の45度線（Y＝A）は，財市場で需要と供給が一致する均衡条件を示しており，実線AAとの交点Eによって均衡所得が与えられる。なお，簡便化のために，限界消費性向cは0.8であると仮定する。

このような状況をもとに，下記の設問に答えよ。

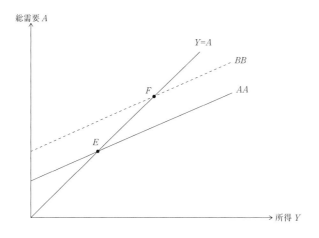

（設問1）

政府支出乗数と租税乗数の値として，最も適切なものはどれか。

　　ア　政府支出乗数と租税乗数はともに4である。

　　イ　政府支出乗数と租税乗数はともに5である。

　　ウ　政府支出乗数は5，租税乗数は4である。

　　エ　政府支出乗数は8，租税乗数は2である。

（設問2）

いま，他の条件を一定として，I＋Gの値が外生的に5増加し，図中の実線AAが破線BBへシフトし，点Fで均衡するものとする。このとき，均衡所得の変化量として，最も適切なものはどれか。

　　ア　4

　　イ　10

　　ウ　25

　　エ　40

第1章　国民経済計算の基本的概念

（設問1）

解答	ウ

■解説

　政府支出乗数は次のように算出される。

　$Y = A$ なので，総需要の式を $Y = C_0 + cY + I + G$ と置き換える。

　さらに式を変換すると，$Y - cY = C_0 + I + G \Rightarrow Y(1-c) = C_0 + I + G \Rightarrow Y = \dfrac{1}{1-c}(C_0 + I + G)$ となる。下線部分が乗数となる。G の政府支出が1単位増える場合，$\dfrac{1}{1-c}$ 倍増加することになる。これが政府支出乗数である。

　$c = 0.8$ なので，政府支出乗数は $1 / 1 - 0.8 = 5$ である。したがって，政府支出乗数の値 $= 5$ である。（なお，投資：G が1単位増加した場合も $\dfrac{1}{1-c}$ 倍増加するので，この乗数は投資乗数ともいわれる。）

　次に租税乗数は次のように算出される。

　消費 C は，$C = C_0 + cY$ であるが，これは税込所得に基づく消費関数である。ここに税金（T）を加味した手取り所得の関数を算出すると，$C = C_0 + c(Y - T)$ となる。これを踏まえて，総需要の式を $Y = C_0 + c(Y - T) + I + G$ と置き換える。

　この式をさらに変換すると，$Y = C_0 + cY - cT + I + G \Rightarrow Y - cY = C_0 - cT + I + G \Rightarrow Y(1-c) = C_0 - cT + I + G \Rightarrow Y = _{①}\dfrac{1}{1-c}(C_0 - cT + I + G)$ となる。

　租税乗数は $\dfrac{1}{1-c} \times -cT = _{②}\dfrac{-c}{1-c} \times T$ となる。この時，下線部②が租税乗数となる。これに $c = 0.8$ を代入すると，$-0.8 / 0.2 = -4$ となる。ただし，本問では増税か減税かは記載されていないので絶対値で租税乗数を表記するため，租税乗数の値 $= 4$ となる。

　よって，ウが正解である。

55

（設問2）

解答	ウ

■解説

　（設問1）の解説のとおり，政府支出（投資）乗数は5であり，I＋Gが5単位増加するのを式で表すと，△Y（国民所得の増分）＝5（＝乗数）×5（＝I＋Gの増分）＝25となる。

　よって，ウが正解である。

総需要と総供給

	ランク	1回目	2回目	3回目
	A	/	/	/

■平成29年度　第4問（設問2）

GDPは，国の経済の大きさを測る際に利用される代表的な尺度のひとつである。GDPを需要サイドから捉えたものは総需要と呼ばれる。以下の設問に答えよ。

総需要の大きさは，均衡GDPの決定にとって重要である。総需要と均衡GDPの関係は，下図のような45度線図によって表すことができる。下図で，Y_Fは完全雇用GDP，Y_Eは現実のGDP，ADは総需要である。総需要線がAD_0からAD_1に上方シフトすることで完全雇用GDPを実現できる。

このとき，乗数の大きさを表すものとして，最も適切なものを下記の解答群から選べ。

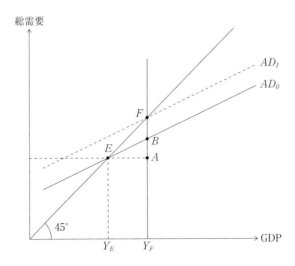

〔解答群〕

ア　$\dfrac{AF}{AB}$　　イ　$\dfrac{AF}{AE}$　　ウ　$\dfrac{AB}{BF}$　　エ　$\dfrac{AF}{BF}$

解答	エ

■解説

乗数理論に関する問題である。乗数理論とは，投資の増加が何倍の所得の増加をもたらすかを明らかにする理論であり，その倍数を乗数という。（参考：伊東光晴編『現代経済学事典』岩波書店）

45度線は総供給線である。総需要線と総供給線が交わる点が総需要と総供給の均衡点である。

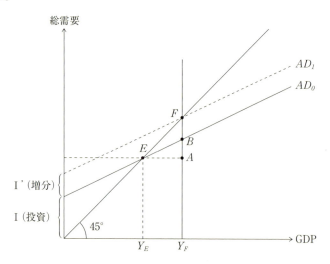

I'分の投資が増加（＝線分 FB）すると，GDP（国民所得）は Y_E から Y_F まで（線分 AE）増加する。乗数は投資額が GDP をどれだけ増やすかを表すものなので，乗数＝AE ÷ FB となるが，選択肢にはない。

45度線上では，どの点で角度を測っても45度になる。

三角形 AEF の点 A の角は90度であるから，点 E，点 F の角度はそれぞれ45度になる。つまり，三角形 AEF は二等辺三角形になる。したがって，線分 AE＝線分 AF となる。

結果として，乗数＝AF ÷ FB となる。

よって，エが正解である。

第1章　国民経済計算の基本的概念

総需要と総供給	ランク	1回目		2回目		3回目	
	A	／		／		／	

■平成25年度　第2問

　内閣府が公表している「需給ギャップ」では，総需要と総供給に，それぞれどのような変数を用いているか。最も適切なものの組み合わせを下記の解答群から選べ。

　　a　実際のGDP

　　b　非自発的失業者が全く存在しないことを想定して求めた，完全雇用GDP

　　c　完全雇用GDPに対応した国内総支出

　　d　存在する民間設備と労働力を使って生み出せる，潜在GDP

〔解答群〕

　ア　総需要：a　　総供給：b

　イ　総需要：a　　総供給：d

　ウ　総需要：c　　総供給：b

　エ　総需要：c　　総供給：d

59

解答	イ

■解説

　需給ギャップとは，GDP ギャップともいい，総需要と総供給のかい離のことである。総需要水準は所得水準に対応して変化するので，このギャップは完全雇用所得水準のもとで測定される。

　完全雇用所得水準とは，企業の生産設備や労働力，技術力をフル稼働した潜在的な実質国内総生産（GDP）のことである。完全雇用所得水準のもとで総需要が総供給を上回る時にインフレ・ギャップ，総供給が総需要を上回る時にデフレ・ギャップという。

　内閣府は，「今週の指標」として GDP ギャップをホームページ上で公表している。

　http://www5.cao.go.jp/keizai3/shihyo/2013/0912/1079.html

　それによると，GDP ギャップは以下のとおり定義されている。

　「GDP ギャップ＝（実際の GDP － 潜在 GDP）÷潜在 GDP。GDP ギャップのマイナスは供給に対して需要が不足していることを意味する。」とある。また，「潜在 GDP は，経済の過去のトレンドからみて平均的な水準で生産要素を投入したときに実現可能な GDP」とある。

　上記によれば，実際の GDP ＝ 総需要，潜在 GDP ＝ 総供給となる。

　したがって，総需要は選択肢 a であることがわかる。

　総供給＝潜在 GDP なので，選択肢 d が適切であることもわかる。

　よって，イが正解である。

総需要と総供給	ランク	1回目		2回目		3回目	
	B	/		/		/	

■平成 29 年度　第 5 問

　需給ギャップ（GDP ギャップ）は景気や物価の動向を把握するための有効な指標であり，マクロ経済政策の判断において重要な役割を果たしている。日本では，内閣府や日本銀行などがこれを推計し，公表している。

　需給ギャップに関する記述として，最も適切なものはどれか。

　　ア　オークンの法則によれば，需給ギャップがプラスのとき，雇用市場は過少雇用の状態にあると考えられる。

　　イ　需給ギャップのプラスが拡大しているとき，物価はディスインフレーションの状態にあると考えられる。

　　ウ　需給ギャップのマイナスが拡大しているとき，景気は後退していると考えられる。

　　エ　需給ギャップは，$\dfrac{\text{潜在 GDP} - \text{実際の GDP}}{\text{実際の GDP}}$ によって計算される。

解答	ウ

■解説

需給ギャップに関する問題である。

ア：不適切である。「オークンの法則」とは，実質 GDP 変化率と失業率の変化
との間に観察される負の相関関係のことをいう。たとえば，実質 GDP が 1
％上昇したら，失業率が 0.5％下降するといった具合である。経験則から導
き出された法則であり，国によっても失業率の実質 GDP に対する感応度は
異なる。需給ギャップとは，GDP ギャップともいい，総需要と総供給のかい
離のことである。総需要水準は所得水準に対応して変化するので，このギャ
ップは完全雇用所得水準のもとで測定される。過少雇用とは，不完全雇用
のことであり，非自発的失業が存在する雇用状態のことである。需給ギャッ
プがプラスのときは，国が持つ生産設備と労働力をすべて使って（完全雇
用）実現される総供給以上に供給することはできない。つまり，労働市場で
は完全雇用が実現しており，過少雇用（不完全雇用）の状態ではない。

イ：不適切である。ディスインフレーションとは，景気循環の過程の中で，イン
フレーションから抜け出したがデフレーションには陥っていない状態である
（参考：金森久雄・荒憲治郎・森口親司『経済辞典（第 5 版）』有斐閣）。需
給ギャップのプラス（総需要＞総供給）が拡大しているときは，インフレの
状態であり，ディスインフレーションの状態ではない。

ウ：適切である。需給ギャップがマイナス（総需要＜総供給）が拡大していると
きは，生産物が余っていて売れない状態であるため，景気は後退していると
いえる。

エ：不適切である。需給ギャップは，（実際の GDP－潜在 GDP）／潜在 GDP に
よって計算される。

よって，ウが正解である。

第 1 章　国民経済計算の基本的概念

総需要と総供給	ランク	1 回目		2 回目		3 回目	
	A	/		/		/	

■平成 24 年度　第 6 問

　下表は，国土交通省が公表している「建設工事受注動態統計調査結果」の一部を抜き出したものである。生産物市場の均衡条件が次のように与えられるとき，表にある数字の解釈として，最も適切なものを下記の解答群から選べ。

$Y = C + I + G + X - M$

Y：GDP　　　C：民間消費支出　　　I：民間投資支出　　　G：政府支出

X：輸出　　　M：輸入

(単位：百万円)

	国内		海外
	民間等	公共機関	
平成 21 年度	7,167,601	2,308,238	564,966
平成 22 年度	6,980,213	2,028,050	513,701

〔解答群〕

　　ア　海外からの建設工事発注額減少は，民間投資支出の減少につながり，それは生産物供給の減少から，日本の GDP を減少させることになる。

　　イ　海外からの建設工事発注額減少は，輸入の減少につながり，それは生産物供給の減少から，日本の GDP を減少させることになる。

　　ウ　公共機関からの建設工事発注額減少は，政府支出の減少につながり，それは生産物需要の減少から，日本の GDP を減少させることになる。

　　エ　民間等からの建設工事発注額減少は，民間消費支出の減少につながり，それは生産物需要の減少から，日本の GDP を減少させることになる。

解答	ウ

■解説

ア：不適切である。海外からの建設工事発注は，民間投資支出ではなく輸出（X）として扱われる。海外からの建設工事発注が減少する（建設工事というサービスの輸出が減少する）場合，輸出（X）の減少になるため，GDP の減少要因となる。

イ：不適切である。アの説明と同様，海外からの建設工事発注は輸出（X）として扱われ，その減少は GDP の減少要因となる。

ウ：適切である。公共機関からの建設工事発注額減少は，政府支出の減少につながり，生産物需要の減少から，日本の GDP を減少させることになる。

エ：不適切である。民間等からの建設工事発注額減少は，「民間投資支出（I）」の減少につながる。したがって，「民間消費支出（C）の減少」とする本肢は不適切である。民間投資支出（I）の減少は，生産物需要の減少から，日本の GDP を減少させることになる。

よって，ウが正解である。

第 1 章　国民経済計算の基本的概念

総需要と総供給	ランク	1回目		2回目		3回目	
	A	/		/		/	

■平成 25 年度　第 3 問

いま，総需要 D は，GDP を Y とするとき，$D = 50 + 0.8Y$ で与えられるものとする。完全雇用 GDP を 300 としたときの説明として最も適切なものはどれか。

　　ア　均衡 GDP は 250 であり，10 のインフレギャップが生じている。

　　イ　均衡 GDP は 250 であり，10 のデフレギャップが生じている。

　　ウ　均衡 GDP は 250 であり，50 のデフレギャップが生じている。

　　エ　均衡 GDP は 300 であり，50 のインフレギャップが生じている。

解答	イ

■解説

　総需要と総供給の論点における45度線分析に関する問題である。完全雇用GDPは，労働市場において完全雇用が実現している場合の国民所得である。つまり，これ以上増えることのない国民所得の最大値である。

　一方，総需要はある一定時点での需要総額である。

　完全雇用国民所得から総需要を控除した結果が正の場合（完全雇用国民所得＞総需要）にデフレギャップ，負の場合（完全雇用国民所得＜総需要）にインフレギャップが存在しているといえる。

　さて，上記で与えられた式を使って，完全雇用国民所得と総需要のギャップを計算すると，完全雇用国民所得Yを300とした場合の総需要Dは290となる。したがって，Y－D＝10であり，10のデフレギャップが生じていることがわかる。

　次に，財市場におけるGDPの均衡条件は，総供給Y＝総需要Dなので，上記で与えられた式にそれを代入する。均衡GDPをY^*とすると，

$$Y^* = 50 + 0.8Y^*$$
$$0.2Y^* = 50$$
$$Y^* = 250$$

以上より，均衡GDPは250であるといえる。

　よって，イが正解である。

	ランク	1回目	2回目	3回目
総需要と総供給	A	/	/	/

■平成 24 年度　第 7 問

　家計，企業，政府から構成される閉鎖経済モデルを考える。各記号は，Y：GDP，C：民間消費支出，I：民間投資支出，G：政府支出，T：租税収入を意味し，単位は兆円とする。

　　　生産物市場の均衡条件　　$Y = C + I + G$
　　　消費関数　　　　　　　　$C = 0.8 (Y - T) + 20$
　　　租税関数　　　　　　　　$T = 0.25Y - 10$
　　　民間投資支出　　　　　　$I = 32$
　　　政府支出　　　　　　　　$G = 20$

このモデルから導かれる記述として，最も適切なものはどれか。

　ア　生産物市場が均衡しているときの GDP は 360 兆円である。

　イ　生産物市場が均衡しているときの財政収支（$T - G$）は，30 兆円の赤字になる。

　ウ　政府支出乗数は 5 である。

　エ　政府支出を 10 兆円拡大させると，生産物市場が均衡しているときの GDP は 25 兆円増加する。

解答	エ

■解説

ア：不適切である。生産物市場の均衡条件式 $Y = C + I + G$ にそれぞれの値を代入していけばよい。

$$Y = 0.8 (Y - 0.25Y + 10) + 20 + 32 + 20 \cdots \text{①}$$
$$Y = 0.8Y - 0.2Y + 8 + 20 + 32 + 20$$
$$Y = 0.6Y + 80$$
$$0.4Y = 80$$
$$Y = 200$$

となり，GDP は 200 兆円となる。

イ：不適切である。T は税収，G は財政支出なので，税収 − 財政支出がプラスなら財政黒字，マイナスなら財政赤字となる。

$$T - G = 0.25Y - 10 - 20$$
$$T - G = 0.25Y - 30$$

生産物市場の均衡時の国民所得 Y は選択肢アのとおり，200 兆円であり，これを上記の式（$T - G = 0.25Y - 30$）に代入すると，$T - G = 50 - 30 = 20$ となり，20 兆円の財政黒字であることがわかる。

ウ：不適切である。政府支出は支出全額が国民所得の増減に影響を及ぼすのではなく，一定の割合で影響を及ぼす。この割合のことを政府支出乗数という。政府支出乗数を算出するには，国民所得 Y と政府支出 G の関係を明らかにすればよい。

$$Y = C + I + G \Rightarrow C \text{と} I \text{の値を代入} \Rightarrow 0.4Y = 60 + G \Rightarrow Y = 150 + 2.5G \cdots \text{②}$$

②式の意味は，政府支出 G を投下するとその 2.5 倍が国民所得増加に寄与することになる。つまり，2.5 が政府支出乗数である。

エ：適切である。選択肢ウで政府支出乗数は 2.5 であることが明らかなので，政府支出を 10 兆円増加させると，$10 \times 2.5 = 25$ で 25 兆円の国民所得増加効果が出る。別解として，①式を活用する方法もある。政府支出が 30 になった場合，$Y = 225$ となり，当初均衡 GDP 200 兆円に比べ，25 兆円増加したことがわかる。

よって，エが正解である。

第1章　国民経済計算の基本的概念

	ランク	1回目	2回目	3回目
総需要と総供給	A	／	／	／

■平成 23 年度　第 6 問

　いま，家計，企業，政府，外国から構成される経済モデルを考える。各々の記号は，Y：GDP，C：消費支出，I：民間投資支出，G：政府支出，T：租税収入，X：輸出，M：輸入，C_0：独立消費，M_0：独立輸入であり，単位は兆円とする。また，c：限界消費性向，m：限界輸入性向である。

生産物市場の均衡条件　$Y = C + I + G + X - M$
　消費関数　　　　　　$C = C_0 + c（Y - T）$
　　　　　　　　　　　$C_0 = 50, \quad c = 0.6$
　民間投資支出　　　　$I = 110$
　政府支出　　　　　　$G = 50$
　租税収入　　　　　　$T = 50$
　輸出　　　　　　　　$X = 80$
　輸入関数　　　　　　$M = M_0 + mY$
　　　　　　　　　　　$M_0 = 10, \quad m = 0.1$

このモデルから導かれる記述として最も適切なものはどれか。

　ア　均衡 GDP は 600 兆円である。

　イ　減税が 5 兆円の規模で実施された場合，均衡 GDP は 6 兆円増加する。

　ウ　政府支出が 5 兆円増加した場合，均衡 GDP は 12.5 兆円増加する。

　エ　輸出が 10 兆円減少した場合，均衡 GDP は 20 兆円増加する。

69

解答	イ

■解説

　開放経済における乗数理論の問題である。前掲の平成22年度第5問に外国の要素が加わっただけであり，非常に類似した問題である。過去から頻出の問題である。

ア：不適切である。均衡GDPはYの値を求めればよいので，生産物市場の均衡
　　条件 $Y = C + I + G + X - M$ の解を求めればよい。

　　【手順1】
　　　明らかにされている数値を「生産物市場の均衡条件」の式と「消費関数」
　　の式に代入する。　　$Y = C + 110 + 50 + 80 - 10 - 0.1Y$……①
　　　$C = 50 + 0.6 (Y - 50)$ ……②

　　【手順2】
　　　②式を①式に代入する。
　　　$Y = 50 + 0.6Y - 30 + 110 + 50 + 80 - 10 - 0.1Y$……③

　　【手順3】
　　　Yを求める。$Y = 500$
　　　したがって，均衡GDPは600兆円ではなく，500兆円が正しい。

イ：適切である。5兆円の減税がなされた場合，$T = 50 - 5 = 45$ となり，上記②
　　式が $C = 50 + 0.6 (Y - \underline{45})$ となる。
　　　そして，③式は，
　　　$Y = 50 + 0.6Y - \underline{27} + 110 + 50 + 80 - 10 - 0.1Y$
　　　$Y = 506$ となる。したがって，減税前に比べ均衡GDPは6兆円増加する。

ウ：不適切である。政府支出はGであり，増加分を合計すると $G = 55$ となる。
　　これを③式に代入すると，
　　　$Y = 50 + 0.6Y - 30 + 110 + \underline{55} + 80 - 10 - 0.1Y$
　　　$0.5Y = 255$　　$Y = 510$ となり，政府支出増加前に比べ均衡GDPは10兆
　　円増加する。

エ：不適切である。輸出はXであり，減少分を加味すると $X = 70$ となる。これ
　　を③式に代入すると，
　　　$Y = 50 + 0.6Y - 30 + 110 + 50 + \underline{70} - 10 - 0.1Y = 480$
　　　輸出の減少前に比べ均衡GDPは20兆円減少する。

　よって，イが正解である。

第1章　国民経済計算の基本的概念

	ランク	1回目		2回目		3回目	
総需要と総供給	A	／		／		／	

■平成25年度　第4問

　いま，GDP を $Y = C + I + G$，消費関数を $C = C_0 + c\,(Y - T)$ で表すものとする。ただし，各記号の定義は以下のとおりである。

　　Y：GDP である。

　　C：消費である。

　　I：投資であり 10 とする。

　　G：政府支出であり 2 とする。

　　C_0：基礎的消費であり 2 とする。

　　c：限界消費性向であり 0.8 とする。

　　T：租税であり 2 とする。

　政府が均衡予算を採用しているとき，上記の状況から政府が租税を 1 増加させたときの GDP の説明として最も適切なものはどれか。

　　ア　GDP は 0.8 低下する。

　　イ　GDP は 1 増加する。

　　ウ　GDP は 1 低下する。

　　エ　GDP は変わらない。

71

解答	イ

■解説

　総需要と総供給の論点における閉鎖経済モデル（海外部門が無い場合の経済モデルにおいて，各要素を変化させた場合に国民所得がどう変化するかを問う問題である。

　設問文から，GDP を $Y = C + I + G$，消費関数を $C = C_0 + c\,(Y - T)$ で表すものとする。

　設問文にある式に値を代入して答えを導く。

　　Y：GDP である。

　　C：消費である。

　　I：投資であり 10 とする。

　　G：政府支出であり 2 とする。

　　C_0：基礎的消費であり 2 とする。

　　c：限界消費性向であり 0.8 とする。

　　T：租税であり 2 とする。

①増税前の GDP	②増税後の GDP
$\begin{aligned} Y &= C + I + G \\ &= (C_0 + c\,(Y - T)) + I + G \\ &= (2 + 0.8\,(Y - 2)) + 10 + 2 \\ &= 2 + 0.8Y - 1.6 + 10 + 2 \\ &= 12.4 + 0.8Y \\ 0.2Y &= 12.4 \\ Y &= 12.4 \div 0.2 = 62 \cdots\cdots a \end{aligned}$	$\begin{aligned} Y &= C + I + G \\ &= (C_0 + c\,(Y - T)) + I + G \\ &= (2 + 0.8\,(Y - 3)) + 10 + 3 \\ &= 2 + 0.8Y - 2.4 + 10 + 3 \\ &= 12.6 + 0.8Y \\ 0.2Y &= 12.6 \\ Y &= 12.6 \div 0.2 = 63 \cdots\cdots b \end{aligned}$

　なお，②を解く際に注意が必要である。設問文には「政府が均衡予算を採用」との記載がある。均衡予算とは，租税額の範囲内で政府支出をする予算制度である。したがって，租税 T が 1 増加するのであれば，政府支出 G も 1 増加して 3 となる。

　上記表の計算より，$b - a = 1$ であり，GDP は増税前に比べて 1 増加する。

　よって，イが正解である。

総需要と総供給

	ランク	1回目	2回目	3回目
	A	/	/	/

■平成 21 年度　第 4 問

次の均衡 GDP の決定および変動に関する文章を読んで，下記の設問に答えよ。

右の図は，均衡 GDP の決定を表したものである。

いま，総需要 AD が消費支出 C，投資支出 I，政府支出 G，貿易収支（輸出 X マイナス輸入 M）から構成される経済モデルを想定する。

$AD = C + I + G + X - M$

また，消費関数，投資関数，輸入関数はそれぞれ，

$C = C_0 + c(Y - T_0)$
$I = I_0 - ir$
$M = M_0 + mY$

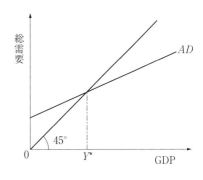

として与えられる。各記号は，Y：GDP，C_0：独立消費，c：限界消費性向（0 ＜ c ＜ 1），T_0：租税収入（定額税），I_0：独立投資，i：投資の利子感応度，r：利子率，M_0：独立輸入，m：限界輸入性向（m ＞ 0，c ＞ m）である。なお，政府支出 G，輸出 X は与件であり，おのおの $G = G_0$，$X = X_0$ とする。利子率も与件であり，$r = r_0$ とする。

このとき，総需要線は

$AD = C_0 + c(Y - T_0) + I_0 - ir_0 + G_0 + X_0 - M_0 - mY$

である。

他方，図中の 45 度線は Y = AD を描いた直線である。

ここで，①総需要線 AD と 45 度線の交点において生産物市場が均衡し，均衡 GDP は Y^* の水準に決定される。②独立投資や輸出などの変化は乗数効果を通じて，均衡 GDP の水準に影響を及ぼすことになる。

（設問1）

文中の下線部①について，総需要線 AD の説明として，最も適切なものの組み合わせを下記の解答群から選べ。

 a 総需要線の傾きは，限界貯蓄性向と限界輸入性向の差に等しい。

 b 政府支出の拡大と増税が同じ規模で実施された場合，総需要線の位置は変わらない。

 c 投資の利子感応度がゼロの場合，利子率が低下しても総需要線の位置は変わらない。

 d 独立輸入の増加は，総需要線を下方にシフトさせる。

〔解答群〕

ア aとb イ aとc ウ bとc

エ bとd オ cとd

（設問2）

文中の下線部②について，輸出の変化に伴う外国貿易乗数として最も適切なものはどれか。

ア $\dfrac{1}{1-c}$

イ $\dfrac{1}{1-c+m}$

ウ $\dfrac{1}{1-c-m}$

エ $\dfrac{1}{c-m}$

第1章　国民経済計算の基本的概念

（設問1）

解答	オ

■解説

開放経済における45度線分析の問題である。

　a：不適切である。問題文にあるように総需要線 AD は，$AD = C_0 + c(Y - T_0) + I_0 - ir_0 + G_0 + X_0 - M_0 - mY$ である。これを整理すると，$AD = (c - m)Y + C_0 + I_0 - ir_0 + (G_0 - cT_0) + X_0 - M_0$ となる。AD 曲線に傾きを与える要素は，国民所得 Y が1単位増減すると自らも増減する変数の割合である。つまり，国民所得 Y の前にある $(c - m)$ が AD 曲線の傾きである。したがって，AD 曲線の傾きは<u>限界消費性向 c と限界輸入性向 m の差に等しい</u>。ここで覚えておきたいのは，①総需要線の傾きとは，国民所得 Y の前につけられた小文字の記号であること，②限界輸入性向に負の記号がついている理由は，<u>輸入は外国の製品に対する需要を増やすことになり，その分国内の需要を減らすから</u>，ということである。

　b：不適切である。$AD = C_0 + c(Y - T_0) + I_0 - ir_0 + G_0 + X_0 - M_0 - mY$ の式において，G_0 の増加で表される政府支出の拡大と，T_0 の増加で表される増税が同規模の場合，T_0 は限界消費性向分の増加が緩和されるため，$G_0 - cT_0 > 0$ にとなる。結果，$G_0 - cT_0$ 分だけ縦軸の切片の値が上昇し，その分 AD 曲線は上方にシフトする。

　c：適切である。投資の利子感応度が0ということは，$I = I_0 + ir_0 = I_0$ となる。つまり $I = I_0$ となり，利子率の上下に反応しなくなる。式で表すと $AD = C_0 - cT_0 + I_0 + G_0 + X_0 - M_0$ となり，切片の高さは $C_0 - cT_0 + I_0 + G_0 + X_0 - M_0$ となる。したがって，利子率が低下しても切片は上昇しないため総需要線 AD の位置は変わらない。

　d：適切である。$C_0 - cT_0 + I_0 - ir_0 + G_0 + X_0 - M_0$ が総需要線 AD の切片の高さを表しているので，総需要のマイナス要素である独立輸入 M_0 が増加すれば切片が下に下がるため，AD 曲線が下方シフトする。独立輸入の増加が総需要の低下を及ぼす理由は選択肢 a の解説内下線部を参照。

よって，c と d が適切であり，オが正解である。

75

（設問2）

解答	イ

■解説

　開放経済モデルにおける外国貿易乗数に関する問題である。

　国民所得の大きさを決定づける有効需要の各要素（消費（C），投資（I），政府部門（G），輸出（X），輸入（M））のうち，その増減実額以上に増減する場合の倍率が乗数である。上述のとおり，国民所得を式で表すと，

$$Y = C + I + G + X - M \cdots ①$$

となる。

　そして，それぞれの関数を詳細にしてみると，

$$C = C_0 + c\,(Y - T_0) \cdots ②$$

$$M = M_0 + mY \cdots ③$$

となる。

　C_0 は所得の大きさに関係なく消費される独立消費，M_0 は所得の大きさに関係なく輸入される基礎輸入，T_0 は税金である。c は限界消費性向，m は限界輸入性向である。

　ここで①式に②，③を代入すると，

$$Y = C_0 + c\,(Y - T_0) + I + G + X - (M_0 + mY)$$

　これを Y でくくると，

$$(1 - c + m)\,Y = C_0 - cT_0 + I + G + X - M_0$$

となる。

　これを再度 Y について解くと，

$$Y = \frac{1}{1 - c + m}\,(C_0 - cT_0 + I + G + X - M_0)$$

となる。

　この式から，開放経済モデルにおける各乗数が導出される。

　投資乗数（投資（I）1単位の増減の増減倍率），財政乗数（財政（G）1単位の増減の増減倍率），輸出乗数＝外国貿易乗数（輸出（X）1単位の増減の増減倍率）はすべて，$\dfrac{1}{1 - c + m}$ である。よって，イが正解である。

　租税乗数（租税（T）1単位の増減倍率）は，$-\dfrac{c}{1 - c + m}$ である。

総需要と総供給

	ランク	1回目	2回目	3回目
総需要と総供給	A	/	/	/

■ **令和元年度　第5問（設問1）**

下図は、開放経済における生産物市場の均衡を表す45度線図である。直線ADは総需要線であり、総需要ADは以下によって表される。

$$AD = C + I + G + X - M$$
$$C = \overline{C} + c(Y - T)$$
$$I = \overline{I} - br$$
$$M = mY$$

（AD：総需要，C：消費，$\overline{C}$：基礎消費，c：限界消費性向（$0 < c < 1$），Y：所得，T：租税，I：投資，$\overline{I}$：独立投資，b：投資の利子感応度（$b > 0$），r：利子率，G：政府支出，X：輸出，M：輸入，m：限界輸入性向（$c > m$））

この図に基づいて、下記の設問に答えよ。

総需要線がAD_0からAD_1にシフトするときの乗数効果は$\dfrac{EB}{EA}$によって表される。乗数効果を小さくするものとして、最も適切なものの組み合わせを下記の解答群から選べ。

a　限界消費性向の上昇

b　限界消費性向の低下

c　限界輸入性向の上昇

d　限界輸入性向の低下

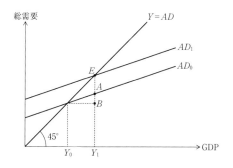

〔解答群〕

ア　aとc

イ　aとd

ウ　bとc

エ　bとd

解答	ウ

■解説

　開放経済における生産物市場の均衡を表す 45 度線分析に関する問題で，乗数効果について問われている。

　乗数効果とは，ある一定額の支出がその波及効果が終わったときに元の所得の数倍の所得を生み出す効果のことである。国民所得に置き換えれば，各要素の増加が国民所得を何倍に増やすことができるのかという効果のことである。

　まず，乗数を算出する。

① $AD = C + I + G + X - M$ の C に $C = \overline{C} + c\,(Y - T)$ を代入

$\Rightarrow AD = \overline{C} + c\,(Y - T) + I + G + X - M$ となる。……a

② a 式に $I = \overline{I} - br$ を代入

$\Rightarrow AD = \overline{C} + c\,(Y - T) + \overline{I} - br + G + X - M$ となる。……b

③ b 式に $M = mY$ を代入

$\Rightarrow AD = \overline{C} + c\,(Y - T) + \overline{I} - br + G + X - mY$ となる。

$\Rightarrow AD = \overline{C} + cY - cT + \overline{I} - br + G + X - mY$ となる。……c

④ $AD = Y$ なので，c 式の AD を Y に置き換える。

$\Rightarrow Y = \overline{C} + cY - cT + \overline{I} - br + G + X - mY$ ……d

⑤ d 式の Y 関連を左辺にまとめる。

$\Rightarrow Y - cY + mY = \overline{C} - cT + \overline{I} - br + G + X$ ……e

⑥ e 式を Y について解く。

$\Rightarrow Y = \dfrac{1}{1 - c + m}\,(\overline{C} - cT + \overline{I} - br + G + X)$ ……f

以上より，$\dfrac{1}{1 - c + m}$ が乗数である。……g

　上記 g 式から，乗数効果を小さくするには，分母が大きくなればよい。したがって，限界消費性向 c が低下すると分母の値は大きくなるので乗数効果は小さくなる。また，限界輸入性向 m が上昇すると分母の値は大きくなるので乗数効果が小さくなる。以上より，選択肢 b と c が正しいことになる。

　よって，ウが正解である。

総需要と総供給	ランク	1回目	2回目	3回目
	A	/	/	/

■ 令和元年度　第5問（設問2）

下図は，開放経済における生産物市場の均衡を表す45度線図である。直線ADは総需要線であり，総需要ADは以下によって表される。

$$AD = C + I + G + X - M$$
$$C = \overline{C} + c(Y - T)$$
$$I = \overline{I} - br$$
$$M = mY$$

（AD：総需要，C：消費，$\overline{C}$：基礎消費，c：限界消費性向（$0 < c < 1$），Y：所得，T：租税，I：投資，$\overline{I}$：独立投資，b：投資の利子感応度（$b > 0$），r：利子率，G：政府支出，X：輸出，M：輸入，m：限界輸入性向（$c > m$））

この図に基づいて，下記の設問に答えよ。

均衡GDPは45度線と総需要線の交点によって与えられる。均衡GDPの変化に関する記述として，最も適切なものはどれか。

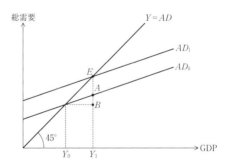

ア　減税は，総需要線の傾きを急にすることを通じて，均衡GDPを増やす。

イ　政府支出の拡大は，総需要線の上方への平行移動を通じて，均衡GDPを増やす。

ウ　輸出の減少は，総需要線の傾きを緩やかにすることを通じて，均衡GDPを減らす。

エ　利子率の上昇は，総需要線の上方への平行移動を通じて，均衡GDPを増やす。

| 解答 | イ |

■解説

AD 線は以下の式で表される。

$AD = C + I + G + X - M$

上記式に C と I と M を代入すると $AD = \overline{C} + cY - cT + \overline{I} - br + G + X - mY$ となり、この式を Y でくくると、$AD = (c-m)Y + \overline{C} - cT + \overline{I} - br + G + X$ となる。この AD 線は下図のように $(c-m)$ の傾きで角度が決まり、$\overline{C} - cT + \overline{I} - br + G + X$ の合計で切片（横軸が 0 の時の縦軸の値）の高さが決まる。AD 線の傾きが大きくなれば、45 度線と AD 線の交点である E 点（＝均衡 GDP）は右に移動する（＝均衡 GDP は増加）。また、AD 線の切片が高くなることでも E 点は右に移動する。

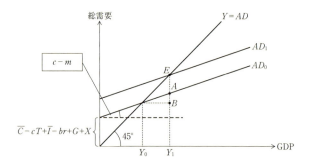

ア：不適切である。減税は T を減らすことになるため、総需要線の傾きを急にすることではなく、切片が高くなることを通じて、均衡 GDP を増やす。

イ：適切である。政府支出の拡大は G を増やすことになるため、AD 線の切片が高くなり総需要線の上方への平行移動を通じて、均衡 GDP を増やす。

ウ：不適切である。輸出の減少は X が小さくなることになるため、総需要線の傾きを緩やかにすることではなく、切片が低くなることを通じて均衡 GDP を減らす。

エ：不適切である。利子率の上昇は r が上昇することになるので、切片が低くなり、総需要線の下方への平行移動を通じて、均衡 GDP を減らす。

よって、イが正解である。

総需要と総供給	ランク	1回目	2回目	3回目
	A	/	/	/

■令和2年度　第5問

下図は，45度線図である。AD は総需要，Y_0 は完全雇用 GDP，Y_1 は現在の均衡 GDP である。この経済では，完全雇用 GDP を実現するための総需要が不足している。この総需要の不足分は「デフレ・ギャップ」と呼ばれる。

下図において「デフレ・ギャップ」の大きさとして，最も適切なものを下記の解答群から選べ。

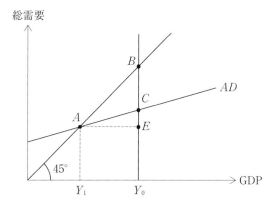

〔解答群〕

ア　AE

イ　BC

ウ　BE

エ　CE

| 解答 | イ |

■解説

本問は、デフレ・ギャップに関する問題である。

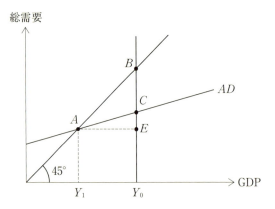

完全雇用 GDP（完全雇用所得水準）とは、企業の生産設備や労働力、技術力をフル稼働した潜在的な実質国内総生産（GDP）のことである。完全雇用 GDP（完全雇用所得水準）のもとで総需要が総供給を上回るときの両者の差をインフレ・ギャップ、下回るときの両者の差をデフレ・ギャップという。

本問では、Y_0 が完全雇用時 GDP であると定義されているので、Y_0 から垂直に立ち上げた線と AD 曲線（総需要）との交点 C が完全雇用時の総需要、45 度線（総供給）との交点 B が完全雇用時の総供給となる。この場合、総供給＞総需要の関係となるので、デフレ・ギャップは BC となる。

よって、イが正解である。

第 1 章　国民経済計算の基本的概念

総需要と総供給	ランク	1回目	2回目	3回目
	A	/	/	/

■令和 2 年度　第 4 問（設問 1）

下図は，均衡 GDP の決定を説明する貯蓄・投資図である。

消費 C は次のようなケインズ型の消費関数によって表されるとする。

$C = C_0 + cY$

（Y：所得，C：消費，C_0：基礎消費，c：限界消費性向（$0 < c < 1$））

また，I は投資，S は貯蓄であり，$S = Y - C$ である。

この図に基づいて，下記の設問に答えよ。

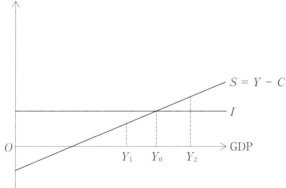

この図に関する記述として，最も適切なものはどれか。

　ア　GDP が Y_0 にあるとき，総需要＝総供給，投資＝貯蓄である。
　イ　GDP が Y_1 にあるとき，総需要＜総供給，投資＞貯蓄である。
　ウ　GDP が Y_1 にあるとき，総需要＞総供給，投資＜貯蓄である。
　エ　GDP が Y_2 にあるとき，総需要＜総供給，投資＞貯蓄である。
　オ　GDP が Y_2 にあるとき，総需要＞総供給，投資＜貯蓄である。

| 解答 | ア |

■解説

　本問は，財市場（生産物市場）の均衡に関する内容である。財市場は総需要と総供給の一致によって均衡する。生産され市場に供給されたすべてのものが，市場においてすべて需要・消費された状態を財市場が均衡している状態という。この均衡している状態（$Y_D = Y_S$）において，均衡国民所得が決まる。そして，財市場が均衡するためには投資 I と貯蓄 S が一致している必要がある（財市場の均衡条件）。下図においては交点 E で投資 I と貯蓄 S が均衡しているため，交点 E における GDP（Y_0）が均衡国民所得である。

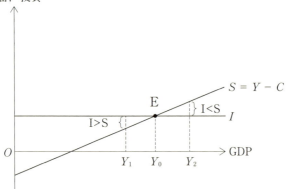

ア：適切である。上記説明のとおり，GDP が Y_0 にあるとき，投資 I = 貯蓄 S，総需要 = 総供給となり，財市場（生産物市場）は均衡している。

イ：不適切である。GDP が Y_1 にあるとき，上図のとおり，投資 I > 貯蓄 S であり正しいが，貯蓄 S = 所得（= 総供給）Y — 消費 C なので，投資 I > 総供給 Y — 消費 C ⇒ 投資 I + 消費 C > 総供給 Y ⇒ 総需要（= $I + C$）> 総供給 Y となり誤りである。

ウ：不適切である。GDP が Y_1 にあるとき，総需要 > 総供給，投資 > 貯蓄である。

エ・オ：不適切である。GDP が Y_2 にあるとき，総需要 < 総供給，投資 < 貯蓄である。

　よって，アが正解である。

総需要と総供給

	ランク	1回目	2回目	3回目
総需要と総供給	A	/	/	/

■ 令和 2 年度　第 4 問（設問 2）

下図は，均衡 GDP の決定を説明する貯蓄・投資図である。
消費 C は次のようなケインズ型の消費関数によって表されるとする。

$$C = C_0 + cY$$

（Y：所得，C：消費，C_0：基礎消費，c：限界消費性向（$0 < c < 1$））
また，I は投資，S は貯蓄であり，$S = Y - C$ である。
この図に基づいて，下記の設問に答えよ。

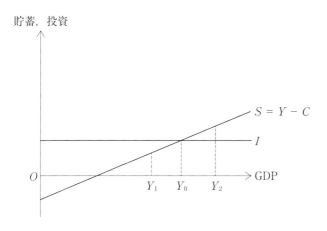

人々の節約志向が高まって，貯蓄意欲が上昇したとする。このときの消費と GDP の変化に関する記述として，最も適切なものはどれか。

　ア　消費が減少し，GDP も減少する。

　イ　消費が減少し，GDP が増加する。

　ウ　消費が増加し，GDP が減少する。

　エ　消費が増加し，GDP も増加する。

解答	ア

■解説

本設問は，2つの方法で解答することが可能である。1つは，貯蓄（倹約）のパラドックスにより，もう1つは設問文の数式に基づくグラフの変化によって説明できる。

① 貯蓄のパラドックス：個人が貯蓄を増加させようとして消費支出を削減する行為が，国民所得の減少をもたらし，貯蓄そのものも減少させてしまうというものである。（参考：金森久雄・荒憲治郎・森口親司『経済辞典（第5版）』有斐閣）

② 数式に基づくグラフの変化：
$S = Y - C$ に $C = C_0 + cY$ を代入後，下記のように変形させてみる。
$\Rightarrow S = Y - (C_0 + cY)$
$\Rightarrow S = Y(1-c) - C_0$ $\Rightarrow S$ は下図のとおり $1-c$ の傾きを持つことがわかる。
なお，$1-c = s$（限界貯蓄性向）である。

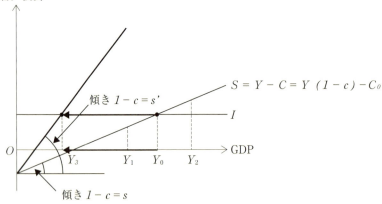

設問文にあるように，貯蓄意欲の高まりは限界貯蓄性向 s の値を大きくする。

s の値が大きくなる $\Rightarrow s = 1-c$ により c の値は小さくなり $C = C_0 + cY$ から C は減少し，S の傾きが大きくなることである。傾きが大きくなると S と I の交点は左にシフトするため，均衡国民所得も Y_0 から Y_3 へ減少する。したがって，貯蓄意欲が高まると消費が減少し，GDPも減少する。

よって，アが正解である。

第2章
主要経済指標の読み方

第2章　主要経済指標の読み方

▶▶ 出題項目のポイント

1次試験の試験案内によれば，主要経済指標とは，国民所得統計，雇用統計，鉱工業生産指数，消費者物価指数，国内企業物価指数，工業統計，商業統計，産業連関表，景気動向指数のことをいう。

どの指標も，中小企業診断士として中小企業を取り巻く経済環境を分析する上で必要不可欠な情報である。

出題者は，このような問題を出題することで，受験生が経済財政白書の存在を知っているか，日ごろから経済動向を意識しているか，グラフや統計データを分析することができるか，などを試そうとしていると推測できる。

ビジネスパーソンとしての常識やグラフの読解力があれば容易に解答できる問題も多く，試験当日に十分対応できる出題範囲であるといえる。

頻出論点は，景気動向指数である。先行系列，一致系列，遅行系列の3種類に分けられ，先行系列は景気の山や谷に先んじて山や谷を示す指標，遅行系列は先行系列とは逆に景気の山や谷に遅れて山や谷を示す指標，一致系列は景気の山や谷の時に同時に山や谷を示す指標である。

主に以下の指標が挙げられる。

先行系列	一致系列	遅行系列
最終需要財在庫率指数 鉱工業生産財在庫率指数 新規求人数（除学卒） 実質機械受注（製造業） 新設住宅着工床面積 消費者態度指数 日経商品指数（42種総合） マネーストック（M2） 東証株価指数 投資環境指数（製造業） 中小企業売り上げ見通し D.I.	生産指数（鉱工業） 鉱工業生産財出荷指数 耐久消費財出荷指数 所定外労働時間指数（調査産業計） 投資財出荷指数（除輸送機械） 商業販売額（小売業） 商業販売額（卸売業） 営業利益（全産業） 有効求人倍率（除学卒）	第3次産業活動指数（対事業所サービス） 常用雇用指数（調査産業計） 実質法人企業設備投資（全産業） 家計消費支出（全国勤労者世帯，名目） 法人税収入 完全失業率 きまって支給する給与（製造業，名目） 消費者物価指数（生鮮食品を除く総合） 最終需要財在庫指数

89

▶▶ 出題の傾向と勉強の方向性

平成 13 年度から平成 24 年度までは，前年度の経済財政白書からの出題が多かった。その中でも特に，国民所得統計を使った GDP に関する問題がよく出題されている。

一方で各種統計では，前年に起こった特徴的なトピックスから，景気循環の歴史など，幅広い範囲が出題されている。

景気循環については，平成 15 年度第 5 問，平成 19 年度第 1 問，平成 23 年度第 2 問で問われている。

各種統計では「フィリップス曲線」についての論点が平成 13 年度第 12 問，平成 14 年度第 4 問，平成 20 年度第 3 問，平成 24 年度第 3 問，平成 26 年度第 3 問と 5 回出題されている。

物価指標については，平成 14 年度第 9 問，平成 16 年度第 2 問，平成 24 年度第 2 問，平成 27 年度第 5 問，平成 30 年度第 4 問で出題されている。

産業連関表は平成 14 年度第 18 問，平成 22 年度第 17 問，平成 27 年度第 22 問で出題されている。

景気動向指数は平成 13 年度第 10 問，平成 14 年度第 10 問，平成 21 年度第 5 問，平成 24 年度第 1 問，平成 26 年度第 2 問，平成 29 年度第 6 問，平成 30 年度第 3 問で出題されている。

勉強の方向性としては，以下のポイントが挙げられる。

①前年の経済財政白書を入手し，上記主要指標が掲載されている場合は，その内容と解説文をよく理解して，前年の国内外経済動向の概要を把握しておく。

②景気循環の歴史（例：第 1 次石油ショックはいつ発生したのか，いざなぎ景気はいつからいつまでの景気循環のことか，など）を把握しておく。

③前年に発生したトピックス（例：失業率が例年になく高まった，原油価格が著しく上昇した，など）を把握しておく。

④日ごろから新聞などを読み，景気動向や世界の経済情勢を把握しておく。

⑤フィリップス曲線について学習しておく。

⑥景気動向指数は主要なものを覚え，日ごろから景気予測に活用してみる。

第 2 章　主要経済指標の読み方

■取組状況チェックリスト

1. 国民所得統計

問題番号	ランク	1 回目		2 回目		3 回目	
平成 28 年度 第 1 問	A	╱		╱		╱	
平成 23 年度 第 2 問	A	╱		╱		╱	
令和元年度 第 3 問	A	╱		╱		╱	
平成 29 年度 第 4 問（設問 1）	A	╱		╱		╱	
平成 30 年度 第 2 問	A	╱		╱		╱	

2. 各種統計

問題番号	ランク	1 回目		2 回目		3 回目	
平成 25 年度 第 1 問	C*	╱		╱		╱	
平成 24 年度 第 24 問	C*	╱		╱		╱	
平成 30 年度 第 1 問	C*	╱		╱		╱	
平成 26 年度 第 3 問	A	╱		╱		╱	
平成 29 年度 第 1 問	A	╱		╱		╱	
平成 24 年度 第 3 問	A	╱		╱		╱	
平成 24 年度 第 4 問	C*	╱		╱		╱	
平成 29 年度 第 2 問	C*	╱		╱		╱	
平成 24 年度 第 2 問	A	╱		╱		╱	
平成 28 年度 第 5 問	A	╱		╱		╱	
平成 27 年度 第 5 問	A	╱		╱		╱	
平成 30 年度 第 4 問	A	╱		╱		╱	
平成 27 年度 第 2 問	C*	╱		╱		╱	
令和元年度 第 1 問	C*	╱		╱		╱	
平成 27 年度 第 1 問	C*	╱		╱		╱	
平成 28 年度 第 2 問	C*	╱		╱		╱	
平成 28 年度 第 3 問	C*	╱		╱		╱	
令和元年度 第 2 問	C*	╱		╱		╱	
令和 2 年度 第 2 問	C*	╱		╱		╱	

| 令和 2 年度 第 1 問 | C * | ／ | | ／ | | ／ | |

3. 産業連関表

問題番号	ランク	1 回目		2 回目		3 回目	
平成 27 年度 第 22 問	B	／		／		／	

4. 景気動向指数

問題番号	ランク	1 回目		2 回目		3 回目	
平成 24 年度 第 1 問	A	／		／		／	
平成 29 年度 第 6 問	A	／		／		／	
平成 30 年度 第 3 問	A	／		／		／	
平成 26 年度 第 2 問	A	／		／		／	

＊ランク C の問題と解説は，「過去問完全マスター」の HP （URL：https://jissen-c.jp/） よりダウンロードできます。

第2章　主要経済指標の読み方

	ランク	1回目	2回目	3回目
国民所得統計	A	/	/	/

■平成28年度　第1問

下図は，日本とアメリカの1990年以降の1人当たり実質GDPとGDPデフレーターの推移を示している。図中のa～dに該当する国の組み合わせとして，最も適切なものを下記の解答群から選べ。

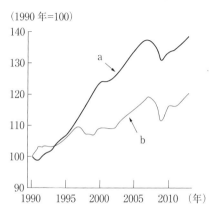
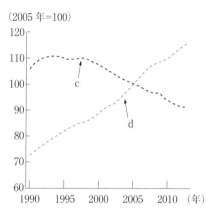

出所：内閣府『経済財政白書』（平成27年度版）

〔解答群〕

ア　a：アメリカ　　b：日本　　　c：アメリカ　　d：日本

イ　a：アメリカ　　b：日本　　　c：日本　　　　d：アメリカ

ウ　a：日本　　　　b：アメリカ　c：アメリカ　　d：日本

エ　a：日本　　　　b：アメリカ　c：日本　　　　d：アメリカ

93

解答	イ

■解説

　GDP は国内総生産であり，その国の居住者・企業・政府などが創出した付加価値の総計である。それを人口で割ったものが 1 人当たり GDP となる。1 人が付加価値を稼ぐ力ともいうことができる。

　GDP デフレーターは物価の増分を含んだ名目 GDP を，物価の増分を含まない実質 GDP で除すことで算出される価格指数のことである。(GDP デフレーター＝名目 GDP ÷実質 GDP)

　本問は日本とアメリカのそれぞれの指標の基準年に対する比率の推移を問う問題である。

　バブル崩壊以降は，日本よりもアメリカのほうが景気が良かったことを知っていれば，1 人当たり GDP は日本よりもアメリカが高い伸び率になることがわかる。

　同様に，景気が良ければ物価は高くなるので，景気の良いアメリカのほうが日本よりも伸び率が高くなることもわかる。

　また，日本はバブル崩壊後，有効需要が供給に対して不足するデフレーションに見舞われていた。有効需要が供給に対して不足するということは，製品やサービスの価格は下がっていく。そういう観点からも，GDP デフレーターが一貫して低下傾向にある c は日本であることがわかる。

　以上より，a：アメリカ，b：日本，c：日本，d：アメリカとなる。

　よって，イが正解である。

国民所得統計	ランク	1回目	2回目	3回目
	A	／	／	／

■平成 23 年度　第 2 問

下図は，日本の名目 GDP 成長率と実質 GDP 成長率を示したものである。この図から読み取れることおよび経済状況の説明として最も適切なものはどれか。

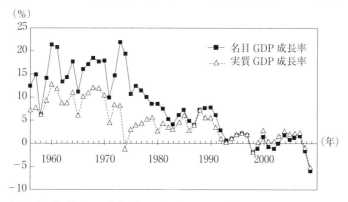

出所：内閣府『経済財政白書』（2010 年版）

ア　1960 年代の高度経済成長期には，持続的な物価の上昇が見られ，これは貨幣価値を上昇させる効果を持つ。

イ　1970 年代前半には，第 2 次オイルショックに伴い，物価の上昇と不況が発生し，スタグフレーションの現象に陥った。

ウ　1980 年代後半には，円高不況，バブル経済，アジア通貨危機を経験し，その後，長期の景気低迷を迎えることとなった。

エ　2000 年代は，持続的な物価の下落が見られ，これは企業の実質債務の増加や実質利子率の上昇を生じさせる効果を持つ。

オ　「名目 GDP 成長率＝実質 GDP 成長率－GDP デフレータ変化率」という関係が成立し，名目 GDP 成長率と実質 GDP 成長率の差は物価の変化を表している。

解答	エ

■解説

ア：不適切である。名目 GDP ÷実質 GDP ＝ GDP デフレータであり，GDP デフ
レータの値が大きい場合は物価が高いといえる。その理由は，実質 GDP は
完全雇用 GDP（国のすべての労働・設備を使って物を供給していて，それ
以上生産を増やせない状態での GDP）を超えることはできないからである。
分母の実質 GDP が上限に達した後に名目 GDP が成長を続ければ，物価の
水準を表す GDP デフレータの値は上昇せざるを得ない。これが物価上昇の
メカニズムである。設問の図では，1960 年代の名目 GDP と実質 GDP の差
は持続的に大きい＝持続的に物価が上昇している状態であり，この部分は適
切である。しかし，物価の上昇は物の「価値の上昇」であり，貨幣価値は相
対的に低下する。たとえば，昨年まで 100 円で 1 つ買うことができた物が，
今年はインフレで 200 円出さないと 1 つ買うことができなければ，貨幣価値
は相対的に下がったといえる。

イ：不適切である。「第 2 次オイルショック」ではなく，「第 1 次オイルショッ
ク」である。なお，スタグフレーションとは，景気が悪化するとともにイン
フレーションが進行する状態のことである。

ウ：不適切である。アジア通貨危機は，1997 年であり，この部分が不適切である。

エ：適切である。2000 年代は持続的に実質 GDP が名目 GDP とほぼ同水準また
は実質 GDP が名目 GDP を上回っている。この状態はデフレーションの状
態を表している。物価が下がると，企業が同じものを同じ数量売っても販売
価格が下がっているので，売上高は減少する。したがって，借入金の返済は
デフレ時のほうが困難になる，つまり，実質債務が増加する。また，デフレ
時，実質利子率は上昇する。物価水準＝名目利子率÷実質利子率であるので，
分母の名目利子率を不変とすれば物価水準が下がるデフレ時は実質利子率が
上がることになる。

オ：不適切である。名目 GDP 成長率－実質 GDP 成長率＝ GDP デフレータ変化
率なので，「名目 GDP 成長率＝実質 GDP 成長率＋ GDP デフレータ変化率」
の関係が正しい。

よって，エが正解である。

国民所得統計	ランク	1回目		2回目		3回目	
	A	/		/		/	

■令和元年度　第3問

国民経済計算は，総需要をいくつかの項目に区分している。これらの項目を見ることによって，より詳細に総需要の状況を把握することができる。

国民経済計算における総需要に関わる恒等式として，最も適切なものはどれか。

　ア　公的需要＝公的固定資本形成＋公的在庫変動

　イ　国内需要＝民間需要＋公的需要＋財貨・サービスの輸入

　ウ　総固定資本形成＝民間住宅＋民間企業設備

　エ　民間需要＝民間最終消費支出＋民間住宅＋民間企業設備＋民間在庫変動

解答	エ

■解説

　国民経済計算における総需要を構成する各項目に関わる恒等式に関する問題である。

　平成22年度第1問や平成29年度第4問（設問1），平成30年度第2問のような問題をさらに細かい論点で掘り下げた問題である。その際に，内閣府の国民経済計算統計資料などに触れていれば，短時間で正答できた可能性は高い。

　　ア：不適切である。公的需要＝ 政府最終消費支出 ＋公的固定資本形成＋公的在庫変動であり，政府最終消費支出が抜けている。

　　イ：不適切である。国内需要＝民間需要＋公的需要であり，財貨・サービスの輸入は含まれない。

　　ウ：不適切である。総固定資本形成＝民間住宅＋民間企業設備＋ 公的固定資本形成 であり，公的固定資本形成が抜けている。

　　エ：適切である。民間需要＝民間最終消費支出＋民間住宅＋民間企業設備＋民間在庫変動である。

　よって，エが正解である。

国民所得統計	ランク	1回目	2回目	3回目
	A	/	/	/

■平成 29 年度　第 4 問（設問 1）

GDP は，国の経済の大きさを測る際に利用される代表的な尺度のひとつである。GDP を需要サイドから捉えたものは総需要と呼ばれる。以下の設問に答えよ。

総需要は，民間消費，民間投資，政府支出，純輸出から構成される。下図は，2000年度以降の日本の総需要の構成割合を表している。図中の a〜c に該当するものの組み合わせとして，最も適切なものを下記の解答群から選べ。

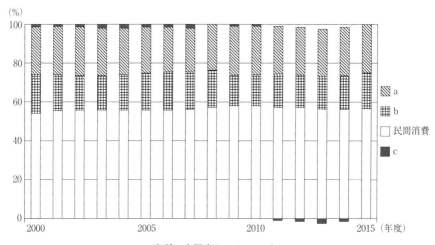

出所：内閣府ホームページ

〔解答群〕

ア　a：純輸出　　b：政府支出　c：民間投資
イ　a：政府支出　b：純輸出　　c：民間投資
ウ　a：政府支出　b：民間投資　c：純輸出
エ　a：民間投資　b：純輸出　　c：政府支出
オ　a：民間投資　b：政府支出　c：純輸出

| 解答 | ウ |

■解説

　内閣府のホームページにおける，2015年度国民経済計算（2011年基準・2008SNA）主要系列表　国内総生産（支出側）名目のファイルをグラフ化すると下記のとおりとなる。（参考URL：http://www.esri.cao.go.jp/jp/sna/data/data_list/kakuhou/files/h27/h27_kaku_top.html#c1）

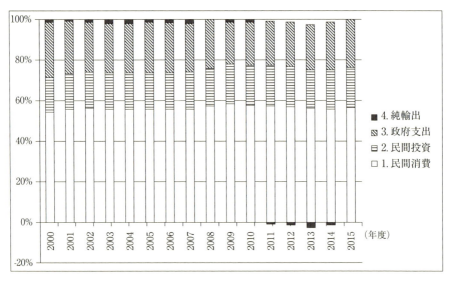

　すでに表示されている民間消費がGDPの半数以上を占めることは，今後も出題の可能性があることを踏まえると覚えておく必要がある。

　正答に到達するには，純輸出の構成比が最も低いことがわかれば，選択肢をウかオに絞り込むことができる。

　最後に，民間投資と政府支出のどちらが多いのかを考えることになるが，リーマンショック以降，民間は投資を控えてきたことから，民間投資よりも政府支出のほうが大きいという考えに至ることができれば，ウを選択することができる。

　よって，ウが正解である。

国民所得統計	ランク	1回目	2回目	3回目
	A	/	/	/

■平成 30 年度　第 2 問

下図は，1995 年度以降の日本の総需要のうち，消費支出，投資支出，政府支出の変化（対前年度変化率）の推移を示している。図中の a ～ c に該当するものの組み合わせとして，最も適切なものを下記の解答群から選べ。

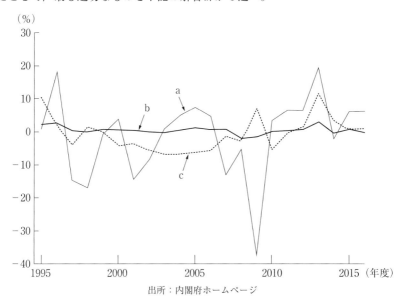

出所：内閣府ホームページ

〔解答群〕

　　ア　a：消費支出　　b：政府支出　　c：投資支出

　　イ　a：消費支出　　b：投資支出　　c：政府支出

　　ウ　a：政府支出　　b：消費支出　　c：投資支出

　　エ　a：投資支出　　b：消費支出　　c：政府支出

解答	エ

■**解説**

　日本の GDP を支出面から分析する問題である。内閣府のホームページのどの資料をもとにしたグラフかは定かでないが，2008 年のリーマンショックによる企業の投資＝投資支出が大きく減少している点に着目し，a が投資支出と特定できれば，正解の選択肢エを選ぶことができる。

　よって，エが正解である。

各種統計	ランク	1回目	2回目	3回目
	A	/	/	/

■平成 26 年度　第 3 問

下図は，アメリカとユーロ圏の消費と失業率の動向について描き出したものである。図中の a ～ d に該当する国または地域の組み合わせとして，最も適切なものを下記の解答群から選べ。

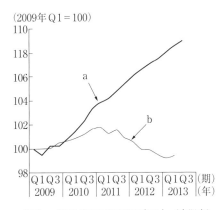

図 1　消費の動向

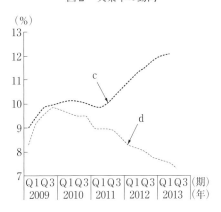

図 2　失業率の動向

出所：『世界経済の潮流2013年Ⅱ』（内閣府）

〔解答群〕

ア　a：アメリカ　b：ユーロ圏　c：アメリカ　d：ユーロ圏

イ　a：アメリカ　b：ユーロ圏　c：ユーロ圏　d：アメリカ

ウ　a：ユーロ圏　b：アメリカ　c：アメリカ　d：ユーロ圏

エ　a：ユーロ圏　b：アメリカ　c：ユーロ圏　d：アメリカ

解答	イ

■解説

　内閣府が発行する「世界経済の潮流　2013年Ⅱ（2013年下半期　世界経済報告）」（http://www5.cao.go.jp/j-j/sekai_chouryuu/sa13-02/index-pdf.html）からの出題である。

　「世界経済の潮流」は，内閣府が年2回公表する世界経済に関する報告書である。

　本問は，「第1章　主要国・地域の景気動向と見通し」の「第1節　世界経済の概観」p.11 からの出題であった。

　これによると，a はアメリカ，b はユーロ圏，c はユーロ圏，d はアメリカであることがわかる。

　アメリカとユーロ圏の消費動向や失業率の動向は，日常的に新聞などで把握できるため，グラフの正確なデータなどがわからなくても比較的容易に解答できた問題である。

　2013年度の世界経済の動向は，アメリカの景気が回復し消費が伸びる一方，ユーロ圏は景気回復が遅れた結果，消費はアメリカが伸長する一方で，ユーロ圏は失業率が上昇した。

　よって，イが正解である。

各種統計	ランク	1回目	2回目	3回目
	A	／	／	／

■平成29年度　第1問

下図は，日本，アメリカ，EU の失業率の推移を示している。

図中のa～cに該当する国・地域の組み合わせとして，最も適切なものを下記の解答群から選べ。

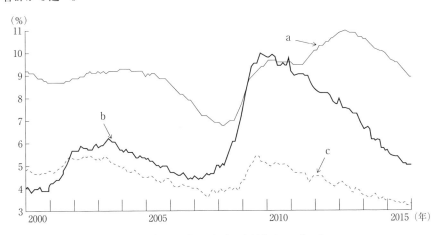

出所：内閣府『世界経済の潮流』(2016年Ⅰ)

〔解答群〕

ア　a：EU　　　b：アメリカ　c：日本

イ　a：EU　　　b：日本　　　c：アメリカ

ウ　a：アメリカ　b：EU　　　c：日本

エ　a：アメリカ　b：日本　　　c：EU

オ　a：日本　　　b：アメリカ　c：EU

解答	ア

■解説

　内閣府『世界経済の潮流2016年Ⅰ』から，日本，アメリカ，EUの失業率の推移に関する問題である。平成20年度第3問では日本の失業率，平成26年度第3問ではユーロ圏とアメリカの失業率が問われているので，両方を押さえて，だいたいの水準を把握しておけば正答に到達することができた。

　実際の図は下記のとおりである。EUに比べ，英国の失業率は低いという文脈の中で参照された。問題文中のグラフでは英国が削除されている。

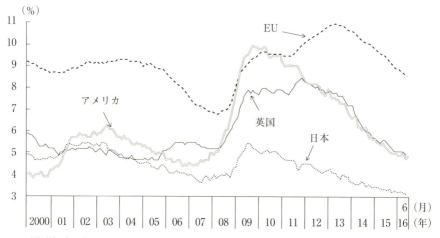

（備考）各国統計より作成。
（出所：内閣府ホームページ
http://www5.cao.go.jp/j-j/sekai_chouryuu/sh16-01/s1_16_2_3.html#s1_16_2_3_16z）

　日ごろから日本経済新聞などを読んでいれば，先進国の中でも日本の失業率が最も低いため，cが日本であるということは比較的容易に到達できたといえる。

　次に，選択肢aはアメリカかEUかということを選択する必要があるが，アメリカはリーマンショック後，経済は比較的順調である一方，EUはドイツ，英国以外は経済が好調とはいえないため，アメリカのほうが失業率が低いと推定できる。

　以上から，aはEU，bがアメリカ，cが日本となり，アが正しいといえる。
　よって，アが正解である。

106

各種統計	ランク	1回目	2回目	3回目
	A	/	/	/

■平成24年度　第3問

下図は，4つの国について，物価上昇率と失業率の関係を見るために作成されたものである。なお，統計は，2000年～2010年暦年と2011年Q1～Q3の3四半期データにもとづき，中国のみは2010年までのデータである。

これらの図の説明として，最も適切なものを下記の解答群から選べ。

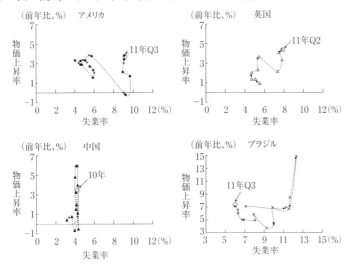

出所：内閣府『世界経済の潮流』（2011年Ⅱ）

〔解答群〕

　ア　アメリカのデータには，失業率と物価上昇率との間に負の相関が緩やかに見てとれるので，オークンの法則が部分的には満たされている。

　イ　英国のデータは，短期的なフィリップス曲線の有する典型的な特性とは異なる姿を示している。

　ウ　中国のデータは，ペティー＝クラークの法則が示した物価上昇率の停滞を表す状況を示している。

　エ　ブラジルのデータによれば，物価上昇率と失業率の値がともに10％を超えていたが，こうした状況はリフレーションといわれる。

解答	イ

■解説

ア：不適切である。「オークンの法則」とは，実質 GDP 変化率と失業率の変化との間に観察される負の相関関係のことをいう。たとえば，実質 GDP が 1％低下したら，失業率が 0.5％上昇するといった具合である。

イ：適切である。「フィリップス曲線」は，フィリップがイギリスで 100 年間にわたる名目賃金の変化と失業率の関係を調査した結果，両者にはトレードオフの関係があることを発見し，このことを示す曲線のことを指す。これを物価上昇率と失業率の関係で表したものを「物価版フィリップス曲線」といい，本肢ではこの曲線のことを「フィリップス曲線」といっている。英国のデータは，物価上昇率と失業率がおおむね正の相関関係となっており，トレードオフの関係にはなっていないため，フィリップス曲線の特性とは異なる姿である。

ウ：不適切である。「ペティー＝クラークの法則」とは，農業，製造業，商業の順に収益は高まるというペティの認識に基づき，クラークが国民所得の国際比較，時系列比較により実証して名付けた統計的法則で，国民所得の増大につれて産業構造の比重が 1 次産業から 2 次産業，3 次産業へと移るというものである。したがって，「ペティー＝クラークの法則が示した物価上昇率の停滞を表す状況を示している」とする部分が不適切である。

エ：不適切である。リフレーションとは，景気循環の過程で，下降局面から回復の局面に入り，なお，完全雇用・物価騰貴の段階には達していない状態のことである。言い換えれば，デフレを抜け，インフレには達していない状態である。ブラジルのデータを見れば，物価が上昇するインフレに達していることが明らかであるため，リフレーションの状態ではない。

よって，イが正解である。

108

第 2 章　主要経済指標の読み方

各種統計	ランク	1回目	2回目	3回目
	A	／	／	／

■平成 24 年度　第 2 問

物価指数の作成に関する説明として，最も適切なものはどれか。

　　ア　総務省統計局が公表している消費者物価指数は，パーシェ式で計算されている。

　　イ　ラスパイレス式の特色は，比較時点の構造変化に伴う品目の重要度の変化を，ウェイトに取り込めるところである。

　　ウ　ラスパイレス式は，基準時点ウェイトを採用する加重総和法算式を用いている。

　　エ　隣接年次間の連環指数を使って計算される連鎖指数は，比較時点の構造変化に伴う品目の重要度の影響を取り除く目的で計算されている。

109

解答	ウ

■解説

　総務省統計局ホームページの「消費者物価指数に関する Q & A」を参考に解説する。平成 13 年度第 4 問と類似している問題である。

　ラスパイレス物価指数とパーシェ物価指数の計算式は下記のとおりである。

　　　ラスパイレス物価指数＝（比較時点の価格×基準時数量）
　　　　　　　　　　　　　　　　÷（基準時点の価格×基準時数量）×100
　　　パーシェ物価指数＝（比較時点の価格×比較時点数量）
　　　　　　　　　　　　　　÷（基準時点の価格×比較時点数量）×100

ア：不適切である。消費者物価指数はラスパイレス算式で計算されている。パーシェ指数で計算されているのは GDP デフレータである。

イ：不適切である。比較時点の構造変化にともなう重要度の変化を取り込むのはパーシェ算式である。

ウ：適切である。ラスパイレス指数は，基準時点の数量ウェイトで加重平均する。

エ：不適切である。消費構造を適切に反映した結果にするため，前年の家計調査の結果を基に直近のウェイトを求め，そのウェイトを用いて計算した指数を毎月作成している。この指数は，連鎖方式によるラスパイレス指数と呼ばれている。連鎖方式とは，ある時点についてその直前の時点を基準とする指数を算出し，これら隣接する二時点間の指数（これを連環指数という）を順次掛け合わせた指数（連鎖指数）を算出する方式である。ラスパイレス指数は基準時点の数量ウェイトで加重平均する指数であるため，「比較時点」とする本肢は不適切である。

　よって，ウが正解である。

第2章　主要経済指標の読み方

各種統計	ランク	1回目		2回目		3回目	
	A	/		/		/	

■平成28年度　第5問

　日本銀行は，2013年1月に「物価安定の目標」として消費者物価の前年比上昇率を2%と定めた。これは消費者物価指数（CPI）によって測られる。消費者物価指数に関する記述として，最も適切なものの組み合わせを下記の解答群から選べ。

　　a　消費者物価指数は，家計に直接影響する物価の変動を的確にとらえるために，消費者が購入するすべての商品を対象として価格を調査している。

　　b　消費者物価指数は，家計による消費支出を対象とするので，消費税などの間接税を含まない。

　　c　生鮮食品を除く総合指数による消費者物価指数は，「コアCPI」と呼ばれる。

　　d　総務省が作成する消費者物価指数はラスパイレス方式である。

〔解答群〕

　ア　aとb

　イ　aとc

　ウ　bとc

　エ　bとd

　オ　cとd

111

解答	オ

■解説

消費者物価指数に関する問題である。

消費者物価指数とは，消費者の購入する商品・サービスの価格変動を測る物価指数である。一般には，個別品目ごとの基準時に対する価格比率を，消費支出額をウェイトにして加重平均して算出するラスパイレス指数によって算出する。

a：不適切である。調査対象となる商品・サービスは，消費者が購入するすべての商品・サービスではない。すべてを網羅することは不可能なので，家計の上で重要度の高い商品を代表として選ぶ。選定した商品・サービスを指数品目と呼んでいる。ちなみに，現在の指数品目は，平成22年の家計調査の結果をもとに，家計の上で重要な商品（財やサービス）として選定した587品目に「持家の帰属家賃」1品目を加えた588品目が設定されている。

b：不適切である。所得税，住民税などの直接税や社会保険料などの支出（非消費支出）は指数品目に含めない。また，預貯金，積立て型の保険掛金，有価証券購入，土地や住宅購入などの支出（貯蓄及び財産購入のための支出）も含めない。一方，消費税などの間接税は，消費支出に含まれているので，商品の価格の一部として消費者物価指数に含める。

c：適切である。総務省統計局によると「コアCPI」は正式名称ではないが，物価の基調をみるための指標として，「総合」の消費者物価指数から天候に左右されて変動の大きい「生鮮食品」を除く総合指数を「コア」指数と呼ぶ場合があるとしている。

d：適切である。上記説明にもあるとおり，総務省が作成する消費者物価指数はラスパイレス方式である。

よって，オが正解である。

第2章　主要経済指標の読み方

各種統計	ランク	1回目	2回目	3回目
	A	/	/	/

■平成27年度　第5問

　2種類の財（A財とB財）を用いて，物価指数を計算する。これらの財の数量と単位当たりの価格は，基準年と比較年でそれぞれ以下の表のとおりであった。基準年の物価指数を100とした場合，比較年の物価指数として最も適切なものを下記の解答群から選べ。

	A財		B財	
	数量	価格	数量	価格
基準年	10	10	10	10
比較年	11	9	9	11

〔解答群〕

　ア　ラスパイレス指数では99，パーシェ指数では100

　イ　ラスパイレス指数では99，パーシェ指数でも99

　ウ　ラスパイレス指数では100，パーシェ指数では99

　エ　ラスパイレス指数では100，パーシェ指数でも100

解答	ウ

■**解説**

ラスパイレス物価指数とパーシェ物価指数の計算式は下記のとおりである。

ラスパイレス物価指数＝(比較時点の価格×基準時数量)

÷(基準時点の価格×基準時数量)×100

パーシェ物価指数＝(比較時点の価格×比較時点数量)

÷(基準時点の価格×比較時点数量)×100

上記の式に設問の値を代入すると，以下のとおりとなる。

ラスパイレス物価指数＝(A財(比較時点の価格9×基準時点の数量10)＋B財(基準時点の価格11×基準時点の数量10))÷(A財(基準時点の価格10×基準時点の数量10)＋(B財(基準時点の価格10×基準時点の数量10)×100＝100

パーシェ物価指数＝A財(比較時点の価格9×比較時点の数量11)＋B財(比較時点の価格11×比較時点の数量9))÷(A財(基準時点の価格10×比較時点の数量11)＋(B財(基準時点の価格10×比較時点の数量9)×100＝99

よって，ウが正解である。

114

第 2 章　主要経済指標の読み方

各種統計	ランク	1回目	2回目	3回目
	A	／	／	／

■平成 30 年度　第 4 問

　経済を時系列で捉えるときには，名目値と実質値の区別が大切である。これらの関係を理解するために，次のような設例を考える。この設例では，商品 A と商品 B の 2 つがあり，それぞれの価格と生産量は下表のようになる。基準年を 2015 年とするとき，この設例に関する記述として，最も適切なものを下記の解答群から選べ。

	商品 A		商品 B	
	価格	生産量	価格	生産量
2015 年	100 円	10 個	100 円	10 個
2017 年	110 円	9 個	90 円	11 個

〔解答群〕

　ア　2017 年の実質 GDP は，1,980 円である。

　イ　2017 年の物価指数（パーシェ型）は，100 になる。

　ウ　2017 年の物価指数（ラスパイレス型）は，100 になる。

　エ　2017 年の名目 GDP は，2,000 円である。

115

解答	ウ

■解説

物価指数に関する問題である。平成27年度第5問と酷似している。パーシェ型，ラスパレイス型は，過去に何度か出題されているので，計算方法と両者の違いを正確に把握しておきたい。両者の計算式は以下のとおりである。

ラスパイレス物価指数＝（比較時点の価格×基準時数量）

÷（基準時点の価格×基準時数量）× 100

パーシェ物価指数＝（比較時点の価格×比較時点数量）

÷（基準時点の価格×比較時点数量）× 100

	商品 A		商品 B	
	価格	生産量	価格	生産量
2015 年	100 円	10 個	100 円	10 個
2017 年	110 円	9 個	90 円	11 個

基準年は2015年なので，上記式に各値を当てはめていくと以下のとおりになる。

ラスパイレス指数 $= \dfrac{110円 \times 10個 + 90円 \times 10個}{100円 \times 10個 + 100円 \times 10個} \times 100 = 100$

パーシェ指数 $= \dfrac{110円 \times 9個 + 90円 \times 11個}{100円 \times 9個 + 100円 \times 11個} \times 100 = 99$

以上を踏まえ，各選択肢を確認していく。

ア：不適切である。2017年度の実質GDPは，パーシェ指数で計算されるので，実質GDP＝名目GDP（2017年度の商品Aと商品Bの価格合計1,980円）÷パーシェ指数（0.99）＝2,000円となる。

イ：不適切である。2017年の物価指数（パーシェ型）は上記のとおり，99になる。

ウ：適切である。2017年の物価指数（ラスパレイス型）は上記のとおり，100になる。

エ：不適切である。2017年の名目GDPは，110円×9個＋90円×11個＝1,980円となる。

よって，ウが正解である。

116

第2章　主要経済指標の読み方

産業連関表	ランク	1回目	2回目	3回目
	B	／	／	／

■平成27年度　第22問

　下表は，中小企業庁が公表している「2005年規模別産業連関表」の一部を抜き出したものである。

　「一般機械（小）部門が電力・ガス・水道部門から購入した中間投入財の金額」（以下，「中間投入財」という。）と「一般機械（小）部門が生み出した付加価値額」（以下，「付加価値」という。）の組み合わせとして，最も適切なものを下記の解答群から選べ。

（単位：10億円）

	一般機械(小)	電力・ガス・水道	内生部門計	需要合計	国内生産額
一般機械（小）	1,842	23	5,247	16,959	15,676
電力・ガス・水道	167	1,676	18,279	26,792	26,789
内生部門計	9,610	13,771	456,180	1,020,185	947,702
国内生産額	15,676	26,789	947,702		

注：（小）は中小企業をさす。
出所：『2005年規模別産業連関表』（中小企業庁）

〔解答群〕

　　ア　中間投入財：230億円　　付加価値：6兆660億円

　　イ　中間投入財：230億円　　付加価値：11兆7,120億円

　　ウ　中間投入財：1,670億円　　付加価値：6兆660億円

　　エ　中間投入財：1,670億円　　付加価値：11兆7,120億円

117

解答	ウ

■解説

総務省のホームページ（http://www.soumu.go.jp/main_content/000286849.pdf）に産業連関表の見方を説明した資料がある。それによれば，下記のとおりとなる。

右図のA産業を縦（列）方向に見ると，A産業から30億円，B産業から60億円の原材料を購入し，210億円の粗付加価値を生み出すことで300億円の生産が行われたことを示す。また，A産業を横（行）に見ると，生産額300億円のうち原材料としてA産業とB産業へ各々30億円及び150

（単位：億円）

		中間需要		最終需要	生産額
		A産業	B産業		
中間投入	A産業	30	150	120	300
	B産業	60	250	190	500
粗付加価値		210	100		
生　産　額		300	500		

億円，最終需要として120億円売られ（産出され）たことを示す。なお，縦の合計（投入額合計）と横の合計（産出額合計）は一致し，当該産業の生産額に等しい。本表では，A産業の投入計及び産出計は300億円，B産業のそれは500億円である。

本問の場合，「一般機械（小）部門が電力・ガス・水道部門から購入した中間投入財の金額」は，一般機械（小）を縦に見ると，中間投資財は電力・ガス・水道から購入した1,670億円，「一般機械（小）部門が生み出した付加価値額」は，一般機械（小）を縦に見た場合の国内生産額15兆6,760億円から中間投入額の合計の内生部門計である9兆6,100億円を引いた6兆660億円となる。

（単位：10億円）

	一般機械(小)	電力・ガス・水道	内生部門計	需要合計	国内生産額
一般機械（小）	1,842	23	5,247	16,959	15,676
電力・ガス・水道	167	1,676	18,279	26,792	26,789
内生部門計	9,610	13,771	456,180	1,020,185	947,702
国内生産額	15,676	26,789	947,702		

よって，ウが正解である。

第 2 章　主要経済指標の読み方

景気動向指数	ランク	1回目		2回目		3回目	
	A	／		／		／	

■平成 24 年度　第 1 問

　内閣府の景気動向指数において，先行系列の経済指標として，最も適切なものはどれか。

　　ア　機械製造業者が受注する設備用機械の受注状況を調査したものである「実質機械受注（船舶・電力を除く民需）」

　　イ　生産された製品の出荷動向を総合的に表した指標である「鉱工業生産財出荷指数」

　　ウ　生産量と生産能力の比から求めた指標である「稼働率指数（製造業）」

　　エ　設備投資を，投資主体の資産増加として実現した段階でとらえたものである「実質法人企業設備投資（全産業）」

119

解答	ア

■解説

　平成 21 年度第 5 問と同様の論点である。景気動向指標は，先行系列，一致系列，遅行系列の 3 種類に分けられる。

　先行系列は景気の山や谷に先んじて山や谷を示す指標，遅行系列は先行系列とは逆に景気の山や谷に遅れて山や谷を示す指標である。一致系列は景気の山や谷の時に同時に山や谷を示す指標である。

　なお，平成 27 年 6 月の 11 次改定で景気動向指数は下記のとおりとなっている。

先行系列	一致系列	遅行系列
最終需要財在庫率指数 鉱工業生産財在庫率指数 新規求人数（除学卒） 実質機械受注（製造業） 新設住宅着工床面積 消費者態度指数 日経商品指数（42 種総合） マネーストック（M2） 東証株価指数 投資環境指数（製造業） 中小企業売り上げ見通し D.I.	生産指数（鉱工業） 鉱工業生産財出荷指数 耐久消費財出荷指数 所定外労働時間指数（調査産業計） 投資財出荷指数（除輸送機械） 商業販売額（小売業） 商業販売額（卸売業） 営業利益（全産業） 有効求人倍率（除学卒）	第 3 次産業活動指数（対事業所サービス） 常用雇用指数（調査産業計） 実質法人企業設備投資（全産業） 家計消費支出（全国勤労者世帯，名目） 法人税収入 完全失業率 きまって支給する給与（製造業，名目） 消費者物価指数（生鮮食品を除く総合） 最終需要財在庫指数

　ア：適切である。実質機械受注（船舶・電力を除く民需）は先行系列の経済指標である。ただし，第 11 次改定により，実質機械受注は製造業のみとなった。

　イ：不適切である。鉱工業生産財出荷指数は一致系列の経済指標である。

　ウ：不適切である。稼働率指数（製造業）は平成 23 年 10 月に改定され，景気動向指数から除外されている。

　エ：不適切である。実質法人企業設備投資（全産業）は遅行系列の経済指標である。

　よって，アが正解である。

第2章　主要経済指標の読み方

景気動向指数	ランク	1回目		2回目		3回目	
	A	/		/		/	

■平成29年度　第6問

　景気動向指数の個別系列は，先行系列，一致系列，遅行系列に分けられる。各系列の具体例の組み合わせとして，最も適切なものはどれか。

　　ア　先行系列：消費者物価指数（生鮮食品を除く総合）
　　　　一致系列：実質法人企業設備投資（全産業）
　　　　遅行系列：法人税収入

　　イ　先行系列：所定外労働時間指数（調査産業計）
　　　　一致系列：耐久消費財出荷指数
　　　　遅行系列：営業利益（全産業）

　　ウ　先行系列：中小企業売上げ見通しDI
　　　　一致系列：新規求人数（除学卒）
　　　　遅行系列：新設住宅着工床面積

　　エ　先行系列：東証株価指数
　　　　一致系列：有効求人倍率（除学卒）
　　　　遅行系列：完全失業率

121

解答	エ

■解説

景気動向指数に関する問題である。先行系列は景気の山や谷に先んじて山や谷を示す指標，遅行系列は先行系列とは逆に景気の山や谷に遅れて山や谷を示す指標，一致系列は景気の山や谷の時に同時に山や谷を示す指標である。

第11次改定（2015年7月）以降，2017年2月時点で29系列の指数が存在する。

先行系列	一致系列	遅行系列
最終需要財在庫率指数 鉱工業生産財在庫率指数 新規求人数（除学卒） 実質機械受注（製造業） 新設住宅着工床面積 消費者態度指数 日経商品指数（42種総合） マネーストック（M2） 東証株価指数 投資環境指数（製造業） 中小企業売り上げ見通しD.I.	生産指数（鉱工業） 鉱工業生産財出荷指数 耐久消費財出荷指数 所定外労働時間指数（調査産業計） 投資財出荷指数（除輸送機械） 商業販売額（小売業） 商業販売額（卸売業） 営業利益（全産業） 有効求人倍率（除学卒）	第3次産業活動指数（対事業所サービス） 常用雇用指数（調査産業計） 実質法人企業設備投資（全産業） 家計消費支出（全国勤労者世帯，名目） 法人税収入 完全失業率 きまって支給する給与（製造業，名目） 消費者物価指数（生鮮食品を除く総合） 最終需要財在庫指数

なお，一致系列の中小企業出荷指数（製造業）は2016年12月をもって公表が休止された。

改定は必要に応じて行われるが，改定内容が出題される傾向があるので，試験前に内閣府のホームページをチェックしておく必要がある。

ア：不適切である。消費者物価指数（生鮮食品を除く総合）と実質法人企業設備投資（全産業），法人税収入はすべて遅行系列である。

イ：不適切である。所定外労働時間指数（調査産業計）と耐久消費財出荷指数，営業利益（全産業）はすべて一致系列である。

ウ：不適切である。中小企業売上げ見通しDIと新規求人数（除学卒），新設住宅着工床面積はすべて先行系列である。

エ：適切である。東証株価指数は先行系列，有効求人倍率（除学卒）は一致系列，完全失業率は遅行系列である。

よって，エが正解である。

景気動向指数	ランク	1回目		2回目		3回目	
	A	／		／		／	

■平成30年度　第3問

　景気動向指数には，コンポジット・インデックス（CI）とディフュージョン・インデックス（DI）がある。CIとDIによる景気判断に関する記述として，最も適切なものはどれか。

ア　CI一致指数が上昇から低下に変わるとき，景気は谷にある。

イ　CI一致指数が上昇しているとき，景気は拡張局面にある。

ウ　DI一致指数が50%未満から50%超へ変わるとき，景気は山にある。

エ　DI一致指数が50%を下回るとき，景気は拡張局面にある。

解答	イ

■解説

　景気動向指数に関する内容である。内閣府のホームページに掲載されている「景気動向指数の利用の手引き」によれば，景気動向指数は，景気の現状把握および将来予測に資するために作成された指標である。景気動向指数には，コンポジット・インデックス（CI）とディフュージョン・インデックス（DI）がある。CIは景気変動の大きさやテンポ（量感）を，DIは景気の各経済部門への波及の度合い（波及度）を測定することを主な目的とする。

　従来，景気動向指数はDIを中心とした公表形態であったが，近年，景気変動の大きさや量感を把握することがより重要になっていることから，2008年4月分以降，CI中心とした公表形態に移行した。（DIも景気の波及度を把握するための重要な指標であることから，参考指標として引き続き，作成・公表している。）

　CIとDIには，それぞれ，景気に対し先行して動く先行指数，ほぼ一致して動く一致指数，遅れて動く遅行指数の3つの指数がある。景気の現状把握に一致指数を利用し，先行指数は，一般的に，一致指数に数カ月先行することから，景気の動きを予測する目的で利用する。遅行指数は，一般的に，一致指数に数カ月から半年程度遅行することから，事後的な確認に用いる。

　CIとDIは共通の指標を採用しており，採用系列数は，先行指数11，一致指数9，遅行指数9の29系列である。

　CI一致指数が上昇しているときは景気の拡張局面，低下しているときは後退局面であり，CI一致指数の動きと景気の転換点はおおむね一致する。CI一致指数の変化の大きさから，景気の拡張または後退のテンポを読み取る。

　DIは採用系列のうち改善している指標の割合のことで，景気の各経済部門への波及の度合いを表す。DI一致指数は，景気拡張局面では50%を上回り，後退局面では下回る傾向がある。

　　ア：不適切である。CI一致指数が上昇から低下に変わるとき，景気は山にある。

　　イ：適切である。　CI一致指数が上昇しているとき，景気は拡張局面にある。

　　ウ：不適切である。DI一致指数が50%未満から50%超へ変わるとき景気は谷にある。

　　エ：不適切である。DI一致指数が50%下回るとき，景気は後退局面にある。

　よって，イが正解である。

景気動向指数	ランク	1回目	2回目	3回目
	A	/	/	/

■平成26年度　第2問

下図は，次の4つの指標の四半期ごとの推移を，a～dに表したものである。
・大企業の生産・営業用設備判断　DI
・中小企業の生産・営業用設備判断　DI
・金融機関の大企業に対する貸出態度判断　DI
・金融機関の中小企業に対する貸出態度判断　DI

「生産・営業用設備判断　DI」については「過剰」と回答した割合から「不足」と回答した割合を引いたもの，「金融機関の貸出態度判断　DI」については「緩い」と回答した割合から「厳しい」と回答した割合を引いたものとなっている。

これらのうち，「中小企業の生産・営業用設備判断　DI」（以下，「設備」という。）と，「金融機関の中小企業に対する貸出態度判断　DI」（以下，「貸出態度」という。）を表すものとして，最も適切なものの組み合わせを下記の解答群から選べ。

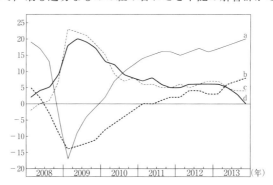

出所：『全国企業短期経済観測調査』（日本銀行）

〔解答群〕

　ア　設備がbで，貸出態度がa
　イ　設備がdで，貸出態度がa
　ウ　設備がdで，貸出態度がb
　エ　設備がdで，貸出態度がc

| 解答 | ウ |

■解説

　日本銀行の短観（調査全容）一覧（http://www.boj.or.jp/statistics/tk/zenyo/index.htm/）から当該データを入手できる。グラフ化すると下記のとおりとなる。これによれば，「中小企業の生産・営業用設備判断　DI」はd，「金融機関の中小企業に対する貸出態度判断　DI」はbということがわかる。

　よって，ウが正解である。

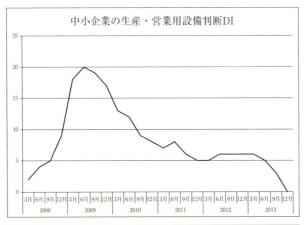

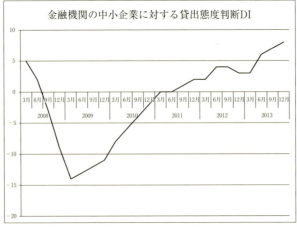

第 3 章

財政政策と金融政策

1. IS−LM 曲線

▶▶ 出題項目のポイント

　IS 曲線は財市場（投資と貯蓄）が均衡する国民所得と利子率の組み合わせであり，LM 曲線は貨幣市場（貨幣需要と貨幣供給）が均衡する国民所得と利子率の組み合わせを表している。

　頻出論点は，曲線の傾きに影響を与える条件に関する知識と IS−LM 曲線グラフ上での超過需要・超過供給の発生する領域に関する知識である。

① IS 曲線と LM 曲線の傾きの緩急を決める条件
　■ IS 曲線の傾き

表1	投資の利子率感応度		限界消費性向	
	小	大	小	大
傾き	急になる（大きくなる）	緩やかになる（小さくなる）	急になる（大きくなる）	緩やかになる（小さくなる）

　■ LM 曲線の傾き

表2	貨幣需要の利子率感応度		所得感応度	
	小	大	小	大
傾き	急になる（大きくなる）	緩やかになる（小さくなる）	緩やかになる（小さくなる）	急になる（大きくなる）

② IS − LM 曲線グラフ上での超過需要・超過供給発生領域

　試験対策上は，超過供給と超過需要の導出プロセスを理解するよりは，下記の図を覚えるほうが効率がよい。

【図1】

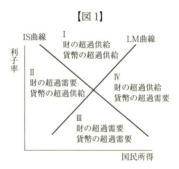

第 3 章　財政政策と金融政策

③ IS 曲線，LM 曲線のシフト

IS 曲線，LM 曲線がシフトする条件も頻出である。IS 曲線や LM 曲線は有効需要の拡大・縮小でシフトする。

表 3	投資や政府支出の増加・減税などで有効需要が拡大	投資や政府支出の減少・増税などで有効需要が縮小
IS 曲線	右にシフト	左にシフト

表 4	貨幣供給の増加や物価の下落で有効需要が拡大	貨幣供給の減少や物価の上昇で有効需要が縮小
LM 曲線	右にシフト	左にシフト

▶▶ 出題の傾向と勉強の方向性

IS 曲線と LM 曲線に関する主な論点は下記の 2 点である。過去問を解きながら，上記の論点をしっかりと把握しておこう。

① IS 曲線と LM 曲線の傾きの緩急やシフトを決める条件

平成 14 年度第 11 問，平成 19 年度第 5 問，平成 21 年度第 8 問，平成 24 年度第 9 問，平成 27 年度第 6 問，平成 28 年度第 11 問，令和 2 年度第 6 問（設問2）など高頻度で問われている。

② IS-LM 曲線グラフ上での超過需要・超過供給発生領域に関する問題

平成 17 年度第 3 問，平成 21 年度第 8 問で問われている。

なお，平成 29 年度第 9 問では上記①，②の両方を，平成 13 年度第 8 問では，IS-LM 分析の特徴について，出題されている。

■取組状況チェックリスト

1. IS-LM 曲線

問題番号	ランク	1 回目		2 回目		3 回目	
平成 29 年度　第 9 問	A	/		/		/	
平成 21 年度　第 8 問	A	/		/		/	
平成 28 年度　第 11 問	A	/		/		/	
平成 24 年度　第 9 問	A	/		/		/	
令和 2 年度　第 6 問（設問 2）	A	/		/		/	
平成 27 年度　第 6 問	A	/		/		/	

129

IS-LM曲線

ランク	1回目	2回目	3回目
A	/	/	/

■平成29年度　第9問

下図は，IS曲線とLM曲線を描いている。この図に基づいて，下記の設問に答えよ。

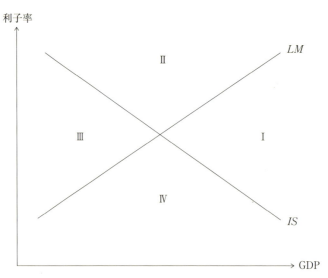

（設問1）

IS曲線，LM曲線は，それぞれ生産物市場と貨幣市場を均衡させるGDPと利子率の関係を表している。下記の記述のうち，最も適切なものはどれか。

　ア　Iの領域では，生産物市場が超過需要であり，貨幣市場が超過供給である。

　イ　IIの領域では，生産物市場と貨幣市場がともに超過供給である。

　ウ　IIIの領域では，生産物市場と貨幣市場がともに超過需要である。

　エ　IVの領域では，生産物市場が超過供給であり，貨幣市場が超過需要である。

（設問 2）

　公債の資産効果を *IS* − *LM* 分析によって考察する。下記の記述のうち，最も適切なものはどれか。

　　ア　資産効果は，家計の消費支出を刺激することで，*IS* 曲線を左方にシフトさせる。

　　イ　資産効果は，必ず GDP を増加させる。

　　ウ　資産効果は，必ず利子率を上昇させる。

　　エ　資産効果は，貨幣需要を増加させることで，*LM* 曲線を右方にシフトさせる。

(設問1)

| 解答 | イ |

■解説

　平成17年度第3問とほぼ同一の問題であり，IS-LM曲線に関する論点の基本を押さえた良問である。本書の第3章の②の図1をしっかり覚えておくことで対応できる。
　財市場の均衡を表すのがIS曲線，貨幣市場の均衡を表すのがLM曲線である。所得を横軸，利子率を縦軸にとったとき，右下がりのIS曲線の右側では財市場で超過供給が起こっており，左側では超過需要が起こっている。

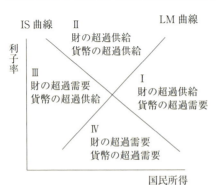

　また，右上がりのLM曲線の右側では貨幣市場で貨幣の超過需要，左側では超過供給が起こっている。図にすると左記のとおりとなる。
　なお，IS曲線とは財市場の均衡を表す曲線だが，Iは投資，Sは貯蓄のことである。
　すなわち，財市場とは投資と貯蓄の市場である。簡単にいうと，貯蓄は家計が銀行に預けたお金のことであり，銀行はそのお金を民間企業に融資し，企業はそれを投資に回している。
　つまり，貯蓄がお金を供給し，投資がお金を需要しているということである。
　投資＜貯蓄の状態を「超過供給」，投資＞貯蓄の状態を「超過需要」になっているという。
　また，LM曲線とは貨幣市場の均衡を表す曲線だが，Lは貨幣需要，Mは貨幣供給のことである。
　貨幣市場は，実質貨幣供給と貨幣需要（取引的動機＋予備的動機＋投機的動機による貨幣需要の合計）の市場である。
　貨幣供給＞貨幣需要の状態を「超過供給」，貨幣供給＜貨幣需要の状態を「超過需要」という。
　よって，イが正解である。

(設問2)

解答	ウ

■解説

　資産効果とは，消費者の保有する資産が消費に与える効果のことであり，消費者の所得が同じならば，資産を多く持っていたほうがより多く消費するという考え方である。また，資産が増加するとそれを貨幣で保有しようとするため，貨幣需要も増加することも資産効果の1つである。

　公債の資産効果とは，公債残高の増加により消費支出が増大するという効果のことである。公債残高が増加すると，国民が自らの資産が増加したと考えるために生じるとされる。これに対し，公債残高の増加が将来の増税につながることを国民は認識しているため，消費支出を増加させることはないという説もある。

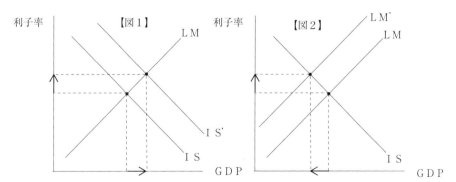

- ア：不適切である。資産効果は，家計の消費支出を刺激することで，IS曲線を左方ではなく右方にシフトさせる（図1）。
- イ：不適切である。資産効果には，貨幣需要の増加効果と消費増加効果があるが，貨幣需要の増加効果は発生し，消費増加効果が発生しない場合，利子率は上昇するが，GDPは減少する（図2）。
- ウ：適切である。資産効果は，貨幣需要を増加させるため，必ず利子率を上昇させる（図1，図2）。
- エ：不適切である。資産効果は，貨幣需要を増加させることで，LM曲線を右方ではなく，左方にシフトさせる（図2）。

　よって，ウが正解である。

IS-LM曲線	ランク	1回目	2回目	3回目
	A	/	/	/

■平成21年度　第8問

次のIS-LM分析に関する文章を読んで，下記の設問に答えよ。

下図は，生産物市場の均衡を表すIS曲線と，貨幣市場の均衡を表すLM曲線を描いている。

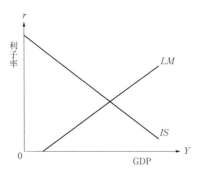

まず，生産物市場の均衡条件は，

$$Y = C + I + G$$

で与えられる。ここで，Y：GDP，C：消費支出，I：投資支出，G：政府支出である。

消費関数は，

$$C = C_0 + c(Y - T_0)$$

であり，C_0：独立消費，c：限界消費性向（$0 < c < 1$），T_0：租税収入（定額税）である。

また，投資関数は，

$$I = I_0 - ir$$

であり，I_0：独立投資，i：投資の利子感応度，r：利子率である。

さらに，政府支出は与件であり，$G = G_0$とする。

この結果，IS曲線は，

$$r = -\frac{1-c}{i}Y + \frac{C_0 - cT_0 + I_0 + G_0}{i}$$

として導出される。①この式はIS曲線の傾きや位置を示すものである。

第 3 章　財政政策と金融政策

次に，貨幣市場の均衡条件は，

M＝L

である。ここで，M：貨幣供給，L：貨幣需要である。

貨幣需要関数は，

L＝kY－hr

で与えられ，k：貨幣需要の所得感応度，h：貨幣需要の利子感応度である。

また，貨幣供給は与件であり，M＝M_0 とする。

これらから，LM 曲線が導出され，

$$r = \frac{k}{h}Y - \frac{M_0}{h}$$

として示される。②この式は LM 曲線の傾きや位置を表している。

（設問 1）

文中の下線部①について，IS 曲線の特徴に関する説明として，最も適切なものの組み合わせを下記の解答群から選べ。

a　IS 曲線より右側の領域では，生産物市場は超過供給の状態にある。

b　限界貯蓄性向が大きいほど，IS 曲線はより緩やかな形状で描かれる。

c　政府支出の拡大と増税が同じ規模で実施された場合，IS 曲線の位置は変わらない。

d　投資の利子感応度が小さいほど，IS 曲線はより急な形状で描かれる。

〔解答群〕

ア　a と b

イ　a と c

ウ　a と d

エ　b と c

オ　c と d

（設問 2）

　文中の下線部②について，LM 曲線の特徴に関する説明として，最も適切なものの
組み合わせを下記の解答群から選べ。

　　a　LM 曲線より下方の領域では，貨幣市場は超過供給の状態にある。

　　b　貨幣供給の増加は LM 曲線を上方にシフトさせる。

　　c　貨幣需要の利子感応度が大きいほど，LM 曲線はより緩やかな形状で描かれ
　　　　る。

　　d　貨幣需要の利子感応度がゼロの場合，LM 曲線は垂直に描かれ，GDP の水
　　　　準は貨幣市場から決定される。

〔解答群〕
　ア　a と c
　イ　a と d
　ウ　b と c
　エ　b と d
　オ　c と d

第3章　財政政策と金融政策

（設問1）

解答	ウ

■解説

a ：適切である。p.128の図1を参照。生産物市場とは投資と貯蓄の市場である。
簡単にいうと，貯蓄は家計が銀行に預けたお金のことであり，銀行はそのお
金を民間企業に融資し，企業はそれを投資に回している。つまり，貯蓄がお
金を供給し，投資がお金を需要しているということである。投資＜貯蓄の状
態を「超過供給」，投資＞貯蓄の状態を「超過需要」になっているという。

b ：不適切である。p.128の表1を参照。限界貯蓄性向＝1－限界消費性向なので，
限界貯蓄性向が大きい場合＝限界消費性向が小さい場合と考えればよい。し
たがって，限界貯蓄性向が大きい場合，IS曲線の傾きは急になる。

c ：不適切である。問題文のIS曲線 $r = -\dfrac{1-c}{i}Y + \dfrac{C_0 - cT_0 + I_0 + G_0}{i}$ 式の
右辺分子部分が国民所得の計算式であることからも，IS曲線の位置に影響
を及ぼす要素は，有効需要の拡縮に影響する要素と等しいことがわかる。そ
して，切片の大きさがIS曲線の位置を決める要素である。切片の値が大き
くなればIS曲線は上方（右側）にシフト，小さくなれば下方（左側）にシ
フトする。Y＝0とした場合の切片は $C_0 - cT_0 + I_0 + G_0/i$ である。（よく見る
IS曲線は途中で切れているので切片が不明な場合が多いが，本問の図では
切片があることがわかる。）ここで，政府支出 G_0 が増加した場合は，切片の
値が増加してIS曲線は上方にシフトし，租税収入 T_0 が増加した場合は切片
の値が減少してIS曲線は下方にシフトする。ここで，政府支出Gと税Tを
同規模で増加させた場合，$G = G_0$ なのでそのままの規模で国民所得の増加に
反映される。一方，$T = -cT_0$ は T_0 を増加させた場合，限界消費性向cを
乗じた分だけ増分が緩和される。結果，$G_0 - cT_0$ はプラスとなり，IS曲線の
切片は上方へシフトする。シフトしないとする本肢は不適切である。

d ：適切である。p.128の表1を参照。投資の利子率感応度が小さくなるという
ことは，利子率が1単位下降した場合に投資の増分が小さくなるということ
であり，有効需要の拡大も小さくなるということである。縦軸が利子率で横
軸が国民所得であるIS－LM曲線のグラフでは，IS曲線の傾きは大きくなる。

137

なお，投資の利子率感応度が0になった場合，IS 曲線は垂直になる。

よって，aとdが適切であり，ウが正解である。

(設問2)

解答	オ

■解説

a：不適切である。p.128 の図1を参照。貨幣市場とは，貨幣の需要と供給の市場である。簡単にいうと，貨幣需要は企業が取引に必要とする貨幣や家計が貯蓄するために必要とする貨幣，投機的に必要とする貨幣の需要合計であり，貨幣供給とは中央銀行が市場に供給する貨幣の合計である。需要＜供給の状態を「超過供給」，需要＞供給の状態を「超過需要」になっているという。

b：不適切である。LM 曲線は $r = \dfrac{k}{h}Y - \dfrac{M_0}{h}$ で表され，$Y=0$ の時の切片は $-\dfrac{M_0}{h}$ である。したがって，貨幣供給 M_0 が増加した場合，切片は下方にシフトするため，LM 曲線も下方にシフトする。

c：適切である。p.128 の表2を参照。貨幣需要の利子率感応度が大きいということは，利子率の変化1単位に対する貨幣需要の変化が大きくなるということである。LM 曲線は $r = \dfrac{k}{h}Y - \dfrac{M_0}{h}$ で表され，貨幣需要の利子率反応度は h であるため，h の値が大きいと Y が大きくなるため，利子率1単位の上下に対する国民所得 Y の増減が大きくなる。つまり，LM 曲線の傾きが緩やかになる＝小さくなることがわかる。

d：適切である。貨幣需要の利子率感応度が0の場合，$r=0$ となり，LM 曲線は垂直になる。LM 曲線が垂直になった場合，財政政策を発動して有効需要を拡大させ，IS 曲線を右にシフトさせても，IS 曲線と LM 曲線の交点は IS 曲線上を上下動するだけ＝利子率が上下動するだけで国民所得の増大に影響を与えない。一方，金融政策を発動して貨幣供給を増減させれば，LM 曲線は左右に動くため国民所得の増加に影響を与える。つまり，金融市場で国民所得の大きさが決定されることになる。

よって，cとdが適切であり，オが正解である。

IS-LM 曲線

	ランク	1回目	2回目	3回目
IS-LM 曲線	A	/	/	/

■平成 28 年度　第 11 問

　財政・金融政策の効果を理解するためには，IS-LM 分析が便利である。IS 曲線と LM 曲線が下図のように描かれている。下記の設問に答えよ。

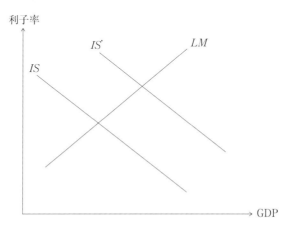

（設問 1）

　IS 曲線と LM 曲線の傾きに関する説明として，最も適切なものはどれか。

ア　IS 曲線は，限界消費性向が大きいほど，より緩やかに描かれる。

イ　LM 曲線は，貨幣の利子弾力性が小さいほど，より緩やかに描かれる。

ウ　利子率が高くなるほど貨幣需要が拡大すると考えており，したがって LM 曲線は右上がりとなる。

エ　利子率が高くなるほど投資需要が拡大すると考えており，したがって IS 曲線は右下がりとなる。

（設問2）

IS 曲線を IS から IS′ へとシフトさせる要因として，最も適切なものはどれか。

ア　外国人観光客の増加による消費の増加

イ　歳出削減による財政健全化

ウ　量的緩和策によるマネタリーベースの増加

エ　老後の生活に備えるための貯蓄の増加

第3章　財政政策と金融政策

（設問1）

解答	ア

■解説

　IS 曲線，LM 曲線の傾きに関する問題である。試験対策としては以下の表を覚えておこう。

　■ IS 曲線の傾き

表1	投資の利子率感応度		限界消費性向	
	小	大	小	大
傾き	急になる（大きくなる）	緩やかになる（小さくなる）	急になる（大きくなる）	緩やかになる（小さくなる）

　■ LM 曲線の傾き

表2	貨幣需要の利子率感応度		所得感応度	
	小	大	小	大
傾き	急になる（大きくなる）	緩やかになる（小さくなる）	緩やかになる（小さくなる）	急になる（大きくなる）

ア：適切である。IS 曲線は貯蓄関数（$S = -C_0 + sY$）に影響される。s を限界貯蓄性向，c を限界消費性向というが，$s = 1 - c$ の関係になる。利子率が下がると，貯蓄に対する魅力が小さくなり，消費をしようとする。つまり，限界消費性向が大きくなる。消費が多くなると国民所得は大きくなる。限界消費性向が大きくなると IS 曲線の角度は緩やかに描かれることになる。

イ：不適切である。貨幣（需要）の利子率弾力性（＝貨幣需要の利子率感応度）は，利子率の増減に対し貨幣需要の増減がどれだけ敏感に反応するかを表したものである。貨幣需要の利子率弾力性が小さい場合，貨幣需要は利子率の増減に反応しにくい。したがって，利子率の増減が国民所得の増減に影響しにくいことになり，結果，LM 曲線は急な角度に描かれる。

ウ：不適切である。LM 曲線は貨幣需要と貨幣供給のバランスについて説明するグラフである。景気回復を狙って金融政策を発動する場合，中央銀行は貨幣供給を増大させることで利子率を低下させる。すると，貨幣需要が増加し，投資や消費が拡大することで国民所得が増加する。景気がよくなると利子率

141

が上昇する。このメカニズムにより，LM 曲線は右上がりとなる。

エ：不適切である。利子率が下がるほど投資需要が拡大し，結果，国民所得が増加するので，IS 曲線は右下がりとなる。

よって，アが正解である。

（設問 2）

解答	ア

■解説

IS 曲線，LM 曲線のシフトに関する問題である。試験対策としては以下の表を覚えておこう。本問では，IS 曲線を IS から IS′ へと右シフトさせる要因を問われている。

表3	投資や政府支出の増加・減税などで有効需要が拡大	投資や政府支出の減少・増税などで有効需要が縮小
IS 曲線	右にシフト	左にシフト

表4	貨幣供給の増加や物価の下落で有効需要が拡大	貨幣供給の減少や物価の上昇で有効需要が縮小
LM 曲線	右にシフト	左にシフト

ア：適切である。上記表3によると，外国人観光客の増加による消費の増加は有効需要の拡大なので，IS 曲線は右にシフトする。

イ：不適切である。歳出削減は政府支出の減少になるため，有効需要を縮小させる。そのため，IS 曲線は左にシフトする。

ウ：不適切である。量的緩和策によるマネタリーベースの増加は金融政策であり，IS 曲線のシフトには影響しない。

エ：不適切である。老後の生活に備えるための貯蓄の増加は消費の減少と表裏一体となる。消費の減少は有効需要の縮小となるので，IS 曲線は左へシフトする。

よって，アが正解である。

142

	ランク	1回目	2回目	3回目
IS−LM 曲線	A	/	/	/

■平成 24 年度　第 9 問

　IS−LM モデルでは，横軸に GDP，縦軸に利子率をとり，IS 曲線と LM 曲線を描く。IS 曲線と LM 曲線の形状とシフトに関する説明として，最も適切なものはどれか。

ア　GDP が増えると貨幣の取引需要も大きくなることから，貨幣市場の均衡利子率は低くなり，LM 曲線は右上がりに描かれる。

イ　貨幣供給量を増やすと，貨幣市場を均衡させる利子率が低下することから，LM 曲線は上方向にシフトする。

ウ　政府支出を拡大させると，生産物の供給も拡大することから，IS 曲線は右方向にシフトする。

エ　利子率が高い水準にあると投資水準も高くなると考えられることから，生産物市場の均衡を表す IS 曲線は，右下がりに描かれる。

オ　流動性のわなが存在する場合，貨幣需要の利子弾力性がゼロになり，LM 曲線は水平になる。

	解答	ウ

■解説

IS曲線は投資と貯蓄の均衡，LM曲線は貨幣供給と貨幣需要の均衡を表している。

IS曲線やLM曲線は有効需要の拡大・縮小でシフトする。

	投資や政府支出の増加・減税などで有効需要が拡大	投資や政府支出の減少・増税などで有効需要が縮小
IS曲線	右にシフト	左にシフト
	貨幣供給の増加や物価の下落で有効需要が拡大	貨幣供給の減少や物価の上昇で有効需要が縮小
LM曲線	右にシフト	左にシフト

ア：不適切である。GDP（有効需要）が増えると，貨幣の取引需要は大きくなる。つまり，貨幣を欲しがる人が増えるので，貨幣市場の均衡利子率は上昇する。低下するとする本肢は不適切である。

イ：不適切である。貨幣供給量が増えると利子率が低下する。利子率が低下すると貨幣の取引需要が拡大し，GDP（有効需要）が拡大する。それにより，均衡点は右に移動する。LM曲線は右下方にシフトする。上方にシフトするとする本肢は不適切である。

ウ：適切である。政府支出の増加は，GDP（有効需要）が拡大し，IS曲線は右にシフトする。

エ：不適切である。利子率が高いと，お金を借りにくくなるため，投資水準は低くなる。投資水準が低くなると，上記の表のとおり，IS曲線は左にシフトする。

オ：不適切である。「流動性のわな」とは，利子率が下限に達し，貯蓄の魅力がなくなり，債券の需要が高まるため債券価格が上限に達することで，投機的動機による貨幣需要が無限大になる状況のことである。つまり，貨幣需要の利子弾力性が無限大＝貨幣供給量が増加しても利子率が下がらない状態ということである。利子はそれ以上下がらないので，投資も促進されず，国民所得は増加しない。そのような状況の中ではLM曲線は水平になり，利子率が下がってもシフトしない。

よって，ウが正解である。

IS－LM 曲線	ランク	1回目	2回目	3回目
	A	／	／	／

■令和2年度　第6問（設問2）

下図は，IS 曲線と LM 曲線を描いたものである。この図に基づいて，下記の設問に答えよ。

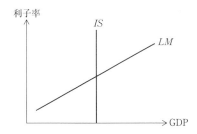

IS 曲線が垂直であるときの財政政策と金融政策の効果に関する記述として，最も適切なものの組み合わせを下記の解答群から選べ。

a　金融緩和政策は，LM 曲線を右方にシフトさせる。これによって利子率が低下するが，投資が増加しないため，GDP は増加しない。

b　金融緩和政策は，LM 曲線を右方にシフトさせる。これによって利子率が低下し，投資が増加するため，GDP は増加する。

c　政府支出の増加は，IS 曲線を右方にシフトさせる。このとき，利子率は上昇するが，クラウディング・アウトは発生せず，GDP は増加する。

d　政府支出の増加は，IS 曲線を右方にシフトさせる。このとき，利子率が上昇し，投資が減少するが，GDP は増加する。

〔解答群〕

ア　a と c
イ　a と d
ウ　b と c
エ　b と d

解答	ア

■解説

本設問は，IS-LM分析において，投資や貨幣の利子弾力性の影響が財政政策・金融政策の有効性に与える影響に関する問題であり，影響は下記のようにまとめられる。

	IS—LM分析	財政政策	金融政策
投資需要の利子弾力性ゼロ	IS曲線が垂直になるのでLM曲線が左右に動いても国民所得は増えないが，IS曲線が右に動けば国民所得が増える。	○	×
貨幣需要の利子弾力性無限大	LM曲線が水平になるので，LM曲線が左右に動いても国民所得は増えない（流動性のわな）が，IS曲線が右に動けば国民所得が増える。	○	×
投資需要の利子弾力性無限大	IS曲線が水平になるので，IS曲線が左右に動いても国民所得は増えないが，LM曲線が右に動けば国民所得が増える。	×	○
貨幣需要の利子弾力性ゼロ	LM曲線が垂直になるので，IS曲線が左右に動いても国民所得が増えないが，LM曲線が右に動けば国民所得が増える。	×	○

【図1：IS曲線が垂直の場合の金融緩和政策】　【図2：IS曲線が垂直の場合の政府支出増加政策】

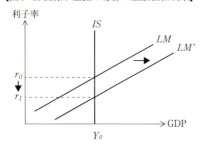 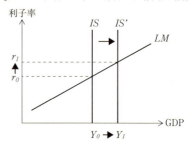

a：適切である。図1のように，金融緩和政策は，LM曲線を右方にシフトさせ利子率が低下するが，投資需要の利子弾力性がゼロのため，投資は増加せずGDPはY_0から増加しない。つまりIS曲線が垂直の場合，金融緩和政策は無効である。
b：不適切である。aの説明のとおり，金融緩和政策は，LM曲線を右方にシフトさせ利子率が低下するが，投資は増加せず，GDPはY_0から増加しない。
c：適切である。図2のように，政府支出の増加は，IS曲線を右方にシフトさせ利子率は上昇するが，投資需要の利子弾力性がゼロであるため，投資が減少しない。つまりクラウディング・アウトは発生せず，GDPはY_0からY_1へ増加する。
d：適切でない。cの説明のとおり，政府支出の増加は，IS曲線を右方にシフトさせ，利子率が上昇するが，投資需要の利子弾力性がゼロのため，投資は減少しない。

以上より，aとcが正しい。よって，アが正解である。

IS-LM曲線	ランク	1回目	2回目	3回目
	A	/	/	/

■平成27年度　第6問

　拡張的な財政政策，たとえば政府支出の拡大は，下図の IS 曲線を IS から IS′へとシフトさせる。ただし，Y は GDP，r は利子率である。下図に関する説明として，最も適切なものの組み合わせを下記の解答群から選べ。

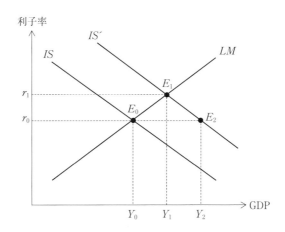

a　政府支出拡大の結果，利子率の上昇によって投資が減少するため，GDP は Y_1 となる。

b　E_2 では，貨幣市場において，貨幣の超過供給が発生している。

c　「$r_1 - r_0$」で表される利子率の上昇は，政府支出拡大による，貨幣の取引需要増加の結果生じた。

d　「$Y_1 - Y_0$」が政府支出の拡大分に相当する。

〔解答群〕

　ア　a と c　　イ　a と d　　ウ　b と c　　エ　b と d

解答	ア

■解説

クラウディングアウトに関する問題である。

クラウディングアウトとは，政府が公共事業を行った場合，民間投資が締め出しを受けてしまうことである。クラウディングアウトのメカニズムは，①財政政策実施→②有効需要拡大→③貨幣需要の増加→④利子率上昇→⑤民間投資の減少というプロセスから，政府支出による有効需要の拡大が民間投資の減少により一部相殺されるというものである。クラウディングアウトのメカニズムをIS-LM曲線の動きで説明すると，以下のとおりとなる。

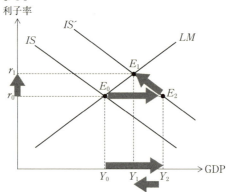

まず，政府支出の増加で，国民所得＝有効需要は Y_0 から Y_2 へ増加する。その影響でIS曲線はIS'曲線へシフトする。その際，瞬間的に有効需要 Y_2 に対応したIS曲線とLM曲線の均衡点 E_0 は，IS'曲線上の点 E_2 へ移動する。

①有効需要が拡大すると景気がよくなり，貨幣需要が増加する。その影響で利子率が r_0 から r_1 へ上昇し，点 E_2 はLM曲線とIS'曲線の新たな均衡点 E_1 へ移動する。②その影響で，民間投資が減少し，国民所得は Y_2 から Y_1 へ移動する。この Y_2 から Y_1 への減少がクラウディングアウトである。

　　a：適切である。前記説明の下線部②のことである。
　　b：不適切である。点 E_2 では「貨幣の超過需要」が発生している。
　　c：適切である。前記説明の下線部①のことである。
　　d：不適切である。政府支出の拡大分は「Y_2-Y_0」である。

よって，アが正解である。

第3章　財政政策と金融政策

2. 雇用と物価水準

▶▶ 出題項目のポイント

　雇用と物価水準の論点については出題頻度は低い。ただし，労働市場はマクロ経済学において重要な論点なので，ポイントのみ以下に記述する。

①労働需要

　労働需要とは，企業が持つ労働に対する需要である。労働市場における実質賃金（＝名目賃金÷物価水準）が低いほど，企業の労働に対する需要は大きくなる。

②労働供給

　労働供給とは，労働者が提供する労働量のことである。労働者は実質賃金が高いほど，多くの労働を供給しようとする。

③失業

　失業に関しては，古典派とケインズ学派との主張が異なる。古典派は，上記の労働需要と労働供給は自動調整メカニズムで常に需給の均衡が図られるので，常に完全雇用（失業率0％）が実現し，失業は一時的なものであると考えた。仮に失業している労働者がいれば，それは「自発的失業」であり，現行の賃金で働くことを希望しているのに就業できない労働者（「非自発的失業者」）は存在しないと考えていた。

　一方，ケインズは世界恐慌において，失業が一向に解消されないことから，失業は一時的なものではなく，「非自発的失業者」が存在すると考え，次のような主張を展開した。

　ケインズは，労働需要は古典派と同様に考えたが，労働供給については，労働組合からの賃下げに対する抵抗や労働者の条件を守る法律の制定などにより，賃金の下方硬直性があると考えた。

　これにより，景気が悪い時には，実質賃金が下限値から変動しにくくなるため，完全雇用にならなくても企業側の労働需要は満たされてしまう。つまり，完全雇用を実現するための労働供給量よりも少ない労働供給量で需給が均衡してしまう状況が発生する。したがって，完全雇用供給力－均衡点での供給量＝非自発的失業となり，非自発的失業が存在するという結論に至った。

149

④非自発的失業の解消

　ケインズは，非自発的失業が存在するとし，その解消策として，以下のステップを提唱した。

　　　Step1：財政政策発動による有効需要の拡大
　　　Step2：需要拡大による物価の上昇
　　　Step3：物価上昇による実質賃金の低下
　　　Step4：実質賃金の低下による労働供給曲線の下方シフト
　　　Step5：完全雇用の実現＝非自発的失業の解消

▶▶ 出題の傾向と勉強の方向性

　出題は平成19年度第6問，平成25年度第9問，平成27年度第8問，平成28年度第7問，令和元年度第9問，令和2年度第8問・第9問のみである。勉強の方向性は上記論点を把握しておく程度でよい。

■取組状況チェックリスト

2. 雇用と物価水準						
問題番号	ランク	1回目		2回目		3回目
平成28年度 第7問	B	／		／		／
平成25年度 第9問	B	／		／		／
平成27年度 第8問	B	／		／		／
令和元年度 第9問	B	／		／		／
令和2年度 第8問	B	／		／		／
令和2年度 第9問	C＊	／		／		／

＊ランクCの問題と解説は，「過去問完全マスター」のHP（URL：https://jissen-c.jp/）よりダウンロードできます。

第3章　財政政策と金融政策

雇用と物価水準	ランク	1回目	2回目	3回目
	B	/	/	/

■平成 28 年度　第 7 問

　デフレーションからの脱却は，日本経済が抱える長年の課題である。デフレーションが経済に及ぼす影響として，最も適切なものはどれか。

　　ア　デフレーションは，実質利子率を低下させる効果をもち，投資を刺激する。

　　イ　デフレーションは，賃借契約における負債額の実質価値を低下させるので，債務を抑制する。

　　ウ　デフレーションは，保有資産の実質価値の増加を通じて，消費を抑制する。

　　エ　デフレーションは，名目賃金が財・サービスの価格よりも下方硬直的である場合には実質賃金を高止まりさせる。

151

解答	エ

■解説

　デフレーションとは，有効需要が供給に対して不足なために生じる一般物価水準の低下現象のことである。デフレーションと同時に生産物が売れなくなるので，生産は低下し雇用も減退する。

ア：不適切である。実質利子率＝名目利子率－物価上昇率である。デフレーション環境は，物価上昇率を下落させるため，実質利子率は上昇する効果を持つ。実質利子率が上昇すると，貨幣需要は低下し，投資は減退する。

イ：不適切である。デフレーションは，実質利子率が上昇する効果を持つため，賃借契約における負債額の実質価値を上昇させ，債務は増加する。

ウ：不適切である。資産効果とは，消費者の保有する資産価格の大きさが消費に与える効果のことである。消費者の所得が同じならば，資産を多く持っていたほうがより多く消費すると考えられる。資産効果によれば，デフレーションは，保有資産の実質価値の増加を通じて，消費を促進させる。

エ：適切である。実質賃金＝名目賃金÷消費者物価指数である。名目賃金とは，労働者が定められた期間ごとに受け取る貨幣額で表される賃金のことである。デフレーションの環境下において，名目賃金が財・サービスの価格（物価）よりも下方硬直的である場合，つまり，名目賃金の下落率＜物価の下落率の関係になった場合には，実質賃金は高くなることがいえる。

　よって，エが正解である。

第3章　財政政策と金融政策

雇用と物価水準	ランク	1回目		2回目		3回目	
	B	/		/		/	

■平成25年度　第9問

インフレーション（インフレ）について，下記の設問に答えよ。

（設問1）

インフレに関する記述として最も適切なものの組み合わせを下記の解答群から選べ。

a　同一時点で成立する財貨・サービスの相対価格体系を変化させる。

b　異時点間で成立する財貨・サービスの相対価格体系を変化させる。

c　名目利子率を所与として，期待インフレ率がより高くなると，実質利子率は低くなる。

d　期待インフレ率がより高くなるのと同じだけ，名目利子率も高くなると，実質利子率も高くなる。

〔解答群〕

ア　aとc

イ　aとd

ウ　bとc

エ　bとd

（設問2）

インフレが，所得分配に与える影響に関する記述として，最も不適切なものはどれか。

ア　インフレは債権者から債務者への実質所得移転をもたらす。

イ　インフレは名目額で固定された所得を得ている人々の実質所得を減少させる。

ウ　課税最低所得がインフレにスライドして引き上げられない場合，インフレは課税対象者を増やす効果を持つ。

エ　累進課税のもとでは，インフレは名目所得税額を変化させない。

153

（設問1）

解答	ウ

■解説

　インフレとは，インフレーションの略である。景気が過熱し，需要が増大しすぎると，好景気である反面，物価が上昇することで，景気を抑制する作用が働く現象のことである。

> 　a と b：インフレにより物価は上昇するが，上昇したかどうかは，現時点の財
> 　　　　　　貨・サービスの相対的価格体系を比較した結果ではなく，過去と現在
> 　　　　　　などの異時点間で成立する財貨・サービスの価格の相対的比較の結果
> 　　　　　　判明する。したがって，b が適切である。
> 　c と d：名目利子率，期待インフレ率，実質利子率の関係は，フィッシャーの
> 　　　　　　方程式で表すことができる。

　　　　　【フィッシャーの方程式】実質利子率＝名目利子率−期待インフレ率

　上記の式に基づけば，期待インフレ率と同じだけ名目利子率が高くなると，実質利子率は変化しないため，c が適切であることがわかる。

　よって，ウが正解である。

第3章　財政政策と金融政策

（設問2）

解答	エ

■解説

インフレが所得分配に与える影響に関する問題である。

ア：適切である。実質債権残高＝名目債権残高÷物価水準なので，物価水準が高
　　くなると実質債権残高は低下する。債務者の負担が軽くなり債権者の回収額
　　が減るので所得は債務者へ移転する。

イ：適切である。実質所得＝名目所得÷物価水準なので，物価水準が上昇すると，
　　実質所得は減少する。

ウ：適切である。物価水準が上昇する前の課税最低所得が100であり，インフレ
　　によって物価水準が上がり名目所得が上昇すれば，課税最低所得100を得る
　　所得者は増加する。

エ：不適切である。累進課税は所得の大きさによって税率を変える税収方式であ
　　る。インフレによって名目所得が増加すれば，名目所得税率は増加する。

よって，エが正解である。

155

第3章 財政政策と金融政策

雇用と物価水準	ランク	1回目	2回目	3回目
	B	/	/	/

■平成 27 年度　第 8 問

　中央銀行は，名目貨幣量を拡大させる金融緩和政策を実施することがある。この名目貨幣量拡大により，総需要が増加することで，名目賃金率と物価が上昇し始めると，企業側は総供給を増やそうとする。このときの労働者側の短期における行動について，自然失業率仮説の記述として最も適切なものはどれか。

ア　物価上昇は認識せず，名目賃金率上昇のみを認識するため，労働供給量を増やす。

イ　名目賃金率上昇と物価上昇をともに認識し，労働供給量を増やす。

ウ　名目賃金率上昇と物価上昇をともに認識せず，労働供給量を変えない。

エ　名目賃金率上昇は認識せず，物価上昇のみを認識するため，労働供給量を減らす。

157

解答	ア

■解説

　本問は，第2章の主要経済指標の読み方において頻出する「フィリップス曲線」と関係する問題である。

　自然失業率仮説は，古典派の流れをくむフリードマンが，フィリップス曲線を用いてケインズの主張する裁量的政策の無効性を主張したものである。

　名目賃金は，実質賃金×物価という式で表される。したがって，物価が上昇すると名目賃金も上昇するが，労働者が期待する物価上昇率よりも物価が高くなった場合，名目賃金も労働者が期待したよりも上昇したと錯覚する。これを貨幣錯覚という。

　貨幣錯覚が起こると，労働者は賃金が上昇したと勘違いして労働供給量を増やし，その分自然失業率は短期的に減少する。しかし，労働者はその錯覚に気づき，労働供給を減らし，自然失業率はもとにもどってしまう。そして，労働者は期待する物価上昇率を実際の物価上昇率に合わせる。その際，政府が拡張的な政策を実施すると，また物価が上昇し，名目賃金も上昇する。そして，労働者は労働供給を増やすが，また錯覚に気づいてもとの自然失業率まで労働供給を減らす。このように，短期的な政策の実施は短期的には失業を減らすが，長期的にみれば，失業率は常に自然失業率の水準を維持しているというのが，フリードマンの主張である。

　本問は，設問文にあるように「労働者側の短期における行動」に関して適切なものを選択する問題である。

　　ア：適切である。上述したように労働者は貨幣錯覚により物価上昇は認識せず，名目賃金率上昇のみを認識するため，労働供給量を増やすと考える。

　　イ～エ：不適切である。この仮説によれば，労働者は名目賃金率上昇のみ認識して労働供給量を増やそうとする。

　よって，アが正解である。

第3章　財政政策と金融政策

雇用と物価水準	ランク	1回目	2回目	3回目
	B	／	／	／

■令和元年度　第9問

　自然失業率仮説に関する記述として，最も適切なものの組み合わせを下記の解答群から選べ。

　　a　インフレと失業の間には，短期的にも長期的にも，トレード・オフの関係が成立する。

　　b　自然失業率とは，非自発的失業率と自発的失業率の合計である。

　　c　循環的失業の拡大は，実際のインフレ率を抑制する。

　　d　政府による総需要拡大策は，長期的にはインフレを加速させる。

〔解答群〕

　　ア　aとb

　　イ　aとd

　　ウ　bとc

　　エ　cとd

159

解答	エ

■解説

　平成 13 年度第 12 問と酷似し，平成 27 年度第 8 問でも出題された，自然失業率仮説に関する問題である。第 2 章の主要経済指標の読み方において頻出する「フィリップス曲線」と関係する。自然失業率仮説は，古典派の流れをくむフリードマンが，フィリップス曲線を用いてケインズの主張する裁量的政策の無効性を主張したものである。名目賃金は，名目賃金＝実質賃金×物価という式で表される。したがって，物価が上昇すると名目賃金も上昇するが，労働者が期待する物価上昇率よりも物価が高くなった場合，名目賃金も労働者が期待したよりも上昇したと錯覚する。これを貨幣錯覚という。貨幣錯覚が起こると，労働者は賃金が上昇したと勘違いして労働供給を増やし，その分自然失業率は短期的に減少する。しかし，労働者はその錯覚に気づき，労働供給を減らし，自然失業率は元に戻ってしまう。そして，労働者は期待する物価上昇率を実際の物価上昇率に合わせる。その際，政府が拡張的な政策を実施すると，また物価が上昇し，名目賃金も上昇する。そして，労働者は労働供給を増やすが，また錯覚に気づいて元の自然失業率まで労働供給を減らす。結局，短期的な政策の実施は短期的には失業を減らすが，長期的に見れば，失業率は常に自然失業率の水準を維持しているというのが，フリードマンの主張である。

　　a：不適切である。上記説明に基づけば，インフレと失業の間には，短期的にはトレード・オフの関係が成立するが，長期的には成立しないといえる。

　　b：不適切である。自然失業率とは，競争的経済において長期的に成立する傾向を持つ失業率のことであり，構造的失業と摩擦的失業のみを含み，非自発的失業は含まれない。ケインズでは完全雇用状態とみなされる。

　　c：適切である。循環的失業とは，景気循環に応じて発生する失業のことであり，不況期に多くなり，自発的失業と非自発的失業を含む。自然失業率仮説では，短期的にはインフレと失業の間にトレード・オフの関係が成立するため，循環的失業の拡大は，実際のインフレ率を抑制する。

　　d：適切である。上記説明のとおり，政府による総需要拡大策によって，労働者は物価上昇のたびに過剰な労働供給を行い失業率を低減させるが，都度自然失業率へ戻ることを繰り返す。その際，物価は上昇し続けるため，政府による総需要拡大策は長期的にはインフレを加速させる。

　よって，エが正解である。

第 3 章　財政政策と金融政策

雇用と物価水準	ランク	1回目		2回目		3回目	
	B	/		/		/	

■令和 2 年度　第 8 問

失業に関する記述として，最も適切なものはどれか。

　　ア　完全失業率は，完全失業者が 20 歳以上の労働力人口に占める割合である。

　　イ　構造的失業は，賃金が伸縮的であれば発生しない。

　　ウ　循環的失業は，総供給の不足によって生じる。

　　エ　摩擦的失業は，労働市場が正常に機能していても発生する。

解答	エ

■解説

　本問は，失業に関する内容である。用語の説明については，各選択肢の解説の中で行っていく。

ア：不適切である。完全失業率とは，毎月末日に終わる1週間中に収入を伴う仕事を1時間以上しなかった者のうち，就業が可能で，これを希望し，かつ，求職活動をした者の労働力人口（満15歳以上の人口のうち就業者・休業者・完全失業者の合計）に占める割合である。

イ：不適切である。構造的失業とは全般的な労働需要の拡大によっては取り除くことができず，特定の産業部門，地域，職業に生ずる失業のことである。産業構造の変動に伴う労働需要の変化に対して労働供給が対応できないために生ずる。職業教育・人材育成の拡充などによって失業率低下が期待できる。賃金の伸縮では解消できない。

ウ：不適切である。循環的失業とは，景気の変動によって生じる失業のことである。景気は総需要の拡縮によって好調・不調となる。つまり，循環的失業は総供給ではなく，総需要の不足によって生じる。

エ：適切である。摩擦的失業とは，転職などによる労働者の労働移動に伴って発生する一時的な失業のことである。転職などの場合，各企業の求める労働者の知識・スキルと個々の労働者のもつ知識・スキルとの不一致や労働需給の地域的な偏りなどにより，新しい職を探す間に労働者は失業する。この失業は労働市場が正常に機能していても発生する。

（参考：金森久雄・荒憲治郎・森口親司『経済辞典（第5版）』有斐閣）

よって，エが正解である。

3. AD−AS分析

　AD−AS分析については，出題項目には存在せず，出題頻度も低いが，IS−LM分析や雇用と物価水準の論点と密接な関係があるのでポイントのみ，まとめておく。

▶▶ 出題項目のポイント
① AD曲線（総需要曲線）

　AD曲線は，生産物市場と貨幣市場を均衡させる国民所得と物価の組み合わせからなる曲線である。つまり，IS−LM分析で物価の上下動によるLM曲線のシフトで動くIS曲線とLM曲線の均衡点の軌跡を結んだものがAD曲線となる。

② AS曲線（総供給曲線）

　AS曲線は，労働市場需給，名目賃金と物価の関係式，マクロ生産関数の3つのグラフから導出される。つまり，労働市場を均衡させる国民所得と物価の組み合わせからなる曲線である。なお，労働市場は労働供給と労働需要の市場であり，賃金が上昇すると労働供給は増加し，労働需要は減少する。賃金が下降すると労働供給が減少し，労働需要は増加する。完全雇用（現状の賃金で働きたいと思っている労働者がすべて雇用されている状態）で均衡する。

③ AD − AS分析

　AD−AS分析は，生産物市場，貨幣市場，労働市場の3つの市場が均衡する国民所得が，物価の変化に対してどのように決定されるかを分析するものである。

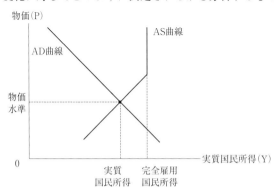

④ AD 曲線のシフト

AD 曲線は IS－LM 曲線の均衡点が移動する軌跡を表したものなので，拡張的財政政策や金融政策によって国民所得が増加すれば右にシフトし，緊縮的政策がとられ，国民所得が減少すれば左にシフトする。

⑤垂直な AD 曲線

AD 曲線は IS－LM 曲線の均衡点の移動の軌跡を表したものであるため，均衡点が動かない「流動性のわな」の状態や投資の利子率弾力性がゼロの場合は垂直になる。

⑥ AS 曲線のシフト

AS 曲線は，技術進歩や生産性向上により，AS 曲線を構成するマクロ生産関数が上方にシフトするため，それに連動して右にシフトする。これにより，国民所得が増加し物価は下落する。一方，労働生産性の増加よりも賃金の増加率が大きい場合など，生産性を低下させることが発生した場合は，左にシフトする。これにより，物価の上昇と国民所得の減少を招く。

▶▶ 出題の傾向と勉強の方向性

AD 曲線は第 1 章の有効需要の原理などで何度か出現するが，AD－AS 分析に関する純粋な問題の出題は，平成 16 年度第 7 問，平成 20 年度第 10 問，平成 25 年度第 5 問，平成 27 年度第 7 問，平成 30 年度第 7 問・第 8 問，令和元年度第 8 問である。

勉強の方向性は，上記のポイントを把握する程度でよいが，AD 曲線，AS 曲線の導出については，わかりやすい参考書などを購入して学習することをお勧めする。

第3章 財政政策と金融政策

■取組状況チェックリスト

3. AD−AS 分析								
問題番号	ランク	1回目		2回目		3回目	
平成 20 年度 第 10 問	B	／		／		／	
平成 25 年度 第 5 問	B	／		／		／	
平成 27 年度 第 7 問	A	／		／		／	
平成 30 年度 第 7 問（設問 1）	A	／		／		／	
平成 30 年度 第 7 問（設問 2）	A	／		／		／	
平成 30 年度 第 8 問（設問 1）	B	／		／		／	
平成 30 年度 第 8 問（設問 2）	A	／		／		／	
令和元年度 第 8 問（設問 1）	A	／		／		／	

AD−AS分析　ランクB

■平成20年度　第10問

下図は，ケインズ派モデルにおける総需要曲線（AD）と総供給曲線（AS）を描いたものである。ここで，供給サイドにおいては，物価は上下に伸縮的であるが，名目賃金は硬直的であると考える。下記の設問に答えよ。

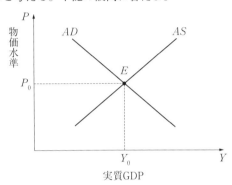

（設問1）

総需要曲線の説明として最も適切なものの組み合わせを下記の解答群から選べ。

a　経済が「流動性のわな」の状態にあるとき，総需要曲線は垂直に描かれる。
b　増税は総需要曲線を右方にシフトさせる。
c　投資の利子弾力性が大きいほど，総需要曲線はより急勾配に描かれる。
d　物価の下落は，実質貨幣供給の増加を通じて利子率を低下させ，投資の拡大と総需要の増加をもたらす。

〔解答群〕
ア　aとb　　イ　aとd　　ウ　bとc
エ　bとd　　オ　cとd

（設問 2）

総供給曲線の説明として最も適切なものの組み合わせを下記の解答群から選べ。

a　エネルギーなどの原材料費の上昇は，総供給曲線を左方にシフトさせる。

b　技術進歩は生産性の上昇を通じて総供給曲線を右方にシフトさせる。

c　人口構成の少子化・高齢化に伴う労働市場の変化は，総供給曲線を右方にシフトさせる。

d　物価の上昇は，実質賃金の上昇を通じて労働需要を増加させ，生産量の拡大を生じさせる。

〔解答群〕

ア　aとb　　イ　aとc　　ウ　aとd

エ　bとc　　オ　bとd

第3章　財政政策と金融政策

（設問1）

解答	イ

■解説

　AD‐AS分析は，生産物市場，貨幣市場，労働市場の3つの市場が均衡する国民所得が，物価の変化に対してどのように決定されるかを分析するものである。

　AD曲線は，生産物市場と貨幣市場を均衡させる国民所得と物価の組み合わせからなる曲線である。つまり，IS‐LM分析で物価の上下動によるLM曲線のシフトで動くIS曲線とLM曲線の均衡点の軌跡を結んだものがAD曲線となる。

　AS曲線は，労働市場を均衡させる国民所得と物価の組み合わせからなる曲線である。なお，労働市場は労働供給と労働需要の市場であり，賃金が上昇すると労働供給は増加し，労働需要は減少する。賃金が下降すると労働供給が減少し，労働需要は増加する。完全雇用（現状の賃金で働きたいと思っている労働者がすべて雇用されている状態）で均衡する。

　　a：適切である。「流動性のわな」とは利子率が下限に達している状態であり，
　　　　貯蓄の魅力がなくなっており，債券に需要が高まるため債券価格が上限に達
　　　　することで，投機的動機による貨幣需要が無限大になる状況のことである。
　　　　つまり，貨幣需要の利子弾力性が無限大＝貨幣供給量が増加しても利子率が
　　　　下がらない状態ということである。利子はそれ以上下がらないので，投資も
　　　　促進されず，国民所得は増加しない。そのような状況の中ではLM曲線は
　　　　水平になり，利子率が下がってもシフトしない。結果，IS‐LM曲線の交点
　　　　は移動しないため，その軌跡を結んだ線であるAD曲線は垂直になる。

　　b：不適切である。増税は国民所得を減少させる要素となるので，AD曲線は左
　　　　にシフトする。

　　c：不適切である。物価が下がる⇒実質貨幣供給量が増える⇒利子率が低下する
　　　　⇒投資が増える⇒国民所得が増加するという流れがAD曲線が右下がりで
　　　　ある理由である。投資の利子弾力性が大きい場合，物価の下落で下がる利子
　　　　率に対して投資が拡大する割合が大きくなる。結果，国民所得の拡大は大き
　　　　くなる。つまり，物価1単位の低下に対して国民所得の増分が大きくなるの
　　　　で，AD曲線の傾きは緩やかになる。

169

d：適切である。選択肢 c の解説にも記載したように，物価の低下による国民所
　　得拡大プロセスは，物価が下がる⇒実質貨幣供給量（名目貨幣供給量÷物
　　価）が増える⇒実質貨幣供給量が増えると利子率が低下する⇒利子率が低下
　　すると投資が増える⇒投資が増えると国民所得が増加する，である。

よって，a と d が適切であり，イが正解である。

（設問 2）

解答	ア

■解説

AS 曲線のシフト要件は以下のとおりである。

右シフト（下方シフト）	技術進歩や生産性向上など
左シフト（上方シフト）	生産性の悪化，労働生産性向上＜賃金増加率，原材料費の上昇など

a：適切である。エネルギーなどの原材料費が上昇すると企業は生産量を減少さ
　　せる。そして，生産を担う労働者を減らす＝労働需要が減少し，失業率が上
　　がる＝労働供給が超過する。この時点で AS 曲線は左にシフトし，家計部門
　　の所得が減少することで消費が減少し国民所得が減少する。

b：適切である。生産性向上が図られれば企業は生産量を増加させる。そして，
　　生産を担う労働者を増やす＝労働需要が増加し，失業率が下がる。この時点
　　で AS 曲線は右にシフトする。

c：不適切である。少子高齢化は労働供給の減少になるので，企業は労働調達コ
　　ストが上昇し，生産量を減少させる。そして，生産を担う労働者を減らす＝
　　労働需要が減少し，失業率が上がる＝労働供給が超過する。この時点で AS
　　曲線は左にシフトする。

d：不適切である。実質賃金＝名目賃金÷物価である。問題文の条件として「名
　　目賃金は硬直的」とあるので，分母の物価の上昇は実質賃金率を低下させる。
　　実質賃金率が低下すると労働需要が増加し，生産が増加する。

よって，a と b が適切であり，アが正解である。

第3章　財政政策と金融政策

AD−AS分析	ランク	1回目	2回目	3回目
	B	／	／	／

■平成 25 年度　第 5 問

　労働のみを用いて生産を行っている企業を考える。この企業が生産物単位を生産するのに必要な労働量は一定であり，生産物価格と名目賃金率に基づいて利潤が最大になるように生産量を決定する。他方，労働者は，実質賃金率の水準に応じて，労働供給量を決定する。縦軸に物価水準を，横軸に生産量をとり，これら企業と労働者の行動から導き出された総供給曲線を描くとき，その形状として，最も適切なものはどれか。

　　ア　垂直　　イ　水平　　ウ　右上がり　　エ　右下がり

| 解答 | ア |

■解説

　労働市場の均衡に関する古典派とケインズの考え方の違いと、総供給曲線（AS曲線）の導出に関する問題である。

　まず、労働市場の均衡に関する古典派とケインズの考え方の違いは以下のとおりである。

　①古典派は、労働者は実質賃金に依存して労働供給を決定すると考えたのに対し、ケインズは名目賃金によって労働供給を決定すると考えた。なお、名目賃金とは賃金の絶対額のことであり、実質賃金とは名目賃金を物価で割ったものである。たとえば、10年前に日給が1,000円で、今年は10,000円になっていた場合、名目賃金としては10倍になっていることになる。しかし、物価が10年前に比べ10倍に増加していた場合、実質賃金は1,000円であり、増えていないことになる。

　②古典派は、労働市場では常に完全雇用が実現している＝非自発的失業は存在しないと考えるのに対し、ケインズは非自発的失業が存在すると考える。

　③古典派は、労働の需給によって賃金が連動して上下すると考えたのに対し、ケインズは労働者の抵抗などによって賃金は一定水準以下には下がりにくいと考えた。

　本問の説明文には、「企業は、生産物価格と名目賃金率に基づいて利潤が最大になるように生産量を決定する。他方、労働者は、実質賃金率の水準に応じて、労働供給量を決定する」とある。物価水準が下落して実質賃金が上昇すれば働きたい労働者が増える一方、名目賃金が変わらなければ雇用量は変わらない。したがって、常に完全雇用が実現しているという古典派の主張と同じ状況であるといえる。完全雇用とは、その国の全労働力が動員されている状態であり、それ以上は労働力は供給されない。したがって、生産量は完全雇用で供給される労働量以上には増えない。完全雇用時に実現する生産量＝完全雇用国民所得なので、縦軸に物価、横軸に生産量（国民所得）をとって総供給曲線を描いた場合、総供給曲線は垂直となる。

AD-AS分析

	ランク	1回目	2回目	3回目
AD-AS分析	A	/	/	/

■平成27年度　第7問

　総需要曲線（AD）と総供給曲線（AS）が下図のように描かれている。ただし，Pは物価，Yは実質GDP，Y_fは完全雇用GDPであり，Eが現在の均衡点である。
　下記の設問に答えよ。

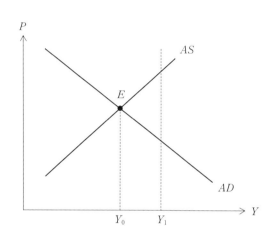

（設問1）

　総需要曲線の右シフト要因として，最も適切なものの組み合わせを下記の解答群から選べ。

　　a　中央銀行による買いオペレーションの実施
　　b　政府支出の削減
　　c　所得減税の実施
　　d　民間銀行による融資縮小

〔解答群〕
　ア　aとb　　イ　aとc　　ウ　bとd　　エ　cとd

（設問 2）

　総供給曲線に関する記述として，最も適切なものの組み合わせを下記の解答群から選べ。

　　a　GDP が完全雇用水準を下回っても，つまり非自発的失業が存在しても，名目賃金率が硬直的であれば，総供給曲線の形状は右上がりになる。

　　b　GDP が完全雇用水準を下回っても，つまり非自発的失業が存在しても，実質賃金率が硬直的であれば，総供給曲線の形状は右上がりになる。

　　c　技術進歩が生じると，総供給曲線は下方にシフトする。

　　d　原油価格が高騰すると，総供給曲線は下方にシフトする。

〔解答群〕

　ア　a と c　　イ　a と d　　ウ　b と c　　エ　b と d

第3章　財政政策と金融政策

（設問1）

解答	イ

■解説

　総需要（AD）曲線はIS-LM曲線の均衡点が移動する軌跡を表したものなので，拡張的財政政策や金融政策によって国民所得が増加すれば右にシフトし，緊縮的政策がとられ，国民所得が減少すれば左にシフトする。

　　　a：適切である。中央銀行による買いオペレーションの実施は，市場への資金供給を増加させる。その結果，金利が低下し，投資の増加をもたらすので，国民所得が増加する。したがって，総需要曲線は右にシフトする。
　　　b：不適切である。政府支出の削減は国民所得を減少させるため，総需要曲線は左にシフトする。
　　　c：適切である。所得減税の実施は，国民の可処分所得を増加させる。つまり，国民所得が増加するため，総需要曲線は右にシフトする。
　　　d：不適切である。民間銀行による融資縮小は市場への資金供給を減少させ，その結果，金利が上昇し，投資の減少をもたらすので，国民所得が減少する。したがって，総需要曲線は左にシフトする。

　よって，イが正解である。

（設問2）

解答	ア

■解説

　総供給（AS）曲線は，労働市場需給，名目賃金と物価の関係式，マクロ生産関数の3つのグラフから導出される。つまり，労働市場を均衡させる国民所得と物価の組み合わせからなる曲線である。なお，労働市場は労働供給と労働需要の市場であり，賃金が上昇すると労働供給は増加し，労働需要は減少する。賃金が下降すると労働供給が減少し，労働需要は増加する。完全雇用（現状の賃金で働きたいと思っている労

175

働者がすべて雇用されている状態）で均衡する。

技術進歩や生産性向上により，AS曲線を構成するマクロ生産関数が上方にシフトするため，AS曲線はそれに連動して右にシフトする。これにより，国民所得が増加し物価は下落する。一方，労働生産性の増加よりも賃金の増加率が大きい場合など，生産性を低下させることが発生した場合は，左にシフトする。これにより，物価の上昇と国民所得の減少を招く。

a：適切である。名目賃金率が硬直的であると考えるのは，ケインズ学派である。ケインズ学派は，労働者は実質賃金ではなく名目賃金にしたがって行動するため，物価を考慮しないで労働供給を決定する「貨幣錯覚」に陥っていると主張する。名目賃金率が硬直的であれば，物価が上がってもその分名目賃金も上昇するので，労働者は労働を供給しようとする。この場合，GDPが完全雇用水準を下回っても，つまり，非自発的失業が存在しても，物価の上昇によって労働供給曲線が下方にシフトし，非自発的失業が解消し，完全雇用が達成されると考える。非自発的失業が解消し完全雇用が達成されるまで，国民所得は増加する。その結果，総供給曲線の形状は右上がりになる。

b：不適切である。古典派の考え方では，労働供給は実質賃金（名目賃金÷物価）に依存する。実質賃金は物価によって上下し，労働者はその上下によって労働供給を増減させる。そして，常に労働市場では市場の力で自動的に解消される。つまり，常に完全雇用が達成されていると考えた。この場合，GDPが完全雇用水準を下回り非自発的失業が存在しても，総供給曲線の形状は垂直になる。

c：適切である。技術進歩によって，一定の雇用量でも多くの生産が可能になると，総供給曲線を構成するマクロ生産関数が上方にシフトする。それに連動して，総供給曲線は右下にシフトする。これは，雇用量が一定でも高い国民所得を得られることになるのと同義のため，物価水準の下落をもたらす。つまり，技術進歩が生じると，総供給曲線は下方にシフトする。

d：不適切である。原油価格が高騰すると，生産コストが上昇する。つまり，生産性が下がり，マクロ生産関数が下方にシフトする。総供給曲線は上方にシフトする。

よって，アが正解である。

AD−AS分析

	ランク	1回目	2回目	3回目
AD−AS分析	A	/	/	/

■平成30年度　第7問（設問1）

下図は45度線図である。総需要は AD＝C＋I（ただし，AD は総需要，C は消費，I は投資），消費は C＝C₀＋cY（ただし，C₀ は基礎消費，c は限界消費性向，Y は GDP）によって表されるものとする。この図に基づいて，下記の設問に答えよ。

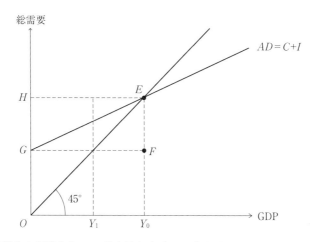

この図に関する記述として，最も適切なものはどれか。

ア　GDP が Y_1 であるとき，生産物市場には GH だけの超過需要が生じている。

イ　均衡 GDP の大きさは Y_0 であり，このときの総需要の大きさは OH である。

ウ　図中で基礎消費の大きさは OG で表され，これは総需要の増加とともに大きくなる。

エ　図中で限界消費性向の大きさは $\dfrac{EF}{FG}$ で表され，これは総需要の増加とともに小さくなる。

解答	イ

■解説

　45度線分析に関する問題である。45度線は総供給曲線（AS曲線）である。AD曲線がAS曲線を上回っている部分は超過需要，均衡点は点E，AS曲線がAD曲線を上回っている部分は超過供給である。

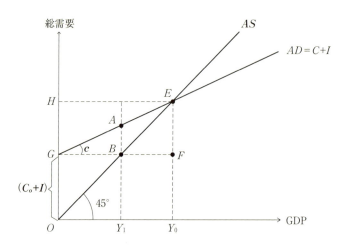

ア：不適切である。45度線をAD曲線が上回っている部分が超過需要であるが，GDPがY_1であるとき，線分ABが超過需要となる。

イ：適切である。生産物市場（財市場）は点Eで均衡するので，均衡GDPの大きさはY_0であり，このときの総需要の大きさはOHである。

ウ：不適切である。線分OGは(C_0+I)である。つまり線分OGは基礎消費と投資の合計である。本問の条件で投資の額が明らかでないため，基礎消費C_0の具体的な大きさを特定することは不可能である。

エ：不適切である。限界消費性向cはAD線の傾きなので，c＝EF÷FGは正しい。したがって，総需要が増加しても，限界消費性向cは一定の値となる。

よって，イが正解である。

AD−AS分析	ランク	1回目	2回目	3回目
	A	/	/	/

■平成30年度　第7問（設問2）

下図は45度線図である。総需要はAD=C+I（ただし，ADは総需要，Cは消費，Iは投資），消費はC=C0+cY（ただし，C0は基礎消費，cは限界消費性向，YはGDP）によって表されるものとする。この図に基づいて，下記の設問に答えよ。

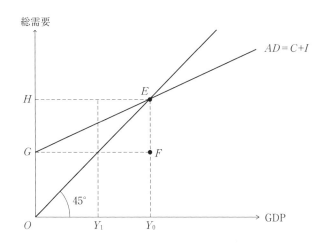

均衡GDPの変化に関する記述として，最も適切なものはどれか。

ア　限界消費性向が大きくなると，均衡GDPも大きくなる。

イ　限界貯蓄性向が大きくなると，均衡GDPも大きくなる。

ウ　貯蓄意欲が高まると，均衡GDPも大きくなる。

エ　独立投資が増加すると，均衡GDPは小さくなる。

解答	ア

■解説

　AD曲線を構成する各種要素が変化した場合の均衡GDPに与える影響に関する問題である。

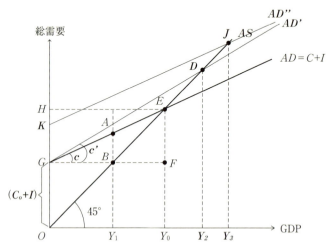

- ア：適切である。上図のとおり，限界消費性向cが大きくなると，AD線の傾きが急になり（c'）AD曲線はAD'曲線になる。それに伴い，均衡GDPはY_0からY_2に増加する。
- イ：不適切である。限界貯蓄性向は$1-c$である。限界貯蓄性向が大きくなると，限界消費性向が小さくなる。つまり，AD線の傾きが小さく（＝緩やか）になるため，均衡GDPは小さくなる。
- ウ：不適切である。貯蓄意欲が高まるということは，選択肢イと同様に限界貯蓄性向が大きくなるため，均衡GDPは小さくなる。
- エ：不適切である。独立投資Iが増加すると，AD線の縦軸切片がGOからKOと大きくなり，AD曲線に平行なAD"曲線になる。均衡GDPはY_0からY_3へ大きくなる。

よって，アが正解である。

AD-AS分析

ランク	1回目	2回目	3回目
B	/	/	/

■平成30年度　第8問（設問1）

　下図は，総需要曲線（AD）と総供給曲線（AS）を描いている。この図に基づいて，下記の設問に答えよ。

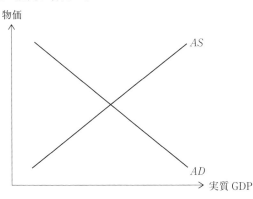

　総需要曲線（AD）と総供給曲線（AS）の傾きに関する記述として，最も適切なものの組み合わせを下記の解答群から選べ。

a　物価の上昇に伴う実質貨幣供給の減少は，実質利子率の上昇による実質投資支出の減少を通じて総需要を縮小させる。ここから，ADは右下がりになる。

b　物価の上昇に伴う実質貨幣供給の増加は，実質利子率の低下による実質投資支出の減少を通じて総需要を縮小させる。ここから，ADは右下がりになる。

c　物価の上昇に伴う実質賃金率の低下は，労働需要の増加による生産量の増加を通じて総供給を拡大させる。ここから，ASは右上がりになる。

d　物価の上昇に伴う実質賃金率の上昇は，労働需要の縮小による生産量の増加を通じて総供給を拡大させる。ここから，ASは右上がりになる。

〔解答群〕

　ア　aとc
　イ　aとd
　ウ　bとc
　エ　bとd

解答	ア

■解説

AD – AS 分析に関するものであり，AD 曲線と AS 曲線の傾きに関する問題である。

a：適切である。AD 曲線は総需要曲線なので，総需要（＝国民所得）の動きを表している。物価が上がると景気が悪くなる（総需要が減少）という関係は誰もがわかっているが，それをプロセスでみると，実質貨幣供給量＝名目貨幣供給量÷物価という関係なので，物価が上がる⇒実質貨幣供給量が減少⇒利子率が上昇する⇒投資が減る⇒国民所得（総需要）が減少するという流れになる。したがって，物価が上がると実質 GDP（総需要）が減る関係になり，AD 曲線は右下がりになる。

b：不適切である。上記 a でも述べたように，物価が上昇すると実質貨幣供給は減少し，実質利子率は上昇する。設問文の「物価の上昇に伴う実質貨幣供給の増加は，実質利子率の低下」という部分が不適切となる。

c：適切である。実質賃金率＝名目賃金率÷物価という関係なので，物価の上昇は実質賃金率を低下させる。実質賃金率が低下すると企業の労働需要が増加し生産量が増加するので，総供給（生産面からみた国民所得（GDP））は拡大する。これを端的に述べると，物価の上昇が生産量を増加させる関係になり，AS 曲線は右上がりになる。

d：不適切である。上記 c でも述べたように，物価が上昇すると実質賃金率は低下し，労働需要は拡大する。設問文の「物物価の上昇に伴う実質賃金率の上昇は，労働需要の縮小」という部分が不適切となる。

よって，アが正解である。

AD-AS分析

ランク	1回目	2回目	3回目
A	/	/	/

■平成30年度　第8問（設問2）

下図は，総需要曲線（AD）と総供給曲線（AS）を描いている。この図に基づいて，下記の設問に答えよ。

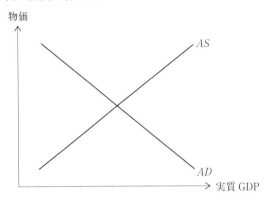

総需要や総供給の変化が実質GDPに及ぼす影響に関する記述として，最も適切なものはどれか。

ア　原材料価格の上昇は，ASの左方シフトを通じて実質GDPを縮小させる。

イ　名目貨幣供給の増加は，ADの左方シフトを通じて実質GDPを縮小させる。

ウ　名目賃金率の引き上げは，ADの右方シフトを通じて実質GDPを拡大させる。

エ　労働人口の増加は，ASの左方シフトを通じて実質GDPを拡大させる。

解答	ア

■解説

AD 曲線と AS 曲線のシフトに関する問題である。

① AD 曲線のシフト：

AD 曲線は IS－LM 曲線の均衡点が移動する軌跡を表したものなので，拡張的財政政策や金融政策によって国民所得が増加すれば右にシフトし，緊縮的政策がとられ，国民所得が減少すれば左にシフトする。

② AS 曲線のシフト：

AS 曲線は，技術進歩や生産性向上により，AS 曲線を構成するマクロ生産関数が上方にシフトするため，それに連動して右にシフトする。これにより，国民所得が増加し物価は下落する。一方，労働生産性の増加よりも賃金の増加率が大きい場合など，生産性を低下させることが発生した場合は，左にシフトする。これにより，物価の上昇と国民所得の減少を招く。

ア：適切である。原材料価格の上昇は，生産性を低下させるため，AS 曲線が左方シフトし，実質 GDP を縮小させる。

イ：不適切である。名目貨幣供給の増加は，利子率の低下を招き，企業の投資などが拡大するため，AD 曲線の右方シフトを通じて実質 GDP を拡大させる。

ウ：不適切である。名目賃金率の引き上げは，労働需要を縮小させ，企業の生産量が低下するので，AS 曲線が左方シフトし，実質 GDP を縮小させる。

エ：不適切である。労働人口の増加は実質賃金率を低下させ，企業の労働需要を拡大させるので，企業の生産量が増加し，AS 曲線の右方シフトを通じて実質 GDP を拡大させる。

よって，アが正解である。

AD−AS分析	ランク	1回目	2回目	3回目
	A	/	/	/

■令和元年度　第8問（設問1）

総需要－総供給分析の枠組みで，財政・金融政策の効果と有効性を考える。下記の設問に答えよ。

「流動性のわな」の状況下にあるときの LM 曲線は，下図のように水平になる。このときの総需要曲線に関する記述として，最も適切なものを下記の解答群から選べ。

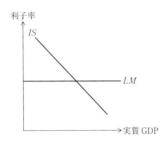

〔解答群〕

ア　物価が下落しても，利子率が低下しないため，投資支出は不変である。したがって，総需要曲線は垂直になる。

イ　物価が下落すると，利子率が低下して，投資支出が増加する。したがって，総需要曲線は右下がりになる。

ウ　物価が下落すると，利子率は低下しないが，投資支出が増加する。したがって，総需要曲線は右下がりになる。

エ　物価が下落すると，利子率は低下するが，投資支出は不変である。したがって，総需要曲線は垂直になる。

解答	ア

■解説

　「流動性のわな」の状況下にあるときの総需要曲線に関する問題である。頻出論点なので，しっかり理解しておきたい。

　「流動性のわな」とは利子率が下限に達し，貯蓄の魅力がなくなり，債券の需要が高まるため債券価格が上限に達することで，投機的動機による貨幣需要が無限大になる状況のことである。つまり，貨幣需要の利子率弾力性が無限大＝貨幣供給量が増加しても利子率が下がらない状態ということである。利子はそれ以上下がらないので，投資も促進されず，国民所得は増加しない。そのような状況の中では LM 曲線は水平になる。一方，総需要曲線（AD 曲線）は，IS 曲線と LM 曲線の交点の動きを表している。流動性のわなの状態にある場合，LM 曲線をシフトさせる事象が発生しても，IS 曲線と LM 曲線の交点は動かないので，AD 曲線は垂直になる。一方，IS 曲線をシフトさせる事象が発生した場合，国民所得は増減する。

ア：適切である。通常の状態であれば物価が下落すると貨幣供給量が増え（物価＝名目貨幣供給÷実質貨幣供給），利子率が低下する。利子率が低下すると投資支出が増加するが，流動性のわなの場合，物価が下落しても，利子率がすでに下限値に達していて，それ以上低下しないため投資支出は不変である。したがって，総需要曲線は垂直になる。

イ：不適切である。通常は，物価が下落すると，利子率が低下して，投資支出が増加するが，本設問の前提条件は流動性のわなの状態であるため，総需要曲線は垂直になる。

ウ：不適切である。流動性のわなの場合，物価が下落しても利子率はそれ以上，低下しないため，投資支出は不変である。したがって，総需要曲線は垂直になる。

エ：不適切である。流動性のわなの場合，物価が下落しても，利子率は低下しないため，投資支出が不変なのである。したがって，総需要曲線は垂直になる。「利子率が低下する」という部分が不適切である。

　よって，アが正解である。

第3章 財政政策と金融政策

4. 政府支出と財政政策

▶▶ 出題項目のポイント

①投資や貨幣需要の利子弾力性による政策の有効性

　財政政策・金融政策が有効需要の拡大に有効に働く場合と無効の場合を理解しているかを高頻度で問われている。財政政策と金融政策の有効・無効性は以下のようにまとめることができる。

	IS−LM 分析	財政政策	金融政策
投資の利子弾力性ゼロ	IS 曲線が垂直になるので LM 曲線が左右に動いても国民所得は増えないが，IS 曲線が右に動けば国民所得が増える。	○	×
貨幣需要の利子弾力性無限大（流動性のわな）	LM 曲線が水平になるので，LM 曲線が左右に動いても国民所得は増えないが，IS 曲線が右に動けば国民所得が増える。	○	×
投資の利子弾力性無限大	IS 曲線が水平になるので，IS 曲線が左右に動いても国民所得は増えないが，LM 曲線が右に動けば国民所得が増える。	×	○
貨幣需要の利子弾力性ゼロ	LM 曲線が垂直になるので，IS 曲線が左右に動いても国民所得は増えないが，LM 曲線が右に動けば国民所得が増える。	×	○

②クラウディング・アウト

　「クラウディング・アウト」とは，政府が公共事業を行った場合，民間投資が締め出しを受けてしまうことである。

　クラウディング・アウトのメカニズムは，①財政政策実施⇒②有効需要拡大⇒③貨幣需要の増加⇒④利子率上昇⇒⑤民間投資の減少＝⑥政府支出による有効需要の拡大が民間投資の減少により一部相殺されるというものである。

　古典派は国民所得の増加をさせるための財政政策発動に対して否定的だったため，財政政策を発動すれば，その分の民間投資が押し出され，100％のクラウディング・アウトが発生し国民所得は増加しないと主張した。

　一方，ケインズは政府の市場介入によって国民所得は乗数倍増加するものの，民間投資は一部しか減少しないため，財政政策は国民所得増加に効果があると主張した。古典派とケインズ派の主張の違いを理解しておこう。

187

③流動性のわな

「流動性のわな」とは利子率が下限に達している状態であり、貯蓄の魅力がなくなっており、債券に需要が高まるため債券価格が上限に達することで、投機的動機による貨幣需要が無限大になる状況のことである。つまり、貨幣需要の利子弾力性が無限大＝貨幣供給量が増加しても利子率が下がらない状態ということである。利子はそれ以上下がらないので、投資も促進されず、国民所得は増加しない。そのような状況の中ではLM曲線は水平になり、利子率が下がってもシフトしない。

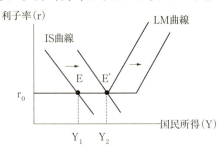

上図のように、金融政策を発動しLM曲線が右にシフトしても国民所得はY_1から変化しない。一方、財政政策を発動しIS曲線が右にシフトすれば国民所得はY_1からY_2に変化する。したがって、流動性のわなの状態にあるときは、金融政策は無効、財政政策は有効となる。

▶▶ 出題の傾向と勉強の方向性

　財政政策と金融政策の問題は、受験生に理解がしにくく、経済学が難しいと感じる要因になる。しかし、下記のとおり2つの論点（出題項目の分類とは異なる論点）から頻出されていることは明らかなので、上記のポイントを把握した上で、過去問を繰り返し解けば十分得点力を上げることができる。

①クラウディング・アウト

　平成14年度第1問、平成17年度第4問、平成19年度第7問、平成20年度第6問、平成22年度第6問、平成23年度第7問、平成25年度第7問、平成26年度第5問と高頻度で問われている。

②流動性のわな

　平成13年度第9問、平成15年度第11問、平成17年度第4問、平成19年度第7

第3章　財政政策と金融政策

問，平成 22 年度第 6 問，平成 23 年度第 7 問，平成 26 年度第 5 問，令和元年度第 8
問（設問 2），令和 2 年度第 6 問（設問 1）と高頻度で問われている。

■取組状況チェックリスト

4. 政府支出と財政政策							
問題番号	ランク	1回目		2回目		3回目	
令和 2 年度　第 6 問（設問 1）	A	／		／		／	
平成 25 年度　第 7 問	A	／		／		／	
平成 26 年度　第 5 問	A	／		／		／	
平成 25 年度　第 8 問	C*	／		／		／	
平成 23 年度　第 7 問	A	／		／		／	
令和元年度　第 8 問（設問 2）	A	／		／		／	
平成 28 年度　第 10 問	B	／		／		／	
平成 22 年度　第 6 問（設問 1）	A	／		／		／	

＊ランク C の問題と解説は，「過去問完全マスター」の HP（URL：https://jissen-c.jp/）よりダ
ウンロードできます。

政府支出と財政政策

	ランク	1回目	2回目	3回目
	A	/	/	/

■令和2年度　第6問（設問1）

下図は，IS曲線とLM曲線を描いたものである。この図に基づいて，下記の設問に答えよ。

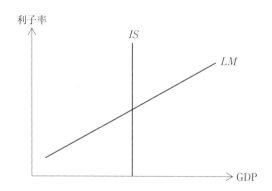

IS曲線が垂直になる例として，最も適切なものはどれか。

　　ア　貨幣需要の利子弾力性がゼロである。

　　イ　貨幣需要の利子弾力性が無限大である。

　　ウ　投資需要の利子弾力性がゼロである。

　　エ　投資需要の利子弾力性が無限大である。

解答	ウ

■解説

本設問は，IS-LM 分析において，投資や貨幣の利子弾力性の影響が財政政策・金融政策の有効性に与える影響に関する問題であり，その中で IS 曲線が垂直になるケースが問われている。財政政策と金融政策の有効・無効性は以下のようにまとめることができる。

	IS—LM 分析	財政政策	金融政策
投資需要の利子弾力性ゼロ	IS 曲線が垂直になるので LM 曲線が左右に動いても国民所得は増えないが，IS 曲線が右に動けば国民所得が増える。	○	×
貨幣需要の利子弾力性無限大	LM 曲線が水平になるので，LM 曲線が左右に動いても国民所得は増えない（流動性のわな）が，IS 曲線が右に動けば国民所得が増える。	○	×
投資需要の利子弾力性無限大	IS 曲線が水平になるので，IS 曲線が左右に動いても国民所得は増えないが，LM 曲線が右に動けば国民所得が増える。	×	○
貨幣需要の利子弾力性ゼロ	LM 曲線が垂直になるので，IS 曲線が左右に動いても国民所得が増えないが，LM 曲線が右に動けば国民所得が増える。	×	○

上記のとおり，IS 曲線が垂直になるのは，投資の利子弾力性がゼロの場合である。通常は，利子率が下がるとお金を借りやすくなるので投資需要が増え，結果として国民所得は増加する。一方，利子率が上がるとお金が借りにくくなるので投資需要が減少して，結果として国民所得は減少する。この状態は投資需要が利子率の上下動に反応しているので，投資需要の利子弾力性が存在しているといえる。しかし，投資需要の利子弾力性がゼロの場合は，利子率が変化しても投資が変化しないことを意味する。

ア：不適切である。貨幣需要の利子弾力性がゼロの場合は LM 曲線が垂直になるケースである。

イ：不適切である。貨幣需要の利子弾力性が無限大の場合は LM 曲線が水平になるケースである。

ウ：適切である。投資需要の利子弾力性がゼロの場合，IS 曲線は垂直になる。

エ：不適切である。投資需要の利子弾力性が無限大の場合，IS 曲線は水平になる。

よって，ウが正解である。

第 3 章　財政政策と金融政策

政府支出と財政政策	ランク	1 回目		2 回目		3 回目	
	A	/		/		/	

■平成 25 年度　第 7 問

　政府支出の増加が持つ有効需要創出効果がないケース，あるいは有効需要創出効果が弱められるケースの説明として，最も適切なものの組み合わせを下記の解答群から選べ。

　　a　政府支出の増加が公債発行によってまかなわれると，債券市場で超過需要が発生することから，利子率が上昇し，民間投資が抑えられる。

　　b　在庫が存在する場合には，政府支出の増加に対して，財貨・サービスの供給を，在庫の取り崩しによって対応する。

　　c　政府支出の増加によって，以前は民間によって供給されていた財貨・サービスを，政府が民間に代わって供給する。

　　d　政府支出の増加によって，貨幣の取引需要が減少し，利子率が上昇することで，民間投資が抑えられる。

〔解答群〕

　ア　a と b

　イ　a と c

　ウ　b と c

　エ　c と d

193

解答	ウ

■解説

　財政政策が有効需要に与える効果に関する問題である。政府支出の増加が民間投資を締め出し，有効需要を増やさないことをクラウディング・アウトという。

a：不適切である。政府支出は政府が公共設備に投資するなどして支出を増やすことをいい，「政府支出の増加を公債発行によってまかなう」ということは，増加する支出を税金によって国民から徴収するのではなく，国債などの公債を発行し，市場から資金を調達するということである。公債発行が増加されると，市場に出回る公債の数が増加する。公債を欲しがる人の数が一定で，出回る公債の数が増えれば，公債に対する需要は減少する。つまり超過供給の状態が発生する。超過供給⇒公債の人気低下⇒お金の人気が上昇⇒利子率が上昇する⇒お金が借りにくくなる⇒民間投資が抑制されるというプロセスによって政府支出の増加による有効需要がない，または，弱まるといえる。

b：適切である。在庫の代表的なものは，企業の製品の残りや，売れることを想定して予めつくっておいた予備の製品である。政府支出が増加するということは，政府がお金を出して市場から何かを買うことである。政府支出の増加によって景気が上昇すれば，企業は新たに製品を製造するよりも，まず在庫から販売しようとする。在庫は企業がすでに費用を支払っているので，在庫の売上高分のみが有効需要拡大に寄与する。製品をゼロからつくる場合は，企業が材料を購入することなども有効需要拡大に寄与するので，在庫の取り崩しの方が製品をゼロからつくるより有効需要創出効果が弱められてしまう。

c：適切である。政府支出が増加すれば，通常，民間企業によって財貨・サービスが供給され，その分有効需要が創出される。しかし，その財貨・サービスを政府が民間に代わって供給すれば，政府の支出を政府の収入で相殺してしまい，民間の投資や消費の増大を抑制してしまう。つまり，その分需要創出の効果を弱めることになる。

d：不適切である。政府支出が増加すれば，有効需要は拡大するため，貨幣の取引需要が増加する。するとやがて貨幣供給量に対して超過需要が発生するため，利子率が上昇する。利子率が上昇すると，企業がお金を借りにくくなり，民間投資が抑えられる。その分有効需要創出の効果を弱めることになる。

　よって，ウが正解である。

政府支出と財政政策

	ランク	1回目	2回目	3回目
	A	/	/	/

■平成26年度　第5問

以下の2つの図は，標準的なIS-LM分析の図である。両図において，初期状態がISとLMの交点であるE₀として与えられている。政府支出の増加によってISがIS′に変化したとき，以下の両図に関する説明として最も適切なものを下記の解答群から選べ。

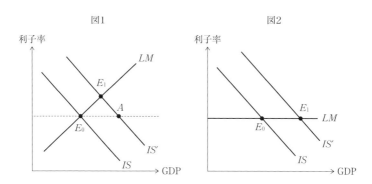

〔解答群〕

ア　図1が示すところによれば，政府支出の増加による総需要刺激効果は，クラウディング・アウトによって完全に相殺されている。

イ　図1で点Aから点E₁までの動きは，「流動性の罠」と呼ばれる状況が生じていることを示している。

ウ　図1で点E₀から点Aまでの動きは，政府支出の増加によるクラウディング・アウトの効果を示している。

エ　図2では，政府支出の増加によって利子率が上昇することを示している。

オ　図2では，政府支出の増加によるクラウディング・アウトは発生していない。

解答	オ

■解説

　政府支出の増加＝財政政策の有効性に関する問題である。

　「流動性の罠」とは，貨幣需要の利子弾力性無限大となった状態のことである。債権の魅力が0になり，市場で誰も債権を購入せず貨幣として保有する状態のことである。この場合，LM曲線が水平になるので，LM曲線が左右に動いても国民所得は増えないが，IS曲線が右に動けば国民所得が増える。

　クラウディング・アウトとは，政府が公共事業を行った場合，民間投資が締め出しを受けてしまうことである。

　クラウディング・アウトのメカニズムは，①財政政策実施⇒②有効需要拡大⇒③貨幣需要の増加⇒④利子率上昇⇒⑤民間投資の減少＝⑥政府支出による有効需要の拡大が民間投資の減少により一部相殺されるというものである。

　　ア：不適切である。政府支出の増加はE_0から点AにGDP（有効需要）を増加
　　　　させるが，その後，利子率の増加をもたらし，点E_1までGDPを減少させ
　　　　てしまう。これがクラウディング・アウトであるが，完全に相殺されている
　　　　わけではない。

　　イ：不適切である。流動性の罠の状態になっている場合，LM曲線は水平になる。
　　　　図1のLM曲線は水平ではないので，流動性の罠の状態ではない。

　　ウ：不適切である。上記の選択肢アの説明のとおり，点E_0から点Aまでの動き
　　　　は，政府支出の増加による「有効需要の拡大」を示している。

　　エ：不適切である。流動性の罠の状態にある限り，政府支出を増加させても利子
　　　　率は上昇しない。

　　オ：適切である。図2は「流動性の罠」の状態であり，利子率が上昇しないので，
　　　　上記説明文の下線部分における④⇒⑤へのプロセスがなくなる。つまり，利
　　　　子率上昇による民間投資の減少が発生しないため，クラウディング・アウト
　　　　は発生していないといえる。

　よって，オが正解である。

第3章　財政政策と金融政策

政府支出と財政政策	ランク	1回目		2回目		3回目	
	A	／		／		／	

■平成23年度　第7問

経済が「流動性のわな」に陥った場合の説明として，最も適切なものの組み合わせを下記の解答群から選べ。

a　貨幣供給が増加しても伝達メカニズムが機能せず，利子率は低下するが，投資支出の増加が生じない。

b　政府支出の増加が生じてもクラウディング・アウトは発生しない。

c　「流動性のわな」のもとでは，貨幣需要の利子弾力性はゼロになり，利子率が下限値に達すると，債券価格は上限値に到達する。

d　「流動性のわな」のもとでは，GDPの水準は貨幣市場から独立であり，生産物市場から決定される。

〔解答群〕

ア　aとc

イ　aとd

ウ　bとc

エ　bとd

197

解答	エ

■解説

a：不適切である。本肢の伝達メカニズムとは，①貨幣供給増加⇒②貨幣市場で
　　超過供給が発生⇒③利子率低下⇒④企業は貨幣を調達しやすくなるため，民
　　間投資が増加⇒⑤GDPが増加するという金融政策の波及プロセスのことで
　　ある。「流動性のわな」とは貨幣需要の利子弾力性が無限大となる状態のこ
　　とであり，利子率が下がりきった状態のことである。利子率はそれ以上低下
　　しないので，投資支出は増加しない。「利子率が低下する」の部分が不適切
　　である。

b：適切である。政府支出は国民所得を増加させるので，通常であれば利子率は
　　上昇するが，流動性のわなの状態では，政府支出を行って国民所得が増加し
　　ても利子率は上昇せず，民間投資が減少しないため，クラウディング・アウ
　　トは発生せず政府支出分だけGDPを押し上げる。

c：不適切である。流動性のわなのもとでは，貨幣需要の利子弾力性は「無限
　　大」であり，「ゼロ」ではない。

d：適切である。流動性のわなのもとでは，金融政策を実施しても利子率に影響
　　を与えることができないため，結果，財市場（生産物市場）にも影響を与え
　　ることはできない。つまり，国民所得＝GDPに影響を与えることはできな
　　い。言い換えれば，「GDPの水準は貨幣市場から独立であり，生産物市場か
　　ら決定される」ということができる。

よって，bとdが適切であり，エが正解である。

第3章 財政政策と金融政策

政府支出と財政政策	ランク	1回目		2回目		3回目	
	A	/		/		/	

■令和元年度　第8問（設問2）

　総需要－総供給分析の枠組みで，財政・金融政策の効果と有効性を考える。

　下記の設問に答えよ。

「流動性のわな」の状況下における財政政策と金融政策の効果と有効性に関する記述として，最も適切なものの組み合わせを下記の解答群から選べ。

　　a　政府支出を増加させても，クラウディング・アウトによって総需要は不変である。したがって，物価水準も実質 GDP も当初の水準から変化しない。

　　b　政府支出の増加は，総需要を拡大させる。その結果，物価水準が上昇し，実質 GDP も増加する。

　　c　名目貨幣供給の増加は，総需要を変化させない。したがって，物価水準も実質 GDP も当初の水準から変化しない。

　　d　名目貨幣供給の増加は，総需要を拡大させる。その結果，物価水準が上昇し，実質 GDP も増加する。

〔解答群〕

　ア　a と c

　イ　a と d

　ウ　b と c

　エ　b と d

199

解答	ウ

■解説

「流動性のわな」の状況下における財政政策と金融政策の効果と有効性に関する問題である。

流動性のわなの状況下での金融政策を発動しても，金利が低下しないので，総需要増加には寄与しない。一方，流動性のわなの状況下でも，政府支出の増加などの財政政策の発動は，総需要増加には寄与する。

a：不適切である。政府支出を増加させると物価水準と実質 GDP は当初の水準から上昇する。「クラウディング・アウト」とは，政府が公共事業を行った場合，民間投資が締め出しを受けてしまうことである。クラウディング・アウトのメカニズムは，①財政政策実施⇒②有効需要拡大⇒③貨幣需要の増加⇒④利子率上昇⇒⑤民間投資の減少＝⑥政府支出による有効需要の拡大が民間投資の減少により一部相殺されるというものである。流動性のわなの状況下では上記の④以降が発生しないため，クラウディング・アウトが発生しない。

b：適切である。政府支出の増加は，総需要を拡大させる。その結果，物価水準が上昇し，実質 GDP も増加する。

c：適切である。流動性のわなの状況において，名目貨幣供給（マネーストック）を増加させても，総需要は変化しない。したがって，物価水準も実質 GDP も当初の水準から変化しない。

d：不適切である。流動性のわなの状況において，名目貨幣供給の増加は，総需要を拡大させない。その結果，物価水準も，実質 GDP も変化しない。

よって，ウが正解である。

第3章　財政政策と金融政策

	ランク	1回目		2回目		3回目	
政府支出と財政政策	B	/		/		/	

■平成 28 年度　第 10 問

　財政制度の改正にはそれぞれの目的があるが，これは同時に，財政のビルトイン・スタビライザーの機能にも影響する。財政のビルトイン・スタビライザーの機能に関する記述として，最も適切なものの組み合わせを下記の解答群から選べ。

a　子育て支援における低所得者向けの給付の拡充は，ビルトイン・スタビライザーの機能を低下させる。

b　所得税における最高税率の引き上げは，ビルトイン・スタビライザーの機能を高める。

c　生活保護における生活扶助費の引き下げは，ビルトイン・スタビライザーの機能を高める。

d　失業者に対する失業給付の拡充は，ビルトイン・スタビライザーの機能を高める。

〔解答群〕

ア　aとc

イ　aとd

ウ　bとc

エ　bとd

201

解答	エ

■解説

　ビルトイン・スタビライザーとは，景気の自動安定化装置のことである。景気対策として金融政策や財政政策を意識的に発動しなくても，社会が進歩し，福祉政策が充実しだすと，景気の波を自動的に安定させるような財政制度が経済構造の中に組み込まれ出す。これがビルトイン・スタビライザーである。失業保険を含む各種社会保障制度，高率の累進課税，農産物価格支持政策などがそれである。景気が過熱すると税収が増加する一方，社会保障の支出が減少するため有効需要が減少して景気が抑制される，逆に，景気が悪くなると税収が減少する一方，社会保障の支出が増加するため有効需要が増加して景気の下落を食い止めるなどの機能を発揮する。(参考：伊東光晴編『現代経済学事典』岩波書店，p.662)

　　a：不適切である。子育て支援における低所得者向けの給付の拡充は，社会保障費の増大となるため，有効需要を増加させる。したがって，ビルトイン・スタビライザーの機能を向上させる。

　　b：適切である。所得税における最高税率の引き上げは，税収が増加する一方，社会保障の支出が減少するため，有効需要を減少させる。景気加熱時に有効需要を減少させることもビルトイン・スタビライザーの機能であるため，所得税における最高税率の引き上げはビルトイン・スタビライザーの機能を高めることになる。

　　c：不適切である。生活保護における生活扶助費の引き下げは，有効需要を減少させるのでビルトイン・スタビライザーの機能を低下させる。

　　d：適切である。失業者に対する失業給付の拡充は，社会保障費の増大となるため，有効需要を増加させる。したがって，ビルトイン・スタビライザーの機能を高める。

　よって，エが正解である。

第3章　財政政策と金融政策

政府支出と財政政策	ランク	1回目	2回目	3回目
	A	／	／	／

■平成22年度　第6問（設問1）

次の財政・金融政策の効果と有効性に関する文章を読んで，下記の設問に答えよ。

いま，生産物市場の均衡条件が

$Y = C + I + G$

で与えられ，Y は GDP，C は消費支出，I は民間投資支出，G は政府支出である。

ここで，

消費関数 $C = C_0 + c(Y - T)$

　　　　　C_0：独立消費，c：限界消費性向（0 < c < 1），T：租税収入

投資関数 $I = I_0 - ir$

　　　　　I_0：独立投資，i：投資の利子感応度，r：利子率

とする。

他方，貨幣市場の均衡条件は

$M = L$

であり，M は貨幣供給，L は貨幣需要である。

ここで，

貨幣需要関数 $L = kY - hr$

　　　　　　　k：貨幣需要の所得感応度，h：貨幣需要の利子感応度

とする。

これらを連立させることにより，均衡 GDP は

$$Y = \frac{1}{1 - c + i\dfrac{k}{h}} \left(C_0 - cT + I_0 + G + \frac{i}{h} M \right)$$

として求められる。

上記の式から，①財政政策（政府支出）の乗数は

$$\frac{\Delta Y}{\Delta G} = \frac{1}{1 - c + i\dfrac{k}{h}}$$

203

である。

また，②金融政策の乗数は

$$\frac{\Delta Y}{\Delta M} = \frac{\dfrac{i}{h}}{1 - c + i\dfrac{k}{h}}$$

である。

文中の下線部①について，財政政策の効果に関する説明として，最も適切なものの組み合わせを下記の解答群から選べ。

a　貨幣需要の利子感応度が小さいほど，クラウディング・アウトの程度が小さく，財政政策に伴う所得拡大効果は大きくなる。

b　限界貯蓄性向が大きいほど，財政政策の乗数はより大きくなる。

c　投資の利子感応度が大きいほど，クラウディング・アウトの程度が大きく，財政政策に伴う所得拡大効果は小さくなる。

d　「流動性のわな」に陥った場合，財政政策の乗数は $\dfrac{1}{1 - c}$ で示される。

〔解答群〕

ア　aとb

イ　aとd

ウ　bとc

エ　bとd

オ　cとd

第3章　財政政策と金融政策

解答	オ

■解説

a：不適切である。クラウディング・アウト（財政政策実施による民間投資の締め出し）のメカニズムは，①財政政策実施⇒②有効需要拡大⇒③貨幣需要の増加⇒④利子率上昇⇒⑤民間投資の減少＝⑥政府支出による有効需要の拡大が民間投資の減少により一部相殺される，というものである。③の時点で，貨幣需要の利子感応度が小さい場合，利子率が上昇しても貨幣需要の減少幅は小さい。貨幣の超過需要が発生している場合，利子率は上昇しつづけるが，貨幣需要の利子弾力性が小さい場合，貨幣需要の超過需要が解消されるまで（貨幣供給と均衡するまで）の利子率上昇幅は大きくなる。したがって，④の時点で，利子率の上昇幅が大きいと民間投資の減少幅も大きくなる。すなわち，クラウディング・アウトの程度が大きいため，財政政策による国民所得拡大効果は小さくなる。

b：不適切である。問題文より，財政政策の乗数 $= \dfrac{\Delta Y}{\Delta G} = \dfrac{1}{1 - c + i\dfrac{k}{h}}$ である。

1−c＝限界<u>貯蓄</u>性向なので，分母の限界貯蓄性向が増加すれば，財政政策の乗数は小さくなる。（c は限界<u>消費</u>性向）

c：適切である。<u>投資</u>の利子感応度が大きい場合，財政政策による利子率上昇によって減少する民間の投資の減少幅は大きい。つまり，クラウディング・アウトが大きくなるため，GDP 押し上げ効果は小さくなる。

d：適切である。問題文より，財政政策の乗数 $= \dfrac{\Delta Y}{\Delta G} = \dfrac{1}{1 - c + i\dfrac{k}{h}}$ である。

そして h は貨幣需要の利子感応度である。「流動性のわな」とは貨幣需要の利子感応度が無限大になる現象である。h が無限大ということは k/h は限りなく 0 に近いということである。したがって，財政政策の乗数＝1/1−c となる。

よって，c と d が適切であり，オが正解である。

205

5. マネーサプライ（マネーストック）

出題要綱では、マネーサプライは「雇用と物価水準」の次に列挙されているが、本書ではマネーサプライと貨幣理論、金融政策は密接な関係にあるため、近接させた。

①貨幣需要

貨幣需要には「取引的動機に基づく貨幣需要」と「予備的動機に基づく貨幣需要」「投機的動機に基づく貨幣需要」がある。

「取引的動機に基づく貨幣需要」とは、日常の取引に使用するための貨幣に対する需要である。

「予備的動機に基づく貨幣需要」とは、不意の支出に備えて保有するための貨幣に対する需要である。これらの2つの需要は、所得の増減に連動して増減する特性を持ち、「L1」と示される。

「投機的動機に基づく貨幣需要」とは、貨幣を資産として保有するための需要である。ケインズの経済学体系の中では、「資産」は貨幣と債券のみとされており、双方とも利子率の変動によって需要が増減する。利子率が上がれば債券価格は安くなり、下がれば高くなる。貨幣は債券の動きとは逆になる。

これは、利子率が上がれば債券の価格が下がるので、キャピタルゲイン（安くなったときに購入して高くなったときに売却して利益を得ること）を期待した人が貨幣を拠出（貨幣に対する需要が減る）して債券を買おうとする。

利子率が下がれば、債券の価格が上昇するので債券に対する期待は下がり、いずれ債券価格が減少したときのために資産を貨幣で保有しようとする。この「投機的動機に基づく貨幣需要」は「L2」と示される。

②資金供給（マネーサプライ，マネーストック）

マネーサプライとは、貨幣の供給量であり、金融部門から経済主体に供給されている通貨の総量のことである。日本ではマネーサプライを示す統計指標として、2008年の改定前はマネーサプライ統計、以後はマネーストック統計がある。

集計範囲は、一般法人、個人、地方公共団体などの通貨保有主体（＝金融機関・中央政府以外の経済主体）が保有する通貨量の残高である。マネーに含める金融商品は、国や時代によって異なり、日本の場合は対象とする通貨の範囲に応じて、M1、M2、

M3，広義流動性といった，4つの指標を作成・公表している。

・M1

　現金通貨＋全預金取扱機関に預けられた預金通貨で，預金通貨は，要求払預金（当座，普通，貯蓄，通知，別段，納税準備）から調査対象金融機関（日本銀行，国内銀行＜除くゆうちょ銀行＞，外国銀行在日支店，信金中央金庫，信用金庫，農林中央金庫，商工組合中央金庫，ゆうちょ銀行，その他金融機関（全国信用協同組合連合会，信用組合，労働金庫連合会，労働金庫，信用農業協同組合連合会，農業協同組合，信用漁業協同組合連合会，漁業協同組合））が保有する保有小切手・手形を除いたものである。M1は，最も容易に決済手段として用いることができる現金通貨と預金通貨から構成されている。

・M2

　現金通貨＋国内銀行等に預けられた預金で，対象となる金融機関は日本銀行，国内銀行＜除くゆうちょ銀行＞，外国銀行在日支店，信金中央金庫，信用金庫，農林中央金庫，商工組合中央金庫である。M2は，金融商品の範囲はM3と同様であるが，預金の預け入れ先が限定されている。

・M3

　現金通貨＋全預金取扱機関に預けられた預金で，内訳として，M1のほかに，準通貨（定期預金＋据置貯金＋定期積金＋外貨預金）とCD（譲渡性預金）がある。対象金融機関はM1と同じとなる。M3は，M1に準通貨やCDを加えた指標であるといえる。準通貨の大半は，定期預金であるが，定期預金は解約して現金通貨や預金通貨に替えれば決済手段になる金融商品で，預金通貨に準じた性格を持つという意味で準通貨と呼ばれている。

・広義流動性

　M3＋金銭の信託＋投資信託＋金融債＋銀行発行普通社債＋金融機関発行CP＋国債＋外債であり，M3に何らかの「流動性」を有すると考えられる金融商品を加えた指標である。このため，金融商品間の資金の流出入（たとえば，投資信託を解約して銀行預金に振り替える）があった場合でも，その影響を受けないといった特色がある。

　　　　　　（日本銀行ホームページ「マネーストック統計のFAQ」を参考・参照）

▶▶ 出題の傾向と勉強の方向性

純粋なマネーサプライに関する出題は，平成15年度第7問，平成24年度第8問，平成25年度第6問，平成26年度第9問，平成29年度第7問，令和元年度第6問である。勉強の方向性としては，上記の内容を把握しておけばよい。

■取組状況チェックリスト

5. マネーサプライ（マネーストック）							
問題番号	ランク	1回目		2回目		3回目	
平成29年度 第7問	A	／		／		／	
平成24年度 第8問	B	／		／		／	
令和元年度 第6問	B	／		／		／	
平成26年度 第9問	B	／		／		／	
平成25年度 第6問	B	／		／		／	

	ランク	1回目	2回目	3回目
マネーサプライ （マネーストック）	A	／	／	／

■平成 29 年度　第 7 問

　2016 年 9 月，日本銀行は金融緩和強化のための新しい枠組みとして「長短金利操作付き量的・質的金融緩和」を導入した。この枠組みでは，「消費者物価上昇率の実績値が安定的に 2%を超えるまで，マネタリーベースの拡大方針を継続する」こととされている。

　マネタリーベースに関する記述として，最も適切なものの組み合わせを下記の解答群から選べ。

　　a　マネタリーベースは，金融部門から経済全体に供給される通貨の総量である。

　　b　マネタリーベースは，日本銀行券発行高，貨幣流通高，日銀当座預金の合計である。

　　c　日本銀行による買いオペレーションの実施は，マネタリーベースを増加させる。

　　d　日本銀行によるドル買い・円売りの外国為替市場介入は，マネタリーベースを減少させる。

〔解答群〕

　ア　a と c

　イ　a と d

　ウ　b と c

　エ　b と d

解答	ウ

■解説

マネーサプライに関する基本的な論点を問う問題である。

マネタリーベースとは，「日本銀行が供給する通貨」のことである。具体的には，市中に出回っているお金である流通現金（「日本銀行券発行高」＋「貨幣流通高」）と「日銀当座預金」の合計値である。式で表すと以下のとおりとなる。

マネタリーベース＝「日本銀行券発行高」＋「貨幣流通高」＋「日銀当座預金」

（出典：日本銀行ホームページ http://www.boj.or.jp/statistics/outline/exp/exbase.htm/）

a：不適切である。マネタリーベースは，上記の説明にあるとおり，「日本銀行が供給する通貨」のことであり，民間の銀行などが含まれる「金融部門」から経済全体に供給される通貨の総量ではない。

b：適切である。上記の説明の通り，マネタリーベース＝「日本銀行券発行高」＋「貨幣流通高」＋「日銀当座預金」である。

c：適切である。買いオペレーションとは，中央銀行が公開市場で証券（主として短期国債や長期国債）を購入する公開市場買操作のことである。この操作により，マネタリーベースが増加し，短期金利が下落する結果，金融機関の貸出行動や家計・企業の支出行動が刺激される。

d：不適切である。日本銀行によるドル買い・円売りの外国為替市場介入は，円を売る，つまり，円が市場に放出されることになるため，マネタリーベースは増加する。

以上より，b と c が適切である。

よって，ウが正解である。

第3章　財政政策と金融政策

マネーサプライ（マネーストック）	ランク	1回目		2回目		3回目	
	B	/		/		/	

■平成24年度　第8問

金融政策およびマネーサプライ（マネーストック）に関する下記の設問に答えよ。

（設問1）

金融政策に関する記述として，最も適切なものの組み合わせを下記の解答群から選べ。

a　貨幣の供給メカニズムで中央銀行が直接的に操作するのは，マネタリーベース（ハイパワードマネー）というよりも，マネーサプライ（マネーストック）である。

b　市中銀行の保有する現金を分子，預金を分母とする比率が上昇すると，信用乗数（貨幣乗数）は上昇する。

c　市中銀行から中央銀行への預け金を分子，市中銀行の保有する預金を分母とする比率が上昇すると，信用乗数（貨幣乗数）は低下する。

d　信用乗数（貨幣乗数）は，分子をマネーサプライ（マネーストック）分母をマネタリーベース（ハイパワードマネー）として算出される比率のことである。

〔解答群〕

　ア　aとb　　イ　aとd　　ウ　bとc　　エ　cとd

（設問2）

日本銀行が公表しているマネーサプライ統計は，2008年に，マネーストック統計へと見直しが行われた。この見直しに関する説明として，最も適切なものはどれか。

　ア　証券会社が保有する現金通貨が，M_1に含まれることになった。

　イ　ゆうちょ銀行への要求払預金が，M_1に含まれることになった。

　ウ　預金取扱機関が保有する現金通貨が，M_1に含まれることになった。

　エ　預金取扱機関への定期性預金が，M_1に含まれることになった。

211

（設問1）

解答	エ

■解説

a：不適切である。マネーサプライは，①中央銀行が市中銀行に貨幣を貸し出す
⇒②市中銀行が企業や消費者に貨幣を貸す⇒③消費者や企業が取引に使用す
る⇒④消費者や企業が余ったお金を市中銀行に預金する⇒⑤市中銀行は預金
を他の消費者や企業に貸し出す，という流れで増加していく。中央銀行が市
中銀行に貸し出す貨幣を「ハイパワードマネー」といい，市場に出回ってい
る貨幣全体の量をマネーサプライという。マネーサプライが増加し企業が貨
幣を借りやすくなれば景気がよくなり，逆であれば景気は悪くなる。この性
質を利用して，中央銀行はハイパワードマネーの供給量を増減させて景気を
コントロールしようとする。したがって，中央銀行が直接的に操作するのは
ハイパワードマネーとなる。

b・c：上記aの説明におけるマネーサプライの増加プロセスは信用創造のメカ
ニズムという。信用乗数（＝信用創造乗数）は信用創造のメカニズムにおけ
る貨幣の増加率のことである。信用乗数＝1÷現金準備率である。現金準備
金とは市中銀行が貸し出しを行う場合，預金総額のうち一部を残すことが義
務付けられた現金のことである。現金準備率とは市中銀行の預金総額に占め
る現金準備金の割合のことである。信用乗数の式を確認すると，分母である
現金準備率が増加すれば，信用乗数は下降することがわかる。したがって，
cが適切となる。

d：適切である。信用乗数はもう1パターンある。上記b，cの説明における信
用乗数は個人や企業が全額預金するという仮定に基づいているのに対し，こ
ちらの信用乗数は個人や企業が現金と預金を持つという仮定に基づいている。
個人や企業の現金・預金比率をβ，市中銀行の現金準備率をaとすると，
$(\beta+1) \div (\beta+a)$がこの場合の信用乗数となる。信用乗数はマネーサプラ
イ（M_S）がハイパワードマネー（H）の何倍に増えるのかを表す乗数である。
つまり，$M_S = (\beta+1) \div (\beta+a) \times H$なので，$M_S \div H = (\beta+1) \div (\beta+a)$

212

である。したがって，信用乗数は分子をマネーサプライ，分母をハイパワードマネーとして算出される比率といえる。

よって，cとdが適切であり，エが正解である。

（設問2）

解答	イ

■解説

　2008年のマネーサプライ統計のマネーストック統計への見直しは，ゆうちょ銀行が制度上で国内銀行として扱われるようになったことへの対応，金融環境の変化とともに金融商品が多様化する中で，広義流動性の内訳を見直す必要性への対応，通貨保有主体の見直しの必要性への対応を行うために実施された。

　ア：不適切である。この見直しで証券会社は通貨保有主体から外された。

　イ：適切である。ゆうちょ銀行が制度上で国内銀行として扱われることになり，ゆうちょ銀行が保有する預金通貨は M_1 に含まれることになった。ゆうちょ銀行に加え，農業協同組合，信用組合などを含むすべての預金取扱機関の預金通貨が含まれることになった。

　ウ：不適切である。預金取扱機関が保有する現金通貨はもともと M_1 に含まれており，2008年の見直し項目ではない。

　エ：不適切である。2008年の見直しで預金取扱機関への定期性預金は M_1 に含まれることにはなっていない。もともと，預金取扱機関への定期性預金は M_2 に含まれている。

よって，イが正解である。

第 3 章　財政政策と金融政策

マネーサプライ (マネーストック)	ランク	1回目		2回目		3回目	
	B	/		/		/	

■令和元年度　第6問

　日本経済は，日本銀行による金融政策から影響を受けている。貨幣に関する記述として，最も適切なものの組み合わせを下記の解答群から選べ。

　　a　中央銀行が買いオペを実施すると，マネタリー・ベースが増加する。

　　b　マネー・ストック M1 は，現金通貨，預金通貨，準通貨，譲渡性預金の合計である。

　　c　マネー・ストックをマネタリー・ベースで除した値は「信用乗数」と呼ばれる。

　　d　準備預金が増えると，信用乗数は大きくなる。

〔解答群〕

　　ア　a と c

　　イ　a と d

　　ウ　b と c

　　エ　b と d

215

解答	ア

■解説

　マネー・ストックやマネタリー・ベースに関する問題である。マネタリー・ベースとは，「日本銀行が供給する通貨」のことである。具体的には，市中に出回っているお金である流通現金（「日本銀行券発行高」＋「貨幣流通高」）と「日銀当座預金」の合計値である。式で表すと以下のとおりとなる。

　マネタリー・ベース＝「日本銀行券発行高」＋「貨幣流通高」＋「日銀当座預金」

　なお，マネタリー・ベースはハイパワードマネーともいう。

　マネー・ストック統計には，通貨の範囲に応じて M1，M2，M3，広義流動性の 4 つの指標がある。これらの指標の定義は，次のとおりである。

　M1：現金通貨と預金通貨（預金通貨の発行者は，全預金取扱機関）の合計であり，現金通貨は日本銀行券発行高と貨幣流通高の合計，預金通貨は要求払預金（当座，普通，貯蓄，通知，別段，納税準備）から調査対象金融機関保有小切手・手形を控除したものである。

　M2：M1 に準通貨や CD を加えた指標であり，CD の発行者は，国内銀行等である。

　M3：金融商品の範囲は M2 と同様であるが，CD の発行者が全預金取扱機関とされている。

　広義流動性：M3 に，金銭の信託，投資信託，金融債，銀行発行普通社債，金融機関発行 CP，国債，外債が加算されたものである。

　信用乗数は，信用創造乗数ともいい，一般的には信用乗数＝マネー・ストック÷ハイパワードマネー（＝マネタリー・ベース）で表される。

　　a：適切である。買いオペは中央銀行が市場から債券などを購入し，現金を市場に流通させる景気刺激策であり，マネタリー・ベースは増加する。

　　b：不適切である。マネー・ストック M1 には，準通貨や譲渡性預金（CD）は含まれない。

　　c：適切である。マネー・ストックをマネタリー・ベースで除した値は「信用乗数」と呼ばれる。

　　d：不適切である。準備預金（日銀当座預金）が増えると，分母のマネタリー・ベースが増えるので，信用乗数は小さくなる。

　よって，アが正解である。

マネーサプライ （マネーストック）	ランク	1回目	2回目	3回目
	B	／	／	／

■平成 26 年度　第 9 問

　マネーストックあるいはマネタリーベースに含まれるものとして最も適切なものは
どれか。

　　ア　日銀当座預金はマネーストックに含まれる。

　　イ　日銀当座預金はマネタリーベースに含まれる。

　　ウ　預金取扱機関の保有現金はマネーストックに含まれる。

　　エ　預金取扱機関への預金はマネタリーベースに含まれる。

解答	イ

■解説

　マネーストックとは，基本的に，通貨保有主体が保有する通貨量の残高（金融機関や中央政府が保有する預金などは対象外）である。通貨保有主体の範囲は，居住者のうち，一般法人，個人，地方公共団体・地方公営企業が含まれる。このうち一般法人は，預金取扱機関，保険会社，政府関係金融機関，証券会社，短資等を除く法人である。（出典：日本銀行ホームページ　http://www.boj.or.jp/statistics/outline/exp/exms.htm/）

　マネタリーベースとは，「日本銀行が供給する通貨」のことである。具体的には，市中に出回っているお金である流通現金（「日本銀行券発行高」＋「貨幣流通高」）と「日銀当座預金」の合計値である。式で表すと以下のとおりとなる。（出典：日本銀行ホームページ　http://www.boj.or.jp/statistics/outline/exp/exbase.htm/）

　　マネタリーベース＝「日本銀行券発行高」＋「貨幣流通高」＋「日銀当座預金」

以上を踏まえ，各選択肢を検討する。

　ア：不適切である。日本銀行当座預金とは，日本銀行が取引先の金融機関等から受け入れている当座預金のことである。「日銀当座預金」，「日銀当預」などと呼ばれることもある。当座預金を預けている金融機関は上記のマネーストックの定義では通貨保有主体にあたらないので，当該預金はマネーストックに含まれない。

　イ：適切である。上記マネタリーベースの定義によれば，日銀当座預金はマネタリーベースに含まれる。

　ウ：不適切である。上記マネーストックの定義によれば，預金取扱機関の保有現金はマネーストックには含まれない。

　エ：不適切である。上記マネタリーベースの定義によれば，預金取扱機関への預金はマネタリーベースには含まれない。

　よって，イが正解である。

第3章　財政政策と金融政策

マネーサプライ（マネーストック）	ランク	1回目	2回目	3回目
	B	／	／	／

■平成25年度　第6問

　資産は貨幣と債券の2つから構成されており，貨幣に利子は付かないと想定する。

　貨幣供給量を増加させた場合，これが企業の設備投資や家計の住宅投資に与える影響に関する説明として，以下の(1)と(2)において，最も適切なものの組み合わせを下記の解答群から選べ。ただし，資産市場ではワルラス法則が成立しているものとする。

(1) 債券市場では，

　　a　超過需要が発生し，債券価格が上昇することで，利子率が低下する。

　　b　超過供給が発生し，債券価格が下落することで，利子率が上昇する。

(2) (1)における利子率の変化により，

　　c　債券から貨幣への需要シフトが起こり，また投資を行う際に必要な資金調達コストが低下するため，投資が促進される。

　　d　貨幣から債券への需要シフトが起こり，また投資を行う際に必要な資金調達コストが上昇するため，投資が減退する。

〔解答群〕

　ア　(1)：a　　(2)：c

　イ　(1)：a　　(2)：d

　ウ　(1)：b　　(2)：c

　エ　(1)：b　　(2)：d

219

解答	ア

■解説

　貨幣と債券の関係に関する問題である。なお，ワルラス法則とは，「経済全体の総需要価値額は総供給価値額に恒等的に等しい」とする法則である。

　資産が債権と貨幣の2つしかない場合，債券と貨幣の需要はトレードオフの関係にある。債権需要が増加すれば，貨幣需要は低下するし，貨幣需要が増加すれば，債券需要は低下する。

　貨幣供給量を増加させた場合，市場に出回る貨幣量が増えるため，市場における貨幣の価値は低下する。

　貨幣の価値が低下すれば，債券の価値が上がるため，債券に対する需要が増加する。つまり，債券市場で超過需要が発生する。利子率は貨幣に対する人気の高さなので，債券に人気が集まれば，貨幣に対する人気が低下したことになるため，利子率は低下する。したがって，(1)の債券市場で発生する現象の説明としては，aが適切である。

　債券市場で発生した現象により，利子率は低下する。利子率が低下した場合，企業や消費者は少ないコストで貨幣を借りることができるため，企業の設備投資や家計の住宅投資が促進される。したがって，(2)の貨幣市場で発生する現象の説明としては，cが適切である。

　よって，アが正解である。

220

第3章　財政政策と金融政策

6.　貨幣理論と金融政策

▶▶ 出題項目のポイント

①貨幣理論

　貨幣数量説とは，貨幣は財の交換のための道具でしかなく，貨幣数量の変化は実物経済に影響を与えず，物価水準を正比例で変化させるだけである（貨幣の中立性）と主張する古典派の説である。単純化すると，流通する貨幣量が2倍になれば貨幣の価値は半分になり，貨幣に対するモノの価値が上がり，物価が2倍になるということである。

　流動性選好説とは，次のような理論である。貨幣は，財の中でも最も流動性が高い（何にでも交換できる）ので，誰にでも好まれる。したがって，貨幣を借りる場合は，借り賃として「利子」が必要になり，貨幣の需要と供給のバランスは利子率の上下で決定される。

　古典派の貨幣数量説が貨幣需給は利子率に影響を与えないとするのに対し，ケインズは流動性選好説で貨幣需給は利子率に影響を与えるとした。

②裁量的金融政策

　裁量的金融政策とは，景気をコントロールするために中央銀行が行う金融政策のことである。「公開市場操作」「法定準備率操作」「公定歩合操作」などがある。

　「公開市場操作」とは，中央銀行が貨幣供給を増減させることである。貨幣が民間に潤沢にあるときにはお金を借りやすくなっているので，投資などが活性化し景気が良くなる。その特性を利用した景気コントロール策である。

　不景気のときには，中央銀行が市中銀行が保有する手形や国債を購入して現金を支払い（買いオペレーション），市中銀行に現金が増えることで民間に流れるお金の量を増やす。景気が過熱しているときには，中央銀行が持っている手形や国債を市中銀行に売却し（売りオペレーション），市中銀行の持っている現金を回収することで，民間に流れるお金の量を減らす。

　「法定準備率操作」とは，市中銀行に義務付けられている法定準備率（市中銀行が保有する総額預金に占める法定準備金額の率）を上下させ，景気をコントロールすることである。法定準備率を上げれば，市中銀行は中央銀行に対して法定準備金を多く払わなくてはならないので，保有総額が減少＝民間に流れる貨幣量が減少＝景気抑制

221

となる。下げれば逆の動きになる。不景気時には法定準備率を下げ，景気過熱時には上げることになる。

「公定歩合操作」とは，中央銀行が市中銀行に貸し出す際の利子率である公定歩合を上下させて景気をコントロールすることである。公定歩合を低下させれば市中銀行が民間に貸し出す際の利子率も下がるのでお金を借りやすくなり，投資が増えることで景気が上昇する。上昇させれば逆になる。不景気時には公定歩合を下げ，景気過熱時には上げることになる。

▶▶ 出題の傾向と勉強の方向性

貨幣理論に関する問題は，平成16年度第7問，平成23年度第4問，令和2年度第10問で問われている。また，金融政策に関する問題は，平成14年度第6問・第7問・第12問，平成16年度第8問，平成18年度第5問，平成23年度第5問，平成25年度第10問，平成27年度第8問で問われている。なお，両方の論点にまたがる問題は，平成19年度第8問，平成21年度第6問である。

勉強の方向性は，上記の基礎的な貨幣理論の内容および金融政策の種類と効果についてを把握しておけばよい。

■取組状況チェックリスト

6. 貨幣理論と金融政策					
問題番号	ランク	1回目		2回目	3回目
平成23年度 第4問	A	／	／	／	
令和2年度 第10問	A	／	／	／	
平成23年度 第5問	A	／	／	／	
平成22年度 第6問（設問2）	A	／	／	／	
平成25年度 第10問	C＊	／	／	／	

＊ランクCの問題と解説は，「過去問完全マスター」のHP（URL：https://jissen-c.jp/）よりダウンロードできます。

第3章 財政政策と金融政策

貨幣理論と金融政策	ランク	1回目		2回目		3回目	
	A	/		/		/	

■平成 23 年度　第 4 問

貨幣市場に関する説明として最も適切なものはどれか。

ア　古典派の貨幣数量説では，貨幣需要は投機的需要のみであると考える。

イ　ハイパワードマネーは，公定歩合の引き下げ，売りオペによって増加する。

ウ　マネーストックのうち M1 は，現金通貨と預金通貨から構成される。

エ　流動性選好理論では，貨幣市場において超過需要が発生する場合，債券市場
　　も超過需要の状態にあり，それは利子率の上昇を通じて解消されると考える。

223

解答	ウ

■解説

　古典派の貨幣数量説とケインズ派の流動性選好説は貨幣理論の中核的論点である。何度も問われている論点なので，得点源にできるようしっかり覚えておこう。

　ア：不適切である。古典派の貨幣数量説では，貨幣需要は「取引需要」のみであると考える。なお，ケインズの流動性選好説では，貨幣需要の動機として，取引的動機，予備的動機，投機的動機の3つの動機があるとする。取引的動機は何かを購入するために所有する貨幣，予備的動機は何かあったときのために所有する貨幣，投機的動機は利子率が高く，債券を買うよりも貯金した方が得な場合に所有する貨幣である。取引的動機と予備的動機は所得に応じて増減するが，投機的動機は利子率の増減に応じて増減する。

　イ：不適切である。「売りオペ」は中央銀行が保有する債権を市場で売却する公開市場操作である。債権を売却すると市場から中央銀行に貨幣が支払われる。つまり，市場からハイパワードマネーが回収されるということになり，ハイパワードマネーは減少する。

　ウ：適切である。マネーストックとは，金融機関から経済全体に供給されている通貨の総量のことである。M1は，現金通貨（紙幣と硬貨）と現金預金（いつでも預金者の要求で引き出せる預金）からなる。M2とは，M1に準通貨を加えたものである。準通貨とは解約が随時可能な金融資産のことであり，主に定期性預金が該当する。M3とは，現金通貨＋全預金取扱機関に預けられた預金であり，M1に準通貨やCDを加えた指標である。統計改定（2008年）前まで，一般に資金供給量とされるのは，M2＋CD（譲渡性預金）であったが，統計改定後はその後継指標として改定後のM3を採用している。

　エ：不適切である。流動性選好説では，債券と預金はトレードオフの関係にある。債券は預金に人気がない場合，つまり利子率が低く貯金することに魅力を感じない場合に購入される。逆に，利子率が高い場合は債券は購入されない。貨幣市場で超過需要が発生している場合は貯金に人気がある場合（投機的動機による需要の超過）であり，この場合，債券は人気がなく，債券は超過供給状態になる。

　よって，ウが正解である。

224

第3章　財政政策と金融政策

貨幣理論と金融政策	ランク	1回目		2回目		3回目	
	A	／		／		／	

■令和2年度　第10問

　貨幣供給に関する記述として，最も適切なものの組み合わせを下記の解答群から選べ。

　　a　家計が現金の保有性向を高め，現金・預金比率が大きくなると，貨幣乗数は大きくなる。

　　b　家計が現金の保有性向を高め，現金・預金比率が大きくなると，貨幣乗数は小さくなる。

　　c　日本銀行による債券の売りオペレーションは，マネタリー・ベースを増加させる。

　　d　日本銀行による債券の買いオペレーションは，マネタリー・ベースを増加させる。

〔解答群〕

　ア　aとc

　イ　aとd

　ウ　bとc

　エ　bとd

225

解答	エ

■解説

本問は，貨幣供給に関する問題である。

a：不適切である。貨幣乗数は以下の定義式で表される。

貨幣乗数＝（民間の現金・預金比率＋1）／（民間の現金・預金比率＋銀行の預金準備率）

この貨幣乗数は，マネタリー・ベース（ハイパワード・マネー）が増加したとき，どのくらいマネー・サプライが増加するのかを表している。銀行の預金準備率＜1なので，定義式から貨幣乗数が低下するのは，民間の現金預金比率（＝現金通貨／預金通貨）が上昇したとき，あるいは銀行の預金準備率が上昇した時である。

つまり，現金・預金比率が大きくなると，貨幣乗数は小さくなる。

b：適切である。上記の選択肢aの解説のとおりである。

c：不適切である。日本銀行による債券の売りオペレーションとは，日本銀行が債券を金融機関に売って，貨幣市場に流通する貨幣を回収することである。売りオペレーションはマネタリー・ベース（ハイパワード・マネー）を減少させることになる。

d：適切である。日本銀行による債券の買いオペレーションとは，日本銀行が債券を金融機関から購入して，貨幣を貨幣市場へ放出することである。買いオペレーションはマネタリー・ベース（ハイパワード・マネー）を増加させることになる。

以上より，選択肢bとdが正しい。

よって，エが正解である。

第3章　財政政策と金融政策

貨幣理論と金融政策	ランク	1回目	2回目	3回目
	A	／	／	／

■平成23年度　第5問

日本の金融政策に関する記述として，最も不適切なものはどれか。

ア　インフレ・ターゲティングとは，物価の安定を具体的な物価上昇率（消費者物価指数等）の数値で示すなど，金融政策の透明性向上のためのひとつの枠組みとして議論されたものである。

イ　金融の量的な指標に目標値を定め，それが達成されるように金融緩和を行うことを「量的緩和政策」と呼ぶ。

ウ　準備預金制度とは，この制度の対象となる都市銀行などの金融機関に対して，受け入れている預金等の一定比率（準備率）以上の金額を日本銀行に預け入れることを義務づける制度である。

エ　日本銀行は中央銀行としての独立性を担保されているが，金融政策運営を討議・決定する会合（金融政策決定会合）では，財務大臣は議決権を行使することができる。

227

解答	エ

■解説

ア：適切である。インフレ・ターゲティングとは，中央銀行が物価上昇率（インフレ率）目標を一定の範囲で定め，その範囲に収まるように金融政策を行うことである。インフレ率が低い時は，公開市場操作でハイパワードマネーを増加させて緩やかなインフレーションを起こし，経済の安定的成長を図る政策である。金融政策の透明性向上や予想インフレ率を安定化させる副次的効果も期待される。

イ：適切である。量的金融緩和政策とは，中央銀行の当座預金残高量の調節によって金融緩和を行う金融政策である。日本では日銀が 2001 年 3 月に量的緩和政策を導入し，金融市場へ資金供給量を大幅に増やした。公定歩合の操作による金利操作から資金量へ切り替えたということである。平成 18 年度第 3 問との関連性が強い。

ウ：適切である。準備預金制度とは，日本の支払準備制度のことである。市中金融機関に対し，預金の一定割合の現金，中央銀行預け金，その他の流動資産の保有を義務付ける制度である。現金準備制度や流動性比率制度などがある。支払準備とは，市中銀行が預金の支払いに備えて保有している現金および中央銀行預け金のことであり，支払準備制度によって保有を義務付けられている部分を法定準備という。

エ：不適切である。金融政策委員会は，日本銀行の独立性の確保と透明性の向上を基本理念とする新日本銀行法に基づき，金融政策運営を討議・決定する会合である。議事内容は(1)金融市場調節の方針，(2)金融政策判断の基礎となる経済および金融の情勢に関する基本的見解，(3)基準割引率および基準貸付利率，(4)準備預金制度の準備率，等を議事事項とする。金融経済情勢をとりまとめた「金融経済月報」の基本的見解や「経済・物価情勢の展望」なども公表する。財務大臣や政府関係者は議決権を有しないが，必要に応じ，会合に出席し，(1)意見を述べること，(2)議案を提出すること，(3)次回会合まで議決を延期することを求めること，ができる。

よって，エが正解である。

第3章　財政政策と金融政策

貨幣理論と金融政策	ランク	1回目	2回目	3回目
	A	/	/	/

■平成 22 年度　第 6 問 （設問 2）

次の財政・金融政策の効果と有効性に関する文章を読んで，下記の設問に答えよ。

いま，生産物市場の均衡条件が

$Y = C + I + G$

で与えられ，Y は GDP，C は消費支出，I は民間投資支出，G は政府支出である。
ここで，

消費関数 $C = C_0 + c\,(Y - T)$

　　　　　　C_0：独立消費，c：限界消費性向（$0 < c < 1$），T：租税収入

投資関数 $I = I_0 - ir$

　　　　　　I_0：独立投資，i：投資の利子感応度，r：利子率

とする。

他方，貨幣市場の均衡条件は

$M = L$

であり，M は貨幣供給，L は貨幣需要である。
ここで，

貨幣需要関数 $L = kY - hr$

　　　　　　　k：貨幣需要の所得感応度，h：貨幣需要の利子感応度

とする。

これらを連立させることにより，均衡 GDP は

$$Y = \frac{1}{1 - c + i\dfrac{k}{h}}\left(C_0 - cT + I_0 + G + \frac{i}{h}M\right)$$

として求められる。

上記の式から，①財政政策（政府支出）の乗数は

$$\frac{\Delta Y}{\Delta G} = \frac{1}{1 - c + i\dfrac{k}{h}}$$

229

である。

また，②金融政策の乗数は

$$\frac{\Delta Y}{\Delta M} = \frac{\dfrac{i}{h}}{1 - c + i\dfrac{k}{h}}$$

である。

　文中の下線部②について，金融政策の効果に関する説明として，最も適切なものの組み合わせを下記の解答群から選べ。

a　貨幣需要の利子感応度が小さいほど，貨幣供給の増加に伴う利子率の低下幅が大きく，金融政策の所得拡大効果が大きくなる。

b　投資の利子感応度が大きいほど，利子率の低下に伴う民間投資支出の拡大幅が大きく，金融政策の有効性が高まる。

c　投資の利子感応度が無限大の場合，金融政策の乗数はゼロになる。

d　「流動性のわな」に陥った場合，金融政策の乗数は $\dfrac{1}{k}$ になる。

第 3 章 財政政策と金融政策

〔解答群〕

ア　a と b

イ　a と d

ウ　b と c

エ　b と d

オ　c と d

解答	ア

■解説

a：適切である。貨幣需要の利子感応度が小さい場合，貨幣供給の増加によって
　　生じた貨幣市場の超過供給を解消し，需給を均衡させるために下げる必要の
　　ある利子率の幅は大きくなる。利子率が大幅に低下するほど投資は大きく増
　　加するので，金融政策の効果は強まる。

b：適切である。投資の利子感応度が大きい場合，貨幣供給の増加によって生じ
　　る利子率低下に伴う企業の投資幅は大きくなるため，金融政策の有効性は高
　　まる。

c：不適切である。bで述べたとおり，投資の利子感応度が大きい場合，金融政
　　策の有効性は高まるのだから，投資の利子感応度が無限大の場合，金融政策
　　の効果も大きくなる。つまり，金融政策の乗数は0ではない。このことは，
　　下線部②の金融政策の乗数式からも説明できる。投資の利子感応度は i なの
　　で，i が無限大になっても乗数が0になることはない。

d：不適切である。流動性のわなの状態では，貨幣需要の利子感応度が無限大に
　　なる。つまり，下線部②の金融政策の乗数式で説明すると，貨幣需要の利子
　　感応度は h である。h が無限大になるということは，分子の i/h が限りなく
　　0に近くなるため，金融政策の乗数は $\frac{1}{k}$ にはならない。

よって，a と b が適切であり，アが正解である。

232

第4章

国際収支と為替相場

1. 比較生産費

▶▶ 出題項目のポイント

　比較優位とは比較生産費説とも呼ばれ，D. リカードによって提唱された貿易および国際分業に関する基礎理論である。2国間の相互比較において，それぞれの国が相対的に低い生産費で生産できる財，つまり比較優位にある財の生産に特化し，他の財の生産は相手国に任せるという形で国際分業を行い，貿易を通じて生産に特化した財を相互に交換すれば，貿易当事国は双方とも貿易を行わなかった場合よりも利益を得ることができるという説である。

　下記のような表とともに出題される。行と列が逆に出題される場合もあるので注意が必要である。また，「絶対優位」という概念も問われるので，下記の説明をしっかり理解してほしい。

	製品 A	製品 B
X 国が各製品を 1 単位作るのに必要な生産要素	5	3
Y 国が各製品を 1 単位作るのに必要な生産要素	2	6

　上記表を例にとると，X 国は製品 A よりも製品 B のほうが少ない生産要素で作ることができるので，「製品 B に比較優位を持つ」といえる。一方，Y 国は製品 B よりも製品 A のほうが少ない生産要素で作ることができるので，「製品 A に比較優位を持つ」といえる。つまり自国内での比較になる。

　これに対し，両国で比較した場合，X 国は Y 国よりも製品 B を少ない生産要素で作ることができるので，「X 国は製品 B に関しては Y 国に対し絶対優位を持つ」といえる。また，Y 国は製品 A に関して X 国より少ない生産要素で作ることができるので，「Y 国は製品 A に関しては X 国に対し絶対優位を持つ」といえる。

▶▶ 出題の傾向と勉強の方向性

　平成 13 年度第 11 問，平成 18 年度第 7 問，平成 19 年度第 14 問，平成 21 年度第 11 問，平成 28 年度第 19 問，平成 29 年度第 20 問で問われている。基礎的な問題が出題される傾向であるため，過去問を何度も解いてさまざまなバリエーションに対応できる力をつける必要がある。

第 4 章　国際収支と為替相場

■取組状況チェックリスト

1. 比較生産費

問題番号	ランク	1 回目		2 回目		3 回目	
平成 29 年度 第 20 問	A	／		／		／	
平成 28 年度 第 19 問	A	／		／		／	

比較生産費	ランク	1回目	2回目	3回目
	A	/	/	/

■平成 29 年度　第 20 問

　下表に基づき，国際分業と比較優位について考える。製品 P 1 個を生産するのに，A 国では 5 人の労働が必要であり，B 国では 30 人の労働が必要である。また，製品 Q 1 個を生産するのに，A 国では 5 人の労働が必要であり，B 国では 60 人の労働が必要である。

　このような状況に関する記述として，最も適切なものを下記の解答群から選べ。

	A 国	B 国
製品 P 1 個当たりの労働量	5 人	30 人
製品 Q 1 個当たりの労働量	5 人	60 人

〔解答群〕

ア　A 国では，製品 Q の労働生産性が相対的に高いので，製品 Q の相対価格が高くなる。

イ　A 国は製品 Q に絶対優位があり，B 国は製品 P に絶対優位がある。

ウ　B 国は，A 国に比べて，製品 P について $\frac{1}{6}$，製品 Q については $\frac{1}{12}$ の生産性なので，製品 Q に比較優位を持つ。

エ　1 人当たりで生産できる個数を同じ価値とすると，A 国では，製品 P 1 個と製品 Q 1 個を交換でき，B 国では製品 P 2 個と製品 Q 1 個を交換することができる。

第4章　国際収支と為替相場

解答	エ

■解説

　比較優位に関する問題である。比較優位とは比較生産費説とも呼ばれ，D.リカードによって提唱された貿易および国際分業に関する基礎理論である。2国間の相互比較において，それぞれの国が相対的に低い生産費で生産できる財，つまり比較優位にある財の生産に特化し，他の財の生産は相手国に任せるという形で国際分業を行い，貿易を通じて生産に特化した財を相互に交換すれば，貿易当事国は双方とも貿易を行わなかった場合よりも利益を得ることができるという説である。

　なお，ある2国が同じ財を生産する場合，より少ない要素投入量しか必要としない国は，相手国に対して，その財について「絶対優位を持つ」という。

	A国	B国
製品P1個当たりの労働量	5人	30人
製品Q1個当たりの労働量	5人	60人

ア：不適切である。A国では，製品Qの労働生産性は，製品P1個当たりの労働量と製品Q1個当たりの労働量の比較生産費はどちらも1，（P÷Q＝1，Q÷P＝1）で同じなので，労働生産性も相対価格も同じとなる。

イ：不適切である。A国は製品Q，製品Pの両方に絶対優位にある。

ウ：不適切である。A国は製品P，製品Qともに比較生産費が1，B国は製品Pの比較生産費が30÷60＝1/2，製品Qの比較生産費が60÷30＝2であり，A国よりも少ない比較生産費で製造できる＝比較優位があるのは製品Pである。

エ：適切である。1人当たりで生産できる個数を同じ価値とすると，A国では，製品P1個と製品Q1個を交換でき，B国では製品P2個と製品Q1個を交換することができる。たとえば，労働者1人当たりの賃金が1,000円とすると，A国の製品Pと製品Qはどちらも5,000円なので，製品P1個と製品Q1個を交換できる。B国の製品Pは30,000円，製品Qは60,000円とすると，製品P2個で製品Q1個を交換できる。

　よって，エが正解である。

比較生産費	ランク	1回目	2回目	3回目
	A	/	/	/

■平成 28 年度　第 19 問

　いま，AさんとBさんだけが存在し，それぞれコメと豚肉のみが生産可能な世界を考える。下表は，AさんとBさんが，ある定められた時間Tのすべてを一方の生産に振り向けた場合に生産可能な量を示している。また，下表にもとづく2人の生産可能性フロンティアは，下図にある右下がりの直線のように描けるものとし，AさんとBさんは，自らの便益を高めるために生産可能性フロンティア上にある生産量の組み合わせを選択する。

　このような状況を説明する記述として，最も適切なものを下記の解答群から選べ。

	時間 T で生産できる量	
	コメ	豚肉
Aさん	160	40
Bさん	120	20

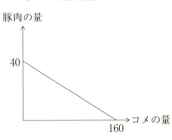

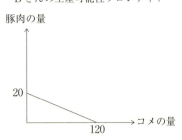

第 4 章　国際収支と為替相場

〔解答群〕

ア　A さんは，いずれの財の生産においても，B さんに対して比較優位を有するために，B さんとの生産物の交換から便益を得ることができない。

イ　A さんは，いずれの財を生産するにせよ B さんよりも生産性が高く，絶対優位を有するために，B さんとの生産物の交換から便益を得ることができない。

ウ　比較優位性を考慮すると，A さんはコメの生産に，B さんは豚肉の生産にそれぞれ特化し，相互に生産財を交換し合うことで，双方が同時に便益を高めることができる。

エ　豚肉の生産について，A さんは B さんに対して比較優位を有する。

	解答	エ

■解説

　比較優位に関する問題である。比較優位とは比較生産費説とも呼ばれ，D.リカードによって提唱された貿易および国際分業に関する基礎理論である。2国間の相互比較において，それぞれの国が相対的に低い生産費で生産できる財，つまり比較優位にある財の生産に特化し，他の財の生産は相手国に任せるという形で国際分業を行い，貿易を通じて生産に特化した財を相互に交換すれば，貿易当事国は双方とも貿易を行わなかった場合よりも利益を得ることができるという説である。

　絶対的生産費説は，ある商品の生産コストを比較して小さいほうの国が生産に特化し，もう一方がそれを輸入したほうがお互いに有利になるという考えである。

	時間 T で生産できる量		交換比率（豚肉）		交換比率（コメ）	
	コメ	豚肉	コメ	豚肉	コメ	豚肉
Aさん	160	40	4	1	1	1/4
Bさん	120	20	6	1	1	1/6

ア：不適切である。Aさんは，いずれの財の生産においても，Bさんに対して少ない時間で多くの財を生産できる。つまり，Aさんはいずれの財の生産においても「絶対優位にある」といえる。

イ：不適切である。Aさんは，いずれの財を生産するにせよBさんよりも生産性が高く，絶対優位を有する点は適切である。しかし，Bさんとの生産物の交換から便益を得るためには上記表の交換比率で比較する必要がある。交換比率で見た場合，Aさんは豚肉，Bさんは米に優位性がある。したがって，Aさんは豚肉生産，Bさんはコメ生産に特化して，お互いに交換することで便益を得る。

ウ：不適切である。上記イの説明のとおり，比較優位性を考慮すると，Aさんは豚肉の生産に，Bさんはコメの生産にそれぞれ特化し，相互に生産財を交換し合うことで，双方が同時に便益を高めることができる。

エ：適切である。上記イの説明のとおり，豚肉の生産について，AさんはBさんに対して比較優位を有する。

　よって，エが正解である。

240

第4章　国際収支と為替相場

2. 貿易理論

▶▶ 出題項目のポイント

　貿易理論では，地域経済統合の種類や地域経済統合が1国の総余剰にどのような影響を及ぼすかなどを問われている。

①地域経済統合の体系

　地域経済統合とは，関税や貿易障壁，貿易に関する規制，資金や人の移動の制限などが撤廃されることにより，統合される地域内の国同士の市場経済を統合することである。B. バラッサによれば，統合種類は，統合の段階の低い順に，①自由貿易地域（協定），②関税同盟，③共同市場，④経済同盟，⑤完全な経済統合となっている。

　第1段階：自由貿易協定（FTA）

　　　地域経済統合の最も緩やかな段階である。域内貿易の自由化を推進するものではあるが，域外に対しての貿易政策については，各国が独自路線を歩む。

　第2段階：関税同盟

　　　関税について同盟国同士で共通の制度を適用する地域経済統合。参加国は外部地域との貿易について共通の政策を策定する。

　第3段階：共同市場

　　　製品の規制に関する政策の共通化，開業の自由，生産要素（土地，労働，資本など）の移転自由などをともなっている関税同盟の一種である。

　第4段階：経済同盟

　　　地域経済統合の第4段階であり，同盟国間で金融政策や財政政策を調整するところに特徴がある。

　このほか，過去には経済連携協定（EPA）も問われてる。EPAとは，協定国間で自由貿易協定（FTA）を中心として，関税撤廃に加え，経済取引の円滑化，経済制度の調和，サービス・投資・電子商取引など，さまざまな経済領域での連携強化・協力促進などを目的とする条約である。

②地域経済統合が1国の総余剰に与える影響

・貿易創出効果と貿易転換効果

　域内自由貿易協定も世界的な自由貿易協定も，関税の撤廃によって，同盟国のうち

241

非効率な財の生産を行っていた国は，その財の生産をやめ，より効率的な生産を行っている国から安価な財を輸入するようになり，消費者余剰が拡大する。これを「貿易創出効果」と呼ぶ。一方で局所的な自由貿易協定では，貿易転換効果が発生し，貿易創出効果が薄れることがある。「貿易転換効果」とは，ある財の輸入価格に関して，関税同盟結成前に比べ関税同盟結成後のほうが同盟国から輸入することでかえって高くなってしまう効果のことである。

▶▶ 出題の傾向と勉強の方向性

平成 14 年度第 5 問，平成 15 年度第 9 問，平成 16 年度第 9 問，平成 17 年度第 6 問，平成 18 年度第 10 問，平成 20 年度第 8 問，平成 21 年度第 10 問，平成 23 年度第 11 問，平成 24 年度第 15 問，平成 26 年度第 21 問，平成 27 年度第 21 問，平成 29 年度第 21 問，平成 30 年度第 20 問，令和元年度第 18 問，令和 2 年度第 17 問に出題されている。主に地域経済統合や国際間の貿易規制の基礎的知識やそれらが経済に及ぼす効果に関する問題が出題されている。

近年の地域経済統合に関する事項を把握しておくとともに，地域経済統合や貿易規制が経済に及ぼす影響に関する過去問を解き，基礎的論点を把握しておく必要がある。

■取組状況チェックリスト

2. 貿易理論						
問題番号	ランク	1回目		2回目		3回目
平成 24 年度 第 15 問	A	/		/		/
平成 20 年度 第 8 問	A	/		/		/
平成 30 年度 第 20 問	A	/		/		/
平成 26 年度 第 21 問	A	/		/		/
平成 27 年度 第 21 問	A	/		/		/
平成 29 年度 第 21 問	A	/		/		/
令和元年度 第 18 問（設問 1）	A	/		/		/
令和元年度 第 18 問（設問 2）	A	/		/		/
令和 2 年度 第 17 問	B	/		/		/
平成 23 年度 第 11 問	A	/		/		/

第4章 国際収支と為替相場

貿易理論	ランク	1回目	2回目	3回目
	A	/	/	/

■平成24年度 第15問

下図は，ある国の立場から，1つの財の市場のみに注目した部分均衡分析の枠組みを用いて，自由貿易協定の経済効果を示している。当該財の価格がP_1である第Ⅰ国からの輸入に，この国では関税を賦課しており，関税賦課後の価格はP_2となっていた。それが，第Ⅱ国と自由貿易協定を結ぶことによって，第Ⅱ国から価格P_3で当該財を輸入できることになった。なお，図中のa～iは線で囲まれた範囲の面積を表すものとする。

第Ⅱ国と自由貿易協定を結ぶ場合，協定締結後のこの国の経済厚生は，締結前と比較して，どれだけ変化したか，最も適切なものを下記の解答群から選べ。

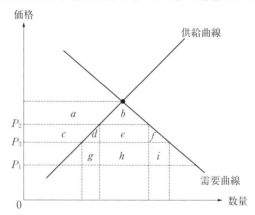

〔解答群〕

ア　c＋d＋e＋f

イ　c＋d＋f－h

ウ　d＋e＋f

エ　d＋f－h

解答	エ

■解説

ある1国からみて，1つの財に関税をかけて輸入していた場合と自由貿易協定で関税をなくして輸入した場合の総余剰の変化に関する問題である。

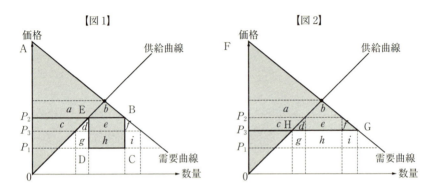

自由貿易協定前の状態が図1である。自由貿易協定前の消費者余剰は△ABP_2，生産者余剰は△$EP_2 0$，政府の税収が□$EBCD$である。消費者余剰＋生産者余剰＋政府の税収＝総余剰（経済厚生）である。

一方，自由貿易協定後の状態が図2である。自由貿易協定後の消費者余剰は△FGP_3，生産者余剰は△$HP_3 0$となる。自由貿易協定により，関税は撤廃されるので，関税による政府収入は減少している。

図1に比べて図2では，d，fの部分が増加し，hの部分が減少している。

したがって，自由貿易協定によって総余剰は，d＋f－h分だけ変化したといえ，選択肢エが適切であるといえる。

貿易理論	ランク	1回目	2回目	3回目
	A	/	/	/

■平成 20 年度　第 8 問

　次の自由貿易地域に関する文章を読んで，自由貿易地域が形成された場合の経済効果の説明として最も適切なものを下記の解答群から選べ。

　下図は，自国と 2 つの外国（X 国と Y 国）間の貿易取引を表し，自国の輸入競争財市場（たとえば農産物）を対象としている。農産物の国内需要曲線が DD，国内供給曲線が SS で描かれている。

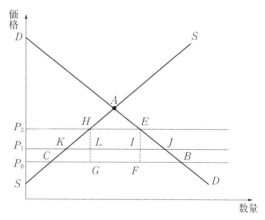

　いま，X 国からの農産物の輸入価格が P_0，Y 国からの農産物の輸入価格が P_1 であるとする。このとき，自由貿易を想定すれば，農産物はより安価な X 国から輸入され，Y 国から輸入されることはない。また，両国からの輸入に関税（T 円）を同じだけ賦課したとしても，(P_1+T) が (P_0+T) よりも大きいため，農産物は依然として X 国から輸入され続ける。ここで，(P_0+T) を P_2 で示し，(P_1+T) 線は図示していない。

　ところが，X 国からの輸入には関税を賦課したままで自国と Y 国が自由貿易地域を形成した場合，Y 国に対する輸入関税は撤廃され，両国からの輸入価格は $P_2 > P_1$ になるから，農産物の輸入先は X 国から Y 国に切り替わる。

〔解答群〕

ア　△EIJ と△HKL の和が□FGLI より大きければ，自由貿易地域を形成する
　　ことによって自国の総余剰が増加する。

イ　自由貿易地域が形成されると，△BEF と△CGH の余剰が回復する。

ウ　自由貿易地域形成下の貿易利益は，自由貿易下の利益△ABC より大きい。

エ　貿易創造効果は□EFGH に等しい。

オ　貿易転換効果は△EIJ と△HKL の和に等しい。

第 4 章　国際収支と為替相場

解答	ア

■解説

　自由貿易地域（FTA）を形成することのメリットは，域内で輸入関税が撤廃されることによって，より低い価格で多くの輸入が実現することである。これが貿易創造（創出）効果である。しかし，FTA 形成前の輸入相手国は，輸入価格のより低い国であったはずであり，その結果，関税収入も最大となっていたのである。FTA によって，もし輸入相手国が変わるとすれば，この分の関税収入を失うことになる。これが貿易転換効果である。よって，FTA が自国の厚生を高める条件は，貿易創造効果が貿易転換効果を上回ることである。

　ア：適切である。自由貿易地域形成前は，自国は農産物に T の輸入関税を課し，価格の安い X 国から農産物を P_2 の価格で輸入している。これを図示すると，自国の総余剰は，△DP_2E（消費者余剰：図 1 の①部分）＋△P_2SH（生産者余剰：図 1 の②部分）＋□HGFE（図 1 の③部分）となる。自由貿易地域を形成して，Y 国に課している関税 T を撤廃すると，X 国よりも Y 国の農産物の方が安くなるので，自国は X 国からの農産物輸入をやめて Y 国から輸入するようになる。その場合の自国の総余剰は，△DP_1J（消費者余剰：図 2 の①部分）＋△P_1SK（図 2 の②部分）となる。ここで，自由貿易地域を形成した場合の総余剰（図 2 の網掛け部分）と形成する前の総余剰（図 1 の網掛け部分）を比べると，図 2 では，△EIJ と△HKL が増加し（貿易創造効果），□LGFI（関税で得ていた余剰）は減少している（貿易転換効果）ことがわかる。つまり，△EIJ と△HKL の和（関税撤廃したことによる消費者が得る余剰）が□LGFI（関税撤廃で失った余剰）より大きければ，自由貿易地域を形成することによって自国の総余剰が増加することになるのである。

　イ：不適切である。自由貿易地域が形成されることによって，自国が Y 国の農産物に課していた輸入関税が撤廃され，農産物の価格は P_2 から P_1 に低下する。これにより，消費者余剰が△EIJ＋△HKL 分増加する。

247

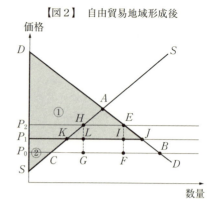

【図1】 自由貿易地域形成前

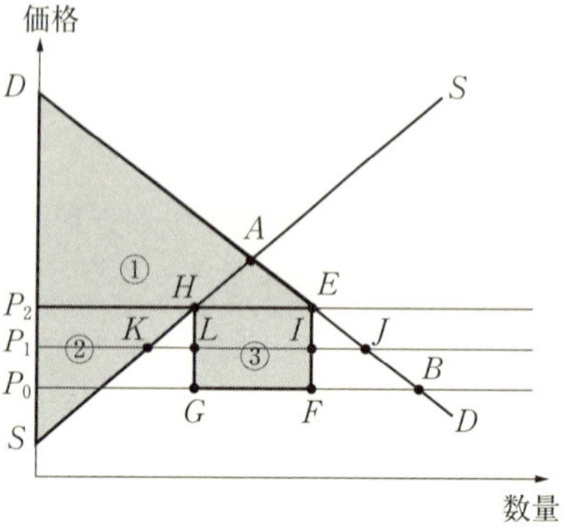

【図2】 自由貿易地域形成後

ウ：不適切である。閉鎖経済（貿易をしていない状況）では，総余剰は△DAS となる。一方，自由貿易地域形成下の総余剰は図2の△DP_1J ＋△P_1SK で与えられる。自由貿易地域を形成することによる貿易利益は，閉鎖経済における総余剰△DAS との差である△AKJ となる。△AKJ ＜△ABC なので本肢は誤りである。

エ：不適切である。自由貿易地域形成時に農産物の輸入相手国をX国からY国へ変更したことで，△EIJ，△HKL が増加する。これが貿易創造効果である。したがって，貿易創造効果が▱EFGH であるとする本肢は誤りである。

オ：不適切である。自由貿易地域形成時に農産物の輸入相手国をX国からY国へ変更したことで，関税による余剰△LGFI が減少する。これが貿易転換効果である。したがって，貿易転換効果が△EIJ ＋△HKL に等しいとする本肢は誤りである。

よって，アが正解である。

248

貿易理論

	ランク	1回目	2回目	3回目
	A	/	/	/

■平成 30 年度　第 20 問

下図は，自由貿易地域の理論を描いたものである。自国が農産物の市場を開放し，貿易を行っている。A 国から輸入される農産物の価格は P_A，B 国から輸入される農産物の価格は P_B とする。当初，自国は，価格の低い A 国から農産物を輸入し，その農産物には関税がかかっていた。そのときの国内価格は P_A' である。しかしながら，歴史的な背景から，自国は B 国と自由貿易協定を締結した。その結果，B 国からの農産物には関税がかからず，国内価格は P_B になるが，域外の A 国からの農産物には関税がかかる。この図に関する記述として，最も適切なものを下記の解答群から選べ。

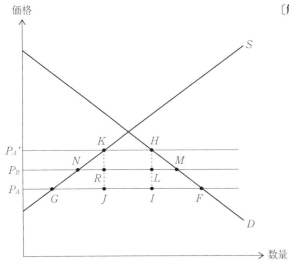

〔解答群〕

ア　関税が賦課された価格 P_A' に比べて，自由貿易協定を締結した後の価格 P_B では，自国の消費者余剰は□$HMNK$ だけ大きくなっている。

イ　自国が B 国から農産物を輸入するときの国内の生産者余剰は，A 国から農産物を輸入していたときの生産者余剰よりも□$P_A GNP_B$ の分だけ小さくなる。

ウ　自由貿易協定の締結によって，自国が失う関税収入は，□$HIJK$ である。

エ　自由貿易協定の締結による貿易創造効果は，△HLM と△KNR であり，貿易転換効果は，□$HLRK$ である。

解答	ウ

■解説

自由貿易に関する問題である。自由貿易協定締結前と締結後で各余剰がどのように変化するかを問われている。

■自由貿易協定前

自由貿易協定前はA国から農産物を輸入し，関税を掛けていた。その際の消費者余剰は△AHP_A'，生産者余剰△BKP_A'，自国の関税収入□$HIJK$，総余剰はそれらの合計（△AHP_A' + △BKP_A' + □$HIJK$）である。

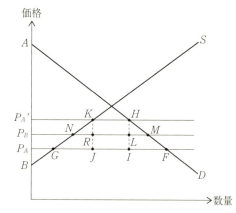

■自由貿易協定後

B国からの農産物には関税がかからず，A国からの農産物には関税がかかっている。B国との自由貿易協定時の消費者余剰は△AMP_B，生産者余剰△BNP_B，総余剰は△AMP_B + △BNP_B となる。

　ア：不適切である。価格がP_A'からP_Bに低下すると，上記の図において，消費者余剰は△AHP_A'から△AMP_Bへと増加する。つまり□$P_A'HMP_B$分増加する。

　イ：不適切である。自国がB国から農産物を輸入するときの国内の生産者余剰△BNP_Bであり，A国から農産物を輸入していたときの生産者余剰△BKP_A'であるので，B国から農産物を輸入するときの国内の生産者余剰のほうが□$P_A'KNP_B$分だけ小さくなる。

　ウ：適切である。関税を賦課していた場合には，□$HIJK$の関税収入があったが，自由貿易協定を結ぶと関税収入はゼロになるので，□$HIJK$が失われる。

　エ：不適切である。貿易創造効果とは自由貿易協定締結前に比べ締結後に余剰が増える効果であり，本問では△KRNと△HMLが増加する。貿易転換効果とは自由貿易協定締結前と締結後に失われる余剰であり，本問では□$RLIJ$だけ余剰が減少する。

よって，ウが正解である。

貿易理論

	ランク	1回目	2回目	3回目
	A	/	/	/

■平成26年度　第21問

　関税撤廃の経済効果を，ある小国の立場から，ある財の市場のみに注目した部分均衡分析の枠組みで考える。下図は当該財の国内供給曲線と，当該財に対する国内需要曲線からなる。関税撤廃前には当該財の輸入に関税が課され，当該財の国内価格はP_0であり，関税収入は消費者に分配されていた。関税が撤廃されると当該財の国内価格はP_1となった。関税撤廃による変化に関する記述として最も適切なものを下記の解答群から選べ。

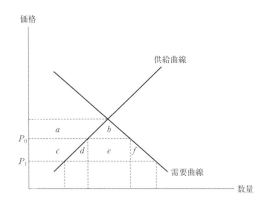

〔解答群〕

　ア　関税収入はeだけ減少する。

　イ　消費者余剰と生産者余剰の合計は$b+d+e+f$だけ増加する。

　ウ　消費者余剰はcだけ増加する。

　エ　生産者余剰は$d+e+f$だけ減少する。

解答	ア

■解説

関税撤廃に関する問題である。

関税が撤廃されると，当該財の価格が P_0 から P_1 に下落する。消費者にとっては購入しやすくなる一方，国内の生産者にとっては当該財の輸入品が安くなるので，自分が生産した当該財は一部が輸入品にとってかわられ，国内市場で圧迫を受ける。

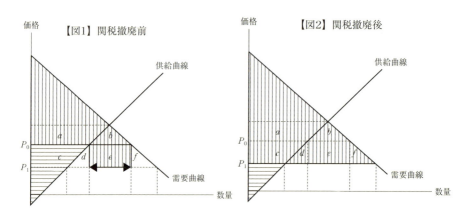

ア：適切である。関税収入は線分 P_0P_1 の長さに図中の ◄──► の長さを掛けた大きさとなる。すなわち，eの面積分減少する。

イ：不適切である。関税撤廃前の消費者余剰は図1の縦縞の三角形部分とe部分であり，生産者余剰は図1の横縞の三角形部分である。関税撤廃後の消費者余剰は図1の縦縞部分であり，関税撤廃によってdとfの部分が消費者余剰側に増加したことがわかる。cは生産者余剰から消費者余剰へ移っているだけなので総余剰の増減には影響しない。したがって，生産者余剰と消費者余剰の合計はd＋fだけ増加する。

ウ：不適切である。上記イの説明のとおり，消費者余剰はc＋d＋fだけ増加する。

エ：不適切である。生産者余剰は図1と2を比較してわかるとおりc部分のみ減少している。

よって，アが正解である。

	ランク	1回目	2回目	3回目
貿易理論	A	/	/	/

■平成27年度　第21問

TPP協定では，関税引き下げが交渉されている。

いま，ある農産物の輸入には禁止的高関税が従量税で課されており，輸入が起こらない状況であるとする。そこに，当該農産物の輸出国との間で貿易交渉が行われ，関税が大幅に引き下げられた結果，この農産物は図中の P_1 の価格で輸入されることとなった。関税が引き下げられた場合の余剰と輸入量に関する記述として，最も適切なものを下記の解答群から選べ。

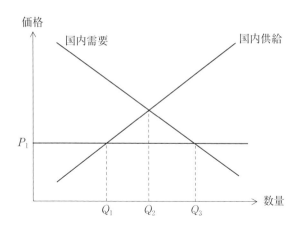

〔解答群〕

ア　生産者余剰は減少し，消費者余剰は増加するものの，両者の余剰合計は変わらない。また，輸入量は Q_3 となる。

イ　生産者余剰は減少し，消費者余剰は増加するが，両者の余剰合計は増加する。また，輸入量は「$Q_3 - Q_1$」となる。

ウ　生産者余剰は増加し，消費者余剰は減少するが，両者の余剰合計は減少する。また，輸入量は Q_1 となる。

エ　生産者余剰は増加し，消費者余剰は減少するものの，両者の余剰合計は変わらない。また，輸入量は「$Q_3 - Q_2$」となる。

| 解答 | イ |

■解説

下図の網掛け部分のうち，縦線の入っている部分が消費者余剰，入っていない部分が生産者余剰である。

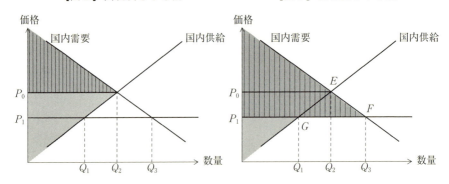

ア：不適切である。関税引き下げ前に比べ，関税引き下げ後は，消費者余剰が□P_0EFP_1の分だけ増加し，生産者余剰は□P_0EGP_1分だけ減少している。しかし，総余剰は△EFG分だけ増加している。

イ：適切である。関税引き下げ前に比べ，関税引き下げ後は，生産者余剰は減少し，消費者余剰は増加するが，両者の余剰合計は増加する。また，輸入量は「Q_3-Q_1」分だけ増加する。

ウ・エ：不適切である。関税引き下げ前に比べ，関税引き下げ後は，生産者余剰は減少し，消費者余剰は増加するが，両者の余剰合計は△EFG分だけ増加する。また，輸入量は「Q_3-Q_1」分だけ増加する。

よって，イが正解である。

貿易理論

	ランク	1回目	2回目	3回目
貿易理論	A	/	/	/

■平成29年度　第21問

昨今，WTOを中心とする多国間交渉はうまくいかず，FTAのような比較的少数の国の間の交渉が増加している。

下図は，関税引き下げによって輸入品の価格が P_0 から P_1 に下落する場合を描いている。この図に関する説明として，最も適切なものを下記の解答群から選べ。

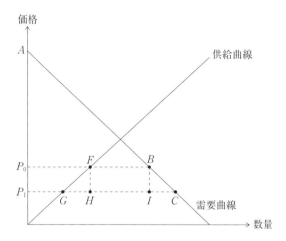

〔解答群〕

ア　関税引き下げ後，国内の生産者余剰は，引き下げ前より三角形 FGH の分だけ減少する。

イ　関税引き下げ後，消費者余剰は，関税引き下げ幅に輸入量 CG を乗じた分だけ増加する。

ウ　関税引き下げによる，国内の生産者から消費者への再分配効果は，四角形 P_0FGP_1 である。

エ　関税引き下げによる貿易創造効果は，四角形 $BCGF$ の部分である。

解答	ウ

■解説

関税引き下げによる総余剰の変化に関する問題であり、平成20年度第8問、平成24年度第5問、平成26年度第21問、平成27年度第21問などと類似の問題である。

自由貿易地域（FTA）を形成することのメリットは、域内で輸入関税が撤廃されることによって、より低い価格で多くの輸入が実現することである。

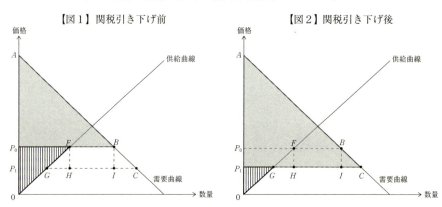

上図の縦縞三角形部分が生産者余剰、うすい網掛け三角形が消費者余剰である。

ア：不適切である。国内の生産者余剰は、関税引き下げ前は三角形 OP_0F であり、引き下げ後は、三角形 OP_1G になる。したがって、生産者余剰は、関税引き下げ後、四角形 P_1P_0FG の分だけ減少する。

イ：不適切である。国内の消費者余剰は、関税引き下げ前は三角形 P_0AB、下げ後は三角形 P_1AC になる。関税引き下げ後に増加した消費者余剰は、四角形 P_1P_0BC である。

ウ：適切である。関税引き下げによる、国内の生産者から消費者への再分配効果は、四角形 P_0FGP_1 である。

エ：不適切である。関税引き下げ前の四角形 $HFBI$ が政府の関税収入である。貿易創造効果は関税引き下げによって純粋に増えた余剰のことであり、本問の場合は、三角形 GFH と三角形 IBC の合計が貿易創造効果となる。

よって、ウが正解である。

貿易理論

	ランク	1回目	2回目	3回目
	A	/	/	/

■令和元年度　第18問（設問1）

下図は，産業保護という観点から，輸入関税と生産補助金の効果を描いたものである。輸入関税をかける場合，この財の国内価格は P_f から P_d へと上昇する。また，生産補助金を交付する場合，この財の供給曲線は S_0 から S_1 へとシフトする。

この図に基づいて，下記の設問に答えよ。

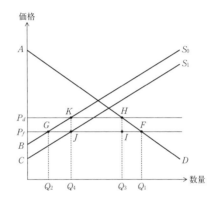

輸入関税をかけた場合，また，生産補助金を交付した場合の需要量と供給量に関する記述として，最も適切なものはどれか。

ア　輸入関税をかけた場合の需要量は Q_1 である。

イ　輸入関税をかけた場合の供給量は Q_2 である。

ウ　生産補助金を交付した場合の需要量は Q_3 である。

エ　生産補助金を交付した場合の供給量は Q_4 である。

| 解答 | エ |

■解説

　輸入制限には，一般的に関税による方法と輸入割当による方法がある。このとき，国内では高い費用で財を生産することで発生する非効率（設問の図中の△KJGが失われる）と，国内価格が国際価格よりも高くなって消費が抑制されることで発生する非効率（設問の図中の△HIFが失われる）が生じる。一方，生産補助金を政府が生産者に支払うと，消費者の支払価格は不変で生産者の受取価格は補助金分上昇することになる。

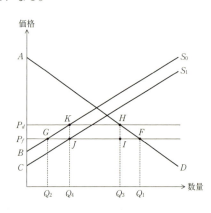

　輸入関税をかける前の国内価格はP_fであり，P_fから水平に引いた直線と需要曲線の交点Fにおける需要量はQ_1，供給曲線S_0との交点Gにおける供給量がQ_2となる。また，関税をかけた後の国内価格はP_dであり，P_dから水平に引いた直線と需要曲線の交点Hにおける需要量はQ_3，供給曲線S_0との交点Kにおける供給量がQ_4となる。

　一方，生産補助金を交付した場合，消費者が支払う国内価格はP_fに据え置きとなる一方，生産者が受け取る価格はP_d（消費者の支払額＋補助金）に上昇する。その場合の需要量はP_fから水平に引いた直線と需要曲線の交点Fにおける需要量Q_1，供給量はP_dから水平に引いた直線と供給曲線S_0との交点Kにおける供給量Q_4となる。

　　ア：不適切である。上記のとおり，輸入関税をかけた場合の需要量はQ_1ではなく，Q_3である。
　　イ：不適切である。上記のとおり，輸入関税をかけた場合の供給量はQ_2ではなく，Q_4である。
　　ウ：不適切である。生産補助金を交付した場合の需要量はQ_3ではなくQ_1である。
　　エ：適切である。生産補助金を交付した場合の供給量はQ_4である。

　よって，エが正解である。

貿易理論

	ランク	1回目	2回目	3回目
	A	/	/	/

■令和元年度　第18問（設問2）

　下図は，産業保護という観点から，輸入関税と生産補助金の効果を描いたものである。輸入関税をかける場合，この財の国内価格は P_f から P_d へと上昇する。また，生産補助金を交付する場合，この財の供給曲線は S_0 から S_1 へとシフトする。
　この図に基づいて，下記の設問に答えよ。

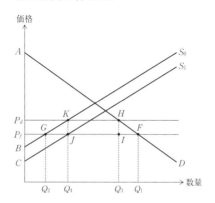

　輸入関税と生産補助金による社会的余剰の比較に関する記述として，最も適切なものはどれか。

ア　□ $BCJK$ の分だけ，生産補助金の方が輸入関税よりも損失が少なく，産業保護の政策としてより効果的である。

イ　□ $FGKH$ の分だけ，輸入関税の方が生産補助金よりも損失が少なく，産業保護の政策としてより効果的である。

ウ　△ FIH と△ GJK の分だけ，輸入関税の方が生産補助金よりも損失が少なく，産業保護の政策としてより効果的である。

エ　△ FIH の分だけ，生産補助金の方が輸入関税よりも損失が少なく，産業保護の政策としてより効果的である。

解答	エ

■解説

　輸入制限には，一般的に関税による方法と輸入割当による方法がある。このとき，国内では高い費用で財を生産することで発生する非効率（設問の図中の△KJGが失われる）と，国内価格が国際価格よりも高くなって消費が抑制されることで発生する非効率（設問の図中の△HIFが失われる）が生じる。結果，関税をかけた場合の総余剰は下図Aのグレー部分となる。一方，国内生産者に生産補助金を交付することで消費者の購入価格は据え置かれ，生産者には値上がり分だけ補助金が交付される。その時点では消費者余剰が△AP_fF，生産者余剰が△P_fCJとなるが，政府が補助金を支出している分（□KJCB）が総余剰から控除されるため，総余剰は下図Bのグレー部分になる。

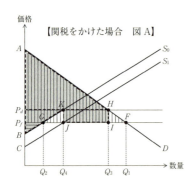
【関税をかけた場合　図A】

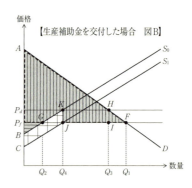
【生産補助金を交付した場合　図B】

ア：不適切である。「□BCJK」ではなく「△FIH」の分だけ，生産補助金のほうが輸入関税よりも損失が少なく，産業保護の政策としてより効果的である。

イ：不適切である。「△FIH」の分だけ，生産補助金のほうが輸入関税よりも損失が少なく，産業保護の政策としてより効果的である。

ウ：不適切である。「△FIH」の分だけ，生産補助金のほうが輸入関税よりも損失が少なく，産業保護の政策としてより効果的である。

エ：適切である。△FIHの分だけ，生産補助金のほうが輸入関税よりも損失が少なく，産業保護の政策としてより効果的である。

よって，エが正解である。

	ランク	1回目	2回目	3回目
貿易理論	B	/	/	/

■令和2年度　第17問

　農業保護を目的とした農家への補助金政策の効果を考える。下図において，Dは農産物の需要曲線，Sは補助金交付前の農産物の供給曲線，S'は補助金交付後の農産物の供給曲線である。政府は，農産物1単位当たり EF または HG の補助金を交付する。

　この図に関する記述として，最も適切なものの組み合わせを下記の解答群から選べ。

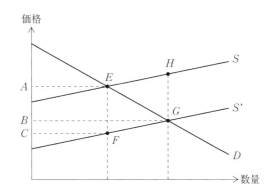

a　政府が交付した補助金は四角形 ACFE である。

b　補助金の交付によって，消費者の余剰は四角形 ABGE だけ増加する。

c　補助金の交付によって，総余剰は三角形 EFG だけ増加する。

d　補助金の交付によって，農家の余剰は四角形 BCFG だけ増加する。

〔解答群〕

ア　a と b

イ　a と c

ウ　b と c

エ　b と d

解答	エ

■解説

本問は，余剰分析における補助金の影響に関する内容となっている。農業保護を目的として，政府が，農産物1単位当たり EF または HG の補助金を交付した場合の補助金政策の効果を考える。下図において，D は農産物の需要曲線，S は補助金交付前の農産物の供給曲線，S' は補助金交付後の農産物の供給曲線である。その場合，均衡点は E から G へ移動する。その場合の余剰分析はグラフ下の枠内のとおりになる。

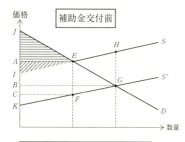
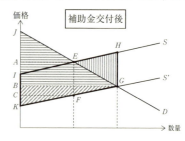

消費者余剰：△JAE
生産者余剰：△AIE
社会的（総）余剰：△JIE

消費者余剰：△JBG
生産者余剰：△BKG
政府支出（補助金）：□IHGK
死荷重：△HEG
社会的（総）余剰：△JIE－△HEG

a：不適切である。政府が交付した補助金は四角形 IHGK（ACFE ではない）である。

b：適切である。補助金の交付によって，消費者の余剰は交付前に比べて，四角形 ABGE だけ増加する。

c：不適切である。補助金の交付によって，総余剰は三角形 EHG（EFG ではない）だけ減少（増加ではない）する。

d：適切である。補助金の交付によって，農家（生産者）の余剰は交付前に比べて四角形 BCFG だけ増加する。

以上より，選択肢 b と d が正しい。
よってエが正解である。

貿易理論	ランク	1回目	2回目	3回目
	A	/	/	/

■平成23年度　第11問

下図は，2国モデルに基づく国際取引を表したものである。

いま，農産物に関する自国の輸入需要曲線を D_0D_1，外国の輸出供給曲線を S_0S_1 とする。自由貿易下の均衡価格は P_0，均衡量は Q_0 である。

ところで，自国が輸入財1単位に対してT円の関税を賦課した場合，外国の輸出供給曲線は S_0S_1 から S_2S_3 にシフトし，輸入価格は P_0 から P_2 に下落し，反対に国内価格は P_1 に上昇する。また，均衡量は Q_1 に減少する。

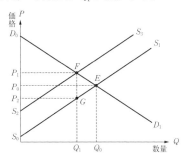

この図の説明として最も適切なものの組み合わせを下記の解答群から選べ。

a　自国が輸入関税を課した場合，外国の経済余剰は四角形 S_2FGS_0 で示される。

b　自国が輸入関税を課した場合，世界全体で三角形 EFG の経済余剰が失われる。

c　自国では，関税収入が四角形 P_1FGP_2 に相当し，関税賦課時の経済余剰が自由貿易時の経済余剰を上回ることがある。

d　自由貿易の場合，自国の経済余剰は三角形 S_0EP_0，外国の経済余剰は三角形 D_0EP_0 で示される。

〔解答群〕

ア　aとc　　イ　aとd
ウ　bとc　　エ　bとd

解答	ウ

■解説

　輸入関税課税前は，農産物は輸入需要曲線と輸出供給曲線の交点 E で均衡する。均衡時の価格は P_0 で与えられ，この価格で自国は外国から Q_0 の農産物を輸入する。この場合の自国の経済余剰 = $\triangle D_0P_0E$，外国の経済余剰 = $\triangle S_0P_0E$，世界全体の経済余剰 = $\triangle S_0D_0E$ となる。

　輸入関税課税後は，輸出供給曲線が S_2S_3 にシフトし，需給の均衡は交点 F で与えられる。農産物の国内流通価格が関税を課税された P_1 で与えられ，自国は外国から Q_1 の量を輸入する。この場合の余剰は，自国の貿易による余剰 = $\triangle D_0P_1F$，自国の関税収入 = $\square P_1P_2GF$ （= $\square S_2FGS_0$），外国の経済余剰 = $\triangle S_0P_2G$，世界全体の経済余剰 = $\triangle S_0D_0E - \triangle EFG$ となる。

a：不適切である。上記の説明のとおり，自国が輸入関税を課した場合，外国の経済余剰は，$\triangle S_0P_2G$ で与えられる。したがって，不適切である。

b：適切である。自国が輸入関税を課した場合，世界全体で三角形 EFG の経済余剰が失われる。

c：適切である。輸入関税課税後の自国の貿易による余剰は，自国の貿易による余剰 = $\triangle D_0P_1F$，自国の関税収入 = $\square P_1P_2GF$ （= $\square S_2FGS_0$）の合計であり，台形 D_0P_2GF で表される。輸入関税を賦課しなかった場合の自国の経済余剰は $\triangle D_0P_0E$ である。$\square P_0P_2GE > \triangle EFG$ となれば関税後の経済余剰が自由貿易時の経済余剰を上回る可能性がある。

d：不適切である。外国の経済余剰は $\triangle S_0EP_0$，自国の経済余剰は $\triangle D_0EP_0$ で示される。

　よって，b と c が適切であり，ウが正解である。

第4章　国際収支と為替相場

3. 国際収支と為替変動

▶▶ 出題項目のポイント

①国際収支

　経常収支とは，国際収支の一部である。国際収支は経常収支，資本収支，外貨準備増減に分類される。

- 経常収支＝貿易・サービス収支（モノやサービスの輸出入の差）＋所得収支（海外の銀行預金の利子や外国にある日本企業の従業員の報酬など）＋経常移転収支（日本政府から海外への無償援助や海外から家族への送金など）
- 資本収支＝投資収支＋その他投資収支
- 外貨準備増減（政府や中央銀行が保有する外国の通貨）

②為替変動

　為替は以下のようなプロセスで変動する。

　日本で輸入が拡大⇒輸入品を購入するために円が売られてドルが買われる⇒ドルが値上がりする（円が安くなる）⇒貿易収支は赤字⇒外貨準備高減少⇒貨幣供給減少⇒物価が低下⇒日本製品が安くなる⇒海外から見て日本製品の魅力が高まる⇒輸出が増加する⇒海外で円が買われる⇒円が高くなる⇒輸出の増加で貿易収支が黒字

③為替レートの決定要素

　為替レートの決定要素は短期と長期では異なる。短期的にはデリバティブやヘッジファンドなどの投機的な資本の移動が今日の為替レートを短期的に決定づける要因となっている（アセット・アプローチ）。内外金利差，将来の為替レートの予想，対外純資産残高（累積的経常収支）の3要素が為替レートを決定する。

　一方，長期的には両国の物価水準が為替レートを決定づける要因とする考え方もある。これを購買力平価説という。旧為替レート×（自国の物価上昇率÷相手国の物価上昇率）＝新為替レートという式が成り立つ。

④Jカーブ効果

　Jカーブ効果とは，円安が貿易黒字を縮小させ，貿易赤字を拡大させる効果のことである。これは，輸出入価格と数量の変化に一定のタイムラグがあることによって生

265

じる。理論上は，為替レートの変化は直ちに輸出入量を変化させることになるが，実際には，為替レートの変化がすぐに輸出数量の変化にはつながらないためにJカーブ効果が発生する。たとえば，ある一定期間，外国から一定量の原材料を輸入する契約をしていた場合，円高になったからといって明日から輸入量を変更できない。

⑤ 2 国間の財政政策・金融政策発動時の影響

　変動為替レート制を採用している 2 国（自国と外国）で，物価は硬直的，為替レートの変動にともなう為替差益・差損はゼロ，資本が両国間を自由に移動するために，自国利子率と外国利子率は均等化し，国際的な金利裁定が成立する。そして，為替レートの変動によるJカーブ効果は発生しないという前提である 2 国間モデルにおいて，財政政策・金融政策発動時の両国に対する影響を問われることもある。

　自国で財政政策を発動し，政府支出を増加させた場合，自国の利子率が上昇するため，高い利子率を求めて外国から自国に資本が流入する（＝外国の資本が自国に流出する）。そのため，外国通貨の為替レートは減価し，外国は輸出が増加し輸入は減少することで経常黒字になる。経常黒字になり外国の利子率が上昇することから外国の投資も減少するが，これは輸入の減少分を超えず，外国の国民所得は増加する。

　一方，自国で金融政策を発動した場合，自国の貨幣供給量が増加するので，自国の利子率が低下し，自国の為替レートは減価する。一方，自国の資金が外国へ流入し，外国の為替レートは増価するので，輸入が増えて輸出が減少するため，経常収支は赤字になる。さらに外国の投資増加は輸入の増加より小さいため，結果として総需要は減少し，外国の所得は減少することになる（自国の金融政策発動＝近隣窮乏化政策）。

▶▶ 出題の傾向と勉強の方向性

　平成 16 年度第 10 問，平成 17 年度第 5 問，平成 18 年度第 2 問・第 8 問，平成 19 年度第 9 問，平成 20 年度第 7 問，平成 22 年度第 13 問，平成 26 年度第 8 問，平成 27 年度第 9 問，令和元年度第 7 問に出題されている。為替に関する基礎的知識と国際収支が GDP に及ぼす影響に関する問題が出題されている。

　上記出題項目のポイントをしっかり把握したうえで，過去問を繰り返し解いておけば十分対応できる。

第 4 章　国際収支と為替相場

■取組状況チェックリスト

3. 国際収支と為替変動							
問題番号	ランク	1 回目		2 回目		3 回目	
令和元年度　第 7 問	A	／		／		／	
平成 27 年度　第 9 問	B	／		／		／	
平成 26 年度　第 8 問	C*	／		／		／	

＊ランク C の問題と解説は，「過去問完全マスター」の HP（URL：https://jissen-c.jp/）よりダ
ウンロードできます。

267

第4章　国際収支と為替相場

国際収支と為替変動	ランク	1回目		2回目		3回目	
	A	／		／		／	

■令和元年度　第7問

為替レートの決定に関する記述として，最も適切なものの組み合わせを下記の解答群から選べ。

　　a　金利平価説によると，日本の利子率の上昇は円高の要因になる。

　　b　金利平価説によると，日本の利子率の上昇は円安の要因になる。

　　c　購買力平価説によると，日本の物価の上昇は円高の要因になる。

　　d　購買力平価説によると，日本の物価の上昇は円安の要因になる。

〔解答群〕

　　ア　aとc

　　イ　aとd

　　ウ　bとc

　　エ　bとd

269

解答	イ

■解説

　為替レート決定の理論に関する問題である。このほかにもアセット・アプローチ等がある。金利平価説とは，２国間の為替相場の差は２国間の短期金利の差に一致するという理論である。もし一致しなければ，短期資金の移動が起こり，為替相場の需給に影響し，短期金利の差に一致した水準に落ち着く。（参考：金森久雄・荒憲治郎・森口親司『経済辞典（第５版）』有斐閣）

　金利平価説に基づいた為替レート決定式は以下のとおりである。

$$日本の金利 = 外国の金利 + \frac{将来の円・ドルレートの期待値 - 今日の円・ドルレート}{今日の円・ドルレート}$$

$$= 外国の金利 + 円・ドル為替レートの変動率……式①$$

　一方，購買力平価説とは，為替レートは各国の通貨１単位でどれだけの財・サービスが購入できるか（対内購買力）の比率，つまり購買力平価によって決定するという説であり，絶対的な購買力平価で決まるという説と基準時点からの２国の物価の変化率を比較する相対的購買力平価説がある。

　絶対的購買力平価説に基づいた為替レート決定式

$$為替レート = \frac{国内の価格（物価）}{外国の価格（物価）}……式②$$

　相対的購買力平価説に基づいた為替レート決定式

　為替レート＝変化前の為替レート×為替レート変化率（※２）……式③

（※２：為替レート変化率＝国内物価上昇率－外国物価上昇率）

　a：適切である。式①のとおり，日本の利子率の上昇は，外国の金利を一定とした場合，円・ドル為替レートの変動率は上昇するため，円高の要因になるといえる。

　b：不適切である。選択肢aの説明どおり，日本の利子率の上昇は円高の要因になる。

　c：不適切である。式②・③のとおり，日本の物価の上昇は円安の要因になる。

　d：適切である。選択肢cの説明どおり，購買力平価説によると，日本の物価の上昇は円安の要因になる。

　よって，イが正解である。

第4章　国際収支と為替相場

国際収支と為替変動	ランク	1回目	2回目	3回目
	B	/	/	/

■平成27年度　第9問

　日本銀行「企業物価指数」では円ベースの輸出入物価指数が公表されている。この統計を利用するためにも，ここで為替レートの変化と物価の動きとの関係を考えてみたい。自国を日本，外国をアメリカとして，為替レートと輸出財・輸入財価格との関係に関する記述として，最も適切なものはどれか。

　ア　円高にあわせて，ある輸入財の円価格が引き上げられれば，その輸入財のドル価格は一定に保たれている。

　イ　円高にかかわらず，ある輸出財のドル価格を一定に保つためには，その輸出財の円価格を引き上げなくてはならない。

　ウ　円安にあわせて，ある輸入財のドル価格が引き上げられれば，その輸入財の円価格は一定に保たれる。

　エ　円安にかかわらず，ある輸出財の円価格が一定に保たれれば，その輸出財のドル価格は低下する。

271

解答	エ

■解説

　購買力平価説によれば，外国為替相場は長期的には各国通貨の対内購買力の比，すなわち購買力平価によって決定される。つまり，為替レートは自国通貨と外国通貨の購買力の比率によって決定されるということであり，下記の式で為替レートが計算できる。

　　為替レート＝自国の物価水準÷外国の物価水準

ア：不適切である。円高は為替レートの低下である。ある輸入財の円価格が引き上げられれば（＝自国の物価水準が上昇すれば），その輸入財のドル価格（＝外国の物価水準）は引き上げられることになる。

イ：不適切である。円高は為替レートの低下であるが，ある輸出財のドル価格（＝外国の物価水準）を一定に保つためには，その輸出財の円価格（＝自国の物価水準）は引き下げなくてはならない。

ウ：不適切である。円安は為替レートの上昇であるが，ある輸入財のドル価格（＝外国の物価水準）が引き上げられれば，その輸入財の円価格（＝自国の物価水準）は引き上げなくてはならない。

エ：適切である。円安は為替レートの上昇であるが，ある輸出財の円価格（＝自国の物価水準）が一定に保たれれば，その輸出財のドル価格（＝外国の物価水準）は引き下げなくてはならない。

　よって，エが正解である。

第4章 国際収支と為替相場

4. 国際資本移動と国際資金フロー

▶▶ 出題項目のポイント

この項目は，ヘクシャー＝オリーンの定理を基盤とした出題が多い。ヘクシャー＝オリーンの定理とは，要素賦存量（各国が保有する生産要素の埋蔵量）の差異に基づく貿易パターンの説明原理である。

各国は相対的に豊富に賦存する要素をより集約的に用いて生産される財を輸出すると主張している。

ヘクシャー＝オリーンモデルでは，労働を豊富に持つ国が労働集約的な財の生産に特化し，資本を豊富に持つ国が資本集約的な財の生産に特化してそれぞれ輸出することになる。このことは，財を通じて要素そのものを輸出入しているのと同じであり，貿易によって両国で財の相対価格が等しくなれば，両国で要素の相対価格も均等化するというものである。

主には以下の点を把握しておけばよい。

・相対的に資本が豊富な国では，資本集約財を輸出することになり，その輸出拡大は当該国の資本報酬率の上昇を引き起こす。

・相対的に労働が豊富な国では，労働集約財を輸出することになり，その輸出拡大はより多くの労働力を必要とするため，労働力に対する需要が高まり，当該国の賃金の上昇を引き起こす。

・土地集約財である農産物の輸入拡大は，輸入国の地価を下降させ，土地を輸入したことと同等の効果を生じさせる。

・貿易によって財の相対価格が等しくなれば，要素価格の相対価格も均等化する。

▶▶ 出題の傾向と勉強の方向性

平成17年度第7問，平成18年度第9問，平成23年度第10問で出題されている。ヘクシャー＝オリーンの定理に基づく国際的な資本移動と資金移動の問題が中心となっている。

比較的難易度の高い問題が出題される傾向が多いため，上記出題項目のポイントでヘクシャー＝オリーンの定理を理解した上で，過去問を解いて出題の内容に慣れておくことが重要である。

273

■取組状況チェックリスト

4. 国際資本移動と国際資金フロー				
問題番号	ランク	1回目	2回目	3回目
平成23年度 第10問	A	／	／	／

国際資本移動と国際資金フロー

■平成23年度　第10問

下図は，労働市場の開放に伴う2国間の労働移動の効果を示したものである。なお，生産要素は労働と資本であり，労働移動が生じた場合でも労働者の国籍は変わらないものとする。ここでMPLは労働の限界生産物を，Wは労働1単位あたりの賃金率を表している。当初，I国の労働量は$O_I C$，II国のそれは$O_{II} C$であり，I国の賃金率はW_I，II国のそれはW_{II}である。さらに，I国の労働の限界生産物はMPL_I，II国のそれはMPL_{II}である。

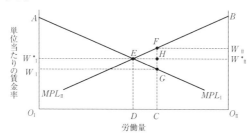

この図の説明として最も適切なものの組み合わせを下記の解答群から選べ。

a　賃金格差からCDの労働量がII国からI国に移動し，2国間の賃金は均等化（$W^*_I = W^*_{II}$）する。

b　労働移動の結果，I国では資本のレンタル所得が三角形AEW^*_Iに減少し，II国では資本のレンタル所得が三角形BEW^*_{II}に増加する。

c　労働移動の結果，I国の労働者の賃金所得が増加し，反対にII国の労働者の賃金所得が減少する。

d　労働移動の結果，世界全体で三角形EFGの所得が増加し，そのうち，三角形EFHはI国の国民所得の純増に，三角形EGHはII国の国民所得の純増に等しい。

〔解答群〕

ア　aとc　　イ　aとd　　ウ　bとc　　エ　bとd

解答	ウ

■解説

a：不適切である。労働量は，労働量が豊富で賃金率が低い国から，労働量が少なく賃金率が高い国へ移動する。したがって，労働量は双方の賃金率が同率になるまでⅠ国からⅡ国へ移動する。「Ⅱ国からⅠ国へ移動」とする部分が不適切である。

b：適切である。労働量移動前のⅠ国の資本レンタル所得は三角形 $AGW_Ⅰ$ であり，Ⅱ国の資本レンタル所得は，三角形 $BFW_Ⅱ$ である。労働量の賃金率はE点で均衡するので，労働量移動後のⅠ国の資本レンタル所得は三角形 $AEW^*_Ⅰ$ に減少し，Ⅱ国では資本のレンタル所得が三角形 $BEW^*_Ⅱ$ に増加する。

c：適切である。労働量は，労働量が豊富で賃金率が低い国から，労働量が少なく賃金率が高い国へ移動する。したがって，労働量は双方の賃金率が同率になるまでⅠ国からⅡ国へ移動する。つまり，Ⅰ国の労働者の所得は $W_Ⅰ$ から $W^*_Ⅰ$ に上昇し，Ⅱ国の労働者の所得は $W_Ⅱ$ から $W^*_Ⅱ$ に下降する。

d：不適切である。三角形 EFH はⅡ国の国民所得の純増に，三角形 EGH はⅠ国の国民所得の純増に等しい。

よって，bとcが適切であり，ウが正解である。

5. マンデル＝フレミングモデル（IS−LM−BP 分析）

　マンデル＝フレミングモデルとは，閉鎖経済モデルである IS−LM 分析を開放経済（貿易を考慮に入れた経済）に拡張した財市場分析のモデルのことである。IS−LM−BP 分析ともいう。BP とは Balance of Payment の略であり，国際収支のことを指す。国際収支は経常収支と資本収支で構成されている。

　経常収支＝輸出−輸入であり，資本収支＝資本の流入−資本の流出である。国民所得が増加すると輸入が増加するので，経常収支は悪化する。

　資本移動は利子率に依存し，利子率が上昇すると資本は流入し，利子率が低下すると流出する。

　固定相場制か変動相場制か，資本移動が完全な場合かゼロの場合かの組み合わせによって財政政策・金融政策の有効・無効を分析する。簡単にまとめると以下の表のとおりとなる。この表は覚えておこう。

	財政政策		金融政策	
	資本移動ゼロ	資本移動完全	資本移動ゼロ	資本移動完全
固定相場制	無効	有効	無効	無効
変動相場制	有効	無効	有効	有効

▶▶ 出題の傾向と勉強の方向性

　マクロ経済学の基礎論点を集大成した国際経済における分析モデルであり，過去から頻出している。平成 14 年度第 3 問，平成 20 年度第 9 問，平成 22 年度第 8 問，平成 23 年度第 8 問，平成 27 年度第 10 問，平成 30 年度第 9 問，令和 2 年度第 11 問に出題されている。IS−LM 分析の応用編としても出題されやすい論点である。

　財政政策と金融政策の有効・無効の表をしっかり把握して，過去問を何度も解いておけば十分対応可能である。

■取組状況チェックリスト

5. マンデル＝フレミングモデル							
問題番号	ランク	1回目		2回目		3回目	
平成 22 年度 第 8 問	A	／		／		／	
平成 20 年度 第 9 問	A	／		／		／	
平成 23 年度 第 8 問	A	／		／		／	
平成 30 年度 第 9 問（設問 1）	B	／		／		／	
平成 27 年度 第 10 問	B	／		／		／	
令和 2 年度 第 11 問	A	／		／		／	

マンデル＝フレミングモデル	ランク	1回目	2回目	3回目
	A	/	/	/

■平成22年度　第8問

次の開放マクロ経済モデルに関する文章を読んで，下記の設問に答えよ。

下図は，開放経済下におけるマクロ経済モデルを描いたものである。

いま，小国モデル，完全資本移動，変動為替レート制，物価の硬直性，静学的為替レート予想を仮定する。下図では，これらの前提に基づき，生産物市場の均衡を示すIS曲線，貨幣市場の均衡を示すLM曲線，自国利子率（r）と外国利子率（r^*）の均等化を示すBP曲線が表されている。

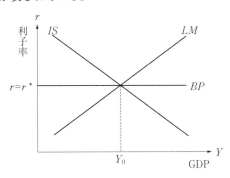

（設問1）

貨幣供給の増加に伴う効果の説明として，最も適切なものはどれか。

ア　貨幣供給の増加は，LM曲線を右方にシフトさせ，民間投資支出の増加を通じて所得を増加させる。

イ　貨幣供給の増加は，LM曲線を右方にシフトさせるが，外貨準備の取り崩しとそれに伴う貨幣供給の反転減少を伴い，所得に影響を与えない。

ウ　貨幣供給の増加は，経常収支の改善を通じて所得の拡大を引き起こす。

エ　貨幣供給の増加は，内外金利差に伴う大量の資本の流出を引き起こし，円高を生じさせる。

（設問 2）

外国利子率の低下に伴う効果の説明として，最も適切なものはどれか。

ア　外国利子率の低下は，円安を通じて自国の経常収支を改善させる効果を持つ。

イ　外国利子率の低下は，金融緩和と同じ効果を持ち，LM 曲線を右方にシフト
　　させ，円安を通じて所得の拡大を引き起こす。

ウ　外国利子率の低下は，金利差に伴う資本の流入を引き起こし，円高を通じて
　　IS 曲線を左方にシフトさせ，所得の減少をもたらす。

エ　外国利子率の低下は，自国利子率の低下をもたらし，民間投資支出の増加を
　　通じて所得の拡大を生じさせる。

第4章　国際収支と為替相場

（設問1）

解答	ウ

■解説

　マンデル＝フレミングモデルは，頻出論点であり平成20年度第9問，平成23年度第8問でも出題されている。閉鎖経済モデルであるIS-LM分析を開放経済（貿易を考慮に入れた経済）に拡張した財市場分析のモデルのことである。IS-LM-BP分析ともいう。BPとはBalance of Paymentの略であり，国際収支のことを指す。国際収支は経常収支と資本収支で構成されている。

　固定相場制か変動相場制か，資本移動が完全な場合かゼロの場合かの組み合わせによって財政政策・金融政策の有効・無効を分析する。簡単にまとめると以下の表のとおりとなる。この表は覚えておこう。

	財政政策		金融政策	
	資本移動ゼロ	資本移動完全	資本移動ゼロ	資本移動完全
固定相場制	無効	有効	無効	無効
変動相場制	有効	無効	有効	有効

　本問は変動相場制で資本移動が完全な場合（上記網掛け部分）であり，そのような状況においては，財政政策は無効で金融政策が有効であることを理解しておこう。

　資本移動が完全な場合，金融市場は完全に自由化されているので，利子率の上下が瞬時に外国からの資本の流入や流出が発生する。この場合，BP曲線は水平となり，BP曲線の上が国際収支の黒字，下が国際収支の赤字になる。

　本問のように，金融緩和政策を発動した場合，LM曲線は右にシフトする。それにより利子率が低下し，海外へ資本が流出するため，資本収支が赤字になり，国際収支が赤字になる。また，利子率の下落は自国通貨での資産運用が不利になるため，他国通貨が買われ，自国通貨が売られるため，自国通貨は減価する（安くなる）。自国通貨安になると，輸出が拡大し，国民所得が増加する。結果，金融緩和政策は国民所得の増加に効果があったことになる。

　ア：不適切である。上記説明のとおり，変動相場制で資本移動が完全な場合の金融緩和政策発動は，民間支出の増加で国民所得が増加するのではなく，輸出

281

の拡大によって国民所得が増加するのである。

イ：不適切である。自国の金融緩和政策発動は，貨幣供給量の増加による利子率の低下によって，自国通貨での資産運用が不利になるため，外国へ自国通貨が流出することになる。このことは外貨準備高の増大を引き起こし，為替レートにおいて自国通貨が安くなることで輸出が誘発された結果，国民所得が増加するのである。

ウ：適切である。選択肢イの説明のとおり，自国の金融緩和政策発動は，貨幣供給量の増加による利子率の低下によって，自国通貨での資産運用が不利になるため，外国へ自国通貨が流出することになる。このことは外貨準備高の増大を引き起こし，為替レートにおいて自国通貨が安くなることで輸出が誘発された結果，国民所得が増加するのである。輸出が増加するということは，経常収支（＝輸出－輸入）が黒字になるということである。

エ：不適切である。貨幣供給の増加は，自国の利子率を低下させ，内外金利差にともなう大量の資本の外国への流出を引き起こす。このことは，自国通貨が国際市場で大量に売られたことを意味する。つまり，自国通貨安になることを意味する。

よって，ウが正解である。

（設問2）

解答	ウ

■解説

ア：不適切である。外国利子率の低下は，相対的に自国の利子率が上昇していることになるため，外国資本の自国への流入を誘発する。このことは，外国の通貨が国際市場で大量に売られていることを意味するので，自国通貨高となる。自国通貨高になると輸入が増加するため，経常収支（＝輸出－輸入）は悪化する。

イ：不適切である。外国利子率の低下は相対的に自国の利子率が上昇したことに
　　なる。このことは金融引き締め政策が発動されたこと，つまり，貨幣供給量
　　が減少したことになる。このことは LM 曲線を左にシフトさせる。そして，
　　自国通貨高（円高）を誘発し，輸入が増えることで経常収支が赤字になり，
　　国民所得は減少する。

ウ：適切である。外国利子率の低下は相対的に自国の利子率が上昇したことにな
　　る。このことは金融引き締め政策が発動されたこと，つまり，貨幣供給量が
　　減少したことになる。このことは LM 曲線を左にシフトさせる。そして，
　　自国通貨高（円高）を誘発し，輸入が増えることで経常収支が赤字になり，
　　需要の縮小が発生するため，IS 曲線は左にシフトし，国民所得は減少する。

エ：不適切である。外国利子率の低下は相対的に自国の利子率を上昇させるため，
　　投資が抑制され，国民所得は減少する。

よって，ウが正解である。

マンデル＝フレミングモデル	ランク	1回目	2回目	3回目
	A	/	/	/

■平成20年度　第9問

下図は，開放経済下におけるマクロ経済モデルを描いたものである。この図に関する次の文章中の空欄A～Cに入る最も適切なものの組み合わせを下記の解答群から選べ。

いま，小国モデル，完全資本移動，固定為替レート制，物価の硬直性，静学的な為替レート予想を仮定する。下図は，これらの前提に基づき，生産物市場の均衡を表すIS曲線，貨幣市場の均衡を表すLM曲線，自国利子率（r）と外国利子率（r^*）が均等化することを表すBP曲線を描いたものである。

ここで政府支出が増加すると，IS曲線が右方にシフトし，新たなIS曲線とLM曲線の交点において　A　になる。このため，　B　が生じる。結果として，　C　になる。

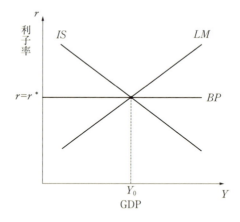

第 4 章　国際収支と為替相場

〔解答群〕

ア　A：国際収支（経常収支と資本収支の合計）が赤字
　　B：外貨準備の減少と貨幣供給の減少
　　C：LM 曲線が左方にシフトして国際収支の均衡が回復するが，財政政策は
　　　　景気拡大に無効

イ　A：国際収支（経常収支と資本収支の合計）が黒字
　　B：外貨準備の増加と貨幣供給の増加
　　C：LM 曲線が右方にシフトして国際収支の均衡が回復し，財政政策は景気
　　　　拡大に有効

ウ　A：国際収支（経常収支と資本収支の合計）が黒字
　　B：円高
　　C：LM 曲線が左方にシフトして国際収支の均衡が回復するが，財政政策は
　　　　景気拡大に無効

エ　A：経常収支が黒字
　　B：外貨準備の増加と貨幣供給の増加
　　C：LM 曲線が右方にシフトして経常収支の均衡が回復し，財政政策は景気
　　　　拡大に有効

オ　A：資本収支が赤字
　　B：円安
　　C：LM 曲線が右方にシフトして資本収支の均衡が回復し，財政政策は景気
　　　　拡大に有効

285

解答	イ

■解説

　マンデル＝フレミングモデルとは，閉鎖経済モデルである IS-LM 分析を開放経済（貿易を考慮に入れた経済）に拡張した財市場分析のモデルのことである。IS-LM-BP 分析ともいう。BP とは Balance of Payment の略であり，国際収支のことを指す。国際収支は経常収支と資本収支で構成されている。

　経常収支＝輸出－輸入であり，資本収支＝資本の流入－資本の流出である。国民所得が増加すると輸入が増加するので，経常収支は悪化する。資本移動は利子率に依存し，利子率が上昇すると資本は流入し，利子率が低下すると流出する。

　固定相場制か変動相場制か，資本移動が完全な場合かゼロの場合かの組み合わせによって財政政策・金融政策の有効・無効を分析する。簡単にまとめると以下の表のとおりとなる。この表は覚えておこう。

	財政政策		金融政策	
	資本移動ゼロ	資本移動完全	資本移動ゼロ	資本移動完全
固定相場制	無効	*有効*	無効	*無効*
変動相場制	有効	無効	有効	有効

　本問は固定相場制で資本移動が完全な場合なので，上記表によれば，財政政策・金融政策の有効性・無効性は斜字体の部分となる。

　資本移動が完全な場合，金融市場は完全に自由化されているので，利子率の上下が瞬時に外国からの資本の流入や流出を発生させる。この場合，BP 曲線は水平となり，BP 曲線の上が国際収支の黒字，下が国際収支の赤字になる。

　財政政策発動によって IS 曲線が右にシフトし IS' にシフトすることで，LM 曲線との交点は右斜め上に移動する。すると，国内利子率が上昇し，外国から資本が流入する。固定相場制なので為替レート変動による輸入・輸出の増減はない。つまり，経常収支は変動しない。したがって，国際収支は資本収支が黒字になることで黒字になる（空欄 A）。国際収支の黒字は外国からの貨幣量増加（＝外貨準備高増加）なので，固定相場を維持するために中央銀行は自国貨幣を市場へ放出する。そのため，自国内の貨幣供給量の増加を招く（空欄 B）。結果として，国際収支が均衡するまで LM 曲線は右にシフトし，IS 曲線と LM 曲線の均衡点も右にシフトし LM' に移動する。そ

のため，国民所得（GDP）も右に動く（増加する）。つまり，財政政策は有効であるといえる（空欄C）。

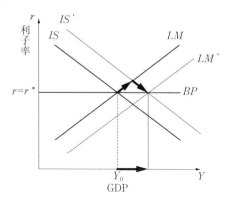

よって，選択肢イが正解となる。

マンデル=フレミングモデル	ランク	1回目	2回目	3回目
	A	/	/	/

■平成23年度　第8問

下図は，開放経済下におけるマクロ経済モデルを描いたものである。

いま，小国モデル，完全資本移動，変動為替レート制，物価の硬直性，為替レートの静学的な予想を仮定する。下図では，これらの前提に基づき，生産物市場の均衡を示すIS曲線，貨幣市場の均衡を示すLM曲線，自国利子率（r）と外国利子率（r*）の均等化を示すBP曲線が表されている。

政府支出の増加に伴う効果の説明として最も適切なものを下記の解答群から選べ。

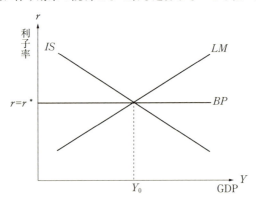

〔解答群〕

ア　政府支出の増加は，IS曲線を右方にシフトさせ，所得の拡大を生じさせる。

イ　政府支出の増加は，IS曲線を右方にシフトさせ，金利差に伴う大規模な資本の流出を引き起こし円高を招く。

ウ　政府支出の増加は，クラウディング・アウトを通じて民間投資支出の減少を引き起こす。

エ　政府支出の増加は，それを完全に相殺する経常収支の悪化を引き起こし，所得に影響を与えない。

第4章　国際収支と為替相場

解答	エ

■解説

　マンデル＝フレミングモデルは，頻出論点であり平成20年度第9問，平成22年度第8問でも出題されている。

　固定相場制か変動相場制か，資本移動が完全な場合かゼロの場合かの組み合わせによって財政政策・金融政策の有効・無効を分析する。簡単にまとめると以下の表のとおりとなる。この表は覚えておこう。

	財政政策		金融政策	
	資本移動ゼロ	資本移動完全	資本移動ゼロ	資本移動完全
固定相場制	無効	有効	無効	無効
変動相場制	有効	無効	有効	有効

　本問は変動相場制で資本移動が完全な場合（上記網掛け部分）であり，そのような状況においては，財政政策は無効で金融政策が有効であることを理解しておこう。

　資本移動が完全な場合，金融市場は完全に自由化されているので，利子率の上下が瞬時に外国からの資本の流入や流出が発生する。この場合，BP曲線は水平となり，BP曲線の上が国際収支の黒字，下が国際収支の赤字になる。

　　ア：不適切である。政府支出が増加すると，IS曲線は右にシフトする。政府支出増加で自国の利子率の上昇が起こる。利子率の上昇により外国から資本が流入して為替レートが自国通貨高となる。自国通貨高になると輸入が増加するので経常支出が減少し，国際収支は赤字となる。結果，IS曲線は元の位置まで押し戻され，国民所得は増加しない。

　　イ：不適切である。政府支出の増加は，自国の利子率を相対的に上昇させ，内外金利差にともなう大規模な資本の「流入」を引き起こす。「流出」ではない。

　　ウ：不適切である。クラウディング・アウトは，政府支出の増加によって利子率上昇が発生し，民間投資が減少するため，政府支出の効果が一部または全部が相殺されることである。変動相場制下での財政政策発動では，国内利子率

289

の上昇圧力が高まっても，外国からの資本流入によって利子率は一定に保たれるので，利子率上昇による民間投資支出の減少は発生しない。本モデル下では，外国に対する相対的な利子率上昇⇒自国通貨の増価⇒輸入増加⇒経常収支が減少⇒国際収支減少という流れによって国民所得が減少する。

エ：適切である。選択肢アの説明のとおりである。

よって，エが正解である。

マンデル＝ フレミングモデル	ランク	1回目	2回目	3回目
	B	/	/	/

■平成30年度　第9問（設問1）

下図において，IS曲線は生産物市場の均衡，LM曲線は貨幣市場の均衡，BP曲線は国際収支の均衡を表す。この経済は小国経済であり，資本移動は完全に自由であるとする。この図に基づいて，下記の設問に答えよ。

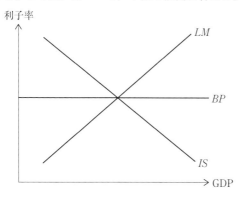

変動相場制の場合における政府支出増加の効果に関する記述として，最も適切なものの組み合わせを下記の解答群から選べ。

a　為替レートは増価する。
b　GDPは増加する。
c　純輸出の減少が生じる。
d　民間投資支出の減少が生じる。

〔解答群〕
ア　aとc
イ　aとd
ウ　bとc
エ　bとd

解答	ア

■解説

　マンデル＝フレミングモデルとは，閉鎖経済モデルであるIS−LM分析を開放経済（貿易を考慮に入れた経済）に拡張した財市場分析のモデルのことである。IS−LM−BP分析ともいう。BPとはBalance of Paymentの略であり，国際収支のことを指す。国際収支は経常収支と資本収支で構成されている。

　経常収支＝輸出−輸入であり，資本収支＝資本の流入−資本の流出である。国民所得が増加すると輸入が増加するので，経常収支は悪化する。

　資本移動は利子率に依存し，利子率が上昇すると資本は流入し，利子率が低下すると流出する。固定相場制か変動相場制か，資本移動が完全な場合かゼロの場合かの組み合わせによって財政政策・金融政策の有効・無効を分析する。簡単にまとめると以下の表のとおりとなる。この表は覚えておこう。

	財政政策		金融政策	
	資本移動ゼロ	資本移動完全	資本移動ゼロ	資本移動完全
固定相場制	無効	有効	無効	無効
変動相場制	有効	無効	有効	有効

　設問文に「資本移動は完全に自由である」「変動相場制の場合」とあるので，その場合の財政政策の効果について解答を選択する。

　　a：適切である。政府支出が増加するとIS曲線は右にシフトし，自国の利子率が上昇する。自国の利子率が増加すると外国から資本が流入する。これにより自国通貨の為替レートは増価する。

　　b：不適切である。選択肢aの説明のとおり，為替レートが増価すると経常収支が悪化するので，IS曲線は再び左にシフトし，財政政策は無効になる。つまり，GDPは増加しない。

　　c：適切である。為替レートが増価するということは，円でいえば，円高になるということであり，円高になった場合は純輸出（経常収支）は減少する。

　　d：不適切である。上記選択肢a，bで述べたように，瞬間的に利子率は上昇するが結果的に外国為替市場が均衡するのにあわせてIS曲線は元に戻ってしまうので利子率も元に戻る。その結果，民間投資も増加しない。

　よって，アが正解である。

マンデル＝フレミングモデル	ランク	1回目	2回目	3回目
	B	/	/	/

■平成 30 年度　第 9 問（設問 2）

下図において，IS 曲線は生産物市場の均衡，LM 曲線は貨幣市場の均衡，BP 曲線は国際収支の均衡を表す。この経済は小国経済であり，資本移動は完全に自由であるとする。この図に基づいて，下記の設問に答えよ。

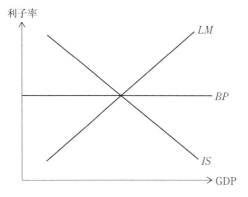

変動相場制の場合における貨幣供給量増加の効果に関する記述として，最も適切なものの組み合わせを下記の解答群から選べ。

　　a　為替レートは増価する。
　　b　GDP は増加する。
　　c　純輸出の増加が生じる。
　　d　民間投資支出の増加が生じる。

〔解答群〕
　ア　a と c
　イ　a と d
　ウ　b と c
　エ　b と d

解答	ウ

■解説

マンデル＝フレミングモデルとは，閉鎖経済モデルである IS−LM 分析を開放経済（貿易を考慮に入れた経済）に拡張した財市場分析のモデルのことである。IS−LM−BP 分析ともいう。BP とは Balance of Payment の略であり，国際収支のことを指す。国際収支は経常収支と資本収支で構成されている。

経常収支＝輸出−輸入であり，資本収支＝資本の流入−資本の流出である。国民所得が増加すると輸入が増加するので，経常収支は悪化する。

資本移動は利子率に依存し，利子率が上昇すると資本は流入し，利子率が低下すると流出する。固定相場制か変動相場制か，資本移動が完全な場合かゼロの場合かの組み合わせによって財政政策・金融政策の有効・無効を分析する。簡単にまとめると以下の表のとおりとなる。この表は覚えておこう。

	財政政策		金融政策	
	資本移動ゼロ	資本移動完全	資本移動ゼロ	資本移動完全
固定相場制	無効	有効	無効	無効
変動相場制	有効	無効	有効	有効

設問文に「資本移動は完全に自由である」「変動相場制の場合」とあるので，その場合の金融政策の効果について解答を選択する。

a：不適切である。貨幣供給量が増加すると LM 曲線が右にシフトして，自国利子率が低下し，外国利子率より低くなるので，自国から外国へ資本が移動するため，為替レートは減価する。

b：適切である。選択肢 a の説明のとおり，為替レートが減価すると輸出が増加するため，経常収支は黒字になり，IS 曲線は右へシフトする。外国為替市場が均衡するまで IS 曲線は右方シフトし，GDP は増加する。

c：適切である。選択肢 b の説明のとおり，為替レートが減価し輸出が増加する。

d：不適切である。上記選択肢 a，b で述べたように，瞬間的に利子率は低下するが結果的に外国為替市場が均衡するのにあわせて IS 曲線と LM 曲線が再び均衡し，利子率は元に戻る。その結果，民間投資も増加しない。

よって，ウが正解である。

マンデル=フレミングモデル	ランク	1回目	2回目	3回目
	B	/	/	/

■平成27年度　第10問

今日，経済政策の効果は，開放経済の枠組みで考える必要がある。

下図は，開放経済におけるマクロ経済モデルを描いたものである。小国開放経済，不完全資本移動，変動相場制度，物価硬直性，期待外国為替相場一定を仮定する。図中のBP曲線は，国際収支を均衡させる，GDPと利子率との組み合わせを表したものである。

貨幣量の拡大に伴う効果に関する記述として，最も適切なものを下記の解答群から選べ。

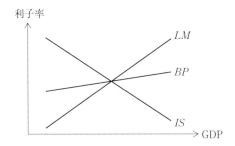

〔解答群〕

ア　貨幣量の拡大はLM曲線を下方にシフトさせ，純輸出を増加させるものの，民間投資支出の減少を通じてGDPを減少させる。

イ　貨幣量の拡大はLM曲線を下方にシフトさせ，GDPを増加させるものの，クラウディングアウトを発生させる。

ウ　貨幣量の拡大は自国金利が相対的に低下することで内外金利差を生み出し，自国通貨を減価させる。

エ　貨幣量の拡大は自国通貨を増価させ，純輸出を減少させる。

解答	ウ

■解説

固定相場制か変動相場制か，資本移動が完全な場合かゼロの場合かの組み合わせによって財政政策・金融政策の有効・無効を分析する。簡単にまとめると，以下の表のとおりとなる。この表は覚えておこう。

	財政政策		金融政策	
	資本移動ゼロ	資本移動完全	資本移動ゼロ	資本移動完全
固定相場制	無効	有効	無効	無効
変動相場制	有効	無効	有効	有効

資本移動完全な場合は BP 曲線は水平，資本移動がゼロの場合は BP 曲線は垂直になる。資本移動が不完全な場合は，BP 曲線は右肩上がりとなる。

BP とは Balance of Payment の略であり，国際収支のことを指す。国際収支は経常収支と資本収支で構成されている。

経常収支は「輸出－輸入」であり，資本収支は「資本の流入－資本の流出」である。国民所得が増加すると輸入が増加するので，経常収支は悪化する。資本移動は利子率に依存し，利子率が上昇すると資本は流入し，利子率が低下すると流出する。

ア：不適切である。貨幣量の拡大は LM 曲線を下方にシフトさせ，金利を低下させるので，自国通貨を減価させ，結果として純輸出を増加させる。しかし，貨幣供給量の拡大は，民間投資支出の増加を通じて GDP を増加させる。

イ：不適切である。貨幣量の拡大は LM 曲線を下方にシフトさせ，GDP を増加させる。つまり，金融緩和政策により金利が低下し，民間投資が増える。クラウディングアウトとは，政府が財政政策を発動するために国債を発行して資金を市場から吸い上げる際に，金利が上昇し，民間投資が減少することである。本選択肢の場合は，財政政策は発動していないので，クラウディングアウトは発生しない。

ウ：適切である。アの解説のとおり，貨幣量の拡大は自国金利が相対的に低下することで内外金利差を生み出し，自国通貨を減価させる。

エ：不適切である。貨幣量の拡大は自国通貨を増価させるのではなく，自国金利が相対的に低下することで内外金利差を生み出し，自国通貨を減価させる。そうなれば製品を割安で輸出することができるので純輸出は増加する。

よって，ウが正解である。

第4章　国際収支と為替相場

マンデル＝ フレミングモデル	ランク	1回目	2回目	3回目
	A	／	／	／

■令和2年度　第11問

グローバル化の進展には，資本移動と為替レート制度が重要である。ここでは，マンデル＝フレミング・モデルの完全資本移動かつ小国のケースを考える。

変動為替レート制下での財政政策と金融政策の効果に関する記述として，最も適切なものの組み合わせを下記の解答群から選べ。

a　財政拡大政策は，完全なクラウディング・アウトを引き起こし，所得は不変である。

b　金融緩和政策は，自国通貨高による純輸出の減少を引き起こす。

c　財政拡大政策は，自国通貨安による純輸出の増加を引き起こす。

d　金融緩和政策は，純輸出の増加を通じて，GDPを押し上げる。

〔解答群〕

ア　aとb

イ　aとd

ウ　bとc

エ　cとd

| 解答 | イ |

■解説

本問は、マンデル=フレミング・モデルに関する内容となっている。IS-LM-BP分析ともいう。財政・金融政策の効果を簡単にまとめると以下の表のとおりとなる。本問は、完全資本移動かつ変動相場制なので、下記のグレーの部分が該当する。

	財政拡大政策		金融政策	
	資本移動ゼロ	資本移動完全	資本移動ゼロ	資本移動完全
変動相場制	有効	無効	有効	有効

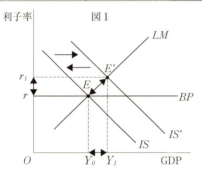
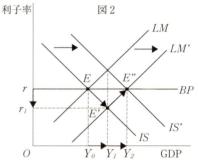

a：適切である。図1のとおり、政府が財政拡大政策を行うと、IS曲線がIS'へ右シフトし（GDPは一時的にY_1へ移動する）、利子率がrからr_1へ上昇する。資本が海外から流入し資本収支が黒字（国際収支が黒字）となるため、自国通貨高になる。その結果、輸出が減少し経常収支が赤字となり、IS'曲線が左シフトしてIS曲線に戻り（クラウディング・アウト）、GDPはY_0へ戻る。

b：不適切である。図2のとおり、政府が金融緩和政策を行うとLM曲線がLM'へ右シフトし、利子率rがr_1に低下する。資本が海外へ流出し資本収支が赤字（国際収支が赤字）となるため自国通貨安となる。結果、輸出が増加し経常収支が黒字、IS曲線がIS'へ右シフトし、GDPは増加する。

c：不適切である。選択肢aの説明のとおり、財政拡大政策は、自国通貨高（自国通貨安ではない）による純輸入（純輸出ではなく）の増加を引き起こす。

d：適切である。選択肢bの説明のとおり、金融緩和政策は、純輸出の増加を通じて、GDPを押し上げる。

以上より、選択肢aとdが正しく、よって、イが正解である。

第5章

主要経済理論

第 5 章　主要経済理論

1.　ケインズとマネタリスト

▶▶ 出題項目のポイント

ケインズとフリードマンの主張の比較をすると以下のとおりである。

	ケインズ	フリードマン
政策目標	非自発的失業の解消	インフレの沈静化
発動する政策	拡張的財政政策・金融政策	k％ルールによる金融政策
失業の原因	有効需要の縮小	短期的な現象であり，長期的には自然失業率で安定
インフレの原因	有効需要の拡大	マネーサプライの過剰

k（x）％ルールとは，ケインズの景気を刺激するための裁量的な金融政策とは異なり，その時々の経済状況に関係なく毎期 k％ずつ貨幣供給量を増加させるというルールであり，マネタリストが主張する金融政策である。

2.　古典派と新古典派

▶▶ 出題項目のポイント

古典派は，価格は伸縮的に変化，市場は正常に機能し需要と供給は均衡する，政府の介入は不要という主張であり，国民所得の大きさは供給サイドが決定すると主張するセーの法則（セイの法則）が代表的である。

新古典派は，古典派の流れをくむ学派である。合理的期待形成仮説，価格は伸縮的に変化などの主張が特徴的である。

また，AK モデル，成長会計式，全要素生産性といった論点が繰り返し問われている。

▶▶ 出題の傾向と勉強の方向性

マネタリズムについては，平成 17 年度第 8 問，平成 26 年度第 10 問でのみ問われている。一方，AK モデル，成長会計式，全要素生産性に関しては，平成 19 年度第 10 問，平成 20 年度第 4 問，平成 23 年度第 9 問，平成 24 年度第 11 問，平成 26 年度第 11 問・第 12 問，平成 27 年度第 11 問で出題されている。

学派の違いなどが直接的に問われる問題は少ないため，上述した基本的事項を押さえておけばよい。一方，AK モデル，成長会計式，全要素生産性については，本書の過去問に取り組み，解説を読んで，内容を把握しておけば対応可能である。

301

■取組状況チェックリスト

1. マネタリズム

問題番号	ランク	1回目		2回目		3回目	
平成 26 年度 第 10 問	B	／		／		／	

2. 古典派と新古典派理論

問題番号	ランク	1回目		2回目		3回目	
平成 25 年度 第 11 問	A	／		／		／	
平成 27 年度 第 11 問	A	／		／		／	
平成 26 年度 第 11 問	A	／		／		／	
平成 26 年度 第 12 問	A	／		／		／	
平成 23 年度 第 9 問	A	／		／		／	
平成 24 年度 第 11 問	A	／		／		／	

第 5 章　主要経済理論

	ランク	1回目		2回目		3回目	
マネタリズム	B	/		/		/	

■平成 26 年度　第 10 問

　古典派経済学体系での貨幣の扱いと金融政策に関する記述として，最も適切なものはどれか。

　　ア　k％ルールとは，物価上昇率を一定の値に収める金融政策運営上のルールである。

　　イ　貨幣市場の均衡条件によって実質利子率が決まり，貨幣的側面が実物面に影響を与える。

　　ウ　実質 GDP は労働市場の均衡から決定されるため，貨幣供給量を増やしても実質 GDP は拡大しない。

　　エ　数量方程式で表される貨幣需要には投機的動機のみを想定している。

303

解答	ウ

■解説

古典派経済学体系での貨幣の扱いと金融政策に関する問題である。

古典派は，貨幣は財の交換のための道具でしかなく，貨幣数量の変化は実物経済に影響を与えず，物価水準を正比例で変化させるだけである（貨幣の中立性）と主張した。これを貨幣数量説という。

単純化すると，流通する貨幣量が2倍になれば貨幣の価値は半分になり，貨幣に対するモノの価値が上がり，物価が2倍になるということである。

また，古典派は，国は，すべての労働・設備を使って物を供給していて，それ以上生産を増やせない状態であり，常にこの状態が達成されることを前提としている。

この状況では，名目貨幣供給量を増加させると物価が貨幣供給量と同率で上昇する。実質貨幣供給量＝名目貨幣供給量÷物価なので，実質貨幣供給量は変化しない。結果，利子率も上昇しないので国民所得も増加しない。

ア：不適切である。k％ルールとは，マネタリストと呼ばれる，ミルトン・フリードマン等が主張する金融政策運営方式のことである。それによれば，金融政策は，裁量的に金利やマネーサプライをコントロールする裁量的金融政策よりも，マネーサプライを一定の伸び率（k％）で供給することに専念し，後は市場の自動安定化機能に任せるのが望ましいとされる。k％はマネーサプライの伸び率を一定にすることであり，物価上昇率を一定の値に収めるわけではない。

イ：不適切である。古典派は貨幣市場は実物経済に影響を与えないと主張した。

ウ：適切である。古典派は貨幣市場は実物経済に影響を与えないと主張した。これによれば，貨幣供給量の増減は貨幣市場での活動であり，実物経済の事象であるGDP（国民所得）の増減には影響を与えない。

エ：不適切である。古典派が想定した貨幣需要は財の交換のための貨幣需要，すなわち，取引的動機のみである。

よって，ウが正解である。

304

古典派と新古典派理論

ランク A

■平成25年度　第11問

　いま、2種類の生産要素、資本Kと労働Nを用いて、生産量Yが産出されている。次の生産関数は、労働1単位あたりの資本と労働1単位あたりの生産量との対応関係を表している。

　　y＝f（k）

　ここで$k=K/N$は資本・労働比率を、$y=Y/N$は労働1単位あたりの生産量である。また、労働成長率nは所与であり、常に完全雇用が実現しているとする。

　また、人々は所得の一定割合sを常に貯蓄するとする。

　下図の新古典派の経済成長モデルを参照した上で、労働成長率nの低下と貯蓄率sの低下、それぞれが定常状態における労働1単位あたりの生産量に与える影響に関する記述として、最も適切なものを下記の解答群から選べ。ただし、k_1は定常状態の資本・労働比率を表している。

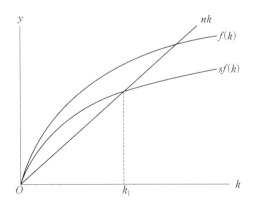

〔解答群〕

　ア　労働成長率の低下と貯蓄率の低下、いずれによっても減少する。
　イ　労働成長率の低下と貯蓄率の低下、いずれによっても増加する。
　ウ　労働成長率の低下によって減少し、貯蓄率の低下によって増加する。
　エ　労働成長率の低下によって増加し、貯蓄率の低下によって減少する。

解答	エ

■解説

新古典派経済成長モデルに関する問題である。

新古典派経済成長モデルとは，ロバート・ソロー，スワンが1956年に提唱した成長モデルの1つであり，ソロー＝スワンモデルと呼ばれている。

資本の増加が人口増加を上回った場合，資本1単位あたりの生産効率が逓減するため，資本増加量が鈍化し，人口増加率に追いつく。一方，人口増加が資本増加を上回った場合，資本1単位あたりの生産効率が上昇するために資本増加率は人口増加率に追いつくというものである。

本問では，労働成長率nの低下と貯蓄率sの低下，それぞれが定常状態における労働1単位あたりの生産量に与える影響を問われている。「労働1単位あたりの生産量」はyである。

■労働成長率が低下する場合

労働成長率が低下した場合の労働1単位あたりの生産量に与える影響は以下のプロセスで説明できる。

①労働成長率nが低下する。

②労働成長率が低下して労働人口が減少する。

③労働人口が減少すると1人あたりの資本量が増加する。

④1人あたりの資本量が増加すれば，労働1単位あたりの生産量は増加する。

■貯蓄率が低下する場合

貯蓄率が低下した場合の労働1単位あたりの生産量に与える影響は以下のプロセスで説明できる。なお，貯蓄と資本の関係であるが，次のとおり説明できる。貯蓄は銀行に預けられた資金である。銀行は貯蓄された資金を企業に貸す。資金を借りた企業は投資を行い資本を増加させる。

①貯蓄率sが低下する。

②貯蓄率sの低下によって投資＝資本が低下する。

③資本量が低下すると，労働1単位あたりの資本量が低下する。

④労働1単位あたりの資本量が減少すれば，労働1単位あたりの生産量は減少する。

よって，エが正解である。

古典派と新古典派理論

ランク	1回目	2回目	3回目
A	／	／	／

■平成27年度　第11問

　昨今，外国人労働者の受け入れの是非が議論されている。2種類の生産要素，資本Kと労働Nを用いて，生産Yが行われる。資本と労働，そして生産との関係を，労働1単位あたりの資本と労働1単位あたりの生産との対応関係である，次の生産関数で表す。

　　$y = f(k)$

　ここで$k = K / N$は資本・労働比率を，yは労働1単位あたりの生産量を表している。また，労働供給は一定率nで増加し，常に完全雇用が実現しているとする。また，人々は，所得の一定割合sを常に貯蓄するとする。

　新古典派の経済成長モデルの下図を参照した上で，外国人労働者の継続的な受け入れによる労働成長率の上昇が，定常状態における資本・労働比率と労働1単位あたり生産量に与える影響に関する記述として，最も適切なものを下記の解答群から選べ。ただしk_1は，定常状態の資本・労働比率を表している。

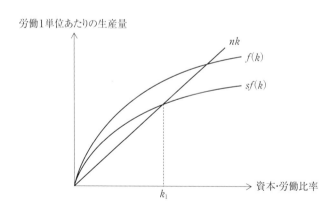

ア　資本・労働比率は上昇し，労働1単位あたり生産量は減少する。
イ　資本・労働比率は上昇し，労働1単位あたり生産量は増加する。
ウ　資本・労働比率は低下し，労働1単位あたり生産量は減少する。
エ　資本・労働比率は低下し，労働1単位あたり生産量は増加する。

解答	ウ

■解説

新古典派経済成長モデルに関する問題である。

新古典派経済成長モデルとは，ロバート・ソロー，スワンが1956年に提唱した成長モデルの1つであり，ソロー＝スワンモデルと呼ばれている。

グラフを見ると，資本の増加が人口増加を上回った場合，資本1単位あたりの生産効率が逓減するため資本増加量が鈍化し，人口増加率に追いつく。一方，人口増加が資本増加を上回った場合，資本1単位あたりの生産効率が上昇するために資本増加率は人口増加率に追いつくというものである。

本問では，外国人労働者の継続的な受け入れによる労働供給の増加率（労働成長率）n の上昇が，定常状態における資本・労働比率と労働1単位あたり生産量に与える影響を問われている。外国人労働者を継続して受け入れた場合の労働1単位あたりの生産量 y に与える影響は，以下のプロセスで説明できる。

①外国人労働者の受け入れで労働人口が増加する。
②労働成長率 n が上昇する。
③労働人口が増加すると1人あたりの資本量が減少する。（資本・労働比率の低下）
④1人あたりの資本量が減少すれば，労働1単位あたりの生産量は減少する。

上記のプロセスをグラフで説明すると，外国人労働者の受け入れで n が増加する。n の増加は労働成長率曲線の傾きを急にするので $n'k$ になる。そうすると，資本・労働比率は k_1 から k_2 へ低下，労働1単位あたりの生産量は y_1 から y_2 へ減少する。

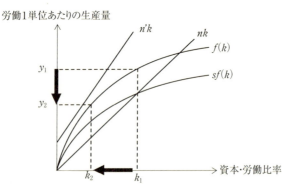

よって，ウが正解である。

古典派と新古典派理論	ランク	1回目		2回目		3回目	
	A	/		/		/	

■平成26年度　第11問

　景気循環理論のひとつに，リアル・ビジネス・サイクル理論がある。この理論による景気循環の説明として最も適切なものはどれか。

ア　貨幣供給量の変動が予想されないインフレーションを生み出し，家計や企業の行動を撹乱することを通じて，景気循環を生む。

イ　技術進歩に代表される供給ショックが，景気循環を生む。

ウ　経済規模は需要サイドから決まり，有効需要の変動が景気循環を生む。

エ　マクロ経済が不均衡にある状態によって，景気循環が生まれる。

309

解答	イ

■解説

リアル・ビジネス・サイクル理論に関する問題である。

リアル・ビジネス・サイクル理論は，F.P ラムゼーが定式化したラムゼーモデルを使って，全要素生産性のランダムな変動というショックに対する合理的な経済主体の適応の結果として，循環的な経済変動を説明しようとする理論である。

簡単にいうと，全要素生産性が増える（減る）と，労働供給，消費，投資が増える（減る）という理論である。

全要素生産性とは，生産性を算出・評価する方法の１つである。生産性＝産出量÷投入量である。大別すると「労働生産性」「資本生産性」「全要素生産性」となる。

①「労働生産性」：産出量÷労働量

②「資本生産性」：産出量÷資本量（機械，設備など）

③「全要素生産性」：全体産出の変化率−労働・資本投入量の変化率

上記の式を見てもわかるとおり，「全要素生産性」は資本と労働以外の生産要素がどれだけ生産に寄与したかを表す指標となる。通常は緩やかな上昇基調であるが，交通革命や IT 革命など，技術革新などが発生した場合に高い上昇を見せる。

ア：不適切である。リアル・ビジネス・サイクル理論において景気循環に影響を与えるのは，全要素生産性の増減である。

イ：適切である。上記説明のとおり，全要素生産性は供給サイドにおける指標であり，リアル・ビジネス・サイクル理論では，供給サイドで起こる技術進歩など全要素生産性の増減に与える供給サイドでのショックが景気循環を生むとする。

ウ：不適切である。リアル・ビジネス・サイクル理論では，経済規模は供給サイドから決まり，ランダムな変動が景気循環を生むとされる。

エ：不適切である。リアル・ビジネス・サイクル理論では，経済は常に，完全競争下での競争均衡などに代表されるパレート最適な状態を前提としている。

よって，イが正解である。（参考：『現代経済学事典』伊東光晴編，岩波書店，p.799）

第5章　主要経済理論

古典派と新古典派理論	ランク	1回目		2回目		3回目	
	A	／		／		／	

■平成 26 年度　第 12 問

　下表は，日本の GDP 成長率，GDP 成長率への労働の寄与，GDP 成長率への資本の寄与を表したものである。成長会計から，GDP 成長率への全要素生産性（TFP）の寄与を下表から読み取った記述として最も適切なものはどれか。

(単位：%)

	1985-1989 年	1990-1994 年	1995-1999 年	2000-2004 年	2005-2009 年
実質 GDP 成長率	4.6	2.0	0.9	1.4	− 0.4
労働の寄与	0.7	− 0.2	− 0.1	− 0.1	− 0.2
資本の寄与	2.3	2.2	1.2	0.6	0.5

出所：『通商白書 2013』（経済産業省）から作成

　ア　GDP 成長率への TFP の寄与は，「1985 − 1989 年」から「2005 − 2009 年」まで一貫してプラスであった。

　イ　GDP 成長率への TFP の寄与は，「1985 − 1989 年」と「2000 − 2004 年」ではプラスであった。

　ウ　GDP 成長率への TFP の寄与は，「1985 − 1989 年」のみマイナスであった。

　エ　GDP 成長率への TFP の寄与は，「2005 − 2009 年」のみマイナスであった。

解答	イ

■解説

全要素生産性に関する問題である。

全要素生産性とは，生産性を算出・評価する方法の１つである。生産性＝産出量÷投入量である。大別すると「労働生産性」「資本生産性」「全要素生産性」となる。

① 「労働生産性」：産出量÷労働量

② 「資本生産性」：産出量÷資本量（機械，設備など）

③ 「全要素生産性」：全体産出の変化率－労働・資本投入量の変化率

上記の式を見てもわかるとおり，「全要素生産性」は資本と労働以外の生産要素がどれだけ生産に寄与したかを表す指標となる。通常は緩やかな上昇基調であるが，交通革命やIT革命など，技術革新などが発生した場合に高い上昇を見せる。

上記③によると，下記の式に，本問の各要素を当てはめていけば解答を導き出すことができる。

全要素生産性のGDP成長率への寄与＝全体産出の変化率（＝GDPの成長率）－労働・資本投入量の変化率（＝GDP成長率への労働の寄与＋資本の寄与）

上記式で問題文中にある年度の実質GDP成長率への全要素生産性の成長率を計算した結果が下記の表である。

（単位：％）

	1985-1989年	1990-1994年	1995-1999年	2000-2004年	2005-2009年
実質GDP成長率	4.6	2.0	0.9	1.4	−0.4
労働の寄与	0.7	−0.2	−0.1	−0.1	−0.2
資本の寄与	2.3	2.2	1.2	0.6	0.5
TFPの寄与	1.6	0	−0.2	0.9	−0.7

上記表によれば，全要素生産性（TFP）のGDP成長率への寄与がプラスであったのは，1985-1989年，2000-2004年であったことがわかる。

よって，イが正解である。

第5章　主要経済理論

古典派と新古典派理論	ランク	1回目	2回目	3回目
	A	／	／	／

■平成23年度　第9問

　内生的経済成長モデル（AKモデル）は次のように定義される。

　いま，Y：GDPまたは生産量，K：資本ストック（人的資本や公共資本を含み，資本減耗は考えない），A：資本の生産効率を示す定数とすれば，生産関数は，

　　$Y = AK$

であり，これを労働1単位あたりで示せば，

　　$y = Ak$

になる。ここで，y：労働1単位あたりの生産量，k：資本－労働比率である。

　上記の生産関数から生産量の増加率と資本の成長率は同じになる。また，ΔK が投資に等しく，投資は貯蓄 sY（s：貯蓄率）と一致することを考慮すれば，

$$\frac{\Delta Y}{Y} = \frac{\Delta K}{K} = \frac{sY}{K} = sA$$

が得られる。

　さらに，労働人口の成長率を n とすれば，

$$\frac{\Delta y}{y} = \frac{\Delta k}{k} = sA - n$$

が成立する。

　ここから得られる記述として，最も不適切なものはどれか。

　ア　$sA > n$ であれば，資本－労働比率と労働1単位あたりの生産量は（$sA-n$）の比率で永続的に成長する。

　イ　政策的に資本の生産効率を高めることができれば，経済成長率も上昇する。

　ウ　生産関数は収穫逓減の特徴を持ち，長期的に経済成長は安定的な均衡成長の水準に収束する。

　エ　貯蓄率が高まれば，経済成長率も上昇する。

313

解答	ウ

■解説

AK モデル，全要素生産性に関する問題である。

k は K ÷ 労働量なので，資本装備率ともいう。Δ（デルタ）はある関数の変化量を意味する。Δ K は資本の変化量，Δ Y は国民所得の変化量である。たとえば，Y が 10 兆円から 30 兆円に増えたとすると，Δ Y ＝ 20 兆円となる。そして，Δ K/K ＝資本の変化率（成長率），Δ Y/Y ＝国民所得の変化率（成長率）となる。

Δ K が投資に等しいということは，投資がまるまる資本の増加になっている状況であることを示している。そして，投資＝ sY（貯蓄）ということは，国民の貯蓄が銀行を通じてすべて企業などへ貸し出され，企業が借りたお金をすべて投資に回しているという状況を示している。Δ K/K ＝ sY/K ＝ sA になる理由は，Y ＝ AK から，K ＝ Y/A が導き出されるので，上記 sY/K の式の K に Y/A を代入すれば，sY ÷ Y/A ＝ sY × A/Y となるため，sA が導かれるからである。

n は労働人口の成長率であるから，労働人口を N とすると，n ＝ Δ N/N である。最後に，sA は貯蓄率と資本の生産効率を掛け合わせたものであるが，これは，貯蓄率と資本の生産効率が高ければ，国民所得の成長率（Δ Y/Y）も大きくなるという内生的経済成長論の中核を示している。

そして，本問は，適切な選択肢が 3 つあることから，各選択肢を吟味することで，内生的経済成長論の主張のポイントを理解できるように設計されている。

　　ア：適切である。Δ y/y ＝ Δ k/k ＝ sA － n なので，sA ＞ n であれば sA － n は常に正（プラス）となるので，資本－労働比率の成長率（Δ k/k）と労働 1 単位あたりの生産量の成長率（Δ y/y）は（sA － n）の比率で永続的に成長する。

　　イ：適切である。政策的に資本の生産効率を高めるということは，A の値が大きくなるということである。Δ Y/Y ＝ Δ K/K ＝ sA の式から，A が大きくなれば，Δ Y/Y ＝経済成長率も大きくなる。

第5章　主要経済理論

ウ：不適切である。$\Delta Y/Y = \Delta K/K$ から，ΔK（資本の増加量）$= \Delta Y$（生産
　　量の増加量）である。したがって，K を投入した量がそのまま Y の量にな
　　るので，生産関数は収穫は一定であるといえ，「逓減」とする部分が誤りで
　　ある。選択肢アの解説のとおり，$sA - n$ が正であり続ければ，永続的に国
　　民所得は成長する。

エ：適切である。経済成長率は $\Delta Y/Y = \Delta K/K = sA$ で与えられることから，
　　貯蓄率 s が高いほど，経済成長率が大きくなることがわかる。

よって，ウが正解である。

315

古典派と新古典派理論	ランク	1回目	2回目	3回目
	A	／	／	／

■平成24年度　第11問

下図は，日本の家計貯蓄率の推移を表したものである。この図からは，可処分所得に対する貯蓄の比率が，2008年を底に回復していることが見てとれる。次の成長会計式を用いて，貯蓄が産出量に与える影響の説明として，最も適切なものを下記の解答群から選べ。

$$\frac{\Delta Y}{Y} = \frac{\Delta A}{A} + \alpha \frac{\Delta K}{K} + \beta \frac{\Delta L}{L}$$

Y：産出量　A：全要素生産性　K：資本　L：労働
α：産出の資本に関する弾力性　β：産出の労働に関する弾力性

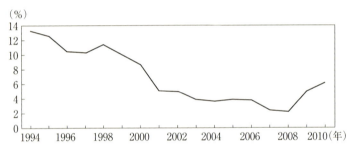

出所：OECD, *Economic Outlook*, No.90.

〔解答群〕

ア　家計の貯蓄が，海外での投資に向かえば，それは成長会計式の右辺第1項 $\frac{\Delta A}{A}$ の値を増やし，国内産出量の増加につながる。

イ　家計の貯蓄が，海外での投資に向かえば，それは成長会計式の右辺第2項 $\alpha \frac{\Delta K}{K}$ の値を増やし，国内産出量の増加につながる。

ウ　家計の貯蓄が，海外での投資に向かえば，それは成長会計式の右辺第3項 $\beta \frac{\Delta L}{L}$ の値を増やし，国内産出量の増加につながる。

エ　家計の貯蓄が，国内での投資に向かえば，それは成長会計式の右辺第2項 $a\dfrac{\Delta K}{K}$ の値を増やし，国内産出量の増加につながる。

オ　家計の貯蓄が，国内での投資に向かえば，それは成長会計式の右辺第3項 $\beta\dfrac{\Delta L}{L}$ の値を増やし，国内産出量の増加につながる。

解答	エ

■解説

　成長会計式，全要素生産性に関する出題である。

　「全要素生産性」は，資本と労働以外の生産要素がどれだけ生産に寄与したかを表す指標である。通常は緩やかな上昇基調であるが，交通革命やIT革命など，技術革新などが発生した場合に高い上昇を見せる。

　Δ（デルタ）はある関数の変化量を意味する。ΔKは資本の変化量，ΔYは国民所得の変化量，ΔAは全要素生産性の変化量である。たとえば，Yが10兆円から30兆円に増えたとすると，$\Delta Y = 20$兆円となる。そして，$\Delta K/K =$資本の変化率（成長率），$\Delta Y/Y =$国民所得の変化率（成長率）となる。

　K（資本）は投資に等しく，投資は貯蓄に等しい。なぜなら，資本は投資で増加し，投資は銀行に預けられた貯蓄が企業や投資家に融資されているからである。

　ア：不適切である。貯蓄が海外での投資に向かえば，外国の投資＝資本が増加するだけである。$\Delta A/A$は資本を除く全要素生産性の増加率であり，貯蓄が海外の投資に向かえば自国の全要素生産性が増加するという本肢は不適切である。

　イ：不適切である。貯蓄が海外での投資に向かえば，外国の投資＝資本が増加するだけである。国内産出量の増加につながるとする本肢は不適切である。

　ウ：不適切である。貯蓄が海外での投資に向かえば，外国の投資＝資本が増加するだけであり，国内の労働力の増加による国内産出量の増加につながるとする本肢は不適切である。

　エ：適切である。貯蓄が国内での投資に向かえば，投資を増加させ，資本が増加するので，右辺第2項の$\alpha \Delta K/K$が増加し，国内の産出量が増加する。

　オ：不適切である。貯蓄が国内での投資に向かえば，投資を増加させ，結果として国内の産出量が増加する。国内の労働力を増やし，それが国内産出量を増加させるとする本肢は不適切である。

　よって，エが正解である。

ミクロ経済学

第6章

市場メカニズム

1. 需要・供給・弾力性の概念

▶▶ 出題項目のポイント

①需要曲線

　需要曲線は，消費者が財を購入することによって満足度を最大化させるように行動するという前提の中，価格が安ければ需要量が増え，高くなれば需要量が減るという現象を表した曲線である。したがって，需要曲線は右下がりになる。

　需要曲線をシフトさせる要素は以下のような例が挙げられる。

・所得の増減

・代替財の価格変化

・当該財に関する嗜好変化

　当該財の価格が変化した場合は，需要曲線上の価格と需要量の組み合わせを表す点が移動するにとどまり，曲線はシフトない。

②需要の価格弾力性

　需要の価格弾力性は，価格が1%変化したときに需要量が何%変化するかを表したものである。価格が上昇すると需要が減少するため，価格のマイナス関数となる。価格弾力性の式は以下のとおりとなる。

・**需要の価格弾力性を導く式**

　・需要の価格弾力性＝－（需要量の変化率（Δd/D）÷価格の変化率（Δp/P））

　・需要量の変化率＝需要量の変化量（Δd）÷変化前の需要量（D）

　・需要の変化量（Δd）＝変化後の需要量－変化前の需要量（D）

　・価格の変化率＝価格の変化量（Δp）÷変化前の価格（P）

　・価格の変化量（Δp）＝変化後の価格－変化前の価格（P）

・**価格弾力性と需要曲線の傾き**

　・需要曲線の傾きと価格弾力性の関係も頻出論点である。「価格弾力性が小さいと需要曲線の傾きは急になり，価格弾力性が大きいと需要曲線の傾きは緩やかになる」という点を覚えておこう。

第6章　市場メカニズム

③供給曲線

　生産者は財を生産することで，利潤を最大化するように行動するので，価格が高ければ生産量を増大させ，価格が安くなれば生産を減少させる。そのため，供給曲線は右上がりになる。

　供給曲線をシフトさせる要因は以下のとおりとなる。

　　　・財の生産要素の価格変化

　　　・技術革新などによる生産性の向上

　　　・自然環境の変化

などである。

④ラムゼイ・ルール

　ラムゼイ・ルールとは，個別の財に対する税率は，その財に対する需要の価格弾力性に逆比例するように決定されなければならないとする考えである。平成20年度，平成23年度と近年複数回出題されている。

　需要が価格変化による影響をあまり受けない財ほど，高い税率を課すことが望ましいとされる。なぜなら，需要の価格弾力性が高い財に課税すると価格が上昇するため需要が大きく減少し，資源配分の非効率が生じるが，需要の価格弾力性の低い財に課税しても，需要量はあまり変化しないので，資源配分上，効率が良いからである。

　需要の価格弾力性が低い財の例としては，生活必需品に近い財が挙げられる。

▶▶ 出題の傾向と勉強の方向性

　平成13年度第14問・第15問，平成14年度第14問，平成15年度第12問，平成17年度第9問，平成19年度第12問，平成20年度第12問，平成23年度第12問，平成24年度第12問，平成25年度第15問，平成27年度第19問，平成28年度第12問・第13問，平成29年度第13問，平成30年度第12問・第17問で出題されている。需要の価格弾力性に関する出題が最も多く，次に，需要曲線，供給曲線がシフトする条件といった基礎的な問題が出題されている。

　上記のポイントを把握して，過去問で多様な角度の問われ方に慣れることが効果的である。

■取組状況チェックリスト

1. 需要・供給・弾力性の概念							
問題番号	ランク	1回目		2回目		3回目	
平成 28 年度 第 12 問	A	／		／		／	
平成 30 年度 第 17 問	C*	／		／		／	
平成 24 年度 第 12 問	A	／		／		／	
平成 28 年度 第 13 問	A	／		／		／	
平成 23 年度 第 12 問	B	／		／		／	
平成 25 年度 第 15 問	B	／		／		／	
平成 29 年度 第 13 問	A	／		／		／	
平成 27 年度 第 19 問	A	／		／		／	
平成 30 年度 第 12 問	A	／		／		／	

＊ランク C の問題と解説は，「過去問完全マスター」の HP（URL：https://jissen-c.jp/）よりダウンロードできます。

第6章　市場メカニズム

需要・供給・弾力性の概念	ランク	1回目	2回目	3回目
	A	/	/	/

■平成28年度　第12問

　いま，正常財と考えられる医療に対する需要曲線が下図のように描けるものとする。現状は実線で描かれている需要曲線上の点Aであり，同一の需要曲線上には点Cもある。また，破線の需要曲線上には点Bが描かれている。この図を用いて需要の変化の仕方を考察した記述として，最も適切なものを下記の解答群から選べ。

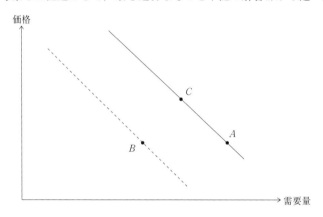

〔解答群〕

ア　医療の価格を引き上げたとき，医療に対する需要は，点Aから点Bまで移動すると考えられる。

イ　医療費の抑制が必要であることを需要者に説得できたとすれば，たとえ価格が変化しなくとも，医療に対する需要は，点Aから点Bまで移動すると考えられる。

ウ　需要者の所得が増加すれば，医療に対する需要は，点Aから点Cまで移動すると考えられる。

エ　需要者の所得が増加すれば，たとえ価格が変化しなくとも，医療に対する需要は，点Aから点Bまで移動すると考えられる。

解答	イ

■解説

　正常財は上級財ともいわれ，財の価格が下落した場合，代替効果でも所得効果でも消費量を増加させる。価格が上昇した場合は消費量を減少させる。また，所得が上昇すると消費量が増加，所得が減少すると消費量も減少する財ともいえる。

　中級財は，価格が下落した場合，所得効果では消費量を変化させない。所得が増加しても消費量が変化しない財ともいえる。

　下級財は，価格が下落した場合，代替効果では消費量を増加させるが，所得効果では消費量を減少させる。所得が増加すると消費量が減少，所得が減少すると消費量が増加する財ともいえる。

ア：不適切である。正常財である医療の価格を引き上げたとき，医療に対する需要は，点Aから点Cまで移動する。

イ：適切である。医療費の抑制は需要者の需要量を抑制することであり，その必要性を需要者に説得できれば，需要者は需要量を抑制する。価格以外の要因で需要量が変化する場合は，所得が減少したのと同様の効果となるため，需要曲線が左シフトし，点Aから点Bまで移動する。

ウ・エ：不適切である。需要者の所得が増加すれば，医療に対する需要曲線は右にシフトする。右にシフトした場合の曲線は本問では示されていない。点Aから点Bへ移動する場合は需要者の所得が低下した場合であり，点AからCへ移動する場合は価格が上昇した場合である。

　よって，イが正解である。

第6章　市場メカニズム

需要・供給・弾力性の概念	ランク	1回目	2回目	3回目
	A	/	/	/

■平成24年度　第12問

次の文中の空欄A～Dに当てはまる語句として，最も適切なものの組み合わせを下記の解答群から選べ。

市場において，供給量が需要量を上回っているならば，市場では，価格が　A　する圧力が生じ，逆に，需要量が供給量を上回っているならば，価格が　B　する圧力が生じる。

その市場に，市場の内部ではコントロールができない，また，市場がその発生を抑止できない力が加わった場合を考える。例えば，突然の自然災害によって，工場や機械などの生産設備が破壊された場合，　C　が減少することで，　C　曲線は　D　方向にシフトする。

〔解答群〕

ア　A：上昇　　B：低下　　C：供給　　D：右

イ　A：上昇　　B：低下　　C：需要　　D：右

ウ　A：低下　　B：上昇　　C：供給　　D：左

エ　A：低下　　B：上昇　　C：供給　　D：右

オ　A：低下　　B：上昇　　C：需要　　D：左

327

解答	ウ

■解説

　需要と供給の概念の基本的な問題である。

　　空欄A：供給量が需要量を上回っているときは，その財に対する人気が低く供給
　　　　　　側が値段を下げてでも販売しようとするので，価格は低下する。

　　空欄B：需要量が供給量を上回っていれば，高くてもその財を購入しようとする
　　　　　　ので価格は上昇する。

　　空欄C：災害などで生産設備が破壊された場合に減少するのは供給量である。

　　空欄D：災害などで供給量が減った場合，供給曲線は左にシフトする。

　　よって，A：低下，B：上昇，C：供給，D：左　なので選択肢ウが正解となる。

需要・供給・弾力性の概念	ランク	1回目	2回目	3回目
	A	/	/	/

■平成 28 年度　第 13 問

下図では，需要の価格弾力性が 1 より小さい農産物の需要曲線 D が実線で描かれている。また，当該農産物の供給曲線は破線で描かれており，好天に恵まれるなどの外生的な理由によって，供給曲線が当初の S_0 から S_1 へシフトしたものとする。この図に関する説明として，最も適切なものを下記の解答群から選べ。

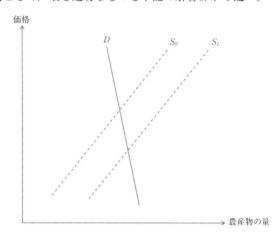

〔解答群〕

ア　供給曲線の右へのシフトは，価格の低下による需要量の増加はあるものの，生産者の総収入を減少させる。

イ　供給曲線の右へのシフトは，価格の低下による需要量の増加を通じて，生産者の総収入を増加させる。

ウ　供給曲線の右へのシフトは，価格を低下させるものの，需要量には影響を与えない。

エ　供給曲線の右へのシフトは，価格を低下させるものの，生産者の総収入には影響を与えない。

| 解答 | ア |

■解説

需要の価格弾力性と生産者の総収入に関する問題である。

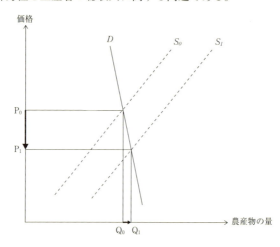

需要の価格弾力性が1より小さい場合，価格の変化率＞需要量の変化率になるため，需要曲線の角度は急になる。そのような状況において，供給曲線が右シフトすると，価格が下がって需要量が増える。

しかし，上図のように，需要の価格弾力性が1より小さい場合は，価格の下落幅よりも農産物の量の増加幅のほうが小さくなる。これは，生産者にとっては販売価格の下落幅よりも販売量の増加幅が小さいということであり，供給曲線のシフト前に比べて，生産者の総収入は少なくなる。

なお，需要の価格弾力性と生産者の総収入は以下の関係で示すことができる。
①需要の価格弾力性＜1：価格が低下（上昇）すると総収入も減少（増加）
②需要の価格弾力性＝1：価格の変化にかかわらず総収入は一定
③需要の価格弾力性＞1：価格低下（上昇）すると総収入は増加（減少）

よって，アが正解である。

第 6 章　市場メカニズム

需要・供給・弾力性の概念	ランク	1回目		2回目		3回目	
	B	／		／		／	

■平成 23 年度　第 12 問

　ある財の需要曲線が $D = -4P + 400$ で与えられている。ただし，D は需要量，P は価格を表している。需要 D が 200 で価格 P が 50 のとき，当該財の需要の価格弾力性（絶対値）として最も適切なものはどれか。

　　ア　0.25

　　イ　0.5

　　ウ　1

　　エ　2

331

解答	ウ

■解説

　需要の価格弾力性は，価格が1%変化したときに需要量が何%変化するかを表したものである。価格が上昇すると需要が減少するため，価格のマイナス関数となる。価格弾力性の式は以下のとおりとなる。

①需要の価格弾力性＝－（需要量の変化率（Δ d/D)÷価格の変化率（Δ p/P))
　　需要量の変化率＝需要量の変化量（Δ d)÷変化前の需要量（D）
　　　需要量の変化量（Δ d)＝変化後の需要量－変化前の需要量（D）
　　価格の変化率＝価格の変化量（Δ p)÷変化前の価格（P）
　　　価格の変化量（Δ p)＝変化後の価格－変化前の価格（P）

①式を変形すると，
②需要の価格弾力性＝－（Δ d/D)×(P/Δ p)＝－(Δ d/Δ p)×(P/D)

設問の需要曲線 D＝－4P＋400 より，需要曲線の傾きを求める。
傾きを求める場合，上記式を微分する。
整数は排除されるので，Δ d＝－4Δ p となり，Δ d/Δ p＝－4 となる。

②式に代入すると，需要の価格弾力性＝－（－4）×P/D となる。……③
D＝200，P＝50 のときの弾力性を求めるので③に代入する。

需要の価格弾力性＝4 × 50/200＝1 となる。
したがって，需要の価格弾力性＝1 が導かれる。

よって，ウが正解である。

需要・供給・弾力性の概念	ランク	1回目	2回目	3回目
	B	/	/	/

■平成 25 年度　第 15 問

　いま，下図のような線形の需要曲線 AB を考える。需要曲線 AB 上の点 L は，線分 OM と線分 MB の長さが等しくなるような線分 AB の中点である。需要曲線 AB 上の点 K は，点 L より左に位置している。

　需要曲線の価格弾力性 ε の絶対値 $|\varepsilon|$ は，価格を p，数量を x とし，価格が微少に Δp だけ増加したときの数量の微少な変化分を Δx とすれば，$|\varepsilon| = \dfrac{\frac{\Delta x}{x}}{\frac{\Delta p}{p}} = \dfrac{\Delta x}{\Delta p} \dfrac{p}{x}$ と書き表すことができる。この需要曲線に関する説明として，最も不適切なものを下記の解答群から選べ。

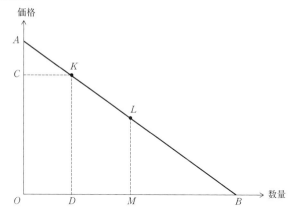

〔解答群〕

ア　点 K における $\dfrac{\Delta x}{\Delta p}$ は，線分 OD の長さを線分 AC の長さで除した値と等しい。

イ　点 K における $\dfrac{p}{x}$ は，線分 OC の長さを線分 OD の長さで除した値と等しい。

ウ　点 K の需要の価格弾力性は，線分 BD の長さを線分 OD の長さで除すことで求められる。

エ　点 L の需要の価格弾力性は 1 より大きい。

解答	エ

■解説

　需要の価格弾力性は，価格が1%変化したときに需要量が何%変化するかを表したものである。価格が上昇すると需要が減少するため，価格のマイナス関数となる。

ア：適切である。点 K における $\frac{\Delta x}{\Delta p}$ は，価格が Δp 分変化したときに Δx 分，需要量が変化することを示しており，点 K における線分 AB の傾きのことを指す。傾き＝価格÷需要量である。一方，線分 OD の長さは価格が点 A から点 C へ変化した時に需要量が原点 O から点 D へ変化した増加分（絶対値）であり，線分 AC は価格の増加分である。線分 OD ＝線分 CK であるので，三角形 ACK の点 K における傾きは線分 CK（＝OD）÷線分 AC となる。以上より，$\Delta x \div \Delta p$ ＝線分 OD ÷線分 AC となる。

イ：適切である。p ＝価格，x ＝数量（需要量）であり，点 K における価格＝線分 OC，生産量＝線分 OD であるため，$p \div x$ ＝線分 OC ÷線分 OD といえる。

ウ：適切である。点 K の需要の価格弾力性は，$|\varepsilon| = \dfrac{\frac{\Delta x}{x}}{\frac{\Delta p}{p}} = \dfrac{\Delta x}{\Delta p}\dfrac{p}{x}$ であるが，（BD ÷ KD）×（KD ÷ OD）で示すことができる。これを解くと，BD ÷ OD で表すことができる。

エ：不適切である。設問文中に「需要曲線 AB 上の点 L は，線分 OM と線分 MB の長さが等しくなるような線分 AB の中点である」との記載がある。中点 L では，需要の価格弾力性は 1 に等しいといえる。

　よって，エが正解である。

334

第6章　市場メカニズム

需要・供給・弾力性の概念	ランク	1回目		2回目		3回目	
	A	/		/		/	

■平成29年度　第13問

　需要の価格弾力性は，価格の変化によって売上額に影響を及ぼす。需要の価格弾力性と価格戦略に関する記述として，最も適切なものの組み合わせを下記の解答群から選べ。

　　a　需要の価格弾力性が1より小さい場合，企業が価格を引き下げる戦略をとると，売上額は増加する。

　　b　需要の価格弾力性が1より小さい場合，企業が価格を引き上げる戦略をとると，需要が減少して，売上額も減少する。

　　c　需要の価格弾力性が1に等しい場合，企業が価格を変化させる戦略をとっても，売上額は変化しない。

　　d　需要の価格弾力性が1より大きい場合，企業が価格を引き下げる戦略をとると，売上額は増加する。

〔解答群〕

　ア　aとb

　イ　aとc

　ウ　bとd

　エ　cとd

335

| 解答 | エ |

■解説

平成13年度第14問と酷似した問題である。需要の価格弾力性は，価格が1%変化したときに需要量が何%変化するかを表したものである。価格が上昇すると需要が減少するため，価格のマイナス関数となる。価格弾力性の式は以下のとおりとなる。

・需要の価格弾力性を導く式
・需要の価格弾力性＝－（需要量の変化率（Δd/D）÷価格の変化率（Δp/P））
・需要量の変化率＝需要量の変化量（Δd）÷変化前の需要量（D）
・需要の変化量（Δd）＝変化後の需要量－変化前の需要量（D）
・価格の変化率＝価格の変化量（Δp）÷変化前の価格（P）
・価格の変化量（Δp）＝変化後の価格－変化前の価格（P）

「1より小さい」「1より大きい」という場合には「－」の符号は無視してよい。

　　a：不適切である。需要の価格弾力性が1より小さい場合は，価格を引き下げると売上高は減少する。
　　b：不適切である。需要の価格弾力性が1より小さい場合は，需要は価格弾力性が非弾力的であるため，価格を引き上げると売上高は増加する。
　　c：適切である。需要の価格弾力性が1に等しい場合，企業が価格を変化させても，需要量は価格の影響を受けないので，売上額は変化しない。
　　d：適切である。需要の価格弾力性が1より大きい場合，企業が価格を引き下げる戦略をとると，売上額は増加する。

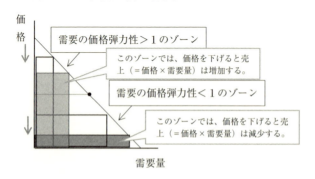

よって，エが正解である。

第6章　市場メカニズム

需要・供給・弾力性の概念	ランク	1回目		2回目		3回目	
	A	/		/		/	

■平成27年度　第19問

　企業は，供給する財の価格を決定するとき，消費者の価格弾力性を考慮に入れることがある。

　いま，ある企業が2つの市場Aと市場Bにおいて同一の財を独占的に供給している。当該企業は，2つの市場において同一かつ一定の限界費用でこの財を生産しているが，2つの市場で異なる価格を設定することができる。ただし，各地域内では，消費者ごとに価格を差別することはできないものとする。

　この財への需要は，市場Aと市場Bでは異なり，市場Aでの需要の価格弾力性は，市場Bでの需要の価格弾力性よりも相対的に低い（相対的に非弾力的である）。

　このときの記述として，最も適切なものの組み合わせを下記の解答群から選べ。

　a　合理的な独占企業は，限界収入と限界費用が一致する生産量を選択する。

　b　合理的な独占企業は，需要曲線が示す価格と限界費用が一致する生産量を選択する。

　c　需要の価格弾力性が高い市場Bの価格は，市場Aの価格よりも高くなる。

　d　需要の価格弾力性が低い市場Aの価格は，市場Bの価格よりも高くなる。

〔解答群〕

　ア　aとc　　イ　aとd　　ウ　bとc　　エ　bとd

337

解答	イ

■解説

　市場に財やサービスを提供する企業が1社しかない場合，その企業を独占企業，その市場を独占市場という。独占市場では参入障壁が高いため，他者の参入は困難である。独占企業はその市場における価格決定者として行動する。

　独占企業は市場を独占しているので，利潤を最大化するように行動する。その際，独占企業は，総収入と総費用の差額が最も大きくなる生産量を選択する。

　限界収入と総費用の差額が最も大きくなる場合というのは，限界費用曲線と限界収入曲線が交わる場合となる。つまり，独占企業は限界費用と限界収入が一致する点で生産量を決めることになる（aが適切である）。

　需要の価格弾力性は，価格の変動に対する需要の変動の割合のことである。弾力性の低い財は価格が上下動しても需要が価格の変化ほど変化しないが，弾力性が高い財は，価格が上下動すると需要が大きく変化する。前者は日用品，後者は嗜好品の特性である。

　価格を決める権限を持っている独占企業は，価格弾力性の低い市場では，価格を引き上げても需要量は変化しにくいので，利潤最大化を図るための価格を設定する。一方，価格弾力性が高い市場では，価格を上げると需要量が減るので，需要を意識した価格設定をせざるを得ない。したがって，同一製品を市場Aと市場Bに投入する場合，市場Aに投下する製品の価格は市場Bに投下する製品の価格よりも高くなる（dが最適である）。

　よって，イが正解である。

需要・供給・弾力性の概念	ランク	1回目	2回目	3回目
	A	/	/	/

■平成 30 年度　第 12 問

下図で D_A と D_B は，それぞれ商品 A と商品 B の需要曲線である。このとき，商品 A と商品 B の需要の価格弾力性に関する記述として，最も適切なものの組み合わせを下記の解答群から選べ。

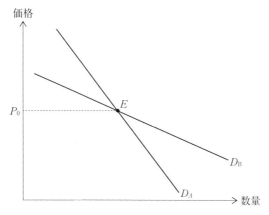

a　価格が P_0 から下がると，商品 A の需要の価格弾力性は大きくなる。

b　価格が P_0 から上がると，商品 B の需要の価格弾力性は大きくなる。

c　点 E では，商品 A の需要の価格弾力性は商品 B の需要の価格弾力性よりも大きい。

d　点 E では，商品 A の需要の価格弾力性は商品 B の需要の価格弾力性よりも小さい。

〔解答群〕

ア　a と c

イ　a と d

ウ　b と c

エ　b と d

解答	エ

■解説

　需要の価格弾力性に関する問題である。需要の価格弾力性は，価格が1%変化したときに需要量が何%変化するかを表したものである。価格が上昇すると需要が減少するため，価格のマイナス関数となる。

　本問では，①同一需要曲線上の点を比較した場合の需要の価格弾力性の大きさを比較する論点と，②異なる需要曲線を比較した場合の需要の価格弾力性を比較する論点を問われている。

　①の論点では，左上にある点のほうが右下にある点よりも需要の価格弾力性が大きく，②の論点では，傾きが緩やかな曲線のほうが需要の価格弾力性が大きい。

　　a：不適切である。需要曲線 D_A において，価格が P_0 より上と下を比べると，価格の変化率が1%であった場合，たとえば，1,000円が1%下がると990円と10円下がるが，500円から1%下がると495円と5円下がる。下がる価格の価格軸の下に行くほど価格の変化額が小さくなる一方，価格当たりの財の消費量は変わらないので，後者のほうが消費量の変化率は小さくなる。すなわち，商品Aの需要の価格弾力性は小さくなる。

　　b：適切である。上記選択肢aの説明にあるとおり，同一需要曲線上では価格が P_0 から上に上がると，商品Bの需要の価格弾力性は大きくなる。

　　c：不適切である。複数の需要曲線を比べた場合，傾きが緩やかなほうが需要の価格弾力性は大きい。したがって，点Eでは，傾きが緩やかな D_B（商品B）のほうが商品Aに比べて需要の価格弾力性が大きい。

　　d：適切である。上記選択肢cの説明のとおり，点Eでは，商品Aの需要の価格弾力性は商品Bの需要の価格弾力性よりも小さい。

　よって，エが正解である。

340

2. 市場均衡・不均衡

▶▶ 出題項目のポイント

価格（P）から水平に引いた線の右端が接触するのが供給曲線なら超過供給，需要曲線なら超過需要と覚えておこう。超過供給，超過需要が発生している状態は市場が不均衡な状態であるといえる。超過供給，超過需要は頻出ではないが，基本論点であり，平成 13 年度に出題された。

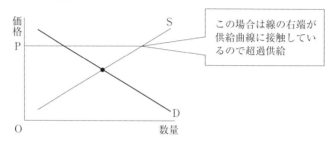

▶▶ 出題の傾向と勉強の方向性

平成 14 年度第 15 問，平成 21 年度第 16 問，平成 22 年度第 7 問，平成 27 年度第 23 問，平成 28 年度第 14 問，平成 29 年度第 18 問，平成 30 年度第 11 問・第 14 問，令和元年度第 13 問で出題されているが，頻度は高くない。

ハーフィンダール・ハーシュマン指数，市場の調整メカニズムであるワルラス的調整過程やマーシャル的調整過程に関する論点も把握しておくことが必要である。

■取組状況チェックリスト

2. 市場均衡・不均衡						
問題番号	ランク	1回目		2回目		3回目
平成 29 年度 第 18 問	B	／		／		／
平成 21 年度 第 16 問	B	／		／		／
平成 30 年度 第 14 問	C*	／		／		／
平成 30 年度 第 11 問	C*	／		／		／
平成 27 年度 第 23 問	C*	／		／		／
平成 28 年度 第 14 問	C*	／		／		／
令和元年度 第 13 問	C*	／		／		／

＊ランク C の問題と解説は，「過去問完全マスター」の HP（URL：https://jissen-c.jp/）よりダウンロードできます。

市場均衡・不均衡

ランク B

■平成29年度　第18問

商品には，新しく登場するものや，市場から姿を消すものがある。その過程を説明する下図に関する記述として，最も適切なものの組み合わせを下記の解答群から選べ。

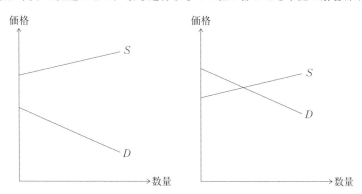

a　右図では，当初，この商品の限界費用がとても高いので市場が成立していない。

b　左図では，技術進歩によって供給曲線 S がシフトするにしたがって，この商品の市場が成立する。

c　右図では，代替品の登場によって需要曲線 D がシフトすれば，この商品はやがて市場から姿を消す。

d　左図では，市場への新たな生産者の参入で需要曲線 D がシフトすることにより，市場が成立する。

〔解答群〕

ア　aとb
イ　aとd
ウ　bとc
エ　cとd

解答	ウ

■解説

市場均衡に関する問題である。

- a：不適切である。右図では，需要曲線 D と供給曲線 S が数量ゼロよりも大きいところで交差しているので，市場は成立しているといえる。「当初，この商品の限界費用がとても高いので市場が成立していない」という説明は，左図のことである。
- b：適切である。左図では当初，この商品の限界費用がとても高いので供給曲線の高さが高く，需要数量がゼロより少ないので，市場が成立していない。しかし，技術進歩によって限界費用が低下し，供給曲線 S が下方にシフトするに従って，需要数量がゼロよりも多くなるので，需要曲線と供給曲線が交差するようになるため，この商品の市場が成立する。
- c：適切である。右図では，代替品の登場によって需要曲線 D が下方にシフトしていくと，均衡点における需要数量がゼロよりも小さくなることにより，この商品はやがて市場から姿を消す。
- d：不適切である。左図では，市場への新たな生産者の参入で需要曲線 D ではなく，供給曲線 S が下方にシフトすることにより，均衡点における需要数量がゼロよりも大きくなるため，市場が成立する。

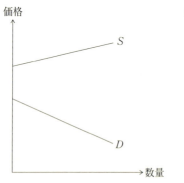
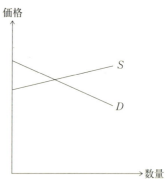

以上により，bとcが適切である。

よって，ウが正解である。

第6章　市場メカニズム

	ランク	1回目		2回目		3回目	
市場均衡・不均衡	B	/		/		/	

■平成21年度　第16問

　不景気になると，規模の経済性を獲得するための水平的な企業合併が盛んになることが予想される。独占禁止法に照らして，水平的な企業合併が認められる際の判断基準となるのが，競争を実質的に制限することになるかどうかである。これに関連し，独占の程度に関する指標としてハーフィンダール・ハーシュマン指標（HHI）がある。

　各企業の市場占有率を小数点以下の数値（例えば，0.2）で表すと，HHI のとりうる範囲は 0 から 1 の間の数値となる。この HHI に関する記述として最も適切なものの組み合わせを下記の解答群から選べ。

　　a　HHI は，当該業界のすべての企業の市場占有率の 2 乗和で表される。

　　b　HHI は，当該業界の上位 5 社の市場占有率の 2 乗和で表される。

　　c　独占状態に近ければ近いほど，HHI の値は 1 に近づく。

　　d　独占状態に近ければ近いほど，HHI の値は 0 に近づく。

〔解答群〕

　ア　aとc　　イ　aとd　　ウ　bとc　　エ　bとd

345

解答	ア

■解説

　ハーフィンダール・ハーシュマン指数とは，ある産業における企業の競争状態を表す指標の1つであり，その産業に属するすべての企業の市場占有率の2乗和と定義される。市場がある企業に独占されている場合，HHI は1となり，競争が活発な市場ほど0に近づく。平成14年度第15問にも出題されている。

　よって，aとcの記述が適切となり，選択肢アが正解となる。

　ちなみに，HHI は市場の競争状態を示すだけでなく，企業規模分布の不均等度を反映することもできる。中小企業白書でも「どのような産業が特定地域へ集中しているのかを見る指標」として，ハーフィンダール指数が使われており，その式は

$$産業 x のハーフィンダール指数 = \Sigma \left\{ (i 都道府県の x 業種の従業者数 \div 全国の x 業種の従業者数 \times 100)^2 \right\}$$

とされている。

346

3. 競争的市場の資源配分機能

▶▶ 出題項目のポイント
①消費者余剰と生産者余剰
　平成13年度や平成14年度には基本問題として問われた論点である。下記の図のa部分が消費者余剰，b部分が生産者余剰，a＋b＝総余剰と覚えておこう。

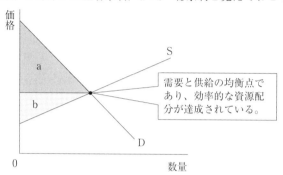

②パレート最適
　パレート最適（パレート効率性）は，ミクロ経済学において，完全競争市場が最も望ましい市場であることを考察する分析方法の1つである「純粋交換経済」の論点に属する用語である。関連として，「エッジワースのボックス・ダイヤグラム」「契約曲線」といった用語も押さえておきたい。後述する「市場の失敗と外部性」の論点であるコースの定理とも関係がある。
　上述した余剰分析（消費者余剰・生産者余剰）は1つの財を扱う市場の資源配分分析であり，パレート最適は複数の財を扱う市場の資源配分分析である。
　パレート最適を簡単な例で説明する。消費者Aと消費者Bしか存在しない市場を仮定する。消費者Aはメロンが大好きで，いちごが嫌いであり，消費者Bはメロンが嫌いで，いちごが大好きであるとする。消費者AもBもメロンといちごを1つずつ保有している場合，消費者Aから消費者Bにいちごをあげて，消費者Bから消費者Aにメロンをあげるとお互いの満足度は高まる。こうすれば，双方でメロンといちごを1つずつ保有していたときよりも交換した後のほうが効率的に資源（メロンといちご）が配分された状態になっているという考え方である。
　そして，1つずつ持っていたメロンといちごを交換した段階で，消費者Aも消費

者Bもそれ以上満足度の高い交換をすることができなくなる。この状態を「他の消費者の効用を減少させずにもう一方の消費者の効用を高めることができない状況」といい，その状況を「パレート最適が実現した」という。

③ローレンツ曲線・ジニ係数

ローレンツ曲線とジニ係数は，所得の不平等度に関する重要な概念である。平成16年度，平成18年度，平成19年度と出題されている。

ローレンツ曲線は，以下の手順で導出される。

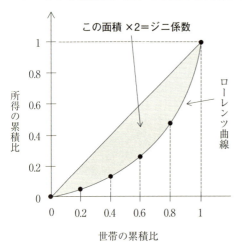

①人口を所得の低い順に5等分し，各層の所得合計が総所得に占める割合を導出する。
②下位層から累積の所得比率を求める。
③各層の総人口に占める割合を横軸，総所得に占める割合を縦軸として，累積所得比率の5点を結ぶ。

ローレンツ曲線は所得格差が大きいほど深いカーブとなり，所得格差がない場合は，45度線となる。

ジニ係数は所得の不平等度を数値化したものである。図の弓形の部分の面積×2として定義される。上述したように，所得格差がない場合は，ローレンツ曲線が45度線になるので，この弓形の部分の面積は完全に0になる。逆に，最大で正方形の半分になる。

▶▶ 出題の傾向と勉強の方向性

平成14年度第13問，平成16年度第12問，平成18年度第15問，平成19年度第11問，平成23年度第14問，平成29年度第10問，令和元年度第10問・第11問，令和2年度第12問で出題されている。

ローレンツ曲線とジニ係数を中心に出題されているため，過去問を活用し重点的に学習する。

第 6 章　市場メカニズム

■取組状況チェックリスト

3. 競争的市場の資源配分機能							
問題番号	ランク	1 回目		2 回目		3 回目	
令和元年度　第 10 問	A	／		／		／	
令和元年度　第 11 問	B	／		／		／	
令和 2 年度　第 12 問	A	／		／		／	
平成 29 年度　第 10 問	A	／		／		／	
平成 23 年度　第 14 問	B	／		／		／	

349

競争的市場の資源配分機能

ランク	1回目	2回目	3回目
A	/	/	/

■令和元年度　第10問

　市場取引から発生する利益は,「経済余剰」といわれる。この経済余剰は,売り手にも買い手にも生じ,売り手の経済余剰は「生産者余剰」,買い手の経済余剰は「消費者余剰」と呼ばれる。

　下図に基づき,需要曲線または供給曲線のシフトに伴う余剰の変化に関する記述として,最も適切なものの組み合わせを下記の解答群から選べ。なお,点Eが初期の均衡を示している。

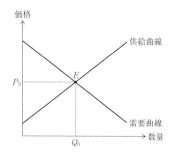

a　所得の増加によって需要曲線が右方シフトすると,生産者余剰は減少する。
b　技術進歩によって供給曲線が右方シフトすると,消費者余剰は増加する。
c　好みの変化によって需要曲線が左方シフトすると,生産者余剰は減少する。
d　原材料費の上昇によって供給曲線が左方シフトすると,消費者余剰は増加する。

〔解答群〕
ア　aとb
イ　aとd
ウ　bとc
エ　cとd

| 解答 | ウ |

■解説

余剰分析における基本的な問題である。消費者余剰とは，消費者が支払ってもよいと考える金額と消費者が実際に支払う金額との差額のことであり，生産者余剰とは，生産者が市場で販売した金額とその生産物を生産するのにかかった金額との差額のことである。この消費者余剰と生産者余剰との合計が総余剰（社会的余剰）である。消費者余剰は下図の縦縞の三角形であり，生産者余剰は横縞の三角形となる。

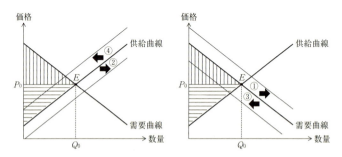

特殊な条件は設定されていないので，まず需要曲線，供給曲線のシフト要因が正しいかを考える。曲線のシフトによる交点 E の移動に伴う消費者余剰の三角形と生産者余剰の三角形がそれぞれ大きくなれば余剰が増えている，小さくなれば余剰は減っていると考えてよい。

- a：不適切である。所得の増加は需要曲線の右方シフト要因（上図①）であるが，生産者余剰は減少ではなく増加する。なお，消費者余剰も増加する。
- b：適切である。技術進歩は供給曲線の右方シフト要因（上図②）であり，それに伴い消費者余剰は増加する。なお，生産者余剰も増加する。
- c：適切である。好みの変化により（当該財の需要が減少し）需要曲線が左方シフトする（上図③）と，生産者余剰は減少する。なお，消費者余剰も減少する。
- d：不適切である。原材料費の上昇は供給曲線の左方シフト要因（上図④）であるが，消費者余剰は増加ではなく減少する。なお，生産者余剰も減少する。

よって，ウが正解である。

競争的市場の資源配分機能

ランク	1回目	2回目	3回目
B	/	/	/

■令和元年度　第11問

　下図は，供給曲線の形状が特殊なケースを描いたものである。座席数に上限があるチケットなどは，ある一定数を超えて販売することができないため，上限の水準において垂直になる。なお，需要曲線は右下がりであるとする。

　この図に関する記述として，最も適切なものを下記の解答群から選べ。

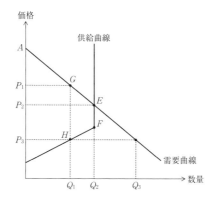

〔解答群〕

ア　供給曲線が垂直になってからは，生産者余剰は増加しない。

イ　このイベントの主催者側がチケットの価格を P_1 に設定すると，超過需要が生じる。

ウ　チケットが P_3 で販売されると，社会的余剰は均衡価格の場合よりも□GEFHの分だけ少ない。

エ　チケットが Q_1 だけ供給されている場合，消費者は最大 P_2 まで支払ってもよいと考えている。

| 解答 | ウ |

■解説

　余剰分析における基本的な問題である。消費者余剰とは、消費者が支払ってもよいと考える金額と消費者が実際に支払う金額との差額のことであり、生産者余剰とは、生産者が市場で販売した金額とその生産物を生産するのにかかった金額との差額のことである。この消費者余剰と生産者余剰との合計が総余剰(社会的余剰)である。均衡点の消費者余剰は下図の縦縞の三角形であり、生産者余剰は横縞の四角形となる。

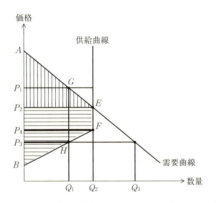

ア：不適切である。供給曲線が垂直になってからも、生産者余剰は増加する。たとえば、価格が P_4 から P_2 へ上昇した場合、□EP_2P_4F 分だけ増加する。

イ：不適切である。このイベントの主催者側がチケットの価格を P_1 に設定すると、需要量は Q_1 となる一方、供給量は Q_2 となり、超過需要ではなく超過供給が生じることになる。

ウ：適切である。チケットが P_3 で販売された場合の社会的余剰は□$AGHB$ であり、均衡価格の場合の社会的余剰は□$AEFB$ である。したがって、チケットが P_3 で販売された場合の社会的余剰は均衡価格の場合よりも□$GEFH$ の分だけ少ない。

エ：不適切である。チケットが Q_1 だけ供給されている場合、消費者は Q_1 から垂直に伸ばした直線と需要曲線の交点 G の場合の価格、すなわち、P_2 ではなく、P_1 まで支払ってもよいと考えている。

　よって、ウが正解である。

競争的市場の資源配分機能	ランク	1回目	2回目	3回目
	A	/	/	/

■令和2年度　第12問

下図では，需要曲線Dと供給曲線Sの交点Eに対応する生産量Q_0のもとで市場全体の経済余剰が最大化し，資源配分が効率的になる。反対に，Q_0以外の生産量では，資源配分は非効率的になる。この図に関する記述として，最も適切なものを下記の解答群から選べ。

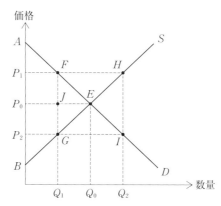

〔解答群〕

ア　生産量がQ_1のとき，点Eの場合と比べて，消費者余剰が三角形EFGの分だけ少なくなるので，資源配分は非効率的になる。

イ　生産量がQ_1のとき，点Eの場合と比べて，生産者余剰は四角形P_1FJP_0の分だけ多くなるが，総余剰では三角形EFJだけ少なくなるので，資源配分は非効率的になる。

ウ　生産量がQ_2のとき，点Eの場合と比べて，消費者余剰は四角形P_0EIP_2の分だけ多くなるが，総余剰では三角形EHIだけ少なくなるので，資源配分は非効率的になる。

エ　生産量がQ_2のとき，点Eの場合と比べて，生産者余剰が四角形P_0EGP_2の分だけ少なくなるので，資源配分は非効率的になる。

| 解答 | ウ |

■解説

本問は，余剰分析（過少生産や過剰生産の場合）に関する問題である。生産量の変化に伴う余剰分析はグラフ下の枠内のとおりとなる。

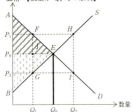

消費者余剰：△AP_0E
生産者余剰：△P_0BE
社会的（総）余剰：△ABE

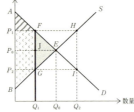

消費者余剰：△AP_1F
生産者余剰：□P_1BGF
社会的（総）余剰：□$ABGF$
死荷重：△EFG

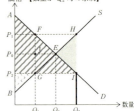

消費者余剰：△AIP_2
生産者余剰：△$P_2GB - △HIG$
社会的（総）余剰：△$AEB - △EHI$
死荷重：△EHI

ア：不適切である。生産量が Q_1 のとき，点Eの場合と比べて，消費者余剰が□P_1P_0EF（△EFG ではない）の分だけ少なくなるので，資源配分は非効率的になる。

イ：不適切である。生産量が Q_1 のとき，点Eの場合と比べて，生産者余剰は□$P_1P_0FJ - △EGJ$ の分だけ多くなるが，総余剰では△EFG（△EFJ ではなく）だけ少なくなるので，資源配分は非効率的になる。

ウ：適切である。生産量が Q_2 のとき，点Eの場合と比べて，消費者余剰は□P_0EIP_2 の分だけ多くなるが，総余剰では△EHI だけ少なくなるので，資源配分は非効率的になる。

エ：不適切である。生産量が Q_2 のとき，点Eの場合と比べて，生産者余剰が□$P_0EGP_2 + △HIG$ の分だけ少なくなるので，資源配分は非効率的になる。

よって，ウが正解である。

競争的市場の資源配分機能	ランク	1回目	2回目	3回目
	B	/	/	/

■平成 29 年度　第 10 問

価格と消費者余剰について考える。下図に関する記述として，最も適切なものを下記の解答群から選べ。

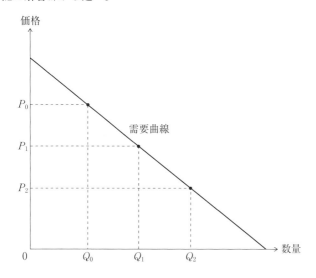

〔解答群〕

ア　価格が P_0 のとき，消費者が Q_0 を選択する場合の消費者余剰は，消費者の支払意思額よりも大きい。

イ　価格が P_1 のとき，消費者が Q_1 を選択する場合の消費者余剰は，Q_0 を選択する場合の消費者余剰よりも大きい。

ウ　価格が P_2 のとき，消費者が Q_1 を選択する場合の消費者余剰は，Q_2 を選択する場合の消費者余剰よりも大きい。

エ　価格が 0 のとき，実際の支払額は 0 なので，消費者が Q_0 や Q_1 を選択しても，消費者余剰は得られない。

| 解答 | イ |

■解説

　消費者余剰とは，消費者が財の消費から得る満足の貨幣的価値と，それを得るために要する費用との差額である。需要価格（需要曲線の高さ）は消費者にとって近似的には財の各単位の貨幣的価値を表し，需要量の最後の1単位の価値がその財の価格であるから，<u>需要曲線と価格を示す水平線との間の面積で消費者余剰は示される。</u>（参考：金森久雄・荒憲治郎・森口親司『経済辞典（第5版）』有斐閣）

- ア：不適切である。支払意思額（WTP）とは，個人が財を得るとき，それに対して支払ってもよいと思う最大金額のことである。財を得ると同時にWTPを支払えば個人の福祉は一定に保たれる。経済的変化の便益は究極的にはWTPによって測られ，市場財については，需要曲線の高さが限界WTPを示している。（参考：前掲『経済辞典（第5版）』）
　消費者余剰＝財の消費から得る満足の貨幣的価値－支払意思額（WTP）なので，三角形 ABP_0 ＝四角形 $OABQ_0$ －四角形 OP_0BQ_0 となり，三角形 ABP_0（＝消費者余剰）＜四角形 OP_0BQ_0（＝支払意思額）である。
- イ：適切である。価格が P_1 のとき，消費者が Q_1 を選択する場合の消費者余剰は，三角形 ADP_1 であり，Q_0 を選択する場合の消費者余剰の四角形 $ABCP_1$ より大きい。
- ウ：不適切である。価格が P_2 のとき，消費者が Q_1 を選択する場合の消費者余剰は，下図の四角形 $ADEP_2$ であり，Q_2 を選択する場合の消費者余剰三角形 AFP_2 より小さい。
- エ：不適切である。価格は0でも，消費者の支払意思額が Q_0 や Q_1 であれば，消費者余剰は四角形 $OABQ_0$ や四角形 $OADQ_1$ のように得ることができる。

よって，イが正解である。

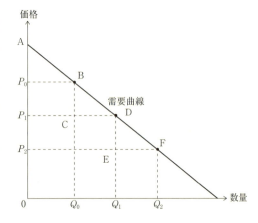

第 6 章　市場メカニズム

	ランク	1回目	2回目	3回目
競争的市場の 資源配分機能	B	/	/	/

■平成 23 年度　第 14 問

　2人からなる社会におけるパレート最適性に関する説明として最も適切なものはどれか。

　　ア　パレート最適性の基準は，資源配分と所得分配の最適化を同時に達成するものである。

　　イ　パレート最適ではない状態から配分を変更するのであれば，必ず他の個人を不利にせずにある個人を有利にできる。

　　ウ　パレート最適な状態から配分を変更してパレート最適ではない状態へ移行するとき，必ず他の個人を不利にせずにある個人を有利にできる。

　　エ　パレート最適な状態から配分を変更して別のパレート最適な状態へ移行するとき，ある個人を有利にすれば，必ず他の個人は不利になってしまう。

解答	エ

■解説

　パレート最適（パレート効率性）は，ミクロ経済学において，完全競争市場が最も望ましい市場であることを考察する分析方法の1つである「純粋交換経済」の論点に属する用語である。関連として，「エッジワースのボックス・ダイヤグラム」「契約曲線」といった用語も押さえておきたい。

　純粋交換経済では，生産者が存在せず，消費者しか市場に存在しない市場を仮定し，消費者同士が取引を行うことで，消費者がそれぞれの効用水準（満足）を高めることができるという内容の分析手法である。

　たとえば，消費者Aと消費者Bしか存在しない市場を仮定する。消費者Aはメロンが大好きで，いちごが嫌いであり，消費者Bはメロンが嫌いで，いちごが大好きであるとする。消費者AもBもメロンといちごを1つずつ保有している場合，消費者Aから消費者Bにいちごをあげて，消費者Bから消費者Aにメロンをあげるとお互いの満足度は高まる。こうすれば，双方でメロンといちごを1つずつ保有していたときよりも交換した後のほうが効率的に資源（メロンといちご）が配分された状態になっているという考え方である。

　そして，1つずつ持っていたメロンといちごを交換した段階で，消費者Aも消費者Bもそれ以上満足度の高い交換をすることができなくなる。この状態を「他の消費者の効用を減少させずにもう一方の消費者の効用を高めることができない状況」といい，その状況を「パレート最適が実現した」という。

　　ア：不適切である。所得分配の最適化は，パレートの基準に含まれない。

　　イ：不適切である。パレート最適でない状態では，パレート最適に向けた配分改善の余地があり，他の個人を不利にせずある個人を有利にできる場合もあるが，どのような状況でも「必ず」そうなるとはいえない。

　　ウ：不適切である。他の個人を不利にせずに，ある個人を有利にはできない。

　　エ：適切である。パレート最適は，「他の消費者の効用を減少させずに他の消費者の効用を高めることができない状態」のことである。パレート最適な状態から次のパレート最適になるまでは，他の消費者の効用を減少させざるをえない。

　よって，エが正解である。

第6章 市場メカニズム

4.「市場の失敗」と外部性

▶▶ 出題項目のポイント

①市場の失敗

　市場の失敗とは，完全競争市場における資源の効率的配分がうまく機能していない状態，完全競争市場で供給ができない状態をいう。例としては，外部効果の存在，情報の不完全性，不完全競争，費用逓減産業，公共財の存在が挙げられる。このような状態では政府介入が必要になる場合もある。

　公共財については次項の5で述べ，情報の不完全性については第7章で述べる。

②外部性（外部効果）

　外部効果とは，市場を介さずに，ある経済主体の経済活動が他の経済主体の経済活動に直接的に影響を与えることを指し，良い影響を与える場合（正の外部効果・外部経済）と悪い影響を与える場合（負の外部効果・外部不経済）がある。ある企業の技術革新が他の企業の生産効率化に好影響を与える場合は外部経済，ある企業の生産活動による公害の発生による住民への悪影響は外部不経済である。

　外部経済をもたらす財は過小供給になりやすく，外部不経済をもたらす財は過大供給になりやすい。つまり，市場の取引では総余剰の最大化やパレート最適を実現することはできない。

　平成13年度，平成14年度，平成16年度，平成18年度，平成24年度で出題された頻出論点である。

③私的費用・外部費用・社会的費用

　外部不経済の論点として，私的費用・外部費用・社会的費用の論点がある。

　私的費用とは私的便益を受けるための費用である。ゴミを例にとれば，ゴミを捨てて周りがきれいになり清潔な状態を得ることは私的便益を受けている状態である。そして，ゴミを捨てるために購入したゴミ袋の代金が私的費用となる。そして，市町村のゴミ回収費用やゴミ処理場の建設・運営費用などは外部費用となる。この私的費用と外部費用を合計したものが社会的費用となる。

　平成23年度第24問を基本問題として取り組もう。何も規制しない状態では，人々は社会的に望ましいゴミの量を超えてゴミを捨て続けるだろう。これらを規制する手

361

段として，ピグー税や補助金，排出権取引，コースの定理といった論点が挙げられる。

▶▶ 出題の傾向と勉強の方向性

平成 13 年度第 17 問，平成 14 年度第 16 問・第 24 問，平成 16 年度第 13 問，平成 17 年度第 17 問，平成 18 年度第 16 問・第 17 問，平成 20 年度第 14 問，平成 22 年度第 15 問，平成 23 年度第 24 問，平成 24 年度第 21 問，平成 25 年度第 23 問，平成 26 年度第 20 問，平成 28 年度第 17 問・第 18 問，平成 30 年度第 16 問，令和元年度第 21 問，令和 2 年度第 18 問と多頻度で出題されている。

頻出論点は市場の失敗と外部効果，そして，外部効果の一論点である私的費用・外部費用・社会的費用である。ほぼ同じ論点なので，参考書などでしっかり内容を把握した上で過去問でさまざまな角度からの問われ方を学習しよう。

■取組状況チェックリスト

4.「市場の失敗」と外部性						
問題番号	ランク	1 回目		2 回目		3 回目
平成 23 年度 第 24 問	A	／		／		／
平成 28 年度 第 17 問	A	／		／		／
平成 24 年度 第 21 問	A	／		／		／
平成 26 年度 第 20 問	A	／		／		／
平成 30 年度 第 16 問	A	／		／		／
令和 2 年度 第 18 問	A	／		／		／
平成 25 年度 第 23 問	C＊	／		／		／
平成 28 年度 第 18 問	C＊	／		／		／
令和元年度 第 21 問	C＊	／		／		／

＊ランク C の問題と解説は，「過去問完全マスター」の HP（URL：https://jissen-c.jp/）よりダウンロードできます。

「市場の失敗」と外部性

ランク	1回目	2回目	3回目
A	/	/	/

■平成23年度　第24問

下図は，ある財の消費が外部不経済を及ぼす場合を示したものである。当該財の私的限界価値曲線は D_0D_1 として，社会的限界価値曲線は D_2D_3 として描かれる。また，供給曲線は S_0S_1 である。

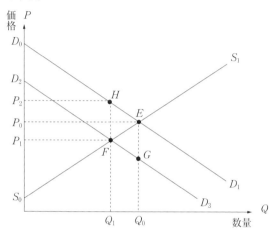

この図の説明として最も適切なものの組み合わせを下記の解答群から選べ。

- a　市場均衡点はE点であり，最適状態と比較して三角形EFGの余剰が失われる。
- b　社会的に最適な状態が実現したとき，経済余剰は三角形 D_0ES_0 になる。
- c　社会的な最適点は課税によって実現し，このとき税収は四角形 D_0HFD_2 に等しく，これは外部不経済と相殺される。
- d　社会的に最適な状態を課税によって実現したとき，税込みの市場価格は P_1 で示される。

〔解答群〕

　ア　aとc　　イ　aとd　　ウ　bとc　　エ　bとd

解答	ア

■解説

　一般的には企業（供給）側に外部不経済が発生し，企業単独にかかる不経済を私的限界費用曲線，社会にかかる不経済を社会的限界費用曲線で表すことが多いが，本問は，消費側に外部不経済が発生するケースである。

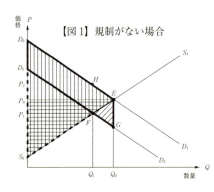
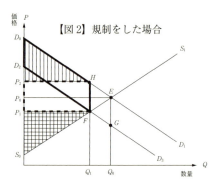

　何ら規制がない場合は私的限界価値曲線 D_0D_1 と供給曲線 S_0S_1 との交点（E）における供給量 Q_0 に取引量が決定する。

　一方，社会的に望ましいのは社会的限界価値曲線に沿った需要であり，その差額分については別途費用負担が生じる。この別途負担が生じる部分が外部不経済に相当する。この費用負担を課税によって政府が吸収（政府余剰）し，外部不経済に対する対策をとることになる。したがって，外部不経済が生じる場合の社会的余剰は次の式となる。

　　社会的余剰＝消費者余剰＋生産者余剰＋政府余剰－外部経済のコスト（外部費用）

　さて，何ら規制がない場合（課税前）の社会的余剰は次のとおりである。

【課税前（最適ではない状態）の余剰分析】

・消費者余剰＝△D_0P_0E（図1の縦縞部分）
・生産者余剰＝△S_0P_0E（図1の格子部分）
・外部不経済＝□D_0D_2GE（図1の太線部分）
・総余剰＝消費者余剰＋生産者余剰－外部不経済＝△D_2S_0F（図1の太点線部分）
　　－△EFG（図1の斜線部分）

　また，規制をした場合（課税後）の社会的余剰は次のとおりである。

第 6 章　市場メカニズム

【課税後（最適な状態）の余剰分析】

　・消費者余剰＝△ D_0P_2H（図 2 の縦縞部分）

　・生産者余剰＝△ S_0P_1F（図 2 の格子部分）

　・政府余剰（税収）＝□ P_2P_1FH（図 2 の太点線部分）

　・外部不経済＝□ P_2P_1FH＝□ D_0D_2FH（図 2 の太線部分）

　・総余剰＝消費者余剰＋生産者余剰＋政府余剰（税収）－外部不経済

　　　　　　＝△ D_2S_0F

　　a：適切である。課税前の需要と供給の均衡点は E であり，総余剰は消費者余
　　　　剰と生産者余剰の合計から，外部不経済分（図 1 の△ EFG）を控除したも
　　　　のである。

　　b：不適切である。△ D_0ES_0 ではなく，△ D_2FS_0 が正しい。

　　c：適切である。社会的に最適な状態が実現したとき，総余剰は△ D_2S_0F になる。

　　d：不適切である。税込みの市場価格は図 2 の生産者余剰に点線部分を加えた価
　　　　格となるので，P_1 ではなく，P_2 で示される。

　よって，a と c が適切であり，アが正解である。

365

「市場の失敗」と外部性	ランク	1回目	2回目	3回目
	A	/	/	/

■平成28年度　第17問

　いま，完全競争下にある合理的な企業の生産活動を考える。当該企業が生産活動で考慮する私的限界費用 MC_P は下図のように描くことができるものとし，価格がkであるものとして生産量を決定している。

　ただし，当該企業の生産ではいわゆる「負の外部性」が生じている。負の外部性を考慮した社会的限界費用 MC_S は，私的限界費用に社会的負担を加えたものとして下図のように描くことができる。当該企業は，外部性を考慮することなく，価格kと私的限界費用が一致する生産量を選択するが，社会的に最適な生産量は価格kと社会的限界費用が一致する生産量であるため，社会的には過剰生産による厚生損失（デッドウエイトロス）が生じてしまう。

　このとき，下図に関する記述として，最も適切なものの組み合わせを下記の解答群から選べ。

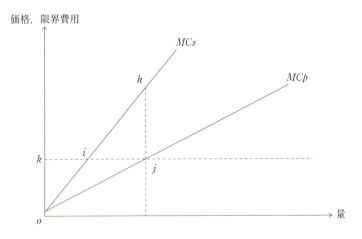

第 6 章　市場メカニズム

a　外部性を考慮しない当該企業の私的な生産費用の大きさは，△oik で示される面積に相当する。

b　外部性を考慮しない当該企業の私的な生産者余剰の大きさは，△ojk で示される面積に相当する。

c　外部性によって生じるデッドウエイトロスは，△ohj で示される面積に相当する。

d　外部性によって生じるデッドウエイトロスは，△hij で示される面積に相当する。

〔解答群〕

ア　a と c

イ　a と d

ウ　b と c

エ　b と d

解答	エ

■解説

　外部効果とは，市場を介さずに，ある経済主体の経済活動が他の経済主体の経済活動に直接的に影響を与えることを指し，良い影響を与える場合（正の外部効果・外部経済）と悪い影響を与える場合（負の外部効果・外部不経済）がある。

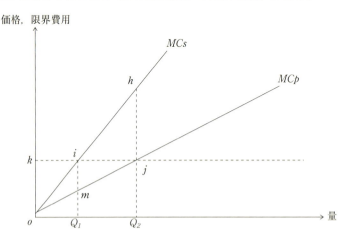

a：不適切である。外部性を考慮しない当該企業の私的な生産費用の大きさは，私的限界費用 MC_p と価格 k の交点 j における生産量 Q_2 で決まる。つまり，△ojQ_2 で示される面積に相当する。

b：適切である。上記 a の説明と同様であるが，△ojQ_2 ＝△ojk なので，外部性を考慮しない当該企業の私的な生産費用の大きさは，△ojk で示される面積に相当する。

c：不適切である。外部性によって生じるデッドウエイトロスは，外部性を考慮しない場合の社会的余剰－外部性を考慮した場合の社会的余剰で算出される。
　■外部性を考慮しない場合
　　①企業余剰＝△ojk

第 6 章　市場メカニズム

②外部不経済 = − △ ohj

③外部性を考慮しない場合の社会的余剰 = △ ojk − △ ohj = △ oik − △ hij

■外部性を考慮した場合

④企業余剰 = □ okim

⑤外部不経済 = − △ omi

⑥社会的余剰 = □ omik − △ omi = △ oik

⑥ − ③ = − △ hij であり，△ hij が外部性によって生じるデッドウェイト　ロスである。

　d：適切である。上記 c の説明のとおり，外部性によって生じるデッドウエイトロスは，△ hij で示される面積に相当する。

よって，エが正解である。

「市場の失敗」と外部性	ランク	1回目	2回目	3回目
	A	/	/	/

■平成24年度　第21問

　いま，企業Ａが個人Ｂに対して負の外部性を発生させる財を生産している。下図は，企業Ａの私的限界費用の上方に個人Ｂへの影響を考慮した社会的限界費用が描かれており，線分Ｅの長さは限界的な外部性の大きさを表している。当該財の価格がＰで一定であるとすれば，自由放任の状況下で外部性を考慮しない場合の企業Ａが選択する合理的な生産量は Q_2，外部性を考慮して社会的余剰を最大にする場合の生産量が Q_1 となる。なお，図中のＣとＤは線で囲まれた範囲の三角形の面積を表すものとする。

　この図に関する説明として，最も不適切なものを下記の解答群から選べ。

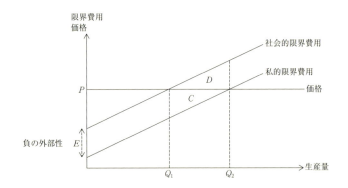

〔解答群〕

　ア　現状で生産量 Q_2 が選択されているとき，コースの定理によれば，企業Ａと個人Ｂの自発的な交渉が可能であれば生産量 Q_1 が選択される。

　イ　自由放任の状況下で外部性を考慮しない場合の企業Ａが選択する生産量 Q_2 は，2つの三角形の面積の合計（Ｃ＋Ｄ）に相当する死重損失を生む。

　ウ　数量規制によって生産量が Q_2 から Q_1 へ減少する場合，企業Ａは，面積Ｃに相当する分だけ余剰が減少する。

　エ　生産量が Q_2 から Q_1 へ減少する場合，個人Ｂは，2つの三角形の面積の合計（Ｃ＋Ｄ）に相当する分の外部不経済を被らずに済む。

第6章　市場メカニズム

解答	イ

■解説

　市場の失敗と外部性の基本的論点であり，過去に出題された論点の組み合わせである。

　負の外部性は，市場取引を介さずに，ある経済主体の経済活動が他の経済主体の経済活動に直接的に悪い影響を与えることを指し，公害等が例として挙げられる。

　私的費用とは私的便益を受けるための費用である。ゴミを例にとれば，ゴミを捨てて周りがきれいになり清潔な状態を得ることは私的便益を受けている状態である。そして，ゴミを捨てるために購入したゴミ袋の代金が私的費用となる。さらに，市町村のゴミ回収費用やゴミ処理場の建設・運営費用などは外部費用となる。この私的費用と外部費用を合計したものが社会的費用となる。

　以下，次ページの図を使って説明する。

　　ア：適切である。コースの定理とは，取引費用が発生しない環境ならば，負の外部性（外部不経済）を発生させている主体がその被害者に補償金を支払っても，反対に被害者が負の外部性の発生者にお金を払って負の外部性をなくすような処置をしてもらってもパレート効率性（最適な資源配分比率）を回復できるとする考え方である。つまり，自発的な双方の交渉によって，社会的費用を負担し，負の外部性をなくすことができる生産量 Q_1 が選択されることが可能ということである。

　　イ：不適切である。外部不経済が発生していない状況における生産量 Q_2 の場合の社会的な余剰は△ APB である。外部不経済が発生した場合，社会的には外部不経済を解消するための費用□ FGBA を社会的に負担する必要がある。外部不経済発生時の社会的な余剰は△ HPG－△ HFA となる。この△ HFA が死荷重である。したがって，死荷重は面積 D となる。

　　ウ：適切である。△ APB が自由放任の状況下での生産者余剰（企業 A の利潤）である。その状態で数量規制を実施して生産量が Q_1 まで減少した場合，企業 A は面積 C の部分の費用を支払うことになる。

371

エ：適切である。価格が一定なので消費者余剰は０であるから，生産量 Q_2 のとき，消費者は社会の構成員として死荷重（D）分の費用を負担している。さらに，企業Ａは生産量 Q_2 のとき，生産に必要な費用（私的費用）に加え，外部不経済を解消するための費用（外部費用）を加算して製品価格を設定している。つまり，消費者は企業Ａの製品を購入するときに企業Ａが転嫁した外部費用（Ｃ部分）も負担している。最適な生産量 Q_1 へ減少した場合，消費者はＣ＋Ｄ分の外部費用の負担を免れる。

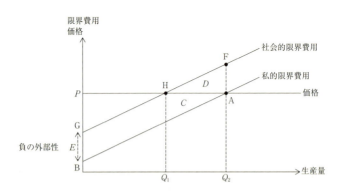

よって，イが正解である。

第6章 市場メカニズム

「市場の失敗」と外部性

ランク	1回目	2回目	3回目
A	/	/	/

■平成26年度　第20問

下図には，企業Rが直面する競争的な財市場における私的限界費用曲線，社会的限界費用曲線が描かれている。社会的限界費用曲線と私的限界費用曲線との乖離は，企業Rの生産活動に負の外部性が伴うことを意味する。この負の外部性の負担者は企業Sのみであり，企業Rとの交渉を費用ゼロで行うことができる。また，企業Rの生産活動に対して，政府は外部性を相殺するピグー課税を導入することもできる。この図に関する説明として最も適切なものを下記の解答群から選べ。

ただし，下図で，△aefを単にA，□acgfを単にB，△acdを単にC，△abdを単にDと呼称し，価格はeで所与のものとする。

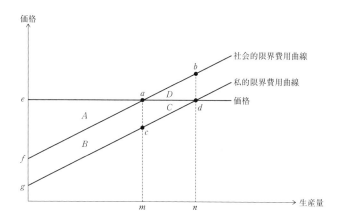

〔解答群〕

ア　コースの定理に従えば，生産量はmとなる。

イ　自由放任の活動下で生産量がnのときに発生している死重損失は$C+D$である。

ウ　ピグー課税が導入されると，企業Rの余剰は$A+B$になる。

エ　ピグー課税が導入されると，政府の税収は$B+C+D$となる。

解答	ア

■解説

　市場の失敗と外部性に関する問題である。平成24年度第21問とほぼ同様の内容での出題であった。

　負の外部性は，市場取引を介さずに，ある経済主体の経済活動が他の経済主体の経済活動に直接的に悪い影響を与えることを指し，公害等が例として挙げられる。

　私的費用とは私的便益を受けるための費用である。ゴミを例にとれば，ゴミを捨てて周りがきれいになり清潔な状態を得ることは私的便益を受けている状態である。そして，ゴミを捨てるために購入したゴミ袋の代金が私的費用となる。さらに，市町村のゴミ回収費用やゴミ処理場の建設・運営費用などは外部費用となる。この私的費用と外部費用を合計したものが社会的費用となる。

ア：適切である。コースの定理は，財の所有権が明確に割り当てられており，取引費用が発生しないならば，初期の所有権の所在にかかわらず，取引によって至る資源配分は1つに決まり，それがパレート効率的であることを示した定理である。取引費用が発生しないという環境ならば，外部不経済を発生させている主体がその被害者に補償金を支払っても，反対に被害者が外部不経済の発生者にお金を払って外部不経済をなくすような処置をしてもらってもパレート効率性を回復できるとする考え方の基になっている。本問の場合は企業Rが企業Sに対して外部費用を払ってパレート効率性を実現できる生産量mがコースの定理に従った生産量であるといえる。

イ：不適切である。自由放任の活動下＝外部不経済が発生していない状況における生産量nの場合の社会的な余剰は△degである。外部不経済が発生した場合，社会的には外部不経済を解消するための費用□bfgdを社会的に負担する必要がある。外部不経済発生時の社会的な余剰△aef－△abdが死荷重である。したがって，死荷重は面積Dとなる。

ウ：不適切である。ピグー税とは政府が死荷重をなくすために社会的費用と私的費用を一致させる課税である。その場合，企業Rの余剰はAとなる。

エ：不適切である。ピグー税を課した場合，線分fg（打ち消すべき外部不経済の額）が生産物1単位あたりの課税額，線分ea分が課税対象となる生産量となる。したがって，税収はBとなる。

　よって，アが正解である。

374

「市場の失敗」と外部性	ランク	1回目	2回目	3回目
	A	/	/	/

■平成30年度　第16問

　外部不経済について考える。いま，マンションの建設業者と周辺住民が，新しいマンションについて交渉を行う。ここでは，周辺住民が地域の環境資源の利用権を持っているとする。マンションの建設によって，地域環境の悪化という外部不経済が発生するので，マンションの建設業者は補償金を周辺住民に支払うことで問題を解決しようとする。下図には，需要曲線，私的限界費用曲線，社会的限界費用曲線が描かれている。この図に関する記述として，最も適切なものを下記の解答群から選べ。

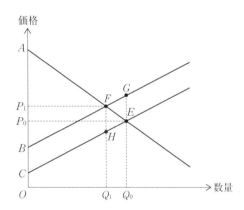

〔解答群〕

　ア　資源配分が効率化する生産水準において，マンションの建設業者が補償金として支払う総額は□BFHCである。

　イ　マンションの建設による外部不経済下の市場均衡において，外部費用は□BFHCで示される。

　ウ　マンションの価格と，マンションの建設による社会的限界費用は，生産量がQ_0のもとで等しくなる。

　エ　マンションの建設による外部不経済が発生しているもとでの生産量はQ_0になり，総余剰は△AECで示される。

解答	ア

■解説

外部不経済に関する問題である。外部不経済が発生している場合は，私的限界費用曲線と需要曲線の交点Eで市場が均衡する。外部不経済を解消するために資源配分が効率化されている市場では，社会的限界費用曲線と需要曲線の交点Fで市場が均衡する。外部不経済下の市場では，マンション購入者の余剰が△AEP$_0$，マンション建設業者の余剰が△ECP$_0$，外部不経済が□GECBとなり，△GEFが外部不経済による死荷重である。資源配分が効率化されている市場では，マンション購入者の余剰は△AFP$_1$，マンション建設業者の余剰は△P$_1$FBとなる。この場合，□FHCBがマンション建設業者が周辺住民に支払った保証金の額（＝周辺住民の余剰）である。

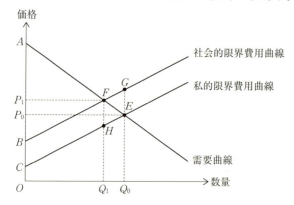

ア：適切である。上記説明のとおり，資源配分が効率化する生産水準において，マンションの建設業者が補償金として支払う総額は□BFHCである。

イ：不適切である。マンションの建設による外部不経済下の市場均衡において，外部費用は□BFHCではなく，□GECBで示される。

ウ：不適切である。マンションの価格と，マンションの建設による社会的限界費用は，生産量がQ$_0$ではなくQ$_1$のもとで等しくなる。

エ：不適切である。マンション建設による外部不経済が発生しているもとでの生産量はQ$_0$になるが，総余剰＝△AEC－□GECB＝△AFB－△GEFで示される。

よって，アが正解である。

「市場の失敗」と外部性

ランク	1回目	2回目	3回目
A	/	/	/

■令和2年度　第18問

オーバー・ツーリズムによる地域住民の生活への悪影響に対して，政府が税を使って対処することの効果を考える。下図において，Dはこの地域の観光資源に対する需要曲線，Sは観光業者の私的限界費用曲線，S'はオーバー・ツーリズムに伴う限界外部費用を含めた観光業者の社会的限界費用曲線である。

この図に関する記述として，最も適切なものの組み合わせを下記の解答群から選べ。

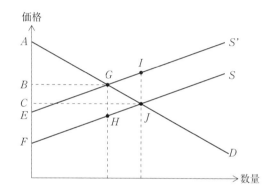

a　課税によって，観光客の余剰は四角形BCJGだけ減少する。
b　課税によって，観光業者の余剰は四角形EFHGだけ減少する。
c　課税によって，この地域の総余剰は三角形GJIだけ増加する。
d　課税によって，政府は四角形EFJIの税収を得る。

〔解答群〕

ア　aとb
イ　aとc
ウ　bとc
エ　bとd

解答	イ

■解説

本問は,外部不経済に関する問題である。下図において,Dはこの地域の観光資源に対する需要曲線,Sは観光業者の私的限界費用曲線,S'はオーバー・ツーリズムに伴う限界外部費用を含めた観光業者の社会的限界費用曲線である。グラフ下の枠線内が余剰分析である。課税前は□EFJI分だけ外部不経済が発生しており,死荷重は△GIJである。観光業者に課税することで限界費用がその分上昇し,生産者の私的限界費用と社会的限界費用が一致する。それに伴い,供給曲線がSからS'に移動し,外部不経済は課税した税収□EFHG分だけ減少する。

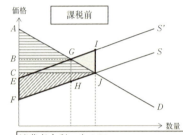

消費者余剰:△ACJ
生産者余剰:△CFJ
外部不経済:□EFJI
死荷重:△GIJ
社会的(総)余剰:消費者余剰+生産者余剰−外部不経済=△AEG−△GJI

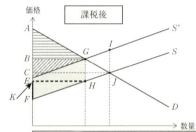

消費者余剰:△AGB
生産者余剰:△BEG
政府余剰(税収):□EFHG
外部不経済:−□EFHG
社会的(総)余剰:△AEG

a:適切である。上記の説明・余剰分析により,課税によって観光客(消費者)の余剰は三角形ACJから三角形ABGに縮小する。つまり,四角形BCJGだけ減少することがわかる。

b:不適切である。上記の説明・余剰分析により,課税によって観光業者(生産者)の余剰は三角形CFJから三角形BEGへ縮小する。つまり,四角形CKHJだけ減少することがわかる。

c:適切である。上記の説明・余剰分析により,課税によってこの地域の総余剰は三角形GJIだけ増加することがわかる。

d:不適切である。課税によって,政府は四角形EFHGの税収を得る。

以上より,選択肢aとcが正しい。よってイが正解である。

第6章　市場メカニズム

5. 公共財と政府規制

▶▶ 出題項目のポイント

　公共財とは，「非競合性と非排除性を持った財」のことである。非競合性とは，ある人が消費しても他の人の消費量が減らない性質のことであり，非排除性とは対価を支払わない人の消費を排除できない性質のことである。

　このような財の例としては，公園や警察や消防のサービスなどが挙げられる。必ずしも政府や地方自治体が提供する財というわけではない。たとえば，ラジオ放送などは対価を払わない人も視聴でき，誰かが聴いていても他の人も聴くことができるので，非排除性と非競合性の両方の性質を持っているため公共財といえる。

▶▶ 出題の傾向と勉強の方向性

　平成13年度第16問，平成20年度第11問・第16問，平成22年度第10問，平成21年度第17問，平成23年度第13問・第25問，平成24年度第13問・第14問・第22問，平成25年度第18問，平成26年度第14問，平成27年度第18問，平成29年度第11問・第19問，平成30年度第15問，令和元年度第17問，令和2年度第19問で出題された。公共財の特性や政府規制（価格規制や課税）による総余剰に対する影響などが頻出である。

　主に，公共財の特性を把握することがポイントである。

379

■取組状況チェックリスト

5. 公共財と政府規制							
問題番号	ランク	1回目		2回目		3回目	
平成 24 年度 第 22 問	B	／		／		／	
平成 29 年度 第 19 問	A	／		／		／	
令和元年度 第 17 問	B	／		／		／	
平成 23 年度 第 13 問	B	／		／		／	
平成 24 年度 第 13 問	A	／		／		／	
平成 25 年度 第 18 問	C*	／		／		／	
平成 24 年度 第 14 問	A	／		／		／	
平成 26 年度 第 14 問	A	／		／		／	
平成 27 年度 第 18 問	A	／		／		／	
平成 29 年度 第 11 問	A	／		／		／	
平成 30 年度 第 15 問	B	／		／		／	
令和 2 年度 第 19 問	A	／		／		／	
平成 23 年度 第 25 問	C*	／		／		／	

＊ランク C の問題と解説は，「過去問完全マスター」の HP（URL：https://jissen-c.jp/）よりダウンロードできます。

第6章　市場メカニズム

	ランク	1回目		2回目		3回目	
公共財と政府規制	B	/		/		/	

■平成24年度　第22問

公共財に関する説明として，最も適切なものはどれか。

ア　公共財とは，少なくとも競合性を有する財である。

イ　公共財とは，少なくとも非排除性を有する財である。

ウ　公共財とは，政府のみが供給する権利のある財である。

エ　公共財とは，納税者のみが利用する権利のある財である。

解答	イ

■解説

平成 13 年度第 16 問，平成 20 年度第 11 問と同様の論点である。

公共財とは，「非競合性」と「非排除性」の性質を持つ財のことである。他方，私的財は，「非競合性」と「非排除性」のいずれの性質も持たない財のことである。

非競合性とは，1 人の消費が他の人の消費を妨げない性質のことである。

非排除性とは，サービスの対価を払わない人を消費から排除できない性質のことである。

ア：不適切である。上記の説明のとおり，公共財は競合性を有さない財である。

イ：適切である。上記の説明のとおり，公共財は非排除性を有する財である。

ウ：不適切である。公共財は非競合性と非排除性の性質を持った財のことであり，民間企業でも提供できる。政府のみが供給する権利のある財ではない。

エ：不適切である。公共財は非排除性を持ち，サービス対価を払わない人でも利用できる。

よって，イが正解である。

第6章　市場メカニズム

	ランク	1回目		2回目		3回目	
公共財と政府規制	A	／		／		／	

■平成29年度　第19問

公共財や私的財などの財の特徴として，最も適切なものはどれか。

　ア　海洋漁業における水産資源は，すべての漁業者が無償で等しく漁を行うこと
　　　ができるという理由で，競合的な性格を持たない。

　イ　公共財の場合だけでなく，競合性と排除性を持つ私的財の場合にも，フリー
　　　ライダーは出現する。

　ウ　公共財は，競合性と排除性を持たないので，等量消費が不可能になる。

　エ　有料のケーブルテレビは，その対価を支払わない消費者を排除できる排除性
　　　を持つが，対価を支払った消費者の間では競合性がない。

383

解答	エ

■解説

　公共財とは，「非競合性と非排除性を持った財」のことである。非競合性とは，ある人が消費しても他の人の消費量が減らない性質のことであり，非排除性とは対価を支払わない人の消費を排除できない性質のことである。

　このような財の例としては，公園や警察や消防のサービスなどが挙げられる。必ずしも政府や地方自治体が提供する財というわけではない。たとえば，ラジオ放送などは対価を払わない人も視聴でき，誰かが聴いていても他の人も聴くことができるので，非排除性と非競合性の両方の性質を持っているため公共財といえる。

　私的財とは，対価を払わなければ消費できず（排除可能性），またある消費主体が消費すればその分だけ他の消費主体が消費できなくなる（消費の競合性）ような財・サービスのことである。（参考：金森久雄・荒憲治郎・森口親司『経済辞典（第5版）』有斐閣）

　ア：不適切である。海洋漁業における水産資源は，すべての漁業者が無償で等しく漁を行うことができるという理由で，排除可能性は持たない（非排除性を持つ）が，資源に限りがあるという点で，多数の消費主体が資源を奪い合うことになるので，競合的な性格は持っている。

　イ：不適切である。私的財は，排除可能性と消費の競合性を持っているため，フリーライダーは出現しない。

　ウ：不適切である。公共財は，競合性と排除性を持たないので，等量消費が可能になる。

　エ：適切である。有料のケーブルテレビは，その対価を支払わない消費者を排除できる排除性を持つが，対価を支払った消費者はそのサービスを等量消費できるので，競合性がないといえる。

　よって，エが正解である。

384

第6章　市場メカニズム

公共財と政府規制	ランク	1回目		2回目		3回目	
	B	／		／		／	

■令和元年度　第17問

　海洋資源などの共有資源に関する記述として，最も適切なものの組み合わせを下記の解答群から選べ。

　　a　共有資源の消費に対する無償の許可は，共有資源の消費の効率化につながる。

　　b　共有資源の消費に対する有償の許可は，共有資源の消費の効率化につながる。

　　c　共有資源は，消費に競合性があるが，排他性のない財として定義できる。

　　d　共有資源は，消費に排他性があるが，競合性のない財として定義できる。

〔解答群〕

　ア　aとc

　イ　aとd

　ウ　bとc

　エ　bとd

385

解答	ウ

■解説

コモンズ（共有地・共有資源）に関する問題である。水産資源が平成29年度第19問の選択肢アで登場していた。

公共財とは，「非競合性と非排除（他）性を持った財」のことである。非競合性とは，ある人が消費しても他の人の消費量が減らない性質のことであり，非排除（他）性とは，対価を支払わない人の消費を排除できない性質のことである。

私的財とは，対価を払わなければ消費できず（排除可能性），またある消費主体が消費すればその分だけ他の消費主体が消費できなくなる（消費の競合性）ような財・サービスのことである。

コモンズは私有化されておらず，地域社会の共通基盤になっている自然資源や自然環境を指す。コモンズは私的所有者が明確に規定されていないため，消費に競合性はあるが，排除性がないため，必然的に過剰利用されてしまうという性質を持つ。（参考：金森久雄・荒憲治郎・森口親司『経済辞典（第5版)』有斐閣）

a：不適切である。共有資源の消費に対する無償の許可は，非排他性が維持され，共有資源の過剰な消費につながる。

b：適切である。共有資源の消費に対する有償の許可は，排他性が高まり，共有資源の消費の効率化につながる。

c：適切である。上記説明のとおり，共有資源は，消費に競合性があるが，排他性のない財として定義できる。

d：不適切である。上記説明のとおり，共有資源は消費に競合性があるが，排他性のない財として定義できる。

よって，ウが正解である。

第6章　市場メカニズム

公共財と政府規制	ランク	1回目		2回目		3回目	
	B	/		/		/	

■平成23年度　第13問
ラムゼイ・ルールによる効率的な課税に関する説明として最も適切なものはどれか。

　ア　ラムゼイ・ルールによる効率的な課税によれば，供給の価格弾力性に逆比例
　　するように税率を課すことが示唆される。

　イ　ラムゼイ・ルールによる効率的な課税によれば，国外への移動が容易な資本
　　への税率よりも，国外への移動が難しい労働所得の税率を低くすることが示
　　唆される。

　ウ　ラムゼイ・ルールによる効率的な課税によれば，需要の価格弾力性が高い宝
　　石や高価なバッグなどに高い税率を課すことが示唆される。

　エ　ラムゼイ・ルールによる効率的な課税によれば，代替財をもたないコメなど
　　の食料品の需要の価格弾力性は低いため，低い税率を課すことが示唆される。

387

解答	ア

■解説

　ラムゼイ・ルールとは，個別の財に対する税率は，その財に対する需要の価格弾力性に逆比例するように決定されなければならないとする考えである。

　需要が価格変化による影響をあまり受けない財ほど，高い税率を課すことが望ましいとされる。なぜなら，需要の価格弾力性が高い財に課税すると，需要が大きく減少し，資源配分の非効率が生じるが，需要の価格弾力性の低い財に課税しても，需要量はあまり変化しないので，資源配分上，効率が良いからである。

　需要の価格弾力性が低い財の例としては，生活必需品に近い財が挙げられる。

ア：適切である。上記の説明のとおり，ラムゼイルールは需要の価格弾力性に逆比例するように課税するというルールであるが，選択肢アでは「ラムゼイルールは供給の価格弾力性に逆比例するように税率を課すことが示唆される」と記述されている。ほかの設問が明らかに誤りである以上，選択肢アが適切であると言わざるを得ない。あえて両方の整合をとるとすれば，課税を消費者ではなく，供給者側に課す場合には，供給の価格弾力性の小さい財に課税することが課税による社会の総余剰減少を最小限に抑えることになる，と解釈せざるを得ない。

イ：不適切である。国外への移動が容易な資本は，価格変化によって国内外を移動する。つまり，資本供給の価格弾力性が高い生産要素である。一方，労働は国外への移動はしにくい生産要素であるといえる。以上より，ラムゼイ・ルールに従えば，資本への課税を減らし，労働所得への課税を増やすことが示唆される。

ウ：不適切である。ラムゼイ・ルールによれば，需要の価格弾力性が高い宝石やバッグなどには，低い税率を課すことが示唆される。

エ：不適切である。代替財を持たないコメなどの食料品は，需要の価格弾力性は低いため，「高い」税率を課すことが示唆される。

　よって，アが正解である。

公共財と政府規制	ランク	1回目	2回目	3回目
	A	/	/	/

■平成 24 年度　第 13 問

いま，需要曲線と供給曲線を下図のような直線で表すものとする。

このとき，政府が点線で示されているような形で従量税を課す場合，税収と税の大きさ（財1単位あたりの税）との関係を表す図として，最も適切なものを下記の解答群から選べ。

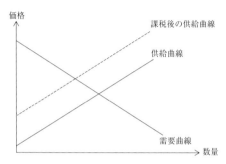

〔解答群〕

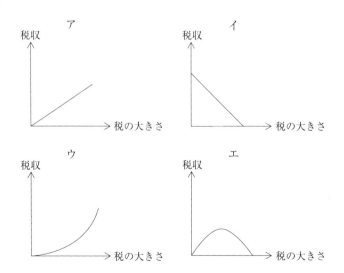

解答	エ

■解説

平成13年度第15問と類似した問題である。

従量税とは，文字どおり財の量（重量や個数，面積，容積など）に従って税率を決定する租税または租税徴収方式である。

従量税は財の供給量に対して税の大きさが決まり，財の需要量に対して課税される。

したがって，税の大きさ×需要量＝税収となる。

税の大きさが価格に反映され，財の価格が上昇すれば，超過需要が解消される需要と供給の均衡点までは財の需要量も上昇するが，均衡点を超え超過供給の状態になると，財の需要量は減少する。

超過需要のときは，需要と供給の均衡点まで需要量が伸びるので税収は伸びるが，超過供給のときは需要量が小さくなるので税収も少なくなる。

そのような動きを反映したグラフは選択肢エであるため，エが正解となる。

公共財と政府規制

	ランク	1回目	2回目	3回目
	A	/	/	/

■平成24年度　第14問

　下図には，需要曲線と供給曲線が描かれており，市場で決まる「課税前の価格」はD点によって与えられる。ここで，当該財へ政府が税を課すと，「課税後の買い手の支払い価格」はA点で与えられ，「課税後の売り手の受取価格」はC点で与えられることになるとする。
　この図の説明として，最も適切なものを下記の解答群から選べ。

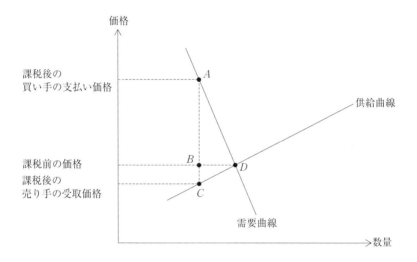

〔解答群〕

　ア　課税によって生じる負担は需要者（買い手）の方が重い。

　イ　この財市場の需要曲線は，供給曲線に比べて価格弾力性が高い。

　ウ　三角形ABDは，課税によって失う生産者余剰である。

　エ　線分BCの長さは，課税によって生じる需要量の減少を意味している。

解答	ア

■解説

課税による生産者（売り手）余剰と消費者（買い手）余剰の変化に関する問題である。

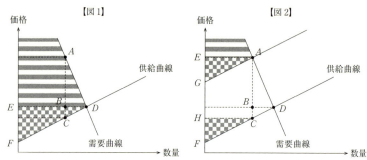

課税前の売り手の余剰は図1の△DEF，買い手の余剰は図1の横線部分である。課税後の売り手の余剰は図2の△AEG（＝△CHF），買い手の余剰は図2の横線部分である。

ア：適切である。上記の説明のとおり，買い手の余剰は課税によって□ADGE分減少し，売り手の余剰は□DEHC分減少する。減少分は買い手余剰のほうが大きい。つまり，税負担は買い手＝需要者のほうが重い。

イ：不適切である。価格弾力性は，曲線の傾きが緩やかなほうが弾力性が高い。需要曲線は価格が1単位上がると需要量が減少する曲線だが，価格弾力性は，傾きが緩やかなほうが価格が1単位上がった場合の需要量の減少幅が大きい。供給曲線は，価格が1単位上がると供給量が増加する曲線だが，価格弾力性は，傾きが緩やかなほうが，価格が1単位上がった場合の供給量の増加幅が大きい。この市場では供給曲線のほうが需要曲線よりも傾きが緩やかなので，供給曲線のほうが価格弾力性が高いといえる。

ウ：不適切である。図2の△ABDは課税によって減少する消費者余剰である。

エ：不適切である。課税によって生じる需要量の減少は線分BDの長さで表されている。線分BCの長さは生産者の税負担分の減少を表す。

よって，アが正解である。

公共財と政府規制	ランク	1回目	2回目	3回目
	A	/	/	/

■平成 26 年度　第 14 問

　下図には，ある財市場における生産者の供給曲線と消費者の需要曲線が描かれている。ただし，当該財には税が課されており，課税前の需要曲線と，課税後の需要曲線とが示されている。この図に関する説明として最も適切なものを下記の解答群から選べ。

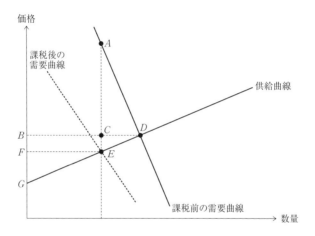

〔解答群〕

ア　課税によって発生する死重損失のうち，消費者の損失分は△BDG で示される。

イ　課税によって発生する死重損失のうち，消費者の損失分は△CDE で示される。

ウ　需要の価格弾力性が相対的に小さいため，租税の影響は消費者への帰着がより大きい。

エ　線分 BF は，消費者が直面する課税前の購入価格と課税後の購入価格の違いを示している。

解答	ウ

■解説

　課税による生産者（売り手）余剰と消費者（買い手）余剰の変化に関する問題である。

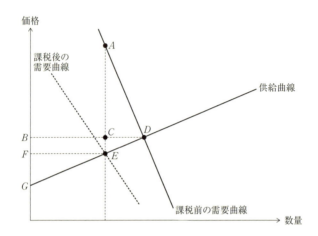

ア・イ：不適切である。課税による死重損失の合計は△ADEであり，そのうち，消費者が被った損失は△ADCである。

ウ：適切である。需要曲線の傾きが大きいということは，価格1単位の変化に対する購入量の変化が小さい＝需要の価格弾力性が小さいということである。需要の価格弾力性が小さい財は，生活必需品に近いということになる。生活必需品に課税された場合は消費者に対する影響が大きい。

エ：不適切である。線分BFは生産者が直面する課税前後の価格の差である。消費者が直面する価格の差は線分ACで表される。

よって，ウが正解である。

公共財と政府規制

	ランク	1回目	2回目	3回目
	A	/	/	/

■平成 27 年度　第 18 問

財務省によれば，わが国の 2013 年度末の公債残高は，GDP の 2 倍程度であり，財政再建の必要性が指摘されている。財政再建のためには，行政の効率化による支出削減と増税による収入増とを適切に組み合わせることが必要になろう。こうした状況を踏まえて，以下では税に関する経済モデルを考えている。下記の設問に答えよ。

（設問 1）

いま，価格に反応しない垂直な需要曲線と一定の傾きを持つ供給曲線が，それぞれ実線の直線で下図に描かれている。このとき，政府が従量税を課すと，図中の点線の直線で示されているような形で課税後の供給曲線が描かれるものとする。この図に関する説明として，最も適切なものを下記の解答群から選べ。

なお，以下では「税の大きさ」とは財 1 単位あたりの税を意味する。

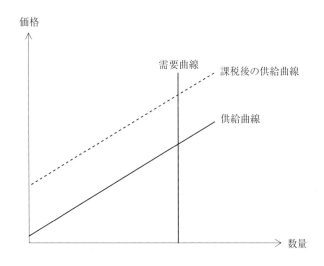

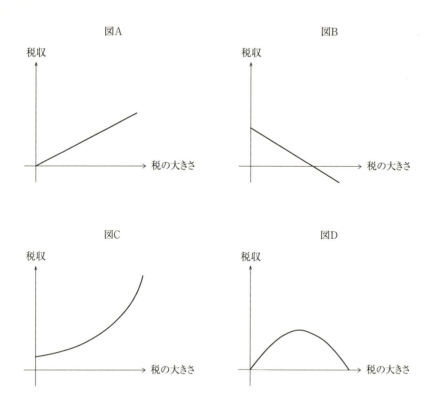

〔解答群〕

ア　税収と税の大きさには図Aのような関係があり、課税による死重損失は発生しない。

イ　税収と税の大きさには図Bのような関係があり、課税によって死重損失が発生する。

ウ　税収と税の大きさには図Cのような関係があり、課税によって死重損失が発生する。

エ　税収と税の大きさには図Dのような関係があり、課税によって死重損失が発生する。

オ　税収と税の大きさには図Dのような関係があり、課税による死重損失は発生しない。

(設問2)

　一般に，生活必需品Aに対する家計の需要曲線は，価格に対して非弾力的であり，下記の左図のように描くことができる。他方で，贅沢な嗜好品Bに対する家計の需要曲線は，価格に対して弾力的であり，下記の右図のように描くことができる。企業による供給曲線は，これらAとBの2財において価格弾力性が十分に大きく（無限大），水平な直線として描くことができるとする。このとき，政府によって企業へ従量税が課される場合の説明として，最も適切なものを下記の解答群から選べ。

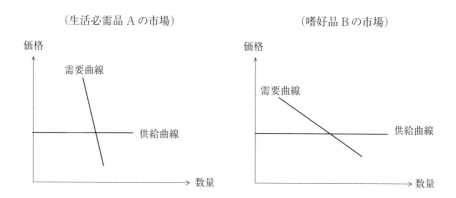

〔解答群〕

　ア　嗜好品Bへの課税では，企業へ帰着する税の負担は，家計へ帰着する税の負担より大きい。
　イ　嗜好品Bへの課税では，企業へのみ税の負担が帰着する。
　ウ　生活必需品Aへの課税では，家計へのみ税の負担が帰着する。
　エ　生活必需品Aへの課税に比べて，嗜好品Bへの課税は，死重損失が小さくなりやすい。

(設問1)

| 解答 | ア |

■解説

平成13年度第15問,平成24年度第13問と類似した問題である。

従量税とは,文字どおり財の量（重量や個数,面積,容積など）に従って税率を決定する租税（徴収）方式である。従量税は財の供給量に対して税の大きさが決まり,財の需要量に対して課税される。したがって,税の大きさ×需要量＝税収となる。

税の大きさが価格に反映され,財の価格が上昇すれば,超過需要が解消される需要と供給の均衡点までは財の需要量も上昇するが,均衡点を超え超過供給の状態になると,財の需要量は減少する。

需要が価格によって変動する場合,超過需要のときは需要と供給の均衡点まで需要量が伸びるので税収は伸びるが,超過供給のときは需要量が小さくなるので税収も少なくなる。税収と税の大きさとの関係を表すと図Dのようになる。しかし,本問は需要が価格によって変動しないので,税の大きさが多くなればなるほど,税収が大きくなるため,図Aが適切である。

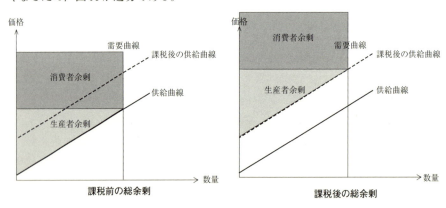

課税前も課税後も需要は価格に影響されないので消費者余剰は変化せず,生産者は課税額をそのまま価格に転嫁できるので,生産者余剰も変化しない。結果,死荷重は発生しない。

よって,アが正解である。

(設問2)

| 解答 | ウ |

■解説

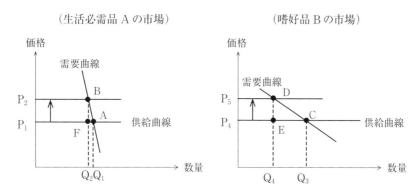

ア：不適切である。嗜好品Bへの課税は線分DEで示される。供給曲線が右肩上がりであれば，線分DEは消費者負担分と企業負担分に分かれるが，本問の場合は供給曲線が水平であるため，線分DEはすべて家計負担である。したがって，企業へ帰着する税の負担は，家計へ帰着する税の負担より小さい。

イ：不適切である。嗜好品Bの課税では，家計へのみ税の負担が帰着する。

ウ：適切である。生活必需品Aへの課税は線分BFで示される。供給曲線が右肩上がりであれば，線分BFは消費者負担分と企業負担分に分かれるが，本問の場合は供給曲線が水平であるため，線分BFはすべて家計負担である。生活必需品Aへの課税では，家計へのみ税の負担が帰着する。

エ：不適切である。生活必需品Aへ課税した場合の死重損失は△BAF，嗜好品Bへ課税した場合の死重損失は△DCEである。△BAF＜△DCEなので，生活必需品Aへの課税に比べて，嗜好品Bへの課税は，死重損失が大きくなりやすい。

よって，ウが正解である。

公共財と政府規制

	ランク	1回目	2回目	3回目
	B	/	/	/

■平成29年度　第11問

　下図によって間接税（従量税）の経済効果を考える。需要曲線を D，課税前の供給曲線を S，課税後の供給曲線を S' で表す。税は生産物1単位当たり t とし，納税義務者は生産者とする。下図では，税負担がすべて消費者に転嫁されている。
　この図に関する記述として，最も適切なものの組み合わせを下記の解答群から選べ。

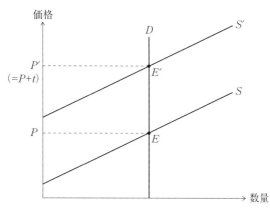

a　税負担がすべて消費者に転嫁されるとき，消費者の支払う税額は四角形 PEE'P' で示される。

b　税負担がすべて消費者に転嫁されるとき，生産者の受け取る価格は課税前に比べて t だけ低下する。

c　税負担がすべて消費者に転嫁されるのは，需要の価格弾力性がゼロだからである。

d　税負担がすべて消費者に転嫁されるのは，生産量の増加に伴って限界費用が増加するからである。

〔解答群〕
　ア　aとc
　イ　aとd
　ウ　bとc
　エ　bとd

| 解答 | ア |

■解説

課税負担に関する問題である。

需要曲線は，価格弾力性が小さいと傾きが急になり，価格弾力性がゼロになった場合は，X軸に対して垂直になる。

価格が上昇しても需要数量に変化がない状態を価格弾力性がゼロの状態という。

このような需要曲線の市場で生産者に対して従量税が課されると，生産物1単位当たり t の分だけ供給曲線は図のように上方シフトする。

需要の価格弾力性はゼロなので，価格は t の増分と同じだけ上昇し，P' になる。つまり，税金がすべて消費者が払う価格へ転嫁されたことになる。

a：適切である。税負担がすべて消費者に転嫁されるとき，消費者の支払う税額は四角形 $PEE'P'$ で示される。

b：不適切である。税負担がすべて消費者に転嫁されるとき，生産者の受け取る価格は，課税後の価格 P' から消費者の負担額（t＝P'−P）を差し引いたものになる。つまり，P'−（P'−P）＝P となり，課税前と課税後では変化がないことになる。

c：適切である。税負担がすべて消費者に転嫁されるのは，需要の価格弾力性がゼロだからである。

d：不適切である。需要の価格弾力性がゼロの場合，税負担がすべて消費者に転嫁されるのは，価格を税金分だけ増やしても生産者側は生産量を減らさなくてよく，生産者価格を変えなくてよいからである。

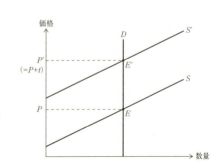

よって，アが正解である。

公共財と政府規制

ランク B

■平成30年度 第15問

消費税の課税については、価格、取引量の変化や税収の金額に加えて、実際に税金を負担するのは誰かという問題も重要となる。下図では、供給の価格弾力性が無限大である場合を考える。ここで、生産物1単位当たりT円の課税を行うと、供給曲線S_0は新しい供給曲線S_1へとシフトする。また、需要曲線はDである。

この図に関する記述として、最も適切なものの組み合わせを下記の解答群から選べ。

a 消費税の課税により、市場価格はP_0からP_1に上昇し、取引量はQ_0からQ_1に減少する。
b 消費税の課税を行うと、消費者余剰は△AEP_0から、△EFGの分だけ減少する。
c 消費税の課税を行うと、税負担の一部が生産者に転嫁される。
d 消費税の課税により、政府に入る税収は、□P_1FGP_0である。

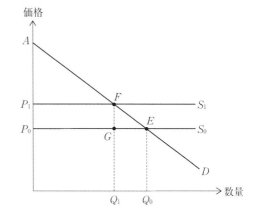

〔解答群〕
ア aとb
イ aとc
ウ aとd
エ bとc
オ cとd

| 解答 | ウ |

■解説

課税負担時の余剰分析に関する問題である。

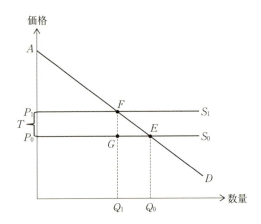

a：適切である。消費税の課税により、市場価格は P_0 に課税額（T）が加算された P_1 に上昇し、取引量は Q_0 から Q_1 に減少する。

b：不適切である。消費税の課税を行うと、消費者余剰は△AEP_0 から、□FEP_0P_1 の分だけ減少し、△AFP_1 になる。

c：不適切である。消費税の課税を行うと、税負担のすべてが消費者に転嫁される。

d：適切である。消費税の課税により、政府に入る税収は、□P_1FGP_0 である。

よって、ウが正解である。

公共財と政府規制

	ランク	1回目	2回目	3回目
	A	/	/	/

■令和2年度　第19問

下図は，ある財の需要曲線と供給曲線を描いている。Dはこの財の需要曲線，Sは課税前の供給曲線である。この財には，税率t％で従価税が課されており，S'は課税後の供給曲線である。この税による税収と超過負担の組み合わせを表すものとして，最も適切なものを下記の解答群から選べ。

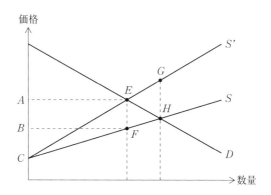

〔解答群〕

ア　税収：四角形 ABFE　　超過負担：三角形 EFH

イ　税収：四角形 ABFE　　超過負担：三角形 EHG

ウ　税収：三角形 CEF　　　超過負担：三角形 EFH

エ　税収：三角形 CEF　　　超過負担：三角形 EHG

解答	イ

■解説

本問は，従価税に関する問題である。従価税とは，財の価格に対して一定率（t）の税を課すものである。代表的なものに消費税がある。従価税を課すと，限界費用が税率分だけ上昇する。つまり，供給曲線の傾きが急になる。下記グラフ下の枠線内が課税前・課税後の余剰分析になる。

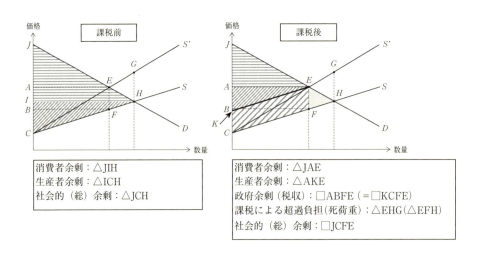

ポイントは，課税後の政府の税収の四角形 KCFE が四角形 ABFE と同じ面積であり，超過負担の三角形 EFH が三角形 EHG と同じ面積であることに気づくことができるかどうかとなる。

よって，イが正解である。

第7章

市場と組織の経済学

1. 取引費用概念

▶▶ 出題項目のポイント

　取引費用（取引コスト）とは，財・サービスの取引行動にともない，取引参加者が負担しなければならない情報収集や危険負担などにともなう費用のことである。期待値やリスクに関する問題が多く出題されている。

▶▶ 出題の傾向と勉強の方向性

　平成13年度第25問，平成17年度第15問，平成20年度第13問，平成21年度第14問・第18問・第19問，平成26年度第23問で出題された。リスクに関する概念を中心に出題されている。

　過去問題を解いてさまざまな角度の出題に対応できるようにしておこう。

■取組状況チェックリスト

1. 取引費用概念					
問題番号	ランク	1回目		2回目		3回目
平成21年度　第18問	A	／		／		／
平成26年度　第23問	A	／		／		／

取引費用概念	ランク	1回目	2回目	3回目
	A	/	/	/

■平成 21 年度　第 18 問

リスク選好度に関する下記の設問に答えよ。

(設問 1)

下図の曲線は，ある消費者の所得と効用水準の関係を表したものである。この消費者のリスク選好度とリスクプレミアムに関し，最も適切なものの組み合わせを下記の解答群から選べ。ここで，リスクプレミアムの値は，この個人が合理的に期待する所得を保障する保険に対して支払ってもよいと考える保険料の額を表す。

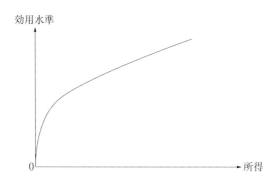

a　この消費者はリスク愛好的である。

b　この消費者はリスク回避的である。

c　リスクプレミアムは負の値をとる。

d　リスクプレミアムは正の値をとる。

〔解答群〕
　ア　aとc　　イ　aとd　　ウ　bとc　　エ　bとd

（設問 2）

　不況に直面したとき，企業は雇用を削減する必要に迫られる。労働者は解雇されれば大幅な所得減に直面するが，解雇されなければこれまでと同等の所得水準を維持できる。したがって，不況下では労働者は所得水準の変動リスクに直面することになる。一方，ワークシェアリングでは，すべての労働者が解雇されるわけではないものの，一定水準の所得減となる。リスク選好度に関して最も適切なものはどれか。

　　ア　リスク愛好的な労働者はワークシェアリングを好む。

　　イ　リスク回避的な労働者はワークシェアリングを好む。

　　ウ　リスク中立的な労働者はワークシェアリングを好む。

　　エ　リスクの選好度にかかわらず，どの労働者もワークシェアリングを好まない。

(設問1)

| 解答 | エ |

■解説

リスク選好度と期待値の関係は以下のとおりである。

1. リスク回避的：リスクプレミアム（期待値）が0または0より小さい場合，その施策を実施せず，リスクプレミアムが0より大きい場合，施策を実施する。つまり，ローリスク・ローリターンで満足（効用）を得る。
2. リスク中立的：リスクプレミアムが0より小さい場合，施策を実施しない。リスクプレミアムが0より大きい場合，この施策を実施する。ミドルリスク・ミドルリターンで満足を得る。
3. リスク愛好的：リスクプレミアムの値の正負にかかわらず，施策を実施する。つまり，ハイリスク・ハイリターンで満足を得る。

これを図で表すと，下図のようになる。

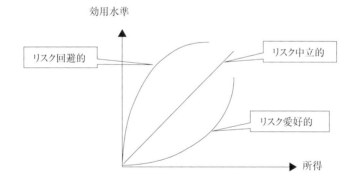

以上より，設問の図は，リスク回避的な消費者の図であり，リスク回避者のリスクプレミアム（期待値）は正の値をとる。

よって，bとdが適切であり，エが正解である。

(設問 2)

解答	イ

■解説

　リスク愛好的な労働者は，職を失うというリスクを好み，リスク回避的な労働者は，所得が下がっても職を失うというリスクを回避する。

　よって，イが正解である。

取引費用概念	ランク	1回目	2回目	3回目
	A	/	/	/

■平成 26 年度　第 23 問

下図は，あるリスク回避的な個人における資産額と効用水準の関係を示したものである。下図で，50％の確率で高い資産額 B になり，50％の確率で低い資産額 A となるような不確実な状況を「状況 R」と呼ぶことにする。また，A と B のちょうど中間の資産額 C を確実に得られる状況を「状況 S」と呼ぶことにする。「状況 R」の期待効用と「状況 S」の期待効用とを比較したときの説明として，最も適切なものを下記の解答群から選べ。

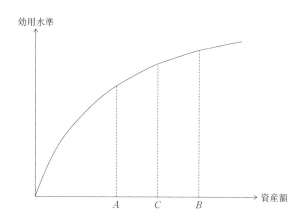

〔解答群〕

ア　期待効用は「状況 R」の方が大きく，この個人のリスクプレミアムは正の値となる。

イ　期待効用は「状況 R」の方が大きく，この個人のリスクプレミアムは負の値となる。

ウ　期待効用は「状況 R」の方が小さく，この個人のリスクプレミアムは正の値となる。

エ　「状況 R」と「状況 S」の期待効用は等しく，この個人のリスクプレミアムはゼロとなる。

| 解答 | ウ |

■解説

取引費用概念に関する問題である。
リスク選好度と期待値の関係は以下のとおりである。

1. リスク回避的：リスクプレミアム（期待値）が0または0より小さい場合，その施策を実施せず，リスクプレミアムが0より大きい場合，施策を実施する。つまり，ローリスク・ローリターンで満足（効用）を得る。
2. リスク中立的：リスクプレミアムが0より小さい場合，施策を実施しない。リスクプレミアムが0より大きい場合，この施策を実施する。ミドルリスク・ミドルリターンで満足を得る。
3. リスク愛好的：リスクプレミアムの値の正負にかかわらず，施策を実施する。つまり，ハイリスク・ハイリターンで満足を得る。

これらを図で表すと，下図のようになる。本問では「リスク回避的」な個人のグラフなので，リスクプレミアムは正である。

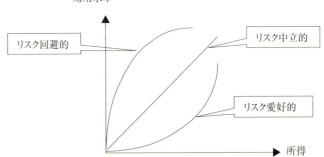

問題文を整理すると下記の説明・図のとおりとなる。

状況R：50％の確率で高い資産額Bになり，50％の確率で低い資産額Aとなるような不確実な状況

状況S：AとBのちょうど中間の資産額Cを確実に得られる状況

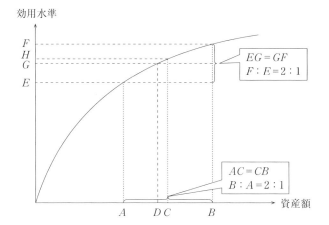

　この時，状況Rの期待効用は，資産額の比率B：A＝2：1に対応したF：E＝2：1から導き出されるGであり，状況Sの期待効用は資産額Cに対応したHである。状況Rの期待効用Gに対応した資産額はDとなる。

　図から見てもわかるとおり，状況Rの期待効用G＜状況Sの期待効用Hなので，期待効用は状況Rのほうが小さくなる。この時点で選択肢ウが適切であることがわかる。

　次に，状況Rのリスクプレミアム＝状況Rにおける資産額の期待値－状況Rにおいて確実に獲得できる資産額になる。

　状況Rにおける資産額の期待値＝（A×0.5）＋（B×0.5）＝C，状況Rにおいて確実に獲得できる資産額がDとなる。C＞Dなので，リスクプレミアムは正の値となる。

　よって，ウが正解である。

2. プリンシパル・エージェント概念

▶▶ 出題項目のポイント

　プリンシパル・エージェント問題は，次項の情報の不完全性に属するモラルハザードと関係する論点である。エージェント（受託者）がプリンシパル（依頼者）のためにどれだけ努力しているかを観察できない場合に生ずる。

　たとえば，株主と経営者の関係が挙げられる。この場合，株主がプリンシパル，経営者がエージェントとなる。経営者は株主から資金を預かって経営を行い，利益を出して株主に配当をもたらすことを委託されている。しかし，経営者が株主の利益のために働くとは限らない。会社の利益をすべて自分の報酬にしてしまう可能性もある。つまり，経営者が私的利益追求のために株主の利益を犠牲にしたことになる。

　プリンシパル・エージェント問題が発生する根本的な原因は，主にプリンシパルが，エージェントの行動を観察できないこと，エージェントがプリンシパルのために働くことに魅力を感じていないことなどが挙げられる。

　そこで，プリンシパルは以下の2つの方法によりエージェントが自主的にプリンシパルの利益追求に努力するよう仕向ける。

　　①エージェントにインセンティブを与える方法
　　②エージェントをモニタリングする方法

　経営者はインセンティブをもらえば，株主の利益追求のために働く。

▶▶ 出題の傾向と勉強の方向性

　平成17年度第16問で出題された。モラルハザードに関連した論点なので，単独で出題されるケースはまれである。

第 7 章　市場と組織の経済学

3. 情報の不完全性

▶▶ 出題項目のポイント

　情報の非対称性によって起こる問題には，主にモラルハザードの問題と，逆選択の問題の 2 つがある。逆選択とモラルハザードの違いは，情報の非対称性が発生するタイミングである。逆選択は契約前，モラルハザードは契約後に発生すると覚えておこう。

　逆選択とは，売り手のみが供給する財の品質に関する情報を持っていて，劣悪品を良品と偽って安価に市場に流通させる。すると，売買成立価格が低くなり，良品を持つ売り手が市場から去って，劣悪品だけが残ることである。

　モラルハザードとは，ある制度や契約の中で仕事をする人が，その制度や契約によって安心し，努力を怠る結果をもたらすことである。たとえば，生命保険に入る前には健康に留意していた人が，保険に加入したことで安心し，健康に気をつけなくなって病気になり，保険会社は保険金を支払わなくてはならなくなるようなことが挙げられる。

▶▶ 出題の傾向と勉強の方向性

　平成 13 年度第 6 問，平成 14 年度第 24 問，平成 17 年度第 12 問，平成 18 年度第 14 問，平成 20 年度第 15 問，平成 22 年度第 14 問・第 16 問，平成 23 年度第 15 問，平成 24 年度第 10 問，平成 28 年度第 6 問，令和元年度第 19 問で出題されている。

　ほとんどが逆選択，モラルハザードに関しての出題なので，その 2 つの内容を理解するとともに，過去問題を何度も解いて，解き方を身につけておこう。

417

■取組状況チェックリスト

3. 情報の不完全性

問題番号	ランク	1回目		2回目		3回目	
平成 23 年度 第 15 問	A	／		／		／	
令和元年度 第 19 問	A	／		／		／	
平成 24 年度 第 10 問	C*	／		／		／	
平成 28 年度 第 6 問	C*	／		／		／	

＊ランク C の問題と解説は，「過去問完全マスター」の HP（URL：https://jissen-c.jp/）よりダウンロードできます。

第 7 章　市場と組織の経済学

情報の不完全性	ランク	1回目	2回目	3回目
	A	／	／	／

■平成 23 年度　第 15 問

　情報が不完全な市場で観察される「逆選択」に関する説明として最も適切なものは
どれか。

　ア　最低賃金制度が導入されると，労働需要が減少するという逆選択が発生する。

　イ　自動車の事故保険では，保険金を受領する可能性（事故の可能性）が高い人
　　　ほど，保険に加入するという逆選択が発生する。

　ウ　乳幼児医療費の助成制度が充実するほど，乳幼児の医療費は増大しがちであ
　　　るという逆選択が発生する。

　エ　無名な企業が生産した商品は，それが良質であるとしても，有名な企業が生
　　　産した商品に比べて人気が低いという逆選択が発生する。

419

解答	イ

■解説

　平成 18 年度第 14 問の選択肢イを理解しておけば容易に解けた問題であった。このように過去の出題から再度出題されることがあるので，注意したい。

　逆選択とモラルハザードの内容については，次の平成 20 年度第 15 問の解説で触れているので，そちらを参照いただきたい。

ア：不適切である。最低賃金制度が導入されると労働需要は減少するが，逆選択は発生しない。

イ：適切である。自動車保険に入ろうとする人が「加入者」という財を売る売り手であると考えると，事故を起こしそうかどうかということは，ドライバー（売り手）しか知らない状況である。結果，保険加入後の事故多発による保険金支払額が増え，保険会社は保険料率を上げるため，事故を起こしづらいドライバーが自動車保険市場からいなくなる，という現象である。

ウ：不適切である。助成制度が充実すると乳幼児を育てる親は気軽に乳幼児医療を受けるようになるため，乳幼児の医療費が増大する。この問題は助成制度を充実させようとする自治体からみれば，乳幼児を育てる親の行動を事前に把握することができない情報の非対称性が発生しているため，「逆選択」ではなく「モラルハザード」が正しい。

エ：不適切である。消費者が，商品に対する情報を完全に持たない状態で商品を選択する場合，ブランドの知名度を基準とすることがある。そのため，有名でないブランドの商品は，それがたとえ良質であっても，有名な企業の製品に比べ人気が低くなる場合がある。本肢はブランド認知度の問題であり，逆選択と直接関連しないため誤りである。

　よって，イが正解である。

第 7 章　市場と組織の経済学

情報の不完全性	ランク	1回目		2回目		3回目	
	A	／		／		／	

■令和元年度　第19問

　情報の非対称性がもたらすモラルハザードに関する記述として，最も適切なものの組み合わせを下記の解答群から選べ。

　　a　雇用主が従業員の働き具合を監視できないために従業員がまじめに働かないとき，この職場にはモラルハザードが生じている。

　　b　失業給付を増加させることは，失業による従業員の所得低下のリスクを減らすことを通じて，モラルハザードを減らす効果を期待できる。

　　c　食堂で調理の過程を客に見せることには，料理人が手を抜くリスクを減らすことを通じて，モラルハザードを減らす効果を期待できる。

　　d　退職金の上乗せによる早期退職の促進が優秀な従業員を先に退職させるとき，この職場にはモラルハザードが生じている。

〔解答群〕

　ア　aとb

　イ　aとc

　ウ　bとd

　エ　cとd

421

解答	イ

■解説

　情報の非対称性がもたらすモラルハザードに関する問題である。

　モラルハザードとは，ある制度や契約の中で仕事をする人が，その制度や契約によって安心し，努力を怠ってしまう結果をもたらすことである。たとえば，生命保険に入る前に健康に留意していた人が，生命保険に加入したことで安心し，健康に気をつけなくなり，病気になってしまい，保険会社は保険を支払わなくてはならないということが挙げられる。これは契約後の機会主義行動の1つで，努力が観察不可能で，努力と成果が必ずしも一致しないことから発生する。

　逆選択とは，売り手と買い手の間で財の質に関して情報が非対称なときに，劣悪品を持つ売り手がそれを良品と見せかけて売るために，売買成立価格が低くなり，良品を持つ売り手が市場から去って，劣悪品だけが残ることである。売り手が売買契約前に買い手よりも商品に関する多くの情報を持っているという有利な機会を利用して，買い手を出し抜く行為をとることによって逆選択は発生する。よく，中古車市場の例が出されるが，買い手は契約前（購入前）には売り手の所有する中古車の質を知ることはできないため，売り手は劣悪品ばかりを市場に流通させ，買い手が寄りつかなくなり市場の失敗が発生するという問題である。したがって，逆選択は契約前に発生しているといえる。

　a：適切である。雇用主が従業員の働き具合を監視できないために従業員がまじめに働かないとき，この職場にはモラルハザードが生じている。

　b：不適切である。失業給付を増加させることは，失業による従業員の所得低下のリスクを減らすことを通じて，モラルハザードが生じる可能性を増やす。

　c：適切である。食堂で調理の過程を客に見せることには，料理人が手を抜くリスクを減らすことを通じて，モラルハザードを減らす効果を期待できる。

　d：不適切である。退職金の上乗せによる早期退職の促進が優秀な従業員を先に退職させるとき，この職場にはモラルハザードではなく逆選択が生じている。

　よって，イが正解である。

第7章　市場と組織の経済学

4. ゲームの理論

▶▶ 出題項目のポイント

　ゲームの理論とは，不完全市場における寡占企業の行動に関する論点である。寡占企業が自社の利潤を最大化しようとして相手の行動を予測しながら行動したとき，利潤が最大にならない場合がある。なぜこのようなことになるのかを分析するための理論である。

①ナッシュ均衡

　不完全競争市場におけるゲーム理論の論点である。ゲーム上で参加者全員の戦略が一致したときにナッシュ均衡が成立する。ただし，参加者に望ましい結果になっているとは限らない。ナッシュ均衡になっているのに，参加者に望ましい結果にならないことを「囚人のジレンマ」という。

②囚人のジレンマ

　お互いが協調行動をとったほうが利得が高くなるのに，相手の行動がわからないためにお互いが非協調行動をとり，結果として相互の利得が低くなってしまうケースのことである。相手が協調行動をとっても，自分が非協調行動をとれば，協調するよりも大きな利益が得られ，相手が非協調行動をとったときに，自分が協調行動をとれば，自分の利得が大きく損なわれるときに発生する。このような場合，非協調行動がお互いの支配戦略になっているという。

③ミニマックス戦略

　企業Aが選択した戦略に対し，企業Bはその下でAの利得を最小化する戦略を選んでくる。それに対し，企業Aはその中で自社の利得が最大になるような戦略を選ぶ。

▶▶ 出題の傾向と勉強の方向性

　平成14年度第21問，平成16年度第11問，平成18年度第13問，平成19年度第15問，平成20年度第17問，平成22年度第11問，平成23年度第23問，平成24年度第23問，平成25年度第21問，平成26年度第22問，平成27年度第20問，平成29年度第17問，平成30年度第21問，令和2年度第22問で出題されている。

423

ほとんどがナッシュ均衡，囚人のジレンマ，ミニマックス戦略の3つの論点からの出題なので，その3つをしっかりと理解しておこう。

■取組状況チェックリスト

4. ゲームの理論						
問題番号	ランク	1回目		2回目		3回目
平成 26 年度 第 22 問	A	／		／		／
平成 24 年度 第 23 問	A	／		／		／
平成 30 年度 第 21 問	A	／		／		／
平成 25 年度 第 21 問	A	／		／		／
平成 29 年度 第 17 問	A	／		／		／
令和 2 年度 第 22 問	A	／		／		／
平成 23 年度 第 23 問	C＊	／		／		／
平成 27 年度 第 20 問	C＊	／		／		／

＊ランク C の問題と解説は，「過去問完全マスター」の HP（URL：https://jissen-c.jp/）よりダウンロードできます。

第 7 章　市場と組織の経済学

	ランク	1回目	2回目	3回目
ゲームの理論	A	／	／	／

■平成 26 年度　第 22 問

　下表は標準的な囚人のジレンマの状況を示す利得表である。下表で企業 A と企業
B の両者は合理的主体であり，両者による取引において「協力する」か「裏切る」か
を選択することができる。表中のカッコ内の数字は，1 度の取引で得られる利得を示
すもので，左側が企業 A の取り分，右側が企業 B の取り分である。ただし，相手の
「裏切る」に対してはトリガー戦略を採用するものと考える。この利得表に関する説
明として最も適切なものを下記の解答群から選べ。

		企業 B	
		協力する	裏切る
企業 A	協力する	(10，10)	(1，12)
	裏切る	(12，1)	(2，2)

〔解答群〕

ア　将来利得の割引因子の値が十分に 1 に近い（ただし 1 未満）状況下で，両者の
　　取引が無限に繰り返されるのであれば，両者がともに「裏切る」ことがパレー
　　ト最適になるというのがフォーク定理の示唆するところである。

イ　将来利得の割引因子の値が十分に 1 に近い（ただし 1 未満）状況下で，両者の
　　取引が無限に繰り返されるのであれば，両者がともに「協力する」を選択する
　　というのがフォーク定理の示唆するところである。

ウ　両者の取引が 1 回限りであれば，企業 A は，企業 B が「裏切る」と予想して
　　も，「協力する」ことで自分の利得を最大化できるというのがフォーク定理の
　　示唆するところである。

エ　両者の取引が 1 回限りであれば，両者がともに「協力する」ことが支配戦略で
　　あるというのがフォーク定理の示唆するところである。

425

解答	イ

■解説

ゲーム理論に関する問題である。

囚人のジレンマとは，お互いが協調行動をとった方が利得が高くなるのに，相手の行動がわからないためにお互いが非協調行動をとり，結果として相互の利得が低くなってしまうケースのことである。

相手が協調行動をとっても，自分が非協調行動をとれば，協調するよりも大きな利益が得られ，相手が非協調行動をとったときに，自分が協調行動をとれば，自分の利得が大きく損なわれるときに発生する。このような場合，非協調行動がお互いの支配戦略になっているという。

ア：不適切である。フォーク定理とは，囚人のジレンマのゲームを無限に繰り返した場合，比較的早期に「協調行動」（＝本問の場合は「協力する」）が均衡解（＝パレート最適）として成立する場合が発生するという理論である。「裏切る」ことがパレート最適になるとする本選択肢は不適切である。

イ：適切である。選択肢アの解説のとおりである。なお，パレート最適（パレート効率性）とは，「他の消費者の効用を減少させずにもう一方の消費者の効用を高めることができない状況」である。

ウ：不適切である。フォークの定理とは選択肢アで説明した定理である。両者の取引が「1回限り」ではなく，「無限に繰り返される場合」に企業Aは，企業Bが「裏切る」と予想しても，「協力する」ことで自分の利得を最大化できるというのがフォーク定理の示唆するところである。

エ：不適切である。フォークの定理とは選択肢アで説明した定理である。なお，1回限りの取引で囚人のジレンマのゲームにおける支配戦略は，企業A，Bともに「裏切る」を選択する場合である。両者ともに利益は2しか得られない。

よって，イが正解である。

第 7 章　市場と組織の経済学

	ランク	1回目		2回目		3回目	
ゲームの理論	A	/		/		/	

■平成 24 年度　第 23 問

　下表は、「囚人のジレンマ」として知られる非協力ゲームの利得表である。いま、2人の個人（個人 A と個人 B）が 1 度限りの取引を行い、2 つの選択肢（自らの選好を「正直に表明」するか、「過小に表明」する）のいずれかを選択することができる。

　なお、以下の表中にあるカッコ内の値は、それぞれ左側が個人 A の利得、右側が個人 B の利得を示している。この表から得られる記述として、最も適切なものを下記の解答群から選べ。

		個人 B	
		正直に表明	過小に表明
個人 A	正直に表明	(2, 2)	(0, 4)
	過小に表明	(4, 0)	(1, 1)

〔解答群〕

　ア　個人 A が非協力的に利得の最大化をめざすならば「過小に表明」を選択する。

　イ　個人 A にとって「正直に表明」を選択するのが支配戦略である。

　ウ　個人 A は、個人 B の選択に応じて最適な行動を変化させる。

　エ　個人 B が「正直に表明」を選択してくれることが確実であれば、個人 A も「正直に表明」を選択することが合理的である。

427

解答	ア

■**解説**

　囚人のジレンマとは，お互いが協調行動をとったほうが利得が高くなるのに，相手の行動がわからないためにお互いが非協調行動をとり，結果として相互の利得が低くなってしまうケースのことである。相手が協調行動をとっても，自分が非協調行動をとれば，協調するよりも大きな利益が得られ，相手が非協調行動をとったときに，自分が協調行動をとれば，自分の利得が大きく損なわれるときに発生する。このような場合，非協調行動がお互いの支配戦略になっているという。

ア：適切である。利得表より，個人Ａが非協力的に「過小に表明」すれば個人Ａの利益は4単位となり，最大になる。

イ：不適切である。支配戦略とは，双方が自分の利益最大化を目指して，同じ選択をする。そしてそれが双方にとって利益最大化を実現できない状態が囚人のジレンマである。この場合の支配戦略は双方が「過小に表明」することになる。

ウ：不適切である。相手の行動を知ることはできないので，「個人Ｂの選択に応じて最適な行動をとる」ことはできない。

エ：不適切である。個人Ｂが「正直に表明」を選択してくれることが確実であれば，個人Ａは「過小に表明」して最大の利益を得ることが合理的である。

　よって，アが正解である。

第7章　市場と組織の経済学

ゲームの理論	ランク	1回目		2回目		3回目	
	A	/		/		/	

■平成 30 年度　第 21 問

　寡占市場においては，ライバル店の動きを見ながら，価格を設定することが重要である。下表では寡占市場における価格競争のゲームについて考える。A 店と B 店の戦略は，高価格と低価格であるとする。

　両者が異なる価格を設定する場合，低価格にした店は，すべての顧客を得て 20 の利潤を得ることができるが，高価格を提示した店は顧客を得ることができず，利潤は 0 となる。また，両者が低価格にする場合は，この価格で得られる市場全体の利潤 20 を半分ずつシェアする。さらに両者が高価格にする場合は，市場全体の利潤は 32 となり，各店はそれぞれ 16 の利潤を得る。カッコ内の左側が A 店の利潤，右側が B 店の利潤を示す。このゲームに関する記述として，最も適切なものを下記の解答群から選べ。

B 店の戦略

A 店の戦略		高価格	低価格
	高価格	(16, 16)	(0, 20)
	低価格	(20, 0)	(10, 10)

〔解答群〕

　ア　このゲームからは，2 つの店が価格競争を行うと互いにメリットがあることが分かる。

　イ　このゲームで，A 店と B 店がともに低価格にする場合，どちらか一方の店が価格を高価格に変更すると，その店の利潤は減少する。

　ウ　このゲームでは，A 店と B 店が異なる価格をつける 2 つの場合がナッシュ均衡である。

　エ　このゲームにおける A 店と B 店の最適反応は，ともに高価格にする場合である。

429

解答	イ

■解説

　不完全競争市場におけるゲーム理論の論点である。ゲーム上で参加者全員の戦略が一致したときにナッシュ均衡が成立する。ただし，参加者に望ましい結果になっているとは限らない。ナッシュ均衡になっているのに，参加者に望ましい結果にならないことを「囚人のジレンマ」という。

B 店の戦略

		高価格	低価格
A 店の戦略	高価格	(16, 16)	(0, 20)
	低価格	(20, 0)	(10, 10)

■A 店の戦略

　①B 店が「高価格」戦略を採用した場合，A 店は「低価格」戦略を採用する。

　②B 店が「低価格」戦略を採用した場合，A 店は「低価格」戦略を採用する。

　したがって，A 店の支配戦略は低価格戦略である。

■B 店の戦略

　①A 店が「高価格」戦略を採用した場合，B 店は「低価格」戦略を採用する。

　②A 店が「低価格」戦略を採用した場合，B 店は「低価格」戦略を採用する。

　したがって，B 店の支配戦略は低価格戦略である。

　以上より，ナッシュ均衡は，互いに「低価格」戦略を採用した場合となる。

　　ア：不適切である。上記の利得表を見ると，「高価格」戦略を採用したほうが利潤が多くなる。そのため，互いにメリットがある戦略は「高価格」戦略である。

　　イ：適切である。A 店が「高価格」戦略に変更すれば，両店の利潤は A 店の利益が 0，B 店の利益が 20 となり，A 店の利潤は減少する。

　　ウ：不適切である。ゲーム上で参加者全員の戦略が一致したときにナッシュ均衡が成立する。本問の場合，ナッシュ均衡は，互いに「低価格」戦略を採用した状況である。

　　エ：不適切である。ゲーム理論における最適反応は，ナッシュ均衡のことであり，互いに「低価格」戦略を採用した場合である。

　よって，イが正解である。

第7章　市場と組織の経済学

ゲームの理論	ランク	1回目	2回目	3回目
	A	/	/	/

■平成25年度　第21問

　いま，2つの企業AとBを考える。両企業は，それぞれ，重要な特許権と，重要ではない特許権を有している。もし，双方が重要ではない特許権のみを拠出し，それらを共有するならば，開発される新製品の質は低く，双方の企業は22の利益しかあげることができない。しかしながら，両企業が重要な特許権を拠出し，それらを共有するならば画期的な新製品の開発によって，双方とも35の利益をあげることができる。

　ただし，相手が重要な特許権を拠出しながらも，自らは重要ではない特許権を拠出することができ，それらを共有するならば，自らの企業だけが新製品の開発に成功し40の利益をあげることができる一方で，相手企業は新製品の開発ができず利益は20にとどまる。

　下表は，このような企業間の関係を利得表の形で整理したものである。企業Aと企業Bが相互に利得表の内容を理解しているときの説明として，最も適切なものを下記の解答群から選べ。

		企業Bの戦略	
		重要な特許権を拠出する	重要でない特許権のみを拠出する
企業Aの戦略	重要な特許権を拠出する	(35, 35)	(20, 40)
	重要でない特許権のみを拠出する	(40, 20)	(22, 22)

〔解答群〕

　ア　このような企業間の関係が1回限りで生じている場合，資源配分が（22, 22）となるとき，パレート最適が実現している。

　イ　このような企業間の関係が1回限りで生じている場合，両企業が「重要ではない特許権のみを拠出する」のは，ナッシュ均衡である。

　ウ　このような企業間の関係が2回だけ繰り返される場合，1回目の取引で資源配分が（22, 22）となるとき，情報の非対称性によるモラルハザードが起きている。

　エ　このような企業間の関係が2回だけ繰り返される場合，企業Aが1回目の取引で「重要な特許権を拠出する」のは支配戦略である。

431

解答	イ

■解説

　企業Ａも企業Ｂも最大の利益を得るように行動することを前提とし，重要な特許権を拠出する戦略をＸ，重要ではない特許権のみを拠出する戦略をＹとすると，両社の戦略の組み合わせは以下のとおりとなる。

　　企業ＡがＸ戦略を選択した場合，企業ＢはＹ戦略を採る＝ＡＸ：ＢＹ

　　企業ＡがＹ戦略を選択した場合，企業ＢはＹ戦略を採る＝ＡＹ：ＢＹ

　　企業ＢがＸ戦略を選択した場合，企業ＡはＹ戦略を採る＝ＢＸ：ＡＹ

　　企業ＢがＹ戦略を選択した場合，企業ＡはＹ戦略を採る＝ＢＹ：ＡＹ

ア：不適切である。パレート最適（パレート効率性）とは，「他の消費者の効用を減少させずにもう一方の消費者の効用を高めることができない状況」である。本問でのパレート最適な状態は，資源配分が（35, 35）となる両社が重要な特許権を提出する場合である。

イ：適切である。ゲーム上で参加者全員の戦略が一致したときにナッシュ均衡が成立する。上記の戦略の組み合わせで両社の戦略が一致する場合は，両社がＹ戦略を選択した場合である。

ウ：不適切である。モラルハザードではなく，囚人のジレンマが発生している。囚人のジレンマとは，お互いが協調行動をとったほうが利得が高くなるのに，相手の行動がわからないためにお互いが非協調行動をとり，結果として相互の利得が低くなってしまうケースのことである。相手が協調行動をとっても，自分が非協調行動をとれば，協調するよりも大きな利益が得られ，相手が非協調行動をとったときに，自分が協調行動をとれば，自分の利得が大きく損なわれるときに発生する。

エ：不適切である。支配戦略とは，双方が他社の選択にかかわらず，自分の利益最大化を目指して選択をする戦略である。2回取引ができ，お互いが利得表の中身を理解している場合，1回目の取引では，Ｂ社の戦略にかかわらず利益を最大化するために，企業Ａは重要でなない特許権のみを拠出することを選ぶ。これが支配戦略である。

　よって，イが正解である。

第7章　市場と組織の経済学

ゲームの理論	ランク	1回目	2回目	3回目
	A	／	／	／

■平成 29 年度　第 17 問

　日本は諸外国に比べて労働時間が長いため，休日の過ごし方が重要である。ある共働きの夫婦について休日の過ごし方を考える。夫の趣味は水泳であり，妻の趣味はジョギングである。2 人とも自分の好きなことに付き合って欲しいので，基本的には，別々の行動はとりたくない。下表の利得マトリックスは，夫婦の戦略（水泳とジョギング）とそれにより得られる利得を示したものである。カッコ内の左側が夫の利得，右側が妻の利得である。

　このゲームに関する記述として，最も適切なものの組み合わせを下記の解答群から選べ。

		妻の戦略	
		水泳	ジョギング
夫の戦略	水泳	(30, 15)	(10, 12)
	ジョギング	(2, 2)	(15, 30)

a　このゲームには，支配戦略がある。

b　夫と妻がともに水泳をするとき，夫と妻のどちらかが戦略を変えると，戦略を変えた方の利得が下がるので，（水泳，水泳）はナッシュ均衡である。

c　夫と妻がそれぞれ自分の趣味を選ぶとき，夫と妻のどちらかが戦略を変えると，戦略を変えた方の利得が下がるので，（水泳，ジョギング）はナッシュ均衡である。

d　夫の戦略としては，妻がジョギングがよいといえばジョギングに行くのがよく，また，水泳がよいといえば水泳に行くのがよい。

〔解答群〕

　ア　a と b

　イ　a と d

　ウ　b と c

　エ　b と d

433

| | | 解答 | | エ | |

■解説

　ナッシュ均衡とは，不完全競争市場におけるゲーム理論の論点である。ゲーム上で参加者全員の戦略が一致したときにナッシュ均衡が成立する。ただし，参加者に望ましい結果になっているとは限らない。ナッシュ均衡になっているのに，参加者に望ましい結果にならないことを「囚人のジレンマ」という。

　支配戦略とは，双方が他者の選択にかかわらず，自分の利益最大化を目指して選択をする戦略である。

		妻の戦略	
		水泳	ジョギング
夫の戦略	水泳	(30, 15)	(10, 12)
	ジョギング	(2, 2)	(15, 30)

a：不適切である。本問の場合，2人とも自分の好きなことに付き合ってほしいので，別々の行動はとりたくないという制約条件があるため，このゲームには，支配戦略はないといえる。

b：適切である。夫と妻がともに水泳をするとき，夫と妻のどちらかが戦略を変えると，戦略を変えたほうの利得が下がるので，（水泳，水泳）はナッシュ均衡である。

c：不適切である。上記の利得表では，夫婦が別々の趣味を選ぶと利得が下がるという形になる。逆にいえば，片方の趣味に合わせるほうが，別々の趣味を選ぶことに比べると，双方にとって利得が上がる形になっている。そのため，夫と妻がそれぞれ自分の趣味を選ぶとき，夫と妻のどちらかが戦略を変えると，戦略を変えたほうの利得は上がるので，（水泳，水泳）（ジョギング，ジョギング）がナッシュ均衡であり，（水泳，ジョギング）はナッシュ均衡ではない。

d：適切である。夫の戦略としては，妻がジョギングがよいといえばジョギングに行くのがよく，また，水泳がよいといえば水泳に行くのがよい。

　以上より，bとdが適切である。

　よって，エが正解である。

第7章 市場と組織の経済学

ゲームの理論	ランク	1回目		2回目		3回目	
	A	/		/		/	

■令和2年度　第22問

夫婦による家事分担は重要である。会社員の太郎さんと主婦の花子さんには，夕方の家事に関して「協力する」「相手に任せる」という選択肢がある。

2人がともに「協力する」場合，楽しく家事ができ，お互いの負担を大きく減らすことができるので，ともに30の利得が得られる。また，どちらか一方が「相手に任せる」場合は，任せた方は苦労がなく50の利得が得られるが，1人で家事を行う方は－30と大きい負担となる。さらに，お互いに「相手に任せる」場合は，結果として2人が嫌々家事をすることになるので，ともに－10となる。

下表は，以上の説明を，利得マトリックスにまとめたものである。マトリックスの左側が太郎さんの利得，右側が花子さんの利得である。下表に関する記述として，最も適切なものを下記の解答群から選べ。

		花子さん	
		協力する	相手に任せる
太郎さん	協力する	30，30	－30，50
	相手に任せる	50，－30	－10，－10

〔解答群〕

ア　太郎さんと花子さんには，共通の支配戦略がある。

イ　太郎さんと花子さんは，お互いに異なる戦略をとると利得が増加する。

ウ　太郎さんの最適反応は「相手に任せる」，花子さんの最適反応は「協力する」である。

エ　ナッシュ均衡は，ともに「協力する」組み合わせである。

解答	ア

■解説

　本問は，ゲーム理論に関する問題である。不完全競争市場におけるゲーム理論の論点である。ゲーム上で参加者全員の戦略が一致したときにナッシュ均衡が成立する。ただし，参加者に望ましい結果になっているとは限らない。ナッシュ均衡になっているのに，参加者に望ましい結果にならないことを「囚人のジレンマ」という。

		花子さん	
		協力する	相手に任せる
太郎さん	協力する	30，30	－30，50
	相手に任せる	50，－30	－10，－10

■太郎さんの意思決定

①　花子さんが「協力する」を採用した場合，太郎さんは「相手に任せる」を採用する。

②　花子さんが「相手に任せる」を採用した場合，太郎さんも「相手に任せる」を採用する。

したがって，太郎さんの支配戦略は「相手に任せる」となる。

■花子さんの意思決定

①　太郎さんが「協力する」を採用した場合，花子さんは「相手に任せる」を採用する。

②　太郎さんが「相手に任せる」を採用した場合，花子さんは「相手に任せる」を採用する。したがって，花子さんの支配戦略は「相手に任せる」である。

　以上より，ナッシュ均衡は，互いに「相手に任せる」を採用した場合となる。

　　ア：適切である。太郎さんと花子さんはともに「相手に任せる」という意思決定が支配戦略となる。

　　イ：不適切である。太郎さんも花子さんも「相手に任せる」という意思決定をしたほうが利得が大きくなる。

　　ウ：不適切である。太郎さんも花子さんも最適反応は「相手に任せる」である。

　　エ：不適切である。太郎さんも花子さんも互いに「相手に任せる」という戦略で一致しているので，その場合がナッシュ均衡である。

　よって，アが正解である。

第8章

消費者行動と需要曲線

1. 効用理論

▶▶ **出題項目のポイント**

効用と無差別曲線に関する論点からの出題が多い。

①**効用理論**

消費者の消費行動に属する論点である。効用とは消費者の満足度の度合いのことである。消費者は使える範囲のお金（予算制約内のお金）で，財市場にある2種類の財を満足度（効用）が最大になるよう購入する。予算制約と消費者の選択行動は次の項目で問われている。

効用はある財の消費量が増えるにつれて，その財から得られる効用は次第に小さくなる。なぜなら，人間は満足を得るために同じことを繰り返せばだんだんと飽きて満足度（効用）が減っていくからである。これを「限界効用逓減の法則」という。

②**無差別曲線**

同じ満足度を得ることができる2財の消費の組み合わせは複数あるが，その軌跡をつなげたものを無差別曲線という。言い換えれば，下図の無差別曲線上のどこの点でも消費者の満足度（効用）は同じである。どの点を選ぶのかは消費者の好みによって決められる。

なお，原点（0）から遠くなるほど効用水準は高くなる。

さらに，無差別曲線の各地点における傾きは，同じ効用水準の財の組み合わせの比率であり，「限界代替率」という。

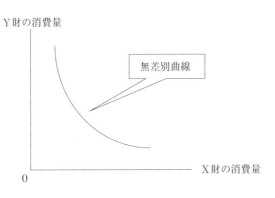

▶▶ 出題の傾向と勉強の方向性

　平成 13 年度第 18 問，平成 14 年度第 25 問，平成 15 年度第 15 問，平成 22 年度第 19 問，平成 23 年度第 16 問・第 17 問，平成 24 年度第 16 問，平成 27 年度第 12 問，平成 29 年度第 12 問，令和元年度第 12 問，令和 2 年度第 14 問で出題されている。

　効用と無差別曲線の意味，無差別曲線のシフト条件などを理解しておこう。

■取組状況チェックリスト

1. 効用理論						
問題番号	ランク	1 回目		2 回目		3 回目
平成 23 年度 第 16 問	B	／		／		／
令和元年度 第 12 問	B	／		／		／
平成 27 年度 第 12 問	A	／		／		／
令和 2 年度 第 14 問	B	／		／		／
平成 29 年度 第 12 問	C＊	／		／		／
平成 24 年度 第 16 問	B	／		／		／
平成 23 年度 第 17 問	C＊	／		／		／

＊ランク C の問題と解説は，「過去問完全マスター」の HP（URL：https://jissen-c.jp/）よりダウンロードできます。

第8章 消費者行動と需要曲線

	ランク	1回目	2回目	3回目
効用理論	B	/	/	/

■平成23年度 第16問

以下のア～エの4つの図は，ある個人の財Xと財Yに対する無差別曲線を描き出したものである。これらのうち，財Xと財Yとが完全補完財であることを示す図として最も適切なものはどれか。

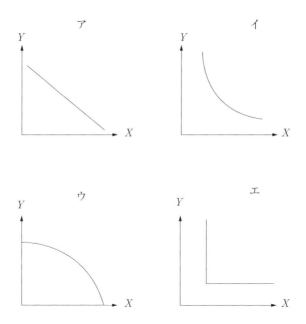

解答	エ

■解説

　補完財とは，「一緒に使われないと効用が得られない財」のことであり，たとえば，ゲーム機とゲームソフトなどが挙げられる。片方の財の価格が低下した場合，もう片方の財は価格が不変でも需要は増加するという特性を持つ。また，片方の財の消費量を減らしたときに，もう片方の財の消費量を増やすことで効用水準を一定に保つことができない特性も持つ。

　一方，代替財とは，ある財がある財を代替えする関係にある財である。ごはんとパンの関係では，米の価格が上昇してごはんの需要が下がっても，消費者はパンを買うことでその効用を維持することができる。この場合，パンとごはんは相互に代替財になる。

ア：不適切である。Ｘ財とＹ財が一定割合で交換可能な関係は，「完全代替的」であるという。「完全補完的」な関係ではないので，不適切となる。

イ：不適切である。標準的な無差別曲線である。このような無差別曲線は，Ｘ財とＹ財が交換可能であり，双方は代替的である。

ウ：不適切である。この場合もＸ財とＹ財は代替的である。ただし，このように原点に対して凹型の無差別曲線は，Ｘ財またはＹ財のどちらか1種類の財だけが好まれる状態に描かれる。

エ：適切である。2財が完全補完関係にある場合，無差別曲線はＬ字型になる。この無差別線は，「2つの財を双方同量（同率）で消費しないと意味がない」ことを表している。ゲーム機とゲームソフトの関係でいえば，ゲーム機1台に対して，ゲームソフトは1つしか使えない（同時に2つ以上は使えない）。したがって，ゲーム機1に対してゲームソフト1が費消され，効用が維持されるという関係が「完全補完的」であるという。

　よって，エが正解である。

442

効用理論	ランク	1回目	2回目	3回目
	B	/	/	/

■令和元年度　第 12 問

　A さんは，夕食時にビールと焼酎を飲むことにしている。A さんの効用水準を一定とした場合，ビールを 1 杯余分に飲むことと引き換えに減らしてもよいと考える焼酎の数量が，徐々に減ることを描いた無差別曲線として，最も適切なものはどれか。

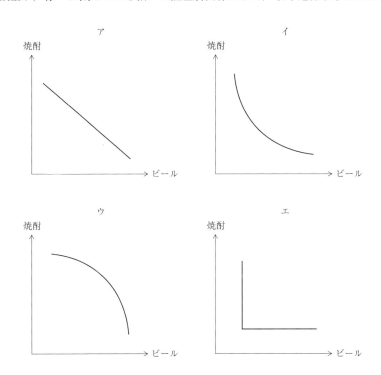

解答	イ

■解説

　無差別曲線に関する問題である。同じ満足度を得ることができる2財の消費の組み合わせは複数あるが，その軌跡をつなげたものを無差別曲線という。言い換えれば，無差別曲線上のどこの点でも消費者の満足度（効用）は同じである。どの点を選ぶのかは消費者の好みによって決められる。なお，原点（O）から遠くなるほど効用水準は高くなる。

　さらに，無差別曲線の各点における傾きは，同じ効用水準の財の組み合わせの比率であり，「限界代替率」という。限界代替率は，効用水準を一定に保つための2種類の財の交換比率である。

ア：不適切である。右下がりの無差別曲線は，ビールと焼酎が完全代替の関係にあることを示す。この場合，ビールと焼酎の限界代替率は一定なので，無差別曲線は右下がりの直線となる。

イ：適切である。ビールを1杯余分に飲むことと引き換えに減らしてもよいと考える焼酎の数量を表す限界代替率は無差別曲線上の各点における傾きであるが，この無差別曲線の場合は，曲線の上から下へ移動するほど，傾きは小さくなる。つまりビールを1杯余分に飲むことと引き換えに減らしてもよいと考える焼酎の数量が，徐々に減ることを描いている。

ウ：不適切である。この無差別曲線の場合は，曲線の上から下へ移動するほど，傾き（限界代替率）が大きくなる。つまりビールを1杯余分に飲むことと引き換えに減らしてもよいと考える焼酎の数量が，徐々に増えることを描いている。

エ：不適切である。L字の無差別曲線は，2財が完全補完関係にあることを表す。この無差別曲線は，「2つの財を双方同量（同率）で消費しないと意味がない」ことを表している。ビールと焼酎の関係でいえば，焼酎1杯に対して，ビールも1杯飲むことがAさんの満足となる。ビールを2杯飲むためには，焼酎も2杯飲まなければならないので限界代替率は逓減しない。

　よって，イが正解である。

第8章 消費者行動と需要曲線

	ランク	1回目	2回目	3回目
効用理論	A	/	/	/

■平成 27 年度　第 12 問

　常に一定の固定比率で一緒に消費されるような財を完全補完財という。完全補完財であるような2財の無差別曲線を示す図として，最も適切なものを下記の解答群から選べ。

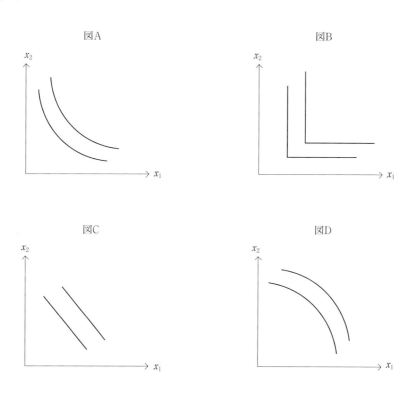

〔解答群〕

　ア　図A　　イ　図B　　ウ　図C　　エ　図D

445

解答	イ

■解説

　補完財とは，「一緒に使われないと効用が得られない財」のことであり，たとえば，ゲーム機とゲームソフトなどが挙げられる。片方の財の価格が低下した場合，もう片方の財は価格が不変でも需要は増加するという特性を持つ。また，片方の財の消費量を減らしたときに，もう片方の財の消費量を増やすことで効用水準を一定に保つことができない特性も持つ。

　一方，代替財とは，互いに代替えする関係にある財である。ごはんとパンの関係では，米の価格が上昇してごはんの需要が下がっても，消費者はパンを買うことでその効用を維持することができる。この場合，パンとごはんは相互に代替財になる。

ア：不適切である。標準的な無差別曲線である。このような無差別曲線は，X 財と Y 財が交換可能であり，双方は代替的である。

イ：適切である。2 財が完全補完関係にある場合，無差別曲線は L 字型になる。この無差別曲線は，「2 つの財を双方同量（同率）で消費しないと意味がない」ことを表している。ゲーム機とゲームソフトの関係でいえば，ゲーム機 1 台に対して，ゲームソフトは 1 つしか使えない（同時に 2 つ以上は使えない）。したがって，ゲーム機 1 に対してゲームソフト 1 が費消され，効用が維持されるという関係が「完全補完的」であるという。

ウ：不適切である。X 財と Y 財が一定割合で交換可能な関係は，「完全代替的」であるという。「完全補完的」な関係ではないので，不適切となる。

エ：不適切である。この場合も X 財と Y 財は代替的である。ただし，このように原点に対して凹型の無差別曲線は，X 財または Y 財のどちらか 1 種類の財だけが好まれる状態に描かれる。

　よって，イが正解である。

効用理論

	ランク	1回目	2回目	3回目
効用理論	B	/	/	/

■令和2年度　第14問

　企業や商店にとって，消費者の嗜好を知ることは重要である。下図のような無差別曲線を持つ消費者の嗜好に関する記述として，最も適切なものを下記の解答群から選べ。

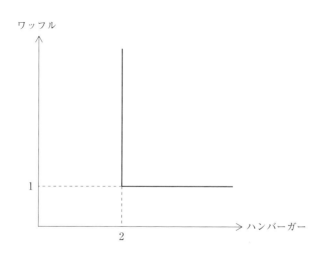

〔解答群〕

ア　この消費者は，ハンバーガー2個かワッフル1個のいずれかを選んで消費することを好んでいることが分かる。

イ　この消費者は，ハンバーガー2個に対して，ワッフルの消費を増やすほど効用が増加する，ワッフルが大好きな消費者であることが分かる。

ウ　この消費者は，ワッフル1個に対して，ハンバーガーの消費を2個以上に増やしたとしても，効用は変わらないことが分かる。

エ　この消費者は，ワッフル1個に対して，ハンバーガーの消費を増やすほど効用が増加する，ハンバーガーが大好きな消費者であることが分かる。

| 解答 | ウ |

■解説

　本問は，L字型の無差別曲線に関する問題である。2財が完全補完関係にある場合，無差別曲線はL字型になる。この無差別曲線は，「2つの財を決まった量で消費しないと意味がない」ことを表している。手袋の左右の関係でいえば，右手の手袋1つに対して左手の手袋は1つでないと効用は得られない。したがって，右手の手袋1に対して左手の手袋1が消費され，効用が維持されるという関係が「完全補完的」であるという。

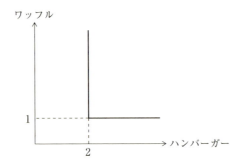

ア：不適切である。この消費者は，ハンバーガー2個かワッフル1個のいずれかを選ぶのではなく，必ずハンバーガー2個とワッフル1個を消費することを好んでいることがわかる。

イ：不適切である。この消費者は，ハンバーガー2個に対して，必ずワッフル1個を消費することで効用を得る。ワッフルの消費を増やすほど効用が増加するわけではない。

ウ：適切である。この消費者は，ワッフル1個に対して，ハンバーガーの消費を2個以上に増やしたとしても，効用は変わらない。

エ：不適切である。この消費者は，ワッフル1個に対して，ハンバーガーを2個消費することで効用を得る。ハンバーガーの消費を増やすほど効用が増加するわけではない。

　よって，ウが正解である。

効用理論	ランク	1回目	2回目	3回目
	B	/	/	/

■平成24年度　第16問

下図は，X財とY財に対するある個人の無差別曲線（U_1, U_2, U_3）を描いたものである。U_1, U_2, U_3 は直線であるものとし，A点とB点は無差別曲線 U_1 上にあり，C点は無差別曲線 U_3 上にある。

この図の説明として最も適切なものを下記の解答群から選べ。

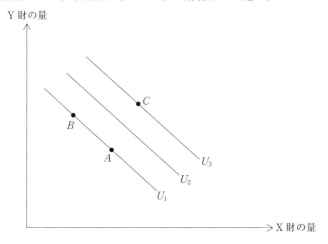

〔解答群〕

ア　効用の不飽和性が成り立つ場合，A点とC点の効用水準は等しい。

イ　これらの無差別曲線の限界代替率は逓減している。

ウ　これらの無差別曲線は，2つの財が完全代替財であることを意味している。

エ　これらの無差別曲線は，2つの財が完全補完財であることを意味している。

オ　無差別曲線 U_1 上でA点から得られる効用水準は，B点から得られる効用水準よりも高い。

解答	ウ

■解説

　効用理論の基礎的な問題である。参考書などで効用理論の基礎的論点を把握しておくことが必要である。

ア：不適切である。効用の不飽和性とは，財の数量が多ければ多いほど消費者の満足度（効用）が高くなるということである。この条件が成り立つ場合，無差別曲線は原点から離れるほど高い効用を得ていることを表す。また，1つの無差別曲線上ではどこの点でも同じ効用水準となる。したがって，無差別曲線 U_1 と U_3 では効用の大きさが異なるため，A点とC点の効用水準は異なり，C点のほうがA点より効用は高い。

イ：不適切である。限界代替率とは，効用水準を一定に保つための2種類の財の交換比率である。本問のグラフではX財とY財との無差別曲線上での交換比率である。通常の無差別曲線は原点に向かって凸型になっているので，交換比率＝限界代替率は一定ではないが，本問のグラフは直線なので，線上のどこにおいても，X財とY財の交換比率は同一である。

ウ：適切である。無差別曲線は同じ効用水準における2つの財の量の組み合わせを表したものである。本問のグラフのX財とY財を例にすれば，無差別曲線 U_1 上で，X財の消費が0でもY財を数単位消費できれば同じ効用水準を保つことができる。したがって，X財とY財は代替財の関係であるといえる。そして，無差別曲線が直線の場合，代替率は一律なので，そのような代替財は完全代替財という。

エ：不適切である。補完財とはゲーム機の本体とソフトの関係のように，ゲーム機の価格が下落すればゲームソフトの価格は不変でも需要が高まるような関係の財である。無差別曲線上の2財の関係は，片方の消費量が0でももう片方の消費ができれば同じ効用を得ることができる財であり，それは代替財という。

オ：不適切である。上記でも説明したように，同一の無差別曲線上におけるどこの点でも効用水準は同じである。

　よって，ウが正解である。

2. 予算制約と消費者の選択行動

▶▶ 出題項目のポイント

　予算制約とは，前項の効用理論で述べた「使える範囲のお金」によって財の購入数量が制約されるということである。消費者行動において効用が最大となる消費量は，下記の無差別曲線と予算制約線の接点となる。

　消費者は予算制約がない場合，最も高い効用を実現できる効用水準を選択しようとする。具体的には，最も原点から遠い無差別曲線を選ぼうとする。しかし，そのためにはそれを購入するためのお金が必要になるが，お金は無限ではないため，現状，その消費者が所有しているお金の範囲で購入できる効用水準が最大の効用となる。

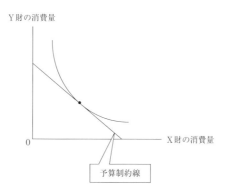

　なお，予算制約線は所得が増加すると右斜め上にシフトし，減少すると左斜め下にシフトする。

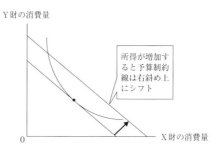

　また，財の価格が変化した場合は，次図のように，斜めにシフトする。

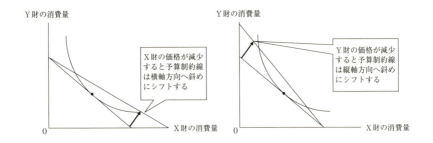

▶▶ 出題の傾向と勉強の方向性

平成22年度第2問（設問2），平成21年度第20問，平成23年度第18問，平成25年度第13問・第19問・第20問，平成26年度第15問・第17問，平成27年度第14問，平成28年度第15問，令和2年度第13問で出題されている。

所得の増減による予算制約線の動きと予算制約線と無差別曲線の接点が最適消費点であることを理解しておこう。

■取組状況チェックリスト

2. 予算制約と消費者の選択行動				
問題番号	ランク	1回目	2回目	3回目
平成22年度 第2問（設問2）	A	/	/	/
平成25年度 第13問	A	/	/	/
平成27年度 第14問	A	/	/	/
平成28年度 第15問	A	/	/	/
平成26年度 第15問	A	/	/	/
令和2年度 第13問	B	/	/	/
平成25年度 第19問	A	/	/	/
平成25年度 第20問	A	/	/	/
平成26年度 第17問	A	/	/	/
平成23年度 第18問	C*	/	/	/

＊ランクCの問題と解説は，「過去問完全マスター」のHP（URL：https://jissen-c.jp/）よりダウンロードできます。

予算制約と消費者の選択行動	ランク	1回目	2回目	3回目
	A	/	/	/

■平成 22 年度　第 2 問（設問 2）

貯蓄に関する下記の設問に答えよ。

　個々の家計において，収入のうち，どの程度を消費に回し，どの程度を貯蓄に回すかは，下図に示される「現在の消費」と「将来の消費」に関する無差別曲線と予算制約式によって決定される。無差別曲線の位置・形状の変化を通じて貯蓄額に影響を与えることを示す最も適切なものを下記の解答群から選べ。

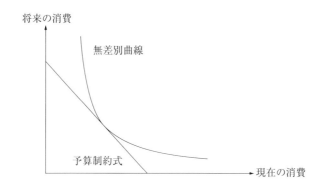

〔解答群〕

　ア　家族の構成員が新たに働くことによって収入が上がり，貯蓄額が上昇する。

　イ　定年退職して収入が下がり，貯蓄額が低下する。

　ウ　利子率が低下することで，貯蓄の魅力が低下し，貯蓄額が下がる。

　エ　老後の生活への不安が高まり，貯蓄額が上昇する。

解答	エ

■解説

本問は，異時点間の最適消費に関する論点である。

収入が増えれば予算制約線が右斜め上方向へ移動し，収入が減れば予算制約線が左斜め下方向へ移動する。

予算制約式と無差別曲線との接点で現在と将来の消費が決まり，現在の所得と消費の差が貯蓄となる。

ア：不適切である。収入の増加は，予算制約線の位置を0から遠く，つまり，右斜め上方向へ移動させる。それにより，貯蓄額が増加するが，現在の消費と将来の消費の比率は変わらないため，無差別曲線の位置・形状も変わらない。

イ：不適切である。収入の減少は，予算制約線の位置を0に近づける，つまり，左斜め下方向へ移動させる。それにより，貯蓄額は減少するが，現在の消費と将来の消費の比率は変わらないため，無差別曲線の位置・形状も変わらない。

ウ：不適切である。利子率の低下は，予算制約式の傾きを小さくさせる。それにより，貯蓄額が減少するが，現在の消費と将来の消費の比率は変わらないため無差別曲線の位置・形状も変わらない。

エ：適切である。老後の不安で貯蓄を好む傾向が強くなれば，現在の消費を減らして貯蓄を増やそうとする。つまり，消費者が望む現在の消費と将来の消費の比率（効用水準）が変わることになり，結果，無差別曲線の傾きが小さくなるため，形状が変化する。

よって，エが正解である。

454

第8章 消費者行動と需要曲線

予算制約と消費者の 選択行動	ランク	1回目	2回目	3回目
	A	/	/	/

■平成25年度　第13問

　人生を若年期（期間1）と老年期（期間2）とに分ける。期間 i (i=1,2) における消費を Ci, 所得を Yi, 利子率を r とする。貯蓄と借入（負の貯蓄）は若年期においてのみ行われ，老年期を終える時点では貯蓄も借入も残さないものとする。

　下図は，横軸に若年期の消費（C_1）を，縦軸に老年期の消費（C_2）をとり，若年期と老年期の所得を所与として，貯蓄や借入に制約がない場合に選択可能な若年期と老年期の消費の組み合わせを右下がりの直線 AB で表している。

　直線 AB の形状の説明として，最も適切なものを下記の解答群から選べ。

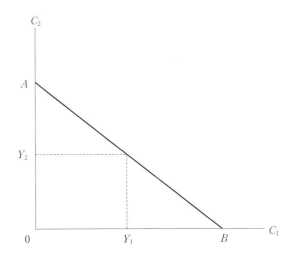

〔解答群〕

　ア　縦軸の切片が $Y_1 + (1+r) Y_2$ で，傾きが $-(1+r)$ の直線。

　イ　縦軸の切片が $Y_1 + (1+r) Y_2$ で，傾きが $-1/(1+r)$ の直線。

　ウ　縦軸の切片が $(1+r) Y_1 + Y_2$ で，傾きが $-(1+r)$ の直線。

　エ　縦軸の切片が $(1+r) Y_1 + Y_2$ で，傾きが $-1/(1+r)$ の直線。

解答	ウ

■解説

異時点間の消費・貯蓄理論に関する問題である。

縦軸の切片とは，若年期に消費を全くしなかった場合のことである。つまり，C_1 が0だった場合であり，老年期の消費 C_2 は若年期に得た所得 Y_1 に加え，老年期に得た所得 Y_2 のすべてを消費することになる。

若年期の所得 Y_1 は，老年期までに利子が加算されているため，$(1+r)Y_1$ となる。したがって，縦軸の切片は，$(1+r)Y_1+Y_2$ であり，選択肢ウ・エが正解の候補となる。

選択肢ウとエの違いは，傾きが $-(1+r)$ か，$-1／(1+r)$ かである。

横軸の切片は，今期の所得と，来期に見込まれる所得を先取り（つまり，借金）してすべて，今期に消費する額になる。銀行は，借り手の来期の所得÷（1＋利子率）を借り手に貸す。

したがって，今期の消費額＝今期の所得＋（来期の所得÷（1＋利子率））つまり，

$Y_1+Y_2÷(1+r)$ となる。

傾き＝縦軸の切片の値÷横軸の切片の値である。

したがって，傾き ＝ $｛(1+r)Y_1+Y_2｝ ÷ ｛Y_1+Y_2÷(1+r)｝ = (1+r)$ となる。

直線ABの傾きは右肩下がりなので，傾きはマイナスとなり，$-(1+r)$ となる。

よって，ウが正解である。

予算制約と消費者の選択行動	ランク	1回目	2回目	3回目
	A	/	/	/

■平成27年度　第14問

　いま，2財，財 X_1 と財 X_2 を消費可能な個人の効用最大化行動を考える。当該の個人は，所得80を有し，財 X_1 の価格は2，財 X_2 の価格は4という条件のもとで，効用が最大になるよう財 X_1 の消費量 x_1 と財 X_2 の消費量 x_2 とを組み合わせることができる。この個人の効用関数は $U = x_1 x_2$ と与えられており，合理的な当該個人は，$x_1 = 20$，$x_2 = 10$ という組み合わせを選択することが分かっている。下図では，縦軸の切片 a と横軸の切片 b とを結ぶ予算制約線と無差別曲線 U の接点として，効用最大化の行動が図示されている。

　この状況を説明する記述として，最も適切なものを下記の解答群から選べ。

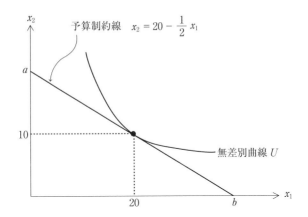

〔解答群〕

ア　この個人は，所得80の使い道として，$x_1 = 20$，$x_2 = 10$ 以外の組み合わせを選択することで効用を一層高める余地が残されている。

イ　財 X_2 の消費量がゼロならば，財 X_1 を30消費することで所得80を使い切ることができる。

ウ　縦軸の切片 a の値は，財 X_1 の価格に応じて変化する。

エ　無差別曲線 U 上の2財の組み合わせ（x_1, x_2）では，いずれも効用水準が200で一定である。

解答	エ

■解説

　予算制約とは,「使える範囲のお金」によって財の購入数量が制約されるということである。消費者行動において効用が最大となる消費量は,下記の無差別曲線と予算制約線の接点となる。

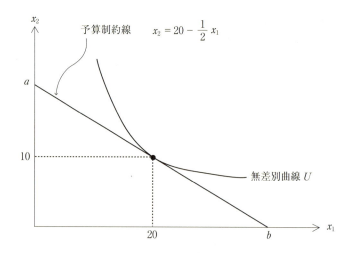

　消費者は予算制約がない場合,最も高い効用を実現できる効用水準を選択しようとする。具体的には,最も原点から遠い無差別曲線を選ぼうとする。そのためには,それを購入するためのお金が必要になるが,お金は無限ではないため,現状,その消費者が所有しているお金の範囲で購入できる効用水準が最大の効用となる。この内容を踏まえ,各選択肢を検証する。

　　ア：不適切である。無差別曲線Uの上では,当該消費者にとっての効用は同じであるが,最適な点は予算制約線と無差別曲線との接点のみとなるので,所得80の使い道として,$x_1=20$,$x_2=10$ 以外の組み合わせを選択することで効用を一層高める余地は残されていない。

第 8 章　消費者行動と需要曲線

イ：不適切である。財 X_2 の消費量がゼロのとき，所得 80 を使い切るためには，
$x_2 = 20 - \dfrac{1}{2} x_1$ の式に，$x_2 = 0$ を代入して，x_1 について解けばよい。すると
x_1 は 40 となる。つまり，財 X_1 を 40 消費することで所得 80 を使い切ることができる。

ウ：不適切である。縦軸の切片 a の値は，財 X_1 の価格ではなく，予算制約線のシフトによって変化する。つまり，当該消費者の所得の変化に応じて変化する。

エ：適切である。無差別曲線 U 上の 2 財の組み合わせ（x_1，x_2）は，どこをとっても同じ効用である。つまり，合理的な当該個人が選択する最適点（$x_1 = 20$，$x_2 = 10$）と無差別曲線 U 上の点は，どこも同様の効用である。$U = x_1 x_2$ に最適点の値 $x_1 = 20$，$x_2 = 10$ を代入すると $U = 200$ となるので，いずれも効用水準が 200 で一定であるといえる。

よって，エが正解である。

第8章　消費者行動と需要曲線

予算制約と消費者の選択行動	ランク	1回目	2回目	3回目
	B	/	/	/

■令和2年度　第13問

家計においては，効用を最大化するために，予算制約を考えることが重要となる。この家計は，X財とY財の2財を消費しているものとする。

下図に関する記述として，最も適切なものを下記の解答群から選べ。

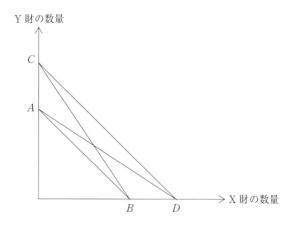

〔解答群〕

ア　予算線 AB は，この家計の所得と Y 財の価格を一定として X 財の価格が下落すると，AD へと移動する。

イ　予算線 AB は，この家計の所得を一定として X 財と Y 財の価格が同じ率で上昇すると，CD へと平行移動する。

ウ　予算線 CD は，この家計の所得が増加すると，AB に平行移動する。

エ　予算線 CD は，この家計の所得と X 財の価格を一定として Y 財の価格が上昇すると，CB へと移動する。

解答	ア

■解説

本問は，予算制約線に関する問題である。2財モデル（X財，Y財）における予算制約線は以下の式とグラフで表される。

$$Y = -\frac{P_X}{P_Y}X + \frac{M}{P_Y} \quad (傾き：2財の価格比 -\frac{P_X}{P_Y})$$

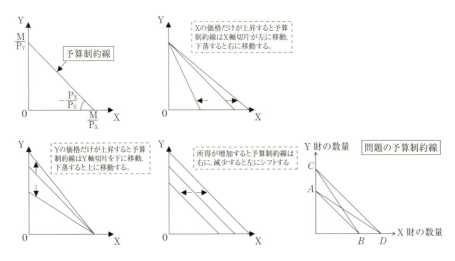

ア：適切である。予算線 AB は，この家計の所得と Y 財の価格を一定として X 財の価格が下落すると，AD へと移動する。

イ：不適切である。予算線 AB は，この家計の所得を一定として X 財と Y 財の価格が同じ率で下落（上昇ではない）すると，CD へと平行移動する。

ウ：不適切である。予算線 CD は，この家計の所得が減少（増加ではない）すると，AB に平行移動する。

エ：不適切である。予算線 CD は，この家計の所得と X 財の価格を一定として Y 財の価格が上昇すると，AD（CB ではない）へと移動する。

よって，アが正解である。

予算制約と消費者の選択行動

ランク A

■平成 28 年度　第 15 問

ある個人が限られた所得を有しており，財 X_1 と財 X_2 を購入することができる。下図には，同一の所得にもとづいて，実線の予算制約線 A と破線の予算制約線 B とが描かれている。また，予算制約線 A と点 E で接する無差別曲線と，予算制約線 B と点 F で接する無差別曲線も描かれている。下図に関する記述として，最も適切なものを下記の解答群から選べ。

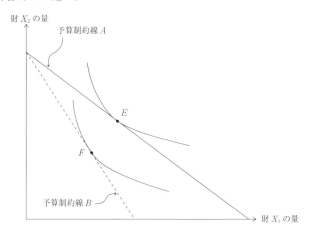

〔解答群〕

ア　等しい所得の下で予算制約線が描かれているので，点 E と点 F から得られる効用水準は等しい。

イ　予算制約線 A と予算制約線 B を比較すると，予算制約線 B の方が，財 X_2 の価格が高いことを示している。

ウ　予算制約線 A と予算制約線 B を比較すると，予算制約線 B の方が，実質所得が高いことを示している。

エ　予算制約線 A と予算制約線 B を比較すると，両財の相対価格が異なることが示されている。

解答	エ

■解説

　予算制約とは，「使える範囲のお金」によって財の購入数量が制約されるということである。

　消費者は予算制約がない場合，最も高い効用を実現できる効用水準を選択しようとする。具体的には，最も原点から遠い無差別曲線を選ぼうとする。そのためにはそれを購入するお金が必要になるが，お金は無限ではないため，現状，その消費者が所有しているお金の範囲で購入できる効用水準が最大の効用となる。

　消費者行動において効用が最大となる消費量は，無差別曲線と予算制約線の接点となる。

　ア：不適切である。消費者の効用水準は効用曲線上であれば等しい。点Eと点Fは別々の効用曲線上の点なので，効用水準は異なる。原点から遠い無差別曲線のほうが効用水準は高いので，効用水準は点E＞点Fとなる。

　イ：不適切である。予算制約線Aと予算制約線Bを比較すると，予算制約線Bのほうが財X_1を買える量は少ないため，財X_1の価格が高いことを示している。なお，財X_2の価格は予算制約線AとBの切片が同じ値のため，変わらない。

　ウ：不適切である。予算制約線Aと予算制約線Bを比較すると，予算制約線AのほうがX_1財をたくさん買うことができることから，予算制約線Aのほうが，実質所得が高いことを示している。

　エ：適切である。予算制約線Aと予算制約線Bを比較すると，予算制約線Aのほうが財X_1をたくさん買える＝財X_1の相対的価格が安い（逆にいえば，予算制約線Bのほうが財X_1の相対的価格が高い）。また，予算制約線Bのほうが財X_2をたくさん買える＝財X_2の相対的価格が安い（逆にいえば，予算制約線Aのほうが財X_2の相対的価格が高い）。

　よって，エが正解である。

予算制約と消費者の選択行動

ランク	1回目	2回目	3回目
A	/	/	/

■平成 26 年度　第 15 問

下図には，予算制約線 A と予算制約線 B および，これらの予算制約線上にある a, b, c, d, e という 5 つの点が描かれている。ある合理的な消費者にとって最も高い効用をもたらすのは，予算制約線 A 上ならば点 c であり，予算制約線 B 上ならば点 d であることがわかっている。この図の説明として最も適切なものを下記の解答群から選べ。

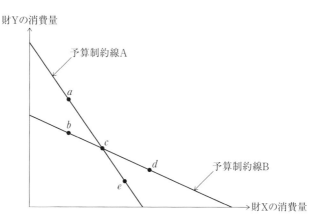

〔解答群〕

　ア　図中に点 c より効用が高い点はない。

　イ　図中で点 c より効用が高い点は，点 a と点 e である。

　ウ　図中で点 d より効用が高い点は，点 c である。

　エ　図中に点 d より効用が高い点はない。

解答	エ

■解説

効用と無差別曲線に関する問題である。

消費者は使える範囲のお金（予算制約内のお金）で，財市場にある2種類の財を満足度（効用）が最大になるよう購入する。

ある財の消費量が増えるにつれて，その財から得られる効用は次第に小さくなる。なぜなら，人間は満足を得るために同じことを繰り返せばだんだんと飽きて満足度（効用）が減っていくからである。これを「限界効用逓減の法則」という。

同じ満足度を得ることができる2財の消費の組み合わせは複数あるが，その軌跡をつなげたものを無差別曲線という。無差別曲線は，原点（0）から遠くなるほど効用水準は高くなる。

予算制約線A上で最も効用が高いのがc点（＝予算制約線Aにおける最適消費点＝無差別曲線と予算制約線Aの接点），予算制約線B上で最も効用が高いのがd点（＝予算制約線Bにおける最適消費点＝無差別曲線と予算制約線Bの接点）であるが，原点よりも遠いほうの最適消費点が効用が高いので，d点がc点よりも効用が高いといえる。

以上より，d点より効用の高い点はないとわかる。

よって，エが正解である。

466

予算制約と消費者の選択行動

	ランク	1回目	2回目	3回目
予算制約と消費者の選択行動	A	/	/	/

■平成25年度 第19問

　いま，ある地方自治体は，住民（同質的であると仮定）へ地方税を課税して得た財源で公共サービスを提供している。住民は公共サービスを享受しつつ，地方税の税引き後所得を用いて私的財を消費している。もし，地方税をゼロとすれば，私的財の消費量はAとなり，所得のすべてを納税すれば公共サービスの消費量はBとなる。これが予算制約ABとなり，この地方自治体の代表的個人は予算制約上の点Eを選好しているものとする。

　この地方自治体が当該住民の負担にならない「補助金」を国から得たとする。地方自治体は，この一部ないし全部を住民に現金で給付することもできるし，公共サービスを直接的に提供することもできるものとし，この状況が予算制約CDとして描かれている。もし，この「補助金」の全額が住民に対して現金で給付されたならば，代表的個人は点Fを選好するものと考える。

　この図に関する説明として，最も不適切なものを下記の解答群から選べ。

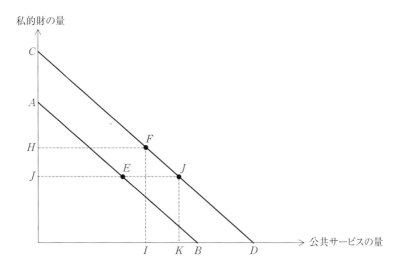

〔解答群〕

ア 「補助金」を得た地方自治体が I の公共サービスを提供するならば，この地方自治体は住民の効用を最大化している。

イ 「補助金」を得た地方自治体が K の公共サービスを提供するならば，住民の効用は点 F が選択される場合よりも低下する。

ウ 「補助金」を得た地方自治体が K の公共サービスを提供するならば，それは「フライペーパー効果」とみることができる。

エ 「補助金」を得た地方自治体がその全額を住民へ現金で給付すると，「補助金」を得る前と比べて，住民の地方自治体への納税額は減少する。

第 8 章　消費者行動と需要曲線

解答	エ

■**解説**

　ア：適切である。地方自治体が I の公共サービスを提供する場合というのは，予
　　　算制約線 CD 上の F 点を実現した場合と同じである。つまり，「補助金」の
　　　全額が住民に対して現金で給付された場合であり，代表的個人が点 F を選
　　　好した場合と同じであるため，自治体は住民の効用を最大化しているといえ
　　　る。

　イ：適切である。選択肢アの説明のとおり，「補助金」を得た地方自治体が住民
　　　の効用を最大化するのは I の公共サービスを提供した場合である。それ以外
　　　の量で公共サービスを提供した場合は，F 点に比べ住民の効用は低下すると
　　　いえる。したがって，自治体が K の公共サービスを提供するならば，住民
　　　の効用は点 F が選択される場合よりも低下する。

　ウ：適切である。フライペーパー効果とは，補助金が地方自治体のもとに入ると
　　　財政支出などに使われ，減税などで住民に還元されることがない現象のこと
　　　である。地方自治体が補助金交付前に税収内で公共サービスを提供していた
　　　のであれば，「補助金」を財政支出に回すのは過剰なサービス提供となり，
　　　望ましくない。この場合は，地元住民に 100％還元することが最も望ましい。
　　　本選択肢で，地方自治体が K の公共サービスを提供するということは，補
　　　助金を住民に還元せず，公共サービス K という財政支出に回したことにな
　　　るため，フライペーパー効果とみることができる。

　エ：不適切である。住民は公共サービスを享受しつつ，地方税の税引き後所得を
　　　用いて私的財を消費している。そして，税金は所得に対する比率で徴収され
　　　ている。自治体が住民に補助金を全額現金で支給した場合，地方税の税引き
　　　前所得が増えるので，納税額は補助金を支給する前よりも増加する。

　よって，エが正解である。

469

	ランク	1回目	2回目	3回目
予算制約と消費者の選択行動	A	/	/	/

■平成 25 年度　第 20 問

　下図は，2 人（A と B），2 財（X と Y）の設定で描かれたエッジワースのボックスダイアグラムである。O_A が個人 A の原点，O_B が個人 B の原点であり，2 人が保有する 2 財の量を識別するため，X と Y の右下には A と B というインデックスが付されている。

　いま，下図では，X と Y にまつわる 2 人の初期の資源配分が線分 DF 上のパレート最適な点 K として与えられている。点 K では，線分 DF と無差別曲線 U_A とが接している。なお，無差別曲線 U_A 上には点 M もある。点線で描かれている線分 CE は線分 DF と同じ傾きを有し，点 N を通過する。線分 CE 上にはパレート最適な点 L も与えられている。

　このとき，下図に関する説明として最も適切なものを下記の解答群から選べ。

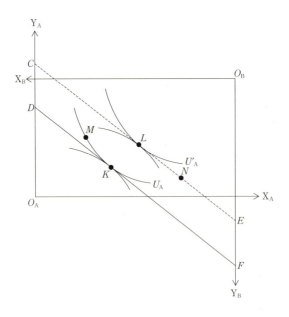

第 8 章　消費者行動と需要曲線

〔解答群〕

　ア　所得再分配によって，点 K から点 L へ財の保有量を変化させることは，パレ
　　　ート効率的である。

　イ　線分 DF の傾きは，2 財の価格の比率と見なすこともできる。

　ウ　点 K から点 M へ財の保有量を変化させても市場の効率性は失われない。

　エ　点 N から点 L へ財の保有量を変化させることは，個人 A と個人 B が保有する
　　　X と Y の合計量をそれぞれ増加させる。

| 解答 | イ |

■解説

　パレート最適のエッジワースのボックスダイヤグラムに関する問題である。パレート最適（パレート効率性）は，ミクロ経済学において，完全競争市場が最も望ましい市場であることを考察する分析方法の1つである「純粋交換経済」の論点に属する用語である。

　まず下記のように，2人分の無差別曲線を書く。左側にはAさんの無差別曲線，次にBさんの無差別曲線が書かれている。Bさんのグラフを反転・合体させると下記の最も右側のグラフになる。これがエッジワースのボックスダイアグラムである。

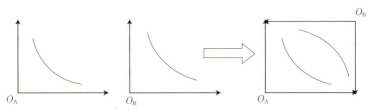

　仮にAさんとBさんがそれぞれX財とY財を持っていたとする。このときの，Aさんの効用を示す無差別曲線はU_A，U'_A，Bさんの効用を示す無差別曲線はU_B，U'_Bで表される。

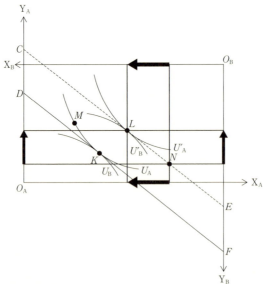

第8章　消費者行動と需要曲線

　K点やL点は2人の無差別曲線の接点になっており，2人の無差別曲線の接点はすべてパレート最適になる。このパレート最適になる接点を結んだものは「契約曲線」といわれる。

　なお，問題を解くにあたり，無差別曲線は原点から遠くなるほど効用が高くなることを押さえておこう。Aさんの効用は図のO_Aから遠くなるほど高くなり，Bさんの効用は図のO_Bから遠くなるほど高くなる。

　また，パレート最適は，「他の消費者の効用を減少させずにもう一方の消費者の効用を高めることができない状況」のことである。

　ア：不適切である。問題文の図において，点KからLへ財の保有量を変えると，Aさんの効用は高くなるが，Bさんの効用は低くなる。片方の効用が減少しているので，パレート最適ではないといえる。

　イ：適切である。線分DFは予算制約線である。予算制約線は，一定の予算内で消費できるX財とY財の組み合わせを表している。そのため，予算制約線の傾きは，X財とY財の価格比であるといえる。

　ウ：不適切である。点Kから点Mへの財の保有量の変化は同じ効用曲線上の移動である。同じ効用曲線上の点は，Aさんにとって同じ効用をもたらすが，保有量は増加しているので，Bさんの効用水準は下がる。したがって，パレート最適ではなくなっているため，市場の効率性は低下する。

　エ：不適切である。点Nから点Lへの財の保有量の変化は，前ページの図の矢印のとおり，①AさんのX財の消費量を減少させ，Y財の消費量を増加させる，②BさんのX財消費量を増加させ，Y財の消費量が減少させる。したがって，Aさん，Bさんが保有するX財，Y財の合計量は変わらない。

　よって，イが正解である。

473

予算制約と消費者の選択行動	ランク	1回目	2回目	3回目
	A	/	/	/

■平成26年度 第17問

　下図は，標準的なエッジワース・ボックスであり，左下にAさんの原点，右上にBさんの原点がとられている。横軸はAさんにとっての財Xの量x_AとBさんにとっての財Xの量x_Bを意味し，縦軸はAさんにとっての財Yの量y_AとBさんにとっての財Yの量y_Bを意味している。図中にあるAさんの無差別曲線はAさんの原点に近い側からU_1^A, U_2^A, U_3^A, U_4^Aとなっている。Bさんの無差別曲線はBさんの原点に近い側からU_1^B, U_2^B, U_3^B, U_4^Bとなっている。点C，点D，点F，点Gは，AさんとBさんの無差別曲線が接する点であり，これらの点を結んだ軌跡が右上がりの実線として描かれている。この図に関する説明として最も適切なものを下記の解答群から選べ。

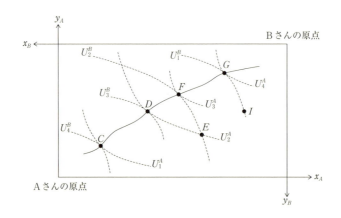

〔解答群〕

ア　Bさんにとって，点Gは，点Eよりも効用が高い。

イ　Bさんにとって，点Gは，点Iよりも効用が高い。

ウ　点C，点D，点F，点Gはパレート最適であり，これらの点を通過する右上がりの実線は「契約曲線」と呼ばれる。

エ　点Cと点Dは，AさんとBさんの双方にとって無差別である。

オ　点Dは，点Gに比べてパレートの意味で効率性を改善する配分である。

第8章 消費者行動と需要曲線

| 解答 | ウ |

■解説

　パレート最適のエッジワースのボックスダイヤグラムに関する問題である。パレート最適（パレート効率性）は，ミクロ経済学において，完全競争市場が最も望ましい市場であることを考察する分析方法の1つである「純粋交換経済」の論点に属する用語である。

　まず下記のように，2人分の無差別曲線を描く。左側にはAさんの無差別曲線，次にBさんの無差別曲線が描かれている。Bさんのグラフを反転・合体させると下記の最も右側のグラフになる。これがエッジワースのボックスダイヤグラムである。

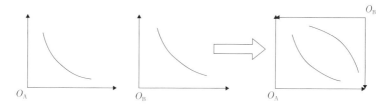

　仮にAさんとBさんがそれぞれX財とY財を持っていたとする。このときの2人の効用は，下記のとおりU_Aの1~4とU_Bの1~4の無差別曲線で表される。

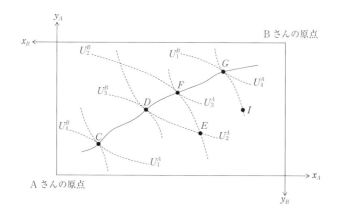

　C点，D点，F点，G点は2人の無差別曲線の接点になっており，2人の無差別曲線の接点はすべてパレート最適になる。このパレート最適になる接点を結んだ実線部

475

分は「契約曲線」といわれる。

なお，問題を解くにあたり，無差別曲線は原点から遠くなるほど効用が高くなることを押さえておこう。Aさんの効用は，図の「Aさんの原点」から遠くなるほど高くなり，Bさんの効用は図の「Bさんの原点」から遠くなるほど高くなる。

また，パレート最適とは，「他の消費者の効用を減少させずにもう一方の消費者の効用を高めることができない状況」のことである。

ア：不適切である。点Gは点EよりもBさんの原点からみて近い。すなわち，点Gは，点Eよりも効用が低い。

イ：不適切である。点Gと点Iは同じ無差別曲線上の点である。同じ無差別曲線上にある点はBさんにとって，効用の高さは同じであることを示す。

ウ：適切である。上記の説明のとおり，点C，点D，点F，点Gはパレート最適であり，これらの点を通過する右上がりの実線は「契約曲線」と呼ばれる。

エ：不適切である。点Cと点Dは，AさんとBさんの双方にとってパレート最適なのであって，無差別なのではない。

オ：不適切である。点Dと点Gはパレート最適であるため，パレート改善の余地はない。

よって，ウが正解である。

3. 代替効果と所得効果

▶▶ 出題項目のポイント
①代替効果と所得効果

　代替効果と所得効果は，財の価格の上下が消費量に及ぼす影響のことである。ある財の価格が下がった場合，消費者は今まで以上にその財の消費量を増やそうとする効果を代替効果という。一方，ある財の価格の下落は消費者の所得が増えたのと同じ効果である。所得が増えれば，その時点よりも高い効用水準を求めることになるため，より原点より遠い無差別曲線に移ることになる。下図Aの移動が代替効果，Bの移動が所得効果となる。

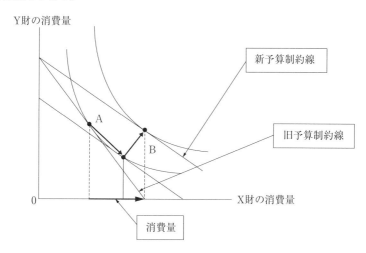

　なお，代替効果と所得効果によって財の消費量は増加するが，増加の度合いは財の性質によって異なる。

②財の種類による代替効果と所得効果の違い

　上級財は財の価格が下落した場合，代替効果でも所得効果でも消費量を増加させる。中級財は，価格が下落した場合，所得効果では消費量を変化させない。下級財は，価格が下落した場合，代替効果では消費量を増加させるが，所得効果では消費量を減少させる。

　ギッフェン財は超下級財といわれているが，価格が下落した場合，代替効果では消

477

費量が増加するが，所得効果で代替効果を打ち消してしまうほど消費量を減少させる。

▶▶ 出題の傾向と勉強の方向性

平成13年度第19問，平成15年度第16問，平成16年度第20問，平成18年度第12問，平成19年度第16問，平成20年度第18問，平成23年度第19問，平成24年度第17問，平成25年度第14問，平成26年度第16問，平成27年度第13問，平成28年度第16問，平成29年度第16問，令和2年度第15問で出題されている。

代替効果と所得効果による無差別曲線上の最適消費点の動きを把握した上で，財の性質（上級・中級・下級・ギッフェン財）による消費量の増減を理解しよう。

■取組状況チェックリスト

3. 代替効果と所得効果					
問題番号	ランク	1回目	2回目	3回目
令和2年度 第15問	A	／	／	／
平成26年度 第16問	A	／	／	／
平成23年度 第19問	A	／	／	／
平成24年度 第17問	A	／	／	／
平成28年度 第16問	A	／	／	／
平成25年度 第14問	A	／	／	／
平成27年度 第13問	B	／	／	／
平成29年度 第16問	B	／	／	／

代替効果と所得効果

	ランク	1回目	2回目	3回目
	A	/	/	/

■令和2年度　第15問

　働くことにより得られる所得と余暇のバランスを考えることは重要である。下図は，家計の所得と余暇の組み合わせについて，予算制約線と無差別曲線を用いて示したものである。賃金の上昇に伴う点Eから点Fへの移動に関する記述として，最も適切なものを下記の解答群から選べ。

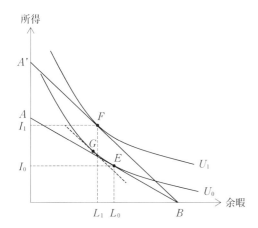

〔解答群〕

　ア　点Eから点Gへの変化は，実質所得の増加によって，正常財としての余暇の需要が増加する部分であり，「所得効果」という。

　イ　点Eから点Gへの変化は，賃金の上昇によって，時間の配分が余暇から労働に切り替えられた部分であり，「代替効果」という。

　ウ　点Gから点Fへの変化は，実質所得の増加によって，正常財としての余暇の需要が減少する部分であり，「所得効果」という。

　エ　点Gから点Fへの変化は，賃金の上昇によって，時間の配分が労働から余暇に切り替えられた部分であり，「代替効果」という。

| 解答 | イ |

■解説

　本問は，スルツキー分解に関する問題である。財の価格が変化したとき，消費者の需要の変化が所得効果と代替効果に分解されるとする理論である。

　所得効果とは，財の価格下落がより高い無差別曲線の実現をもたらすことである。代替効果とは，消費者が相対的に高くなった財より相対的に安くなった財に選択を変えることである。本問は2財が所得と余暇に置き換わっており，所得は労働時間×賃金であり，労働時間と余暇時間はトレードオフの関係になっている。代替効果が下図の①，所得効果が下図の②である。

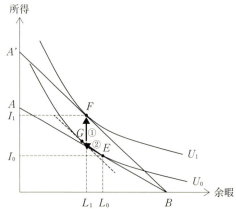

ア：不適切である。点Eから点Gへの変化は，賃金の上昇により時間が余暇から労働時間へ配分が切り替わったことを表し，「代替効果」という。

イ：適切である。点Eから点Gへの変化は，賃金の上昇によって，時間の配分が余暇から労働に切り替えられた部分であり，「代替効果」という。

ウ：不適切である。点Gから点Fへの変化は，実質所得の増加によって，正常財としての余暇の需要が増加（減少ではない）する部分であり，「所得効果」という。

エ：不適切である。点Gから点Fへの変化は，実質所得の増加によって，正常財としての余暇の需要が増加する部分（賃金の上昇によって，時間の配分が労働から余暇に切り替えられた部分ではない）であり，「所得効果」（「代替効果」ではない）という。

　よって，イが正解である。

代替効果と所得効果

	ランク	1回目	2回目	3回目
代替効果と所得効果	A	/	/	/

■平成 26 年度　第 16 問

下図は，財 X と財 Y を消費する合理的個人が予算制約線 A に直面し，予算制約線 A と無差別曲線 U_1 との接点 L で効用を最大化する状態を描いている。他の条件を一定として，財 X の価格の低下によって予算制約線が B へと変化すると，この合理的個人は，予算制約線 B と無差別曲線 U_2 との接点 N を選択することで効用を最大化することができる。なお，破線で描かれた補助線は，予算制約線 B と同じ傾きを有し，点 M で無差別曲線 U_1 と接している。この図に関する説明として最も適切なものを下記の解答群から選べ。

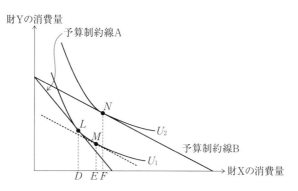

〔解答群〕

ア　この図における財 X は，下級財の特性を示している。

イ　財 X の価格の低下によって効用を最大化する消費の組み合わせは点 L から点 N へ変化した。この変化のうち「所得効果」は点 L から点 M への変化によって示されている。

ウ　財 X の価格の低下によって効用を最大化する消費の組み合わせは点 L から点 N へ変化した。この変化のうち「代替効果」は点 M から点 N への変化によって示されている。

エ　財 X の価格の低下による「代替効果」のみを考えると，財 Y の消費量が減少することが示されている。

解答	エ

■解説

代替効果と所得効果に関する問題である。

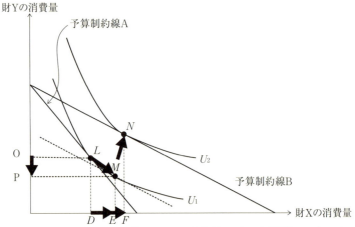

代替効果と所得効果は，財の価格の上下が消費量に及ぼす影響のことである。ある財の価格が下がった場合，消費者は今まで以上にその財の消費量を増やそうとする効果を代替効果という。一方，ある財の価格の下落は消費者の所得が増えたのと同じ効果である。所得が増えれば，その時点よりも高い効用水準を求めることになるため，より原点より遠い無差別曲線に移ることになる。上図においては，点Lから点Mへの移動が代替効果，点Mから点Nの移動が所得効果となる。

点Lから点Mへの移動により，財Xの消費量は点Dから点Eに増加する。つまり代替効果による消費量の増加である。そして，点Mから点Nへの移動により財Xの消費量は点Eから点Fに増加する。つまり，所得効果による消費量の増加である。

代替効果でも所得効果でも消費量を増加させる財は「上級財」という。なお，「下級財」は財の価格が下落した際，代替効果では消費量を増加させるが，所得効果では消費量を減少させる財のことである。

なお，代替効果は同じ予算制約線上における財Xと財Yの消費量のバランスの変化を表すが，本問の場合は価格下落による財Xの消費量増加によって，財Yの消費量は点Oから点Pへ減少する。

よって，エが正解である。

第 8 章　消費者行動と需要曲線

	ランク	1回目	2回目	3回目
代替効果と所得効果	A	/	/	/

■平成 23 年度　第 19 問

　ギッフェン財の特徴として最も適切なものはどれか。なお，当該財の価格が下落した場合を想定する。

　　ア　ギッフェン財は下級財であり，代替効果に伴う消費の増加分が所得効果に伴う消費の減少分を下回る。

　　イ　ギッフェン財は下級財であり，代替効果に伴う消費の減少分が所得効果に伴う消費の増加分を上回る。

　　ウ　ギッフェン財は上級財であり，代替効果と所得効果によって消費の増加が生じる。

　　エ　ギッフェン財は上級財であり，代替効果に伴う消費の増加分が所得効果に伴う消費の減少分を下回る。

483

解答	ア

■解説

　財は，所得の上下動に対する代替効果，所得効果の動きによって，区分することができる。上級財は所得が上がれば購入されやすくなり，所得が下がれば購入されにくくなる。下級財は所得が下がれば購入されやすくなり，所得が上がれば購入されにくくなる。たとえば，現在年収100万円の消費者は日々，朝食にインスタントコーヒーを飲んでいるとする。この消費者の所得が年収500万円になれば，所得に余裕が出るのでドリップコーヒーを飲むようになる。この場合，インスタントコーヒーは下級財，ドリップコーヒーは上級財となる。

　ギッフェン財は，下級財の一種であるが，価格が低下したにもかかわらず需要が減少してしまう，または，価格が上昇したにもかかわらず需要が増加してしまうような財のことである。

　具体的には，価格が低下した場合，代替効果で需要は増加するが，所得効果でその増加分を打ち消して，最終的には需要が減少することになる。

　一方，価格が上昇した場合，代替効果で需要は減少するが，所得効果での増加分が，代替効果の減少分を打ち消して，最終的には需要が増加することになる。

　実際の世の中にはギッフェン財であると定義される財は存在しないといわれているが，19世紀のアイルランドで飢饉が発生した際に，牛肉よりも価格が高くなったジャガイモに需要が高まるという現象が見られた。

　よって，アが正解である。

代替効果と所得効果	ランク	1回目	2回目	3回目
	A	/	/	/

■平成24年度　第17問

下図は、2つの財（X財とY財）のみを消費する消費者の効用最大化行動を描いたものである。当初の予算制約線はABで与えられ、効用を最大にする消費量の組み合わせは、無差別曲線U_1との接点すなわち座標（G, E）として与えられている。

このとき、X財の価格が下落し予算制約線がACへと変化すると、効用を最大にする消費量の組み合わせは無差別曲線U_2との接点すなわち座標（I, D）へと変化する。なお、補助線（破線）は、予算制約線ACと同じ傾きを持ち、無差別曲線U_1と接するものとする。

この図の説明として、最も適切なものを下記の解答群から選べ。

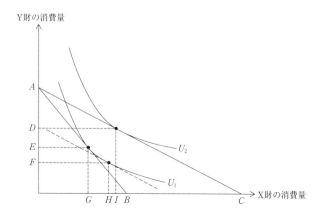

〔解答群〕

ア　X財に生じた所得効果は線分HIの長さで測られ、Y財に生じた所得効果は線分EFの長さで測られる。

イ　X財の価格の低下は、X財の消費量の減少を引き起こしている。

ウ　X財はギッフェン財である。

エ　Y財に生じた所得効果の絶対値は、Y財に生じた代替効果の絶対値よりも大きい。

オ　座標（H, F）の効用水準は、座標（G, E）の効用水準よりも低い。

| 解答 | エ |

■解説

本問は、「消費者行動」（効用理論、予算制約、代替効果と所得効果）に関する総合的かつ基礎的な問題である。通常は、X財の代替効果、所得効果について問われる問題が多いが、本問はY財の効果についても問われている点に注意が必要である。

ア：不適切である。

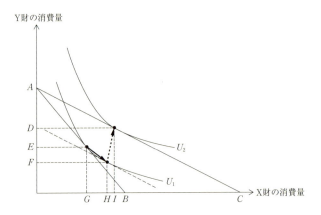

上図の実線矢印を代替効果、点線矢印を所得効果という。所得効果は所得が増減した場合にも生じるが、財の価格が上下した場合にも生じる。なぜなら、所得が変わらなくても財の価格が下落すれば消費できる量は増えるからである。

X財の価格下落により、線分GH分のX財の消費量が増加（代替効果）、さらに、使えるお金が増えたのと同じ効果（＝所得効果）が発生し、予算制約線が上方にシフトし、X財の消費量は線分HI分だけ増加している。この部分は適切である。しかし、Y財については、線分FD分の消費量増加をするので、線分EFとする本肢は不適切である。

イ：不適切である。上記アの解説にもあるとおり、X財の価格下落により代替効果で線分GH、所得効果で線分HI分、X財の消費量は合計で線分GI分増加

486

第8章 消費者行動と需要曲線

した。

ウ：不適切である。価格下落による代替効果・所得効果による財の消費量の増減
　　によって，財は上級財・中級財（中立財）・下級財に分類される。上級財は
　　価格が下落した場合に代替効果・所得効果ともに消費量を増加させる財であ
　　る。中級財は所得効果での増加がない財である。下級財は所得効果で消費量
　　がマイナスになる財のことである。ギッフェン財は超下級財といわれ，代替
　　効果分の消費量増加を所得効果で相殺してしまうほど消費量を減少させる財
　　である。実際に世の中にはそのような財は存在しないといわれている。
　　　Ｘ財は代替効果，所得効果の両方で消費量が増加しているので上級財であ
　　り，ギッフェン財ではない。

エ：適切である。Ｘ財の価格下落はＹ財の消費量減少を発生させる。Ｘ財の価
　　格下落による代替効果でのＹ財の消費量の減少は線分EF，所得効果による
　　消費量の増加分は線分FD である。絶対値で比較した場合，線分FD ＞線分
　　EF なので，本肢は適切である。

オ：不適切である。座標（H，F）と座標（G，E）は同じ無差別曲線上にあるた
　　め，効用水準は同じである。

よって，エが正解である。

487

	ランク	1回目	2回目	3回目
代替効果と所得効果	A	/	/	/

■平成 28 年度　第 16 問

　いま，ある合理的個人が，限られた所得の下で 2 つの財（X, Y）を需要する状況を考える。2 つの財の需要量は，それぞれ D_X および D_Y と表記し，財 X の価格を P_X と表記する。下図は，予算制約線 1 と無差別曲線 1 が点 A で接する状況から，他の条件を一定として P_X のみが下落し，予算制約線 2 と無差別曲線 2 が点 B で接する状況へと変化した様子を描いたものである。この図に関する記述として，最も適切なものの組み合わせを下記の解答群から選べ。

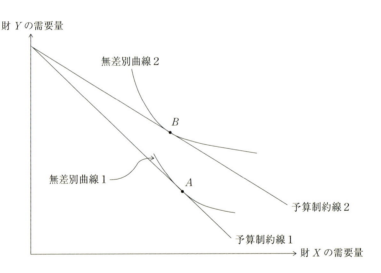

第 8 章　消費者行動と需要曲線

a　財 Y の価格を一定として P_X が下落したとき，代替効果で D_X が増加した。同時に，P_X の下落は，所得効果によって D_X を減少させた。上図では，代替効果よりも所得効果が大きいため，財 X はギッフェン財の性質を示している。

b　財 Y の価格を一定として P_X が下落したとき，代替効果で D_X が増加した。同時に，P_X の下落は，所得効果によっても D_X を増加させた。上図では，代替効果と所得効果がともに D_X を増加させていることから，財 X はギッフェン財の性質を示している。

c　財 Y の価格を一定として P_X が下落したとき，D_Y が増加した。これは，財 Y が財 X の粗代替財であることを示している。

d　財 Y の価格を一定として P_X が下落したとき，D_Y が増加した。これは，財 Y が財 X の粗補完財であることを示している。

〔解答群〕

ア　a と c

イ　a と d

ウ　b と c

エ　b と d

489

| 解答 | イ |

■解説

　代替効果と所得効果は，財の価格の上下が消費量に及ぼす影響のことである。ある財の価格が下がった場合，消費者が今まで以上にその財の消費量を増やそうとする効果を代替効果という。一方，ある財の価格の下落は消費者の所得が増えたのと同じ効果である。所得が増えれば，その時点よりも高い効用水準を求めることになるため，より原点より遠い無差別曲線に移ることになる。下図の①の移動（点A⇒点C）が代替効果，②の移動（点C⇒点B）が所得効果となる。

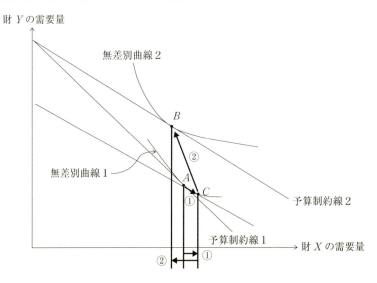

　上級財は財の価格が下落した場合，代替効果でも所得効果でも消費量を増加させる。中級財は，価格が下落した場合，所得効果では消費量を変化させない。下級財は，価格が下落した場合，代替効果では消費量を増加させるが，所得効果では消費量を減少させる。

　ギッフェン財は超下級財といわれているが，価格が下落した場合，代替効果では消費量が増加するが，所得効果で代替効果を打ち消してしまうほど消費量を減少させる。また，他方の財の価格が増加（減少）した場合，消費量が増加（減少）する財を粗代替財，他方の財の価格が増加（減少）した場合，消費量が減少（増加）する財を粗補

第8章　消費者行動と需要曲線

完財という。

　　a：適切である。財 Y の価格を一定として P_X が下落したとき，代替効果で D_X が増加した（点 A ⇒点 C）。同時に，P_X の下落は，所得効果によって D_X を減少させた（点 C ⇒点 B）。上図では，代替効果よりも所得効果が大きいため，財 X はギッフェン財の性質を示している。

　　b：不適切である。財 Y の価格を一定として P_X が下落したとき，代替効果で D_X は増加したが，所得効果によって D_X は減少させた。

　　c：不適切である。財 Y の価格を一定として P_X が下落したとき，D_Y が増加した。これは，財 Y が財 X の粗補完財であることを示している。

　　d：適切である。財 Y の価格を一定として P_X が下落したとき，D_Y が増加した。これは，財 Y が財 X の粗補完財であることを示している。

よって，イが正解である。

代替効果と所得効果

ランク	1回目	2回目	3回目
A	/	/	/

■平成 25 年度　第 14 問

次の文章を読んで，下記の設問に答えよ。

いま，余暇時間 L と労働所得 Y からのみ効用を得るような個人を考える。余暇時間の増加は，24 時間のうち労働する時間が減少することを意味し，賃金率×労働時間で与えられる労働所得が減少するという関係にある。下図では，この個人が直面する予算線は JK であり，無差別曲線 U_1 と接する点 A で最適な余暇時間と労働所得の組み合わせが与えられている。

この状態から，政府が労働所得に比例税率 a を課したとき，予算線は HK へ変化し，最適点は，HK と無差別曲線 U_2 が接する点 B によって与えられる。点線 MN は，政府が一括税を課した場合の予算線であり，JK と平行で点 B を通るように描かれており，点 C で無差別曲線 U_3 と接する。点線 WW は，HK と平行で無差別曲線 U_1 と点 D で接するような補助線である。

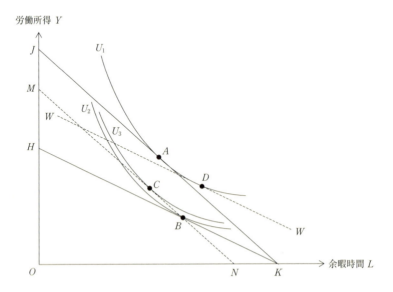

第8章　消費者行動と需要曲線

（設問1）

　この図に関する説明として，最も適切なものはどれか。

　　ア　線分 HO の長さを線分 JO の長さで除した値は，賃金率となる。

　　イ　線分 KO の長さを線分 JO の長さで除した値は，労働所得に課される比例税
　　　　率 a となる。

　　ウ　線分 MN が示す一括税は，線分 HK が示す比例税よりも，この個人が合理
　　　　的に選択する労働時間を短くする。

　　エ　点 B の税収は，点 C の税収と同じである。

（設問2）

　政府が労働所得に比例税率 a を課すと，最適な余暇時間と所得との組み合わせは，
点 A から点 B へと移る。所得への課税が余暇時間に与える影響を，「代替効果」と
「所得効果」とに分けた記述として，最も適切なものはどれか。ただし余暇は，下級
財ではないものとする。

　　ア　「代替効果」は相対的に高くなった余暇時間を増やす点 A から点 D への変
　　　　化で表され，「所得効果」は点 D から点 B への変化で表される。

　　イ　「代替効果」は相対的に安くなった余暇時間を増やす点 A から点 D への変
　　　　化で表され，「所得効果」は点 D から点 B への変化で表される。

　　ウ　「所得効果」は点 A から点 D への変化で表され，「代替効果」は相対的に高
　　　　くなった余暇時間を減らす点 D から点 B への変化で表される。

　　エ　「所得効果」は点 A から点 D への変化で表され，「代替効果」は相対的に安
　　　　くなった余暇時間を減らす点 D から点 B への変化で表される。

493

（設問1）

解答	工

■解説

ア：不適切である。賃金率とは，一定時間または一定量の労働に対して支払われる賃金のことである。本問でいえば，労働所得 Y ÷（24 時間 − 余暇時間 L）となる。線分 HO の長さは，政府が労働所得に比例税率 a を課したときに 24 時間働いた場合（余暇時間 0）の所得，線分 JO の長さは比例税が課される前に 24 時間働いた場合の所得である。以上より，線分 HO の長さを線分 JO の長さで除した値は，比例税課税前所得に対する比例税課税後所得の割合であり，賃率ではない。

イ：不適切である。労働所得に課される比例税率 a は，比例税が課される前の所得である線分 JO から比例税課税後の所得線分 HO を引いた差分である線分 JH を線分 KO で除した値である。一方，線分 KO の長さを線分 JO の長さで除した値は，余暇時間を労働所得で除した値であり，労働所得に課される比例税率 a ではない。

ウ：不適切である。一括税を示す線分 MN に比べ，比例税を示す線分 HK は傾きが緩やかである。賃金率＝労働所得÷（24 時間 − 余暇時間）＝労働所得÷労働時間であり，労働者は少ない労働時間で高い賃金率を得ようとして合理的な余暇時間を選択する。傾きが緩やかであるということは，労働所得 1 単位を増加するために余暇時間を多く減らす必要があるということであり，同じ賃金率を得ようとした場合，線分 MN に比べ線分 HK は効率が悪いことになる。つまり，線分 HK では，この個人が合理的に選択する労働時間は長くなる。

エ：適切である。点 B と点 C は一括税を導入した場合の予算制約線，MN 線上の点である。一括税は，課税対象額の多寡に関係なく同じ額を徴収するので，税収は等しくなる。

第8章　消費者行動と需要曲線

(設問2)

解答	イ

■解説

本問では，比例税課税前の予算制約線が線分JK，課税後の予算制約線が線分HKであり，課税前の最適点が点A，課税後の最適点が点Bである。点Aから点Bに最適点が移動するプロセスは以下のとおりである。

①労働所得に対して課税された場合，労働者は賃率を維持しようとして，余暇時間を増やそうとする。したがって，無差別曲線U_1上において，最適点は点Aから点Dへ移動する。(代替効果)

②しかし，実際には課税されれば労働所得が下がるので，予算制約線は線分HKに移る。その場合，無差別曲線もU_2に移動し，無差別曲線U_2と線分HKの接点である点Bへ最適点が移動する。(所得効果)

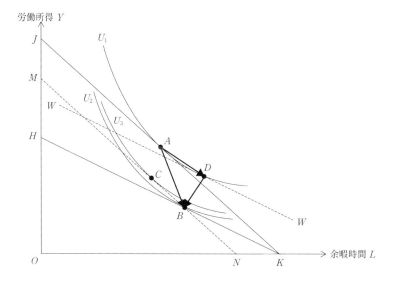

以上から，点Aから点Dへの移動を「所得効果」とする選択肢ウ・エは候補から外される。残った選択肢アとイの違いは，課税によって余暇時間が相対的に高くなるのか，安くなるのかという点であるが，課税によって余暇時間は相対的に安くなるので，選択肢イが適切である。

代替効果と所得効果	ランク	1回目	2回目	3回目
	B	/	/	/

■平成 27 年度　第 13 問

近年では，企業の業績が上向いてきたことなどもあり賃金が上昇傾向にあるが，賃金上昇が労働者に与える影響を経済モデルで考えてみたい。

いま，ある消費財の消費量を C，その価格を 1 とする。個人は，賃金率 w で L という時間だけ労働して wL という所得を稼ぎ，当該の消費財を消費することができる。1 日 24 時間のうち労働以外の時間を余暇 R とすると，労働時間は L＝24－R と表すことができる。こうした仮定のもとにある個人は，C＝w(24－R) という制約の中で，C と R を組み合わせることになる。ただし，労働に投じることができる時間は，最大で 12 時間（L≦12）であるものとする。下図は，上記の仮定を踏まえて，賃金率 w の場合と賃金率 w′ の場合（w＜w′）とに分けて，個人が直面する制約が右下がりの直線として描かれている。また，この制約線と無差別曲線 Ui（i＝1，2）との接点として，それぞれの場合における最適な C と R の組み合わせが与えられている。この図で，賃金率が w から w′ へ上昇したものと想定した場合の記述として，最も適切なものを下記の解答群から選べ。

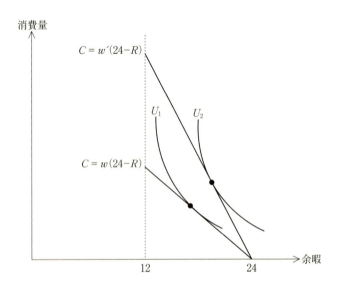

第 8 章　消費者行動と需要曲線

〔解答群〕

ア　この図では，賃金率の上昇に伴って生じる所得効果と代替効果を合計した効
　　果（全効果）は，余暇時間を減少させる。

イ　この図では，賃金率の上昇に伴って生じる所得効果と代替効果を合計した効
　　果（全効果）は，労働時間を減少させる。

ウ　この図では，賃金率の上昇に伴って生じる所得効果は，労働時間を増加させ
　　る。

エ　この図では，賃金率の上昇に伴って生じる代替効果は，余暇時間を増加させ
　　る。

497

| 解答 | イ |

■解説

代替効果と所得効果に関する問題である。

簡単に選択肢を絞り込む方法としては、賃率 w の上昇による予算制約線の右シフトによって点 A から点 C へ均衡点が移動するので、余暇は r_1 から r_2 に増加することがわかるため、「余暇時間は増加する」または「労働時間が減少する」（L（労働時間）＝24－R（余暇時間）なので、R の増加は労働時間の減少となる）という結論が書いてある選択肢（イとエ）に絞り込むことができる。

選択肢イか選択肢エのどちらが適切かを検証するためには、代替効果と所得効果が余暇の増減にどのように作用したのかに着目する。

賃率が w から w′ に上昇したことによる予算制約線 C＝w′(24－R) に平行した補助線 a を、無差別曲線 U_1 に接するように引く。無差別曲線 U_1 と補助線 a が接する点を B とすると、賃率が w から w′ に上昇した場合、代替効果は点 A から点 B になる。これにより、余暇は r_1 から r_3 へ減少する。このことにより、選択肢エは不適切と判断できる。

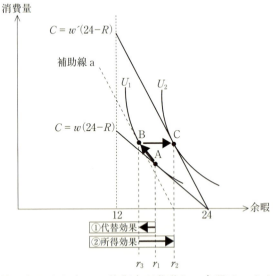

次に、所得効果で点 B から点 C へ均衡点が移動し、余暇は r_3 から r_2 へ増加する。図を見ても、①代替効果＜②所得効果なので、賃金率の上昇に伴って生じる所得効果と代替効果を合計した効果（全効果）は、労働時間を減少させるといえる。

よって、イが正解である。

代替効果と所得効果

	ランク	1回目	2回目	3回目
	B	/	/	/

■平成29年度　第16問

　近年，保育や介護の現場における人手不足が社会問題となっている。この問題に対処するための方策として，これらに関わる職種の賃金の引き上げが検討されることがある。そこで，賃金の引き上げと労働供給の関係を考察することにした。

　下図を参考にしながら，次の文中の空欄A～Dに当てはまる語句として，最も適切なものの組み合わせを下記の解答群から選べ。

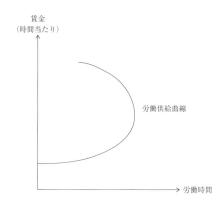

　人手不足を解消するためには，現在働いていない人に新規に就労してもらうか，あるいは現在パート勤務などの短時間労働の人に今までよりも長い時間働いてもらうことが必要である。

　すでに働いている人が賃金の上昇によってもっと働くようになるかどうかは，代替効果と所得効果によって決まる。賃金の上昇は， A 効果によって労働供給を増やし， B 効果によって労働供給を減らす。両者の関係は，通常，低い賃金水準では C 効果の方が大きく，高い賃金水準では D 効果の方が大きい。したがって，現在の賃金が低い水準であるならば，賃上げは，労働時間を増やして人手不足の解消に寄与する。逆に，もし現在の賃金が高い水準にあるとすれば，賃上げは労働時間を減らすことになる。

〔解答群〕

　ア　A：所得　B：代替　C：所得　D：代替
　イ　A：所得　B：代替　C：代替　D：所得
　ウ　A：代替　B：所得　C：所得　D：代替
　エ　A：代替　B：所得　C：代替　D：所得

解答	エ

■解説

労働供給量の決定理論に関する問題である。無差別曲線における消費者行動の理論を応用して考える。

消費者行動の理論における予算制約線は，Y（所得）＝（24時間−余暇時間）×賃金率となる。消費者が満足する2財を労働者の所得と余暇に置き換えて考えていく。余暇は上級財（所得が増えると消費量が増加する財）であり，労働者は多くの余暇を得たいが，所得も多く得たいというジレンマを抱えつつ，余暇に使う時間と所得を得るための時間を最適になるように選択しようとする。

この場合の代替効果と所得効果は，賃金率の上下が時間消費量に及ぼす影響のことである。賃金率が上がった場合，労働者は今まで以上に所得を増やそうとして余暇時間を減らそうとする（下図の点E⇒点Fへの移動）。この効果を代替効果という。

一方，賃金率の上昇は消費者の所得が増えたのと同じ効果である。所得が増えれば，高い効用水準を求めることになるので，予算制約線（M1）は賃金率の上昇の角度分傾きが大きくなりM2になる。余暇は上級財なので，所得の上昇は余暇の消費量を上昇させる。これが所得効果であり，点Fから点Gへの移動で表される。

下図の矢印①が代替効果，矢印②が所得効果である。低い賃金水準のときには「代替効果＞所得効果」であり，賃金率の上昇により労働時間は増加する。高い賃金水準のときには，「代替効果＜所得効果」であり，賃金率の上昇により労働時間は減少する。

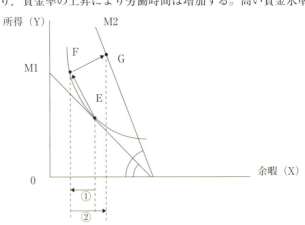

以上を踏まえて，空欄A～Dを埋めていく。「すでに働いている人が賃金の上昇によってもっと働くようになるかどうかは，代替効果と所得効果によって決まる。賃金の上昇は，A：代替効果によって労働供給を増やし，B：所得効果によって労働供給を減らす。

両者の関係は，通常，低い賃金水準ではC：代替効果のほうが大きく，高い賃金水準ではD：所得効果のほうが大きい。

よって，エが正解である。

第9章

企業行動と供給曲線

1. 生産関数と限界生産性

▶▶ 出題項目のポイント

　生産関数とは，生産要素と産出量との技術的関係を関数で表示したものである。

　限界生産性とは，生産要素を 1 単位増加させた場合に増加する生産量のことである。

　そして，生産要素を 1 単位ずつ投入した場合に算出される投入生産要素 1 単位当たりの生産量が増加していく場合，「収穫逓増」という。逆に投入生産要素 1 単位当たりの生産量が減少していく場合を「収穫逓減」という。

▶▶ 出題の傾向と勉強の方向性

　現時点では平成 24 年度第 18 問，平成 26 年度第 13 問，平成 27 年度第 16 問，平成 28 年度第 20 問・第 21 問，平成 29 年度第 15 問，平成 30 年度第 10 問・第 18 問，令和元年度第 14 問・第 15 問・第 20 問，令和 2 年度第 16 問での出題となっている。

　勉強の方向性としては，上記ポイントを把握する程度にとどめておいてよい。

■取組状況チェックリスト

1. 生産関数と限界生産性					
問題番号	ランク	1 回目	2 回目	3 回目
平成 24 年度　第 18 問	A	/	/	/
平成 26 年度　第 13 問	A			
令和 2 年度　第 16 問	A			
平成 28 年度　第 20 問	A			
平成 28 年度　第 21 問	A			
平成 27 年度　第 16 問	A			
令和元年度　第 20 問	A			
平成 30 年度　第 10 問	C*			
平成 30 年度　第 18 問（設問 1）	B			
平成 30 年度　第 18 問（設問 2）	B			
令和元年度　第 15 問（設問 1）	B			
令和元年度　第 15 問（設問 2）	A			
平成 29 年度　第 15 問	B			
令和元年度　第 14 問	C*			

＊ランク C の問題と解説は，「過去問完全マスター」の HP（URL：https://jissen-c.jp/）よりダウンロードできます。

生産関数と限界生産性

	ランク	1回目	2回目	3回目
生産関数と限界生産性	A	/	/	/

■平成24年度 第18問

下図は，1つの生産要素のみを用いて，1つの最終生産財を生産する場合を想定したものである。この図の説明として，最も適切なものの組み合わせを下記の解答群から選べ。

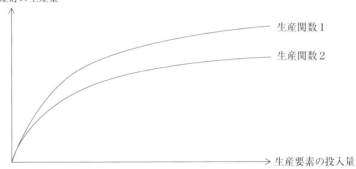

a　生産関数1の限界生産物は逓減している。

b　生産関数1は，規模に関する収穫逓増を示している。

c　生産関数2の限界生産物は逓増している。

d　他の条件が等しく，同じ生産量を実現しているとき，生産関数1を有する企業が生産に要する費用は，生産関数2を有する企業のそれよりも小さい。

〔解答群〕

ア　aとd

イ　bとc

ウ　bとd

エ　cとd

解答	ア

■**解説**

　生産関数とは，生産要素と産出量との技術的関係を関数で表示したものである。生産要素を1単位ずつ投入した場合に算出される投入生産要素1単位当たりの生産量が増加していく場合，「収穫逓増」という。逆に投入生産要素1単位当たりの生産量が減少していく場合を「収穫逓減」という。

　　a：適切である。生産関数1，2ともに，生産要素の投入量が増加するにつれてグラフの傾きが緩やかになっている。したがって，生産要素1単位投入によって産出される生産物の生産量（限界生産物）は逓減している。

　　b：不適切である。上記aの解説にあるとおり，生産関数1は収穫逓減を示している。

　　c：不適切である。上記aの解説にあるとおり，生産関数2は収穫逓減を示している。

　　d：適切である。生産関数1のグラフのほうが生産関数2よりも上方にあるということは，生産関数2より生産関数1のほうが同じ生産要素投入量でも産出される生産物の生産量が多いことになる。逆にいえば，生産関数1のほうが生産関数2よりも少ない費用で同じ数量の財を生産できる。そのため，生産関数1を有する企業のほうが生産関数2を有する企業よりも生産に関する費用は少ない。

　よって，aとdが適切となり，アが正解である。

生産関数と限界生産性

ランク	1回目	2回目	3回目
A	/	/	/

■平成26年度　第13問

下図の形状をした生産関数について下記の設問に答えよ。ただし，ここでの生産に投入される要素は労働のみであり，その投入量はゼロより大きいものとする。

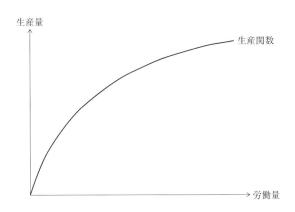

（設問1）

この図に関する説明として最も適切なものはどれか。

ア　この生産関数では，限界生産物は労働の投入量が増加するほど大きくなる。

イ　この生産関数では，ある労働の投入量のもとで平均生産物は限界生産物よりも大きい。

ウ　この生産関数では，平均生産物は労働の投入量が増加するほど大きくなる。

エ　この生産関数は，収穫一定であることを示している。

（設問2）

　この図に描かれた生産関数を用いて，縦軸に実質賃金を，横軸に労働量を取り，労働需要曲線を導出する。このとき，労働需要に関する説明として最も適切なものはどれか。

　　ア　企業の利潤最大化行動を前提として導出される労働需要曲線は，右下がりとなる。

　　イ　利潤最大化を目指す企業は，生産関数の接線の傾きが生産物価格と一致するように，労働量を決定する。

　　ウ　利潤最大化を目指す企業は，労働の限界生産物がゼロとなるところに労働量を決定するため，労働需要曲線は水平になる。

　　エ　労働需要が実質賃金の増加関数であることは，古典派の第二公準として知られている。

（設問1）

解答	イ

■解説

　生産関数に関する問題である。生産関数とは、生産要素と産出量との技術的関係を関数で表示したものである。生産要素を1単位ずつ投入した場合に算出される投入生産要素1単位当たりの生産量が増加していく場合、「収穫逓増」という。逆に投入生産要素1単位当たりの生産量が減少していく場合を「収穫逓減」という。

　なお、限界生産物とは、生産要素1単位投入によって産出される生産物の生産量である。

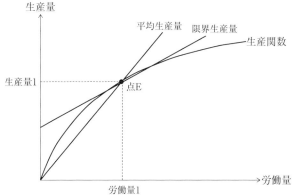

- ア：不適切である。限界生産物は生産関数の傾きで表されるが、生産関数の曲線を見てもわかるとおり、労働量が増加するほど、傾きは緩やかになっているため、労働量が増加するほど逓減しているといえる。
- イ：適切である。点Eで限界生産量と平均生産量を比較する場合、上のグラフを見てわかるとおり、限界生産量の傾きよりも平均生産量の傾きのほうが大きい。ただし、生産関数上のすべての点において平均生産量＞限界生産量という関係になるわけではない。
- ウ：不適切である。平均生産量は労働量が大きくなるほど傾きが小さくなっているため、労働量が大きくなるほど小さくなるといえる。
- エ：不適切である。この生産関数のグラフは労働量が大きくなるほど限界生産物の傾きが小さくなっているので、収穫は「一定」ではなく「逓減」している。

よって、イが正解である。

(設問2)

| 解答 | ア |

■解説

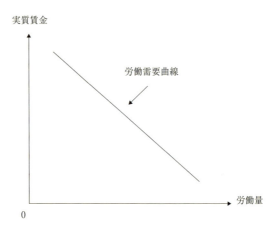

　企業は利潤の最大化を目指して生産活動を遂行することを前提とすれば，できるだけ安く労働力を調達しようとする。つまり，企業は実質賃金が低いほど労働量を多く需要する。その様子を表したのが上記の労働需要曲線である。したがって，労働需要曲線は右下がりになる。

　　ア：適切である。上記の説明のとおり，企業の利潤最大化行動を前提として導出される労働需要曲線は，右下がりとなる。
　　イ：不適切である。古典派経済学の第一公準によれば，「賃金は労働の限界生産物に等しい」とされる。つまり，生産関数の接線の傾きが生産物価格ではなく，実質賃金と一致するように，労働量を決定する。したがって，労働需要曲線は右下がりとなる。
　　ウ：不適切である。上記イの説明のとおり，労働需要曲線は右下がりになる。
　　エ：不適切である。労働需要が実質賃金の増加関数ではなく減少関数である。また，このことは，古典派の第二公準ではなく，第一公準として知られている。
　なお，古典派経済学の公準とは，ケインズが古典派の雇用理論に見出したものであり，第一公準は認めたが，第二公準は否定した（参考：『現代経済学事典』伊東光晴編，岩波書店，p.289）。よって，アが正解である。

生産関数と限界生産性	ランク	1回目	2回目	3回目
	A	/	/	/

■令和2年度　第16問

下図は，資本量を一定とした場合の労働量と生産量の関係を示した総生産物曲線である。また，労働量と労働の限界生産物との関係は，労働需要曲線として描くことができる。

総生産物曲線上の点A，点B，点Cと対応関係にある労働需要曲線として，最も適切なものを下記の解答群から選べ。

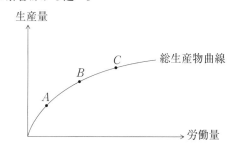

〔解答群〕

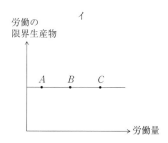

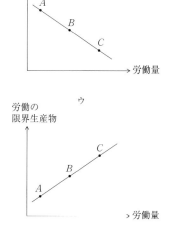

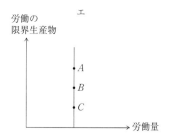

解答	ア

■**解説**

　本問は，総生産物曲線（生産関数）に関する問題である。生産関数とは，生産要素と産出量との技術的関係を関数で表示したものである。限界生産物とは，生産要素を1単位増加させた場合に増加する生産量のことである。そして，総生産物曲線における接線の傾きが労働の限界生産物である。そして，生産要素を1単位ずつ投入した場合に算出される投入生産要素1単位当たりの生産量が増加していく場合，「収穫逓増」という。逆に生産要素1単位当たりの生産量が減少していく場合を「収穫逓減」という。

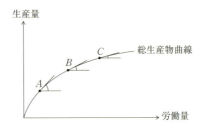

　上図においては，総生産物曲線上の点A・B・Cの接線の傾きは徐々に小さくなっているため，収穫逓減の状況にある。つまり，労働の限界生産物（限界生産力）は，横軸の労働量が増加するにつれて徐々に低下していくことがわかる。総生産物曲線上のすべての点における接線の傾きを表したものが下図となる。

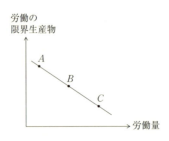

　よって，アが正解である。

生産関数と限界生産性

ランク	1回目	2回目	3回目
A	/	/	/

■平成28年度　第20問

　いま，ある1つの投入要素のみを使って，1つの生産財を生産する企業を考える。この企業の生産活動を規定する生産関数は，下図のような形状をしているものとし，要素投入量はゼロより大きい。下図に関する記述として，最も適切なものの組み合わせを下記の解答群から選べ。なお，ある要素投入量Xに対する生産量がYであるとき，Y/Xを「平均生産物」と呼び，ある要素投入量に対応する生産関数の接線の傾きを「限界生産物」と呼ぶこととする。

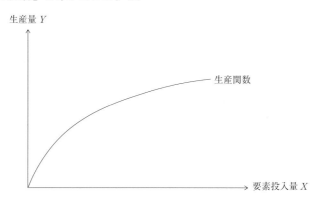

　a　平均生産物の大きさは，要素投入量が増えるほど小さくなる。
　b　限界生産物の大きさは，要素投入量には依存しない。
　c　どの要素投入量においても，平均生産物の大きさは，限界生産物の大きさよりも大きい。
　d　要素投入量がある程度まで大きくなると，限界生産物の大きさは，平均生産物の大きさよりも大きくなる。

〔解答群〕
　ア　aとc　　イ　aとd　　ウ　bとc　　エ　bとd

解答	ア

■解説

生産関数に関する問題である。

　a：適切である。下図の角度AとBが平均生産物の大きさを表すが，角度Aと角度Bを比べると，角度Aのほうが大きい。つまり，平均生産物の大きさは，要素投入量が増えるほど小さくなる。

　b：不適切である。下図の角度CとDが限界生産物の大きさを表すが，要素投入量が大きくなるほど，小さくなっている。つまり，限界生産物の大きさは要素投入量に依存している。

　c：適切である。下図の任意の点Aにおいては角度C＜角度A，点Bにおいても角度D＜角度Bとなる。他の任意の点でも同様になり，どの要素投入量においても，平均生産物の大きさは，限界生産物の大きさよりも大きい。

　d：不適切である。この生産関数においては，どの要素投入量においても，平均生産物の大きさ＞限界生産物の大きさとなる。

よって，アが正解である。

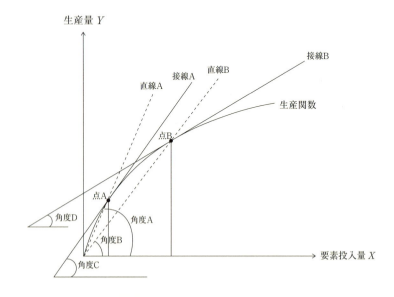

第9章 企業行動と供給曲線

生産関数と限界生産性

ランク	1回目	2回目	3回目
A	/	/	/

■平成28年度　第21問

いま，1つの要素を用いて1つの生産財を生産するものとする。要素投入量をxとし，その1単位当たりの購入価格をwとする。また，生産財の生産量をyとし，その1単位当たりの販売価格をpとする。このとき利潤πは，$\pi = py - wx$と書くことができ，$y = \dfrac{\pi}{p} + \dfrac{w}{p}x$と書き直すこともできる。

以下にある4つの図は，縦軸を生産量，横軸を要素投入量として，一般的な生産関数を実線で描き，上記で導いた$y = \dfrac{\pi}{p} + \dfrac{w}{p}x$を破線で書き加えたものである。

企業の利潤最大化が実現することを示す図として，最も適切なものを下記の解答群から選べ。

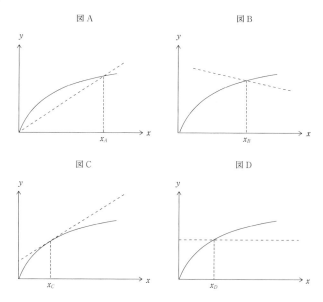

〔解答群〕

　ア　図A　　イ　図B　　ウ　図C　　エ　図D

解答	ウ

■解説

　企業は生産要素の実質価格＝限界生産物価値となる生産量を決定する。これが企業の利潤最大化行動である。

　限界生産物価値＝販売価格×限界生産物なので，生産要素の実質価格＝販売価格×限界生産物⇒限界生産物＝生産要素の実質価格÷販売価格（w/p）となる。

　生産関数上の傾きは限界生産物なので，w/p となる。

　したがって，企業の利潤が最大化するのは，生産関数の傾き（w/p）と利潤関数の傾き（w/p）が一致する点である。

　それを表しているのは図Ｃのみである。

　また，本問は利潤最大化行動を知らなくても，グラフと式の関係を理解できていれば解ける問題であった。

$$y= \frac{\pi}{p} + \frac{w}{p}x$$ について，$\frac{\pi}{p}$ は切片（x が 0 の場合，$y= \frac{\pi}{p}$ となる），$+ \frac{w}{p}x$ は右上がりの傾きのある直線を示す。

　図Ａの点線部分は切片がない（x が 0 なら y も 0 になる）ので不適切，図Ｂの点線部分は右肩下がりなので不適切，図Ｄの点線部分は水平であり傾きがないので不適切，以上より，図Ｃが適切であるという解答を出すことができる。

　よって，ウが正解である。

第9章　企業行動と供給曲線

生産関数と限界生産性	ランク	1回目	2回目	3回目
	A	/	/	/

■平成 27 年度　第 16 問

　いま，$Y = K^{0.5}N^{0.5}$ という生産関数を考える。ただし，Y は生産量，K は生産における資本投入量，N は生産における労働投入量である。このときの記述として，最も適切なものの組み合わせを下記の解答群から選べ。

a　この生産関数において，投入される資本の限界生産力は一定である。

b　この生産関数において，投入される資本の限界生産力は逓減している。

c　この生産関数では，ある状態から資本投入量と労働投入量をともに 2 倍にすると，生産量も 2 倍になる。

d　この生産関数では，ある状態から資本投入量と労働投入量をともに 2 倍にしても，生産量は 2 倍には及ばない。

〔解答群〕
　ア　a と c　　イ　a と d　　ウ　b と c　　エ　b と d

515

解答	ウ

■解説

　生産関数とは，生産要素と産出量との技術的関係を関数で表示したものである。本問はコブ＝ダグラス型生産関数に関する問題である。コブとダグラスが生産量を資本の量と労働の量とに結び付け，これらの間の量的関係を実証するために，$Y = AL^{\alpha}K^{\beta}$という関数形を考え出した。ここでは Y は生産量，A は技術進歩などで変化するスケール係数（本問の場合は A = 1），L は労働量，K は資本量である。

　財の生産に投下される生産要素の組み合わせは一般に多数ある。1種類の生産要素を除く他のあらゆる生産要素の投入量を一定に保ち，特定の生産要素を1単位ずつ投入した場合に産出される投入生産要素1単位当たりの生産量が増加していく場合，「収穫逓増」という。逆に投入生産要素1単位当たりの生産量が減少していく場合を「収穫逓減」という。

　限界生産力とは，他のすべての生産要素投入量を一定に保ったまま，ある1種類の生産要素投入量を1単位だけ増やしたときの生産量 Y の変化である。

　なお，それぞれの生産要素（資本（K）と労働力（L））の限界生産量は逓減する。

　さて，コブ＝ダグラス型生産関数では，規模の経済は以下のように整理できる。

　1. $\alpha + \beta = 1$ のとき，規模に関して収穫は一定
　2. $\alpha + \beta > 1$ のとき，規模に関して収穫は逓増
　3. $\alpha + \beta < 1$ のとき，規模に関して収穫は逓減

　a・b：この生産関数において，投入される資本の限界生産力は逓減するため，b が適切となる。

　c・d：本問では $\alpha = 0.5$，$\beta = 0.5$ なので，$\alpha + \beta = 1$ となり，規模に関して収穫は一定であるといえる。そのため，資本投入量と労働投入量をともに2倍にすると，生産量も2倍になる。

　よって，ウが正解である。

第9章　企業行動と供給曲線

生産関数と 限界生産性	ランク	1回目		2回目		3回目	
	A	/		/		/	

■令和元年度　第20問

　規模に関する収穫一定を想定するとき，経済学では，この性質を満たすものとして
以下のようなコブ＝ダグラス型生産関数をしばしば利用する。この生産関数に関する
記述として，最も適切なものを下記の解答群から選べ。

$$Y = AN^a K^{1-a}$$

（Y：生産量，N：労働投入量，K：資本投入量，A：技術水準，$0 < a < 1$，$A > 0$）

〔解答群〕

　ア　$1-a$ は，労働分配率を意味する。

　イ　資本投入量と労働投入量がいずれも2倍になると，生産量も2倍になる。

　ウ　労働投入量が増加すると，労働と資本の代替の弾力性は逓減する。

　エ　労働の成長率と資本の成長率の和は，「全要素生産性」と呼ばれる。

517

解答	イ

■解説

生産関数とは，生産要素と産出量との技術的関係を関数で表示したものである。

本問はコブ＝ダグラス型生産関数に関する問題である。コブとダグラスが生産量を資本の量と労働の量とに結びつけ，これらの間の量的関係を実証するために，$Y = AL^a K^{\beta}$ という関数形を考え出した。ここでは Y は生産量，A は技術進歩などで変化するスケール係数，L は労働量，K は資本量，$\beta = 1 - a$ である。

財の生産に投下される生産要素の組み合わせは一般に多数ある。1種類の生産要素を除く他のあらゆる生産要素の投入量を一定に保ち，特定の生産要素を1単位ずつ投入した場合に産出される投入生産要素1単位当たりの生産量が増加していく場合，「収穫逓増」という。逆に投入生産要素1単位当たりの生産量が減少していく場合を「収穫逓減」という。

限界生産力とは，他のすべての生産要素投入量を一定に保ったまま，ある1種類の生産要素投入量を1単位だけ増やしたときの生産量 Y の変化である。

なお，それぞれの生産要素（資本（K）と労働力（L））の限界生産量は逓減する。

さて，コブ＝ダグラス型生産関数では，規模の経済は以下のように整理できる。

1. $a + \beta = 1$ のとき，規模に関して収穫は一定
2. $a + \beta > 1$ のとき，規模に関して収穫は逓増
3. $a + \beta < 1$ のとき，規模に関して収穫は逓減

本問の β は $1 - a$ なので，上記1の収穫一定を想定している。

ア：不適切である。$1 - a$ は，「労働分配率」ではなく資本分配率を意味する。

イ：適切である。本問は収穫一定なので，資本投入量と労働投入量がいずれも2倍になると，生産量も2倍になる。

ウ：不適切である。本問は収穫一定なので，労働投入量が増加すると，労働と資本の代替の弾力性は1である。

エ：不適切である。コブ＝ダグラス関数では，「全要素生産性」は上記の $A =$ スケール係数であり，労働の成長率と資本の成長率の和ではない。

よって，イが正解である。

生産関数と 限界生産性	ランク	1回目	2回目	3回目
	B	/	/	/

■平成 30 年度　第 18 問（設問 1）

　下図は、独占企業が生産する財生産においては、生産要素を効率的に投入することが重要である。下図では、等産出量曲線と等費用線を用いて、最適な生産要素の投入量を考える。

　この図に基づいて、下記の設問に答えよ。

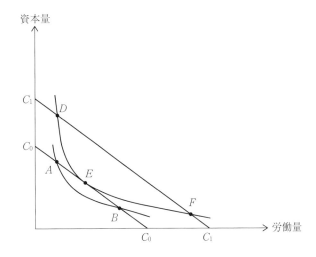

この図に関する記述として、最も適切なものはどれか。

　ア　点Aと点Bは、労働と資本の投入による費用は同じであるが、生産量が異なる。
　イ　点Dでは、労働と資本の投入による費用は点Bより少ないが、生産量は多くなっている。
　ウ　点Fでは、点Dよりも資本の投入が少なく、労働の投入が多いので、費用が少なくてすむ。
　エ　費用を一定とした場合、点Aでは、労働の投入を増加させ、資本の投入を減少させることによって、生産量が増加する余地がある。

解答	エ

■解説

本問は，等産出量曲線と等費用線に関する問題である。

下図の左下に凸の曲線が等産出量曲線であり，右下がりの直線が等費用線である。同一の等産出量曲線上ではどこの点であっても生産量が等しくなり，原点から遠くなる（右上にいく）ほど生産量は多くなる。等費用線は，原点から遠くなる（右上に行くほど）費用は大きくなる。

ア：不適切である。点Aと点Bは，同一の等産出量曲線と等費用線上にあるので，労働と資本の投入による費用も生産量も同じである。

イ：不適切である。点Dでは，点Bに比べ原点よりも遠い等産出量曲線および等費用線上にあるので，生産量も労働と資本の投入による費用も点Bより多い。

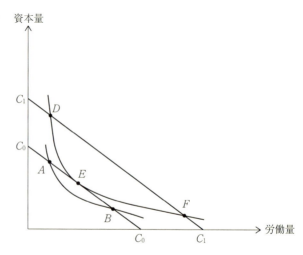

ウ：不適切である。点Fでは，点Dよりも資本の投入が少なく，労働の投入が多いが，同一の等費用線上にあるので，総費用は同じである。あくまでも使用する財の量の組み合わせが異なるだけである。

エ：適切である。点Aにおいて「費用を一定とした場合」とは，同一の等費用線 $C_{0上}$ にある場合である。「生産量を増加させる」とは，現在点Aがある等産出量曲線より原点から遠い等産出量曲線上に移動するということである。たとえば点Eなどでは点Aより労働の投入を増加させ，資本の投入を減少させることによって，生産量が増加する余地がある。

よって，エが正解である。

生産関数と 限界生産性	ランク	1回目	2回目	3回目
	B	/	/	/

■平成30年度　第18問（設問2）

　生産においては，生産要素を効率的に投入することが重要である。下図では，等産出量曲線と等費用線を用いて，最適な生産要素の投入量を考える。
　この図に基づいて，下記の設問に答えよ。

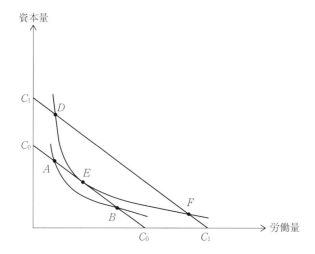

　この図においては，点Eで生産要素の最適投入が実現している。点Eに関する記述として，最も適切なものはどれか。

　ア　点Eでは，点Bと同じ量を生産する場合の要素費用最小化が実現している。
　イ　点Eでは，労働と資本について要素価格1単位当たりの限界生産物が均等化している。
　ウ　点Eにおいては，点Aと技術的限界代替率が同じであるが，労働と資本の要素価格比率が異なっている。
　エ　点Eにおける技術的限界代替率は，点Dと比べると大きく，点Fと比べると小さい。

| 解答 | イ |

■解説

　本問は，等産出量曲線と等費用線における生産要素の費用最小化または最適等入点に関する問題である。等産出量曲線と等費用線の接点は等費用線が一定の場合，資本と労働の投入量の最小化点となる。

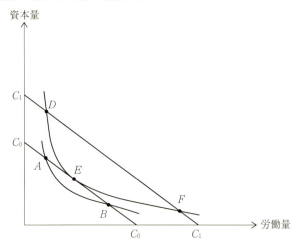

- ア：不適切である。点Bは点Eよりも原点に近い等産出量曲線上にあるため，産出量は点Bよりも点Eのほうが多くなる。
- イ：適切である。点Eは等産出量曲線と等費用線の接点であり，労働と資本について要素価格1単位当たりの限界生産物が均等化し最適投入点となっている。
- ウ：不適切である。技術的限界代替率とは，等産出量曲線上の各点における接線の傾きになる。点Eより点Aの傾きは大きいため，技術的限界代替率は同じではない。一方，点Aと点Eは同一の等費用線上にあるため，労働と資本の要素価格比率（等費用線の傾き）は同じである。
- エ：不適切である。点Eにおける技術的限界代替率は，点Dより小さく，点Fと比べると大きい。

　よって，イが正解である。

生産関数と限界生産性

ランク	1回目	2回目	3回目
B	/	/	/

■令和元年度　第15問（設問1）

　下図は，産出と費用の関係を描いたものである。労働と資本の両方を可変的インプットとして，生産要素の投入と生産物の産出との関係を描いたものが等産出量曲線である。また，等費用線は，一定の費用のもとで労働と資本をどのくらい投入することが可能かを表している。
　この図に基づいて，下記の設問に答えよ。

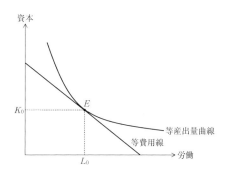

等費用線のシフトに関する記述として，最も適切なものはどれか。

　　ア　資本のレンタル価格が上昇した場合，横軸の切片は不変のままで，縦軸の切片が下方に移動する。

　　イ　賃金率が下落した場合，縦軸の切片は不変のままで，横軸の切片が左方に移動する。

　　ウ　賃金率の上昇と同じ割合で資本のレンタル価格が下落すれば，等費用線の傾きは変わらない。

　　エ　費用が増加すると，等費用線が左方に平行移動する。

| 解答 | ア |

■解説

　等費用線に関する問題である。等費用線とは，与えられた要素価格のもとで生産要素のさまざまな組み合わせのうち，購入費用が等しい点の軌跡をいう。(参考：金森久雄・荒憲治郎・森口親司『経済辞典（第5版）』有斐閣)

　つまり，等費用線上において生産にかかる総費用はすべて同じであり，等費用線は $TC = wL + rK$ （総費用＝賃率×労働投入量＋資本レンタル料×資本投入量）の式で表される。

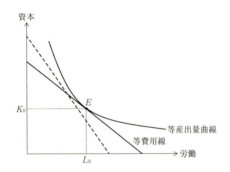

- ア：適切である。等費用線上では総費用（TC）は等しいので，資本のレンタル価格が上昇した場合でも TC を増やすことはできない。また，労働投入量も不変であるので，資本の投入量を下げることになる。つまり，横軸の切片（wL）は不変のままで，縦軸の切片（rK）が下方に移動する。
- イ：不適切である。賃金率が下落した場合，縦軸の切片は不変のままであるが，横軸の切片は労働投入量が増えるので左方ではなく，右方に移動する。
- ウ：不適切である。賃金率の上昇と同じ割合で資本のレンタル価格が下落した場合，賃金率の上昇により横軸切片は左方へ移動し，資本レンタル価格の下落により縦軸切片は上方に移動する。そのため，等費用線の傾きは大きくなる。
- エ：不適切である。総費用が増加すると，等費用線は左方ではなく右方に平行移動する。

　よって，アが正解である。

第9章　企業行動と供給曲線

生産関数と限界生産性	ランク	1回目	2回目	3回目
	A	/	/	/

■令和元年度　第15問（設問2）

　下図は，産出と費用の関係を描いたものである。労働と資本の両方を可変的インプットとして，生産要素の投入と生産物の産出との関係を描いたものが等産出量曲線である。また，等費用線は，一定の費用のもとで労働と資本をどのくらい投入することが可能かを表している。

　この図に基づいて，下記の設問に答えよ。

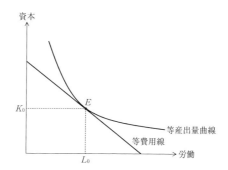

等費用線が右方に平行移動した場合の記述として，最も適切なものはどれか。

ア　新しい等費用線における費用最小化は，点Eと費用は同じであるが，賃金率と資本のレンタル価格がともに高い水準で達成される。

イ　新しい等費用線における費用最小化は，点Eよりも産出量が高い水準で達成される。

ウ　新しい等費用線における費用最小化は，点Eよりも産出量が低い水準で達成される。

エ　新しい等費用線における費用最小化は，点Eよりも労働と資本がともに少ない水準で達成される。

| 解答 | イ |

■解説

　等費用線に関する問題である。等費用線とは，与えられた要素価格のもとで生産要素のさまざまな組み合わせのうち，購入費用が等しい点の軌跡をいう。(参考：金森久雄・荒憲治郎・森口親司『経済辞典（第5版）』有斐閣)

　つまり，等費用線上において生産にかかる総費用はすべて同じであり，等費用線はTC＝wL＋rK（総費用＝賃率×労働投入量＋資本レンタル料×資本投入量）の式で表される。

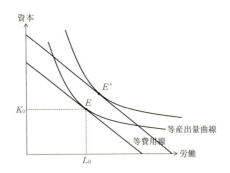

ア：不適切である。等費用線が右方に平行移動した場合，新しい等費用線における費用最小化は点 E ではなく，上図の点 E' となる。総費用が移動前より高くなり，賃金率と資本のレンタル価格もともに高い水準で達成される。

イ：適切である。新しい等費用線における費用最小化は，点 E よりも産出量が高い点 E' の水準で達成される。

ウ：不適切である。新しい等費用線における費用最小化は，点 E よりも産出量が高い点 E' の水準で達成される。

エ：不適切である。新しい等費用線における費用最小化は，点 E よりも労働と資本がともに高い点 E' の水準で達成される。

　よって，イが正解である。

生産関数と限界生産性

ランク	1回目	2回目	3回目
B	/	/	/

■平成29年度　第15問

下図には，等費用線が描かれている。この等費用線に関する記述として，最も適切なものを下記の解答群から選べ。

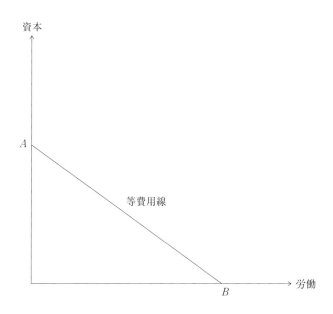

〔解答群〕

ア　資本のレンタル価格が上昇する場合，横軸上の切片 B は不変のままで，縦軸上の切片 A が上方に移動する。

イ　縦軸上の切片 A は，資本の最大投入可能量を示している。

ウ　賃金率が上昇する場合，横軸上の切片 B は不変のままで，縦軸上の切片 A が下方に移動する。

エ　費用が減少すると，等費用線は右方にシフトする。

解答	イ

■解説

　等費用線とは，与えられた要素価格のもとで生産要素のさまざまな組み合わせのうち，購入費用が等しい点の軌跡をいう。（参考：金森久雄・荒憲治郎・森口親司『経済辞典（第5版）』有斐閣）

　たとえば，建設会社がビルを建てる場合，レンタルの建設用重機（資本）と労働力が生産要素になる。与えられた要素価格は建設予算に置き換えられる。

　ビルの建設予算が5億円の場合のレンタルの建設用重機の投入台数と労働力の組み合わせ（たとえば下表のような）の軌跡が等費用曲線になる。

レンタル重機	労働力
5台	0人
4台	100人
3台	200人
2台	300人
1台	400人
0台	500人

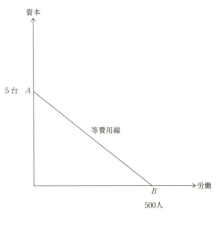

ア：不適切である。資本のレンタル価格が上昇する場合，上記の表における投入可能労働力数は不変だが，レンタル重機の使用可能台数は減少する，すなわち，横軸上の切片 B は不変のままで，縦軸上の切片 A が下方に移動する。

イ：適切である。縦軸上の切片 A は，資本の最大投入可能量を示している。

ウ：不適切である。賃金率が上昇する場合，同じ費用で投入できる労働力は減少するので，縦軸上の切片 A は不変のままで，横軸上の切片 B は左方に移動する。

エ：不適切である。費用が減少する＝建設予算が減少するので，等費用線は左方にシフトする。

　よって，イが正解である。

2. 費用曲線とサンクコスト

▶▶ 出題項目のポイント

①費用曲線
　総費用曲線や短期費用曲線からの出題が多い。下記のような図が出題され，利潤が最大化する点はどこか，という問われ方をすることが多い。下記の図のTRは総収入，TCは総費用であるが，TRとTCの差が大きい部分が利潤最大となる。

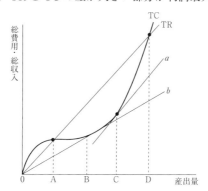

②損益分岐点・操業停止点
　損益分岐点，操業停止点は下記のグラフを覚えておこう。なお，MC＝限界費用曲線，AC＝平均費用曲線，AVC＝平均可変費用曲線と覚えておこう。

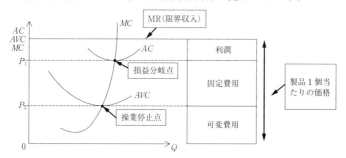

③サンクコスト
　サンクコストとは，企業が操業を完全に停止した場合や，市場から退出する場合に回収できなくなる費用のことである。転用や転売が困難なものはサンクコストになり

やすい。サンクコストが大きい業界は参入障壁が高い。サンクコストが発生せず，新規参入・退出が自由な市場をコンテスタブル市場と呼ぶ。

▶▶ 出題の傾向と勉強の方向性

　平成13年度第22問，平成14年度第19問・第20問，平成19年度第13問，平成20年度第19問，平成21年度第13問，平成23年度第20問，平成24年度第19問，平成25年度第16問，平成26年度第18問，平成27年度第15問・第17問，平成29年度第14問，平成30年度第19問，令和元年度第16問で出題されている。

　グラフの総費用曲線，損益分岐点，操業停止点を覚えておこう。

■取組状況チェックリスト

2. 費用曲線とサンクコスト						
問題番号	ランク	1回目		2回目		3回目
平成23年度 第20問	A	／		／		／
令和元年度 第16問	A	／		／		／
平成27年度 第15問	A	／		／		／
平成29年度 第14問	A	／		／		／
平成30年度 第19問	A	／		／		／
平成27年度 第17問	A	／		／		／
平成25年度 第16問	A	／		／		／
平成24年度 第19問	A	／		／		／
平成26年度 第18問	A	／		／		／

第9章　企業行動と供給曲線

費用曲線とサンクコスト	ランク	1回目		2回目		3回目	
	A	／		／		／	

■平成23年度　第20問

　完全競争下における企業の短期供給曲線の説明として，最も適切なものの組み合わせを下記の解答群から選べ。

　　a　「価格＝限界費用＝平均費用」のとき，操業停止の状態に陥る。

　　b　「価格＝限界費用＞平均費用」のとき，利潤は黒字になる。

　　c　「価格＝限界費用＝平均可変費用」のとき，利潤は赤字になり，その赤字幅は可変費用に等しくなる。

　　d　「平均費用＞価格＝限界費用＞平均可変費用」のとき，利潤は赤字になるが，可変費用のすべてを回収した上で，固定費用の一部をまかなった状態にある。

〔解答群〕

　　ア　aとc　　イ　aとd　　ウ　bとc　　エ　bとd

531

| 解答 | エ |

■解説

　下記の図1のとおり，AC は平均費用曲線，AVC は平均可変費用曲線，MC は限界費用曲線である。短期供給曲線は，短期限界費用曲線の平均可変費用を上回る部分として表される。そして，図2のとおり，MC＝AC の点が損益分岐点，MC＝AVC の点が操業停止点となる。

- a：不適切である。MC＝AC の点である損益分岐点では，収入－(可変費用＋固定費用)＝利潤0となる。この点から操業停止点までの間，企業は固定費を回収できるので，操業を続けることになる。
- b：適切である。価格と MC の交点が AC 曲線より上に位置しているということは，価格が損益分岐点よりも上にあるということである。したがって，黒字が出る。
- c：不適切である。図2のとおり，価格＝MC＝AVC の点は操業停止点であり，赤字幅は固定費用に等しくなる。
- d：適切である。価格が AC 曲線と AVC 曲線の間にある場合は，固定費を一部回収しつつ，可変費用は全額回収できる。

よって，b と d が適切であり，エが正解である。

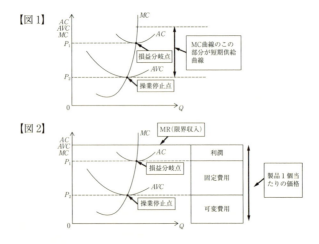

費用曲線とサンクコスト

ランク	1回目	2回目	3回目
A	/	/	/

■令和元年度　第16問

　短期の完全競争市場における，価格と最適生産の関係を考える。下図には，限界費用曲線 MC，平均費用曲線 AC，平均可変費用曲線 AVC が描かれている。
　この図に関する記述として，最も適切なものを下記の解答群から選べ。

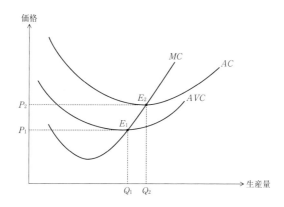

〔解答群〕

　ア　価格が P_1 と P_2 の間に与えられると，固定費用はすべて損失になる。

　イ　価格が P_1 より低い場合，操業を停止することで損失を固定費用のみに抑えることができる。

　ウ　価格が P_2 より高い場合，総費用が総収入を上回る。

　エ　平均固定費用は，生産量の増加に応じて上昇する。

解答	イ

■解説

短期の完全競争市場における，価格と最適生産の関係に関する問題である。

MC＝限界費用曲線，AC＝平均費用曲線，AVC＝平均可変費用曲線である。損益分岐点，操業停止点については，下の右図を覚えておきたい。

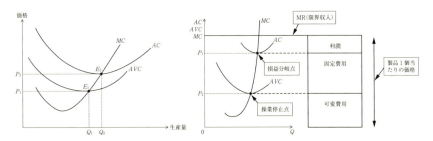

ア：不適切である。上記の右図を参考にすると，左図において価格が P_1 と P_2 の間に与えられると，固定費用はすべてではなく，一部の損失が発生する。

イ：適切である。価格が P_1 より低い E_1 点は上記の右図のとおり操業停止点であり，操業を停止することで損失を固定費用のみに抑えることができる。

ウ：不適切である。価格が P_2 より高い場合でも，上記の右図のとおり総費用が総収入を下回り，利潤を確保することはできる。

エ：不適切である。平均固定費用は，平均固定費用＝固定費用÷生産量なので，生産量の増加に応じて「上昇」ではなく「下降」する。

よって，イが正解である。

費用曲線と サンクコスト	ランク	1回目	2回目	3回目
	A	/	/	/

■平成 27 年度　第 15 問

下図には，固定費用 F と可変費用で構成される総費用曲線が描かれている。また，原点から始まり総費用曲線と点 K で接する補助線 A と，固定費用 F から始まり総費用曲線と点 M で接する補助線 B が描かれている。この図に関する説明として，最も適切なものを下記の解答群から選べ。

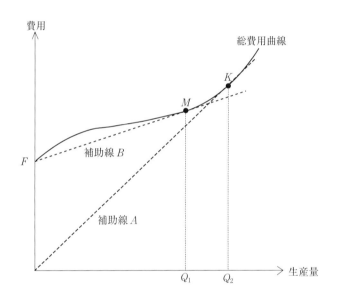

〔解答群〕

ア　生産量 Q_2 は，平均費用が最小となる生産量である。
イ　平均可変費用と限界費用が一致する点は操業停止点といわれ，図中で点 K がこれに該当する。
ウ　平均費用と限界費用が一致する点は損益分岐点といわれ，図中で点 M がこれに該当する。
エ　平均費用と平均可変費用は，生産量 Q_1 で一致する。

解答	ア

■解説

　図1の補助線A①〜③が総費用曲線上の各点（点J，点M，点K，点L）と交わる時の角度は点Jより点M，点Mより点Kと交わるにつれて小さくなり，点Kで最低となる。そして点Kより右にいくと角度が再び大きくなる。その軌跡を表した

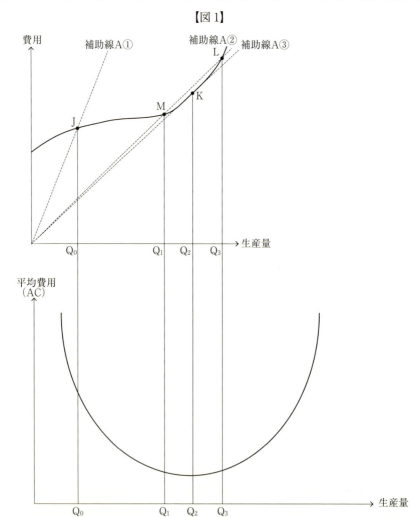

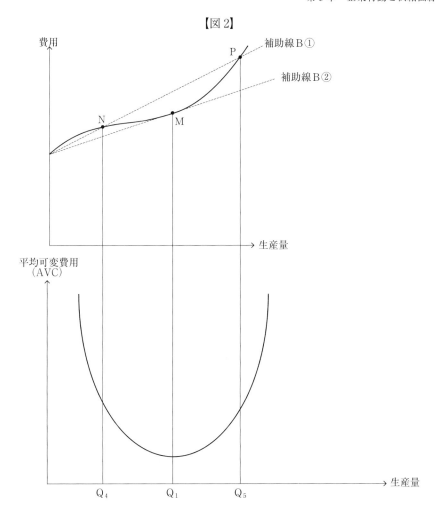

【図2】

のが，平均費用曲線（AC）となる。

　同じように，補助線B①〜②が総費用曲線上の各点と交わるときにも点Nより点Mに向かって角度が小さくなり，点Mで最小となる（図2参照）。そして，点Mから点Pに向けて大きくなる。その軌跡を表した曲線は，平均可変費用曲線（AVC）となる。

　限界費用曲線（MC）は総費用曲線の傾きの軌跡を表したものであり，形はAC，AVC曲線のような凹の形になる。平均可変費用は固定費用がない分，AC曲線よりも下に位置する。MC曲線はAC曲線，AVC曲線のそれぞれの最低点を通る（図3

【図3】

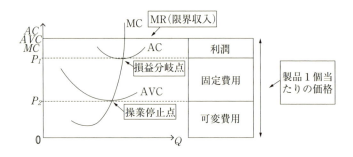

参照)。AVCとMCが交わる点が操業停止点,ACとMCが交わる点が損益分岐点である。

ア:適切である。図1の補助線A③と点Kが接する点はAC曲線の最低点と同じなので,平均費用の最低点=平均費用が最小となる生産量Q_2である。

イ:不適切である。平均可変費用と限界費用が一致する点は操業停止点といわれるが,図中では点Kではなく,平均可変費用の最低点である点Mがこれに該当する。

ウ:不適切である。平均費用と限界費用が一致する点は損益分岐点といわれるが,図中で点Mではなく平均費用の最低点である点Kがこれに該当する。

エ:不適切である。固定費用があるため,平均費用と平均可変費用は一致しない。

よって,アが正解である。

費用曲線とサンクコスト	ランク	1回目	2回目	3回目
	A	/	/	/

■平成29年度　第14問

下図には，総費用曲線が描かれている。生産が行われないときの費用は点Aで示されている。この図に関する記述として，最も適切なものを下記の解答群から選べ。

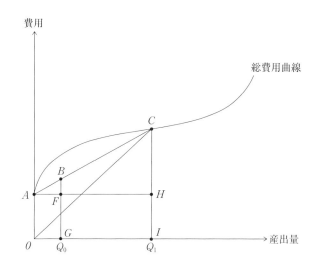

〔解答群〕

ア　AFを1とすると，BFが平均可変費用を表している。

イ　原点と点Cを結ぶ直線の傾きが限界費用を表している。

ウ　産出量Q_0における可変費用はFGに等しい。

エ　産出量Q_1における固定費用は，Q_0における固定費用にHIを加えたものである。

オ　点Cにおける総費用曲線の接線の傾きが平均費用を表している。

解答	ア

■**解説**

費用曲線に関する総合的な問題であり，平成 27 年度第 15 問と類似している。

平均費用曲線・平均可変費用曲線・限界費用曲線と総費用曲線との関係は平成 27 年度第 15 問の解説を参照願いたい。

ア：適切である。平均可変費用は直線 AC の傾きの大きさで表される。傾きは三角形 ABF の点 A 部分の角度であるが，傾き＝高さ（BF）÷長さ（AF）なので，長さである AF が 1 とすると，傾き＝高さ＝BF となり，BF が平均可変費用を表しているといえる。

イ：不適切である。限界費用は総費用曲線の接線の傾き（たとえば下図の矢印部分）で表される。原点と点 C を結ぶ直線の傾きは平均費用を表している。

ウ：不適切である。FG は産出量 Q_0 における固定費用に等しい。産出量 Q_0 における平均可変費用は下図の FD で表される。

エ：不適切である。固定費は算出量がゼロでも Q_0 でも Q_1 でも変化しない。産出量ゼロの場合の直線 0A の長さが固定費である。

オ：不適切である。イの説明と同様，点 C における総費用曲線の接線の傾きは限界費用を表している。総費用曲線上のあらゆる場所での接線の傾きの軌跡が限界費用曲線になる。

よって，アが正解である。

費用曲線とサンクコスト

ランク	1回目	2回目	3回目
A	/	/	/

■平成 30 年度　第 19 問

下図は，生産と費用の関係を描いたものである。ここでは，ある生産要素の投入は変化するが，他の生産要素の投入は変化しない，つまり，少なくとも1つは固定的インプットが存在する短期の費用関数を考える。

この図に関する記述として，最も適切なものの組み合わせを下記の解答群から選べ。

a　原点Oと点Bを結んだ線の傾きによって，平均費用が求まる。

b　総費用曲線を見ると，点Dから点Aまでは費用逓増型，点Aから右は費用逓減型となっている。

c　点Eでは，平均費用と限界費用が一致する。

d　平均費用が最小になる生産量より，平均可変費用が最小になる生産量の方が少ない。

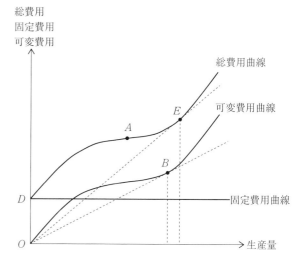

〔解答群〕

ア　aとb
イ　aとd
ウ　bとc
エ　cとd

| 解答 | エ |

■解説

各種費用曲線に関する問題である。

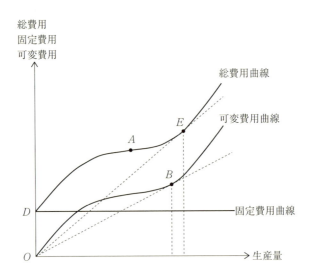

a：不適切である。原点Oと点Bを結んだ線の傾きによって、求まるのは平均可変費用である。

b：不適切である。総費用曲線上の点と原点を結んだ補助線の傾きは点Eで最小となる。つまり、点Dから点Eまでが費用逓減型、点Eから右が費用逓増型となっている。

c：適切である。平均費用は原点と総費用曲線上の点を結んだ直線の傾き、限界費用は総費用曲線の接線の傾きで表される。したがって点Eでは、平均費用と限界費用が同じ傾きとなる。すなわち、平均費用と限界費用が一致する。

d：適切である。平均費用が最小になる生産量は点E、平均可変費用が最小になる生産量は点Bであり、点Eよりも点Bのほうが生産量が少ないといえる。

よって、エが正解である。

費用曲線とサンクコスト

ランク A

■平成 27 年度　第 17 問

いま，下図において，ある財の平均費用曲線と限界費用曲線，および当該財の価格が描かれており，価格と限界費用曲線の交点 d によって利潤を最大化する生産量 q が与えられている。この図に関する説明として，最も適切なものを以下の解答群から選べ。

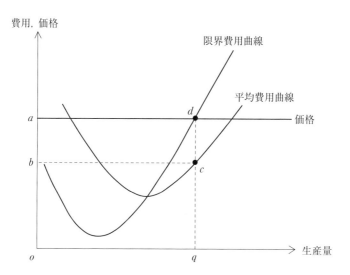

〔解答群〕

ア　利潤が最大となる生産量のとき，四角形 adqo によって平均可変費用の大きさが示される。

イ　利潤が最大となる生産量のとき，四角形 adqo によって利潤の大きさが示される。

ウ　利潤が最大となる生産量のとき，四角形 bcqo によって収入の大きさが示される。

エ　利潤が最大となる生産量のとき，四角形 bcqo によって総費用の大きさが示される。

解答	エ

■解説

平均費用，平均可変費用，限界費用の関係性は以下の図で示すことができる。

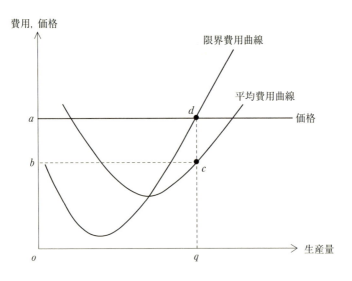

ア：不適切である。本問では平均可変費用曲線が与えられていないため，利潤が最大となる生産量のときの平均可変費用の大きさを特定することはできない。なお，四角形 adqo は利潤が最大となる総収入（生産量 q ×価格 a）を表している。

イ：不適切である。利潤が最大となる生産量のとき，利潤の大きさは四角形 adqo ではなく，四角形 adcb によって示される。

ウ：不適切である。利潤が最大となる生産量のとき，収入の大きさは，四角形 bcqo ではなく，四角形 adqo によって示される。

エ：適切である。利潤が最大となる生産量のとき，総費用の大きさは四角形 bcqo によって示される。なお，四角形 bcef は固定費用によって示される。

よって，エが正解である。

第9章　企業行動と供給曲線

費用曲線と サンクコスト	ランク	1回目		2回目		3回目	
	A	／		／		／	

■平成25年度　第16問

いま，競争的市場である製品を生産する企業を考える。総費用 TC が当該製品の生産量 x の関数として以下のように与えられている。ただし，x＞0 とする。

$$TC = 224 + 6x - 2x^2 + x^3$$

この費用関数に基づいて計算された限界費用と平均可変費用の組み合わせとして，最も適切なものを下記の解答群から選べ。

a　$6 - 4x + 3x^2$

b　$6 - 2x + x^2$

c　$\dfrac{224}{x} + 6 - 2x + x^2$

d　$-4x + 3x^2$

〔解答群〕

ア　a と b

イ　a と c

ウ　b と c

エ　b と d

545

| 解答 | ア |

■解説

　総費用とは，企業が業務を遂行する際に負担する経費総額のことであり，可変費用と固定費用の総和である。可変費用とは，生産量（操業度）の短期的変動に連動して変化する費用のことであり，生産過程に投入される原材料などの費用が代表的である。一方，固定費用とは，操業度が変化しても，総額が変動しない費用のことであり，工場の建設に伴う減価償却費のような費用が代表的である。総費用，可変費用，固定費用の関係は下図のとおりである。

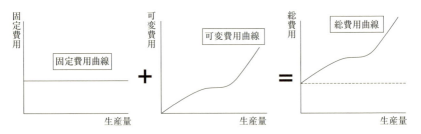

　さらに，限界費用とは，生産量1単位の増加によって生じる総費用の増加分のことである。1単位の増加は，総費用曲線の傾きで表される。つまり，総費用曲線の傾きの変化を曲線にしたものが限界費用曲線となる。

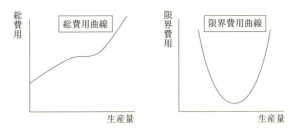

　これらの関係を式で表すと $TC = 224 + 6x - 2x^2 + x^3$ となる。
（総費用）（固定費用）（可変費用）

　そして，限界費用は総費用を微分して求められるので，$MC = 6 - 4x + 3x^2 (\cdots a)$ となり，平均可変費用は可変費用を生産量で割ったものになるので，$AVC = (6x - 2x^2 + x^3) \div x = 6 - 2x + x^2 (\cdots b)$ となる。よって，アが正解である。

費用曲線と サンクコスト	ランク	1回目	2回目	3回目
	A	/	/	/

■平成24年度　第19問

完全競争市場の下で，ある任意の財を生産・販売する企業を考える。当該企業の総収入曲線と総費用曲線が下図のように描き出されるとする。ただし，総費用曲線は，固定費用が存在するためにD点を切片として生産量に応じて変化し，総収入曲線とA点およびC点で交差している。また，総収入曲線と同じ傾きを持つ補助線（破線）も描かれており，補助線はB点で総費用曲線と接している。

この図の説明として最も適切なものを下記の解答群から選べ。

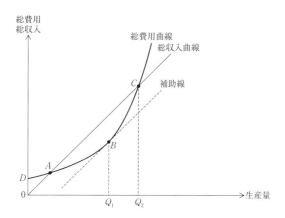

〔解答群〕

ア　C点では，限界収入＝限界費用という条件が満たされている。

イ　Q_2 より生産量が増えると，当該企業の利潤は増加する。

ウ　合理的な当該企業が利潤最大化するように選択した生産量から得られる利潤の大きさは，A点，B点，C点を結んで形成されるレンズ型の面積の大きさによって示される。

エ　生産量がゼロの時，当該企業の利潤は負である。

オ　横軸上の Q_1 からB点までの高さは，合理的な当該企業が利潤最大化するよう選択した生産量から得られる利潤の大きさを意味している。

解答	エ

■解説

本問は費用曲線の基礎的な問題である。

ア：不適切である。限界費用と限界収入の傾きが一致する点は利潤が最大化している点である。つまり、B 点において限界費用＝限界収入となる。

イ：不適切である。Q_2 より生産量が増えると、総費用曲線が総収入曲線を上回るので、企業の利潤は減少する。

ウ：不適切である。当該企業が利潤を最大化するように選択した生産量は、総収入曲線を総費用曲線が下回り、両曲線が最も乖離した B 点の生産量 Q_1 である。生産量 Q_1 のときの総収入は E 点なので、利潤の大きさは線分 BE で表される。

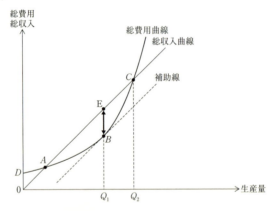

エ：適切である。生産量が 0 のとき、D 点では総費用曲線が総収入曲線を上回っているので、企業の利潤は負である。

オ：不適切である。選択肢ウの解説のとおり、当該企業が利潤最大化するように選択した生産量から得られる利潤の大きさは線分 BE の長さで表される。

よって、エが正解である。

第9章　企業行動と供給曲線

費用曲線と サンクコスト	ランク	1回目	2回目	3回目
	A	/	/	/

■平成26年度　第18問

下図は，完全競争下の企業の総費用曲線と総収入曲線を示したものである。この図に基づいて利潤曲線を描いたものとして最も適切なものを下記の解答群から選べ。

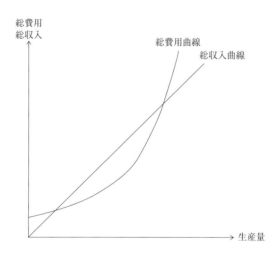

〔解答群〕

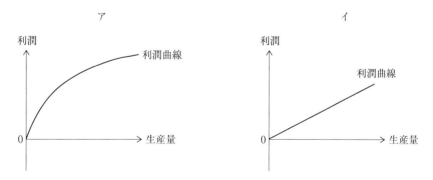

549

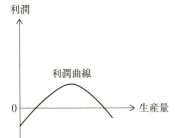

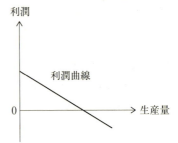

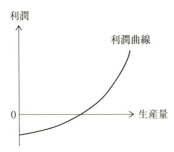

第9章　企業行動と供給曲線

| 解答 | ウ |

■解説

完全競争下の企業の総費用曲線と総収入曲線に関する問題である。

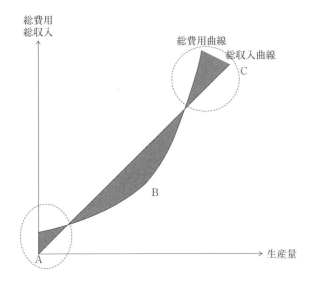

総収入－総費用＝利潤である。上図では網掛けの部分にあたる。

点線の円の部分は，総収入＜総費用なので利潤がマイナスになる。これを利潤に注目してグラフ化すると，以下のとおりとなる。上図と下図の点A，B，Cに注目するとわかりやすい。

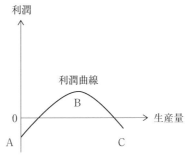

よって，ウが正解である。

551

第 9 章　企業行動と供給曲線

3.　収穫逓増・逓減

▶▶ 出題項目のポイント

収穫逓増とは，生産要素の投入量を一定に保ち，特定の生産要素の投入量だけを追加的に等量ずつ増加していくとき，追加的に得られる産出量の増分が次第に増加する場合，「収穫逓増」と呼ぶ。逆に低下していく場合を「収穫逓減」という。

▶▶ 出題の傾向と勉強の方向性

平成 13 年度第 20 問・第 23 問，平成 23 年度第 21 問で出題されている。収穫逓増・収穫逓減の定義をしっかり覚えておこう。

■取組状況チェックリスト

3.　収穫逓増・逓減							
問題番号	ランク	1 回目		2 回目		3 回目	
平成 23 年度　第 21 問	C *	／		／		／	

＊ランク C の問題と解説は，「過去問完全マスター」の HP（URL：https://jissen-c.jp/）よりダウンロードできます。

553

4. 規模の経済性・範囲の経済性

▶▶ 出題項目のポイント

　規模の経済性は，生産量の増加にともなって平均費用が減少する場合に働き，範囲の経済性は，単一製品の生産の時には働かないが，他の製品と同時に生産することによって働き，単位当たり費用が安くなる。

▶▶ 出題の傾向と勉強の方向性

　平成17年度第11問・第13問，平成18年度第11問，平成28年度第22問で出題された。基礎的な問題が多いので，規模の経済性・範囲の経済性の定義をしっかり覚えておこう。

■取組状況チェックリスト

4. 規模の経済性・範囲の経済性							
問題番号	ランク	1回目		2回目		3回目	
平成28年度 第22問	A	／		／		／	

第9章　企業行動と供給曲線

規模の経済性・範囲の経済性	ランク	1回目	2回目	3回目
	A	／	／	／

■平成 28 年度　第 22 問

多くの地方自治体が，地域活性化の手段として，企業誘致に取り組んでいる。

企業の市場への参入や立地は，企業の費用構造や他の企業との関係性と密接な関連をもつ。企業行動に関する記述として，最も適切なものの組み合わせを下記の解答群から選べ。

a　収穫逓減産業では，限界生産力が低下するので，範囲の経済のメリットを享受しうる。

b　収穫逓増産業では，生産規模の拡大を通じて規模の経済のメリットを享受しうる。

c　企業が集中して立地することにより集積の経済のメリットを享受しうる。

d　費用逓減産業は，長期平均費用が低くなるので，中小企業にとって参入が容易である。

〔解答群〕

ア　a と c

イ　a と d

ウ　b と c

エ　b と d

555

解答	ウ

■解説

企業行動における，収穫逓減・収穫逓増，規模の経済・範囲の経済に関する問題である。

①範囲の経済：複数の生産物，サービスをそれぞれ別の企業が生産するよりも，まとめて1社が生産するほうが費用が安く済むことである。

②規模の経済：生産規模を拡大したとき，産出量が生産規模の拡大以上に増大することである。

③集積の経済：一定のエリアに個別の事業所が集積することによって費用の節減や収益の増加を享受できることである。

④収穫逓減・逓増：収穫逓減とは，1種類の生産要素を除く他のあらゆる生産要素の投入量を一定に保ち，特定の生産要素の投入量を追加的に等量ずつ増加していくとき，追加的に得られる産出量の増分が次第に減少する場合である。収穫逓増はその逆である。

⑤費用逓減・逓増：費用逓減とは，生産規模の拡大に伴い，長期平均費用が下落する現象をいう。巨大設備が必要とされる場合が一般的である。費用逓増は，生産規模の拡大に伴い，長期平均費用が上昇する現象をいう。一般的には企業組織の管理・運営上の最適規模を超えた場合に費用逓増となる。

（参考：金森久雄・荒憲治郎・森口親司『経済辞典（第5版）』有斐閣）

　a：不適切である。限界生産力とは，生産要素1単位を増やしたときの生産量の変化のことである。収穫逓減産業では，限界生産力が低下する。一方，範囲の経済は上記の説明のとおり，収穫逓増産業が享受する。

　b：適切である。収穫逓増産業では，生産規模を拡大すると収穫が増加するので，規模の経済のメリットを享受しうる。

　c：適切である。上記説明より，企業が集中して立地することにより集積の経済のメリットを享受しうる。

　d：不適切である。費用逓減産業は，長期平均費用が低くなるのは正しいが，発電所のような巨大設備が必要とされる場合が一般的なので，中小企業にとって参入が容易とはいえない。

　よって，ウが正解である。

第10章

産業組織と競争促進

第 10 章　産業組織と競争促進

1. 独占の弊害と寡占下の協調行動

▶▶ 出題項目のポイント

　独占市場とは，市場に企業が 1 社しか存在しない場合である。寡占市場とは，市場に企業が少数しか存在しない場合である。複占市場とは，2 つの企業が製品を供給するという市場である。独占市場では，独占企業が供給量を低く抑えるために，社会的余剰が少なくなり，独占による死荷重が発生することが挙げられる。

　複占市場における均衡の論点には，クールノー均衡，シュタッケルベルク均衡，ベルトラン均衡などがある。この項目でよく出題されるのはこの 3 つの論点である。

　クールノー均衡とシュタッケルベルク均衡は生産量による競争における均衡であり，ベルトラン均衡は価格による競争における均衡である。

　クールノー均衡：市場に存在する 2 つの企業は相手企業の生産量を踏まえた上で，自社の利潤が最大になるような生産量を決定する行動特性を持つと仮定される。このような行動特性を持つ者を「追随者」という。クールノー均衡における 2 つの企業は双方とも追随者ということになる。均衡点は各企業の反応曲線の交点となる。

　シュタッケルベルク均衡：クールノー均衡と同様，市場に存在する 2 つの企業は，生産量によって競争を行う。ただし，片方が「先導者」，もう片方が「追随者」になる。「先導者」とはライバル企業が追随してくると想定して，自社の利益を最大化できる生産量を決定する行動特性を持つ者である。

　ベルトラン均衡：2 つの企業が，相手企業の設定する価格に対して自社がどのような価格を設定して利益を確保するかという点で競争をしている市場である。片方が「先導者」，もう片方が「追随者」になる。先導者は追随者がどのような価格を設定してくるかを想定しながら自社の価格を決める。一方，追随者は先導者が決めた価格を踏まえて自社の利益を最大化できる価格を設定する。

559

▶▶ 出題の傾向と勉強の方向性

平成 13 年度第 24 問，平成 14 年度第 17 問，平成 17 年度第 14 問，平成 22 年度第 18 問，平成 24 年度第 20 問，平成 28 年度第 23 問で出題されている。

複占市場における企業行動の論点，クールノー均衡，シュタッケルベルク均衡，ベルトラン均衡が高頻度で問われているので，特徴をしっかり把握しよう。また，独占の弊害については社会的余剰が少なくなることを覚えておこう。

■取組状況チェックリスト

1. 独占の弊害と寡占下の協調行動							
問題番号	ランク	1 回目		2 回目		3 回目	
平成 22 年度 第 18 問	A	／		／		／	
平成 24 年度 第 20 問	A	／		／		／	
平成 28 年度 第 23 問	A	／		／		／	

独占の弊害と寡占下の協調行動

■平成22年度　第18問

ある市場で2社が競争している状況を考える。生産量で競争する場合と，価格で競争する場合に，それぞれの企業の反応関数ならびに反応関数の交点が下図のように表されている。先導者と追随者が区別された場合に，以下のa～dの記述のうち，最も適切なものの組み合わせを下記の解答群から選べ。

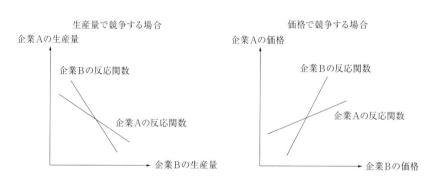

a　生産量で競争する場合，先導者となった企業の利益は，反応関数の交点における利益よりも高い。

b　生産量で競争する場合，追随者となった企業の利益は，反応関数の交点における利益よりも高い。

c　価格で競争する場合，先導者となった企業の利益は，反応関数の交点における利益よりも高い。

d　価格で競争する場合，追随者となった企業の利益は，反応関数の交点における利益よりも高い。

〔解答群〕

ア　aとc　　イ　aとd　　ウ　bとc　　エ　bとd

| 解答 | イ | 【注意】本問は a，c，d の 3 つが適切との判断から，受験生全員に点数が与えられた。 |

■解説

　本問は複占市場における均衡に関する問題である。

　複占市場とは，2 つの企業が製品を供給するという市場である。複占市場における均衡の論点には，クールノー均衡，シュタッケルベルク均衡，ベルトラン均衡などがある。クールノー均衡とシュタッケルベルク均衡は生産量による競争における均衡であり，ベルトラン均衡は価格による競争における均衡である。

　クールノー均衡：市場に存在する 2 つの企業は相手企業の生産量を踏まえた上で，自社の利潤が最大になるような生産量を決定する行動特性を持つと仮定される。このような行動特性を持つ者を「追随者」という。クールノー均衡における 2 つの企業は双方とも追随者ということになる。均衡点は各企業の反応曲線の交点となる。

　シュタッケルベルク均衡：クールノー均衡と同様，市場に存在する 2 つの企業は，生産量によって競争を行う。ただし，片方が「先導者」，もう片方が「追随者」になる。「先導者」とはライバル企業が追随してくると想定して，自社の利益を最大化できる生産量を決定する行動特性を持つ者である。

　ベルトラン均衡：2 つの企業が，相手企業の設定する価格に対して自社がどのような価格を設定して利益を確保するかという点で競争をしている市場である。片方が「先導者」，もう片方が「追随者」になる。先導者は追随者がどのような価格を設定してくるかを想定しながら自社の価格を決める。一方，追随者は先導者が決めた価格を踏まえて自社の利益を最大化できる価格を設定するので，追随者のほうが利益が大きくなる。

　　a：適切である。先導者は生産量を先に決めることができる。追随者は先導者の生産量を確認してから自社の生産量を決めるので先導者よりも多くの生産はできない。したがって，先導者の利益は均衡点よりも多くなる。

　　b：不適切である。a の解説を参照。

　　c：適切である。価格で競争する場合，追随者は先導者の価格を確認した後で自社の利益を最大化する価格を決定できる。したがって，追随者のほうが利益が大きくなる。ただし，これは同日に価格を下げることを前提とした答えであるが，この前提条件が問題文中に提示されていないため，先導者が先に価格を引き下げた場合は先導者のほうが有利となるため，本肢も適切となる。

　　d：適切である。c の解説を参照。

562

第 10 章　産業組織と競争促進

独占の弊害と 寡占下の協調行動	ランク	1回目	2回目	3回目
	A	/	/	/

■平成 24 年度　第 20 問

不完全競争を理解するための経済理論モデルに関する説明として，最も適切なものはどれか。

ア　寡占市場における屈折需要曲線の説明では，限界収入曲線が不連続になる点に特徴の 1 つがある。

イ　規模の経済が働き，平均費用が低下しているような自然独占の市場では，限界費用は平均費用を上回っている。

ウ　複占市場におけるクールノー・モデルの説明では，ライバル関係にある企業が価格競争（価格引き下げ競争）を行うと仮定する点に特徴の 1 つがある。

エ　複占市場におけるベルトラン・モデルの説明では，ライバル関係にある企業が数量競争（生産量を増やす競争）を行うと仮定する点に特徴の 1 つがある。

563

| 解答 | ア |

■解説

　寡占，独占，複占という不完全競争市場における論点を網羅した問題である。

　寡占とは売り手が少数である状態のことをいい，なかでも，売り手数が2の場合を複占という。売り手数が1の場合を独占という。

　ア：適切である。屈折需要曲線は，寡占市場における価格の硬直性を説明するものである。寡占市場で競合するA社とB社を例にする。A社が価格を上げた場合，B社は価格を据え置くので，A社は需要を奪われる。一方，A社が価格を下げた場合，B社はA社に需要を奪われないように価格を下げるので，A社だけが価格を下げた場合に比べてA社が得る需要は少ない。その需要曲線を描くと下図のとおりとなる。屈折需要曲線は2本の需要曲線（A社が値上げした場合と値下げした場合の両方に対応した曲線）をつなげたものであるので，それに対応した限界収入曲線（生産物を1単位追加生産した場合の収入）は，2本の屈折需要曲線が接続する点（需要曲線の屈折点）における生産量を境に途中部分が不連続になる。

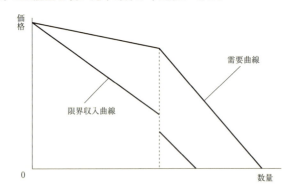

　イ：不適切である。規模の経済性は生産量の増加にともなって平均費用が減少する場合に働く。この場合，限界費用＝生産物を1単位増やしたときに増加する費用も漸減していく。

ウ：不適切である。クールノー・モデル，シュタッケルベルク・モデル，ベルト
　　ラン・モデルは，複占市場における均衡の論点である。クールノー均衡とシ
　　ュタッケルベルク均衡は生産量による競争における均衡であり，ベルトラン
　　均衡は価格による競争における均衡である。（詳細な説明は，平成22年度第
　　18問の解説を参照願いたい。）したがって，クールノー・モデルを価格によ
　　る競争とする本肢は不適切である。

エ：不適切である。上記説明にあるように，ベルトラン・モデルは価格による競
　　争におけるモデルであり，数量による競争とする本肢は不適切である。

よって，アが正解である。

独占の弊害と寡占下の協調行動	ランク	1回目	2回目	3回目
	A	/	/	/

■平成 28 年度　第 23 問

下図では，利潤最大化を目指す合理的な企業が直面する寡占市場を念頭において，点 E で屈曲する「屈折需要曲線」DEF が描かれている。この需要曲線の DE 部分に対応する限界収入曲線が線分 LM，EF 部分に対応する限界収入曲線が線分 RS である。いま，当該市場で q_1 の生産量を選択していた企業の限界費用曲線 MC_1 が MC_2 へシフトしたものとする。下図に関する記述として，最も適切なものを下記の解答群から選べ。

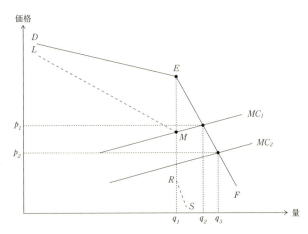

〔解答群〕

ア　限界費用曲線が MC_2 へシフトしたことにより生産量を q_1 から q_2 へ増加させる。

イ　限界費用曲線が MC_2 へシフトしたことにより生産量を q_1 から q_3 へ増加させる。

ウ　限界費用曲線が MC_2 へシフトしても，価格は変わらない。

エ　限界費用曲線が MC_2 へシフトすると，価格を p_1 から p_2 へ引き下げる。

第10章　産業組織と競争促進

| 解答 | ウ |

■解説

屈折需要曲線は，寡占市場における価格の硬直性を説明するものである。

寡占市場で競合する A 社と B 社を例にする。A 社が価格を上げた場合，B 社は価格を据え置くので，A 社は需要を奪われる。この場合の需要曲線 DE を見ると，線分 EF に比べ傾きが緩やかなので，価格を上げると需要量が大きく減ることが表現されている。一方，A 社が価格を下げた場合，B 社は A 社に需要を奪われないように価格を下げるので，A 社だけが価格を下げた場合（線分 DE の延長線上）に比べて A 社が得る需要は少ない。

屈折需要曲線は2本の需要曲線（線分 DE は A 社が値上げした場合，線分 EF は A 社が値下げした場合の需要曲線になる）をつなげたものであるので，それに対応した限界収入曲線（生産物を1単位追加生産した場合の収入）は，2本の屈折需要曲線が接続する点（需要曲線の屈折点）における生産量を境に途中部分が不連続になる。（限界収入曲線の傾きは需要曲線の傾きの2倍になることを覚えておこう。）

寡占企業は利潤最大化のため，限界費用（MC）＝限界収入（MR）の点で生産量の決定をする。しかし，限界費用曲線 MC が限界収入曲線 MR の不連続部分（下図点 M と点 R の間）と交差している限り，企業は価格は p_0，生産量は q_1 に対応させる。

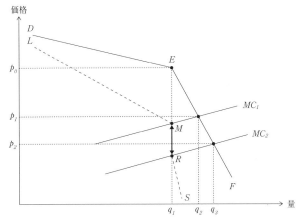

本問の場合，MC_2 は点 M と点 R の不連続部分の間を通っているので，「生産量は q_1，価格は p_0 のまま」が正解となる。

よって，ウが正解である。

2. 製品差別化と独占的競争

▶▶ 出題項目のポイント

独占的競争市場とは，短期的には独占市場の性質を表し，長期的には競争市場の性質を表すという両方の要素を兼ね備えた市場である。たとえば，市場に新製品が投入された直後はそれを販売する企業が独占的地位を確保するが，その市場が特許などに守られておらず参入障壁が低い場合は，すぐに他の企業が市場に参入し，競争市場になってしまうような市場のことである。

競争市場と異なる点は，競争によって財が同質化するのではなく，むしろ，財の差別化が起こる点である。

▶▶ 出題の傾向と勉強の方向性

平成14年度第23問，平成17年度第10問，平成22年度第12問，平成23年度第22問，平成25年度第17問，平成26年度第19問，平成30年度第13問，令和2年度第20問・第21問で出題されている。独占的競争の定義を把握しておこう。

■取組状況チェックリスト

2. 製品差別化と独占的競争							
問題番号	ランク	1回目		2回目		3回目	
平成22年度 第12問	A	/		/		/	
令和2年度 第20問	A	/		/		/	
平成26年度 第19問	A	/		/		/	
平成23年度 第22問	A	/		/		/	
平成25年度 第17問	A	/		/		/	
令和2年度 第21問	A	/		/		/	
平成30年度 第13問	A	/		/		/	

第10章　産業組織と競争促進

製品差別化と独占的競争	ランク	1回目	2回目	3回目
	A	/	/	/

■平成22年度　第12問

　下図は，独占的競争下にある企業の短期均衡を描いたものである。Dは需要曲線，MRは限界収入曲線，ACは平均費用曲線，MCは限界費用曲線である。このとき，利潤最大化を前提とした価格はP_0，取引量はQ_0に決定される。

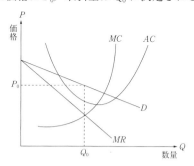

この図の説明として，最も適切なものの組み合わせを下記の解答群から選べ。

　a　独占的競争では，少数の企業が相互に差異化した財・サービスを供給する。

　b　MR＝MCが成り立つところで利潤が最大になり，P＞ACであるために企業の利潤は黒字になる。

　c　短期均衡において企業の利潤が黒字であるために，新たな企業の参入が生じ，1社当たりの需要が減少して需要曲線が左方にシフトする。

　d　企業の利潤が黒字であるかぎり，新規参入が継続し，短期均衡における利潤はゼロになる。

〔解答群〕

　ア　aとb　　イ　aとc　　ウ　bとc　　エ　bとd

| 解答 | ウ |

■解説

　独占的競争市場とは、短期的には独占市場の性質を表し、長期的には競争市場の性質を表すという両方の要素を兼ね備えた市場である。たとえば、市場に新製品が投入された直後はそれを販売する企業が独占的地位を確保するが、その市場が特許などに守られておらず参入障壁が低い場合は、すぐに他の企業が市場に参入し、競争市場になってしまうような市場のことである。

　競争市場と異なる点は、競争によって財が同質化するのではなく、むしろ、財の差別化が起こる点である。

　a：不適切である。独占的競争とは、もともと市場にいた企業とそのあと新規参入してきた企業といった、「多数」の企業が差別化した財・サービスを提供する状況である。

　b：適切である。独占的競争では、各企業はMR（製品1単位当たりの収入）＝MC（製品1単位を追加した場合の費用）が成り立つ交点Eで生産量Q_0を決定する。

　生産量はQ_0となるが、その量に対する需要曲線上の点で価格が決定するので、生産量Q_0に対する価格はP^*となる。

　また、生産量Q_0のときの平均費用はAC^*なので、$P^* > AC^*$（生産量1つ当たりの費用）となり、グレーの網掛け部分が超過利潤＝黒字となる。

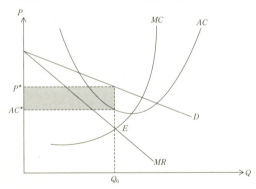

第10章　産業組織と競争促進

c：適切である。短期的に各企業の利益は正となる。その結果，その利益獲得を
　　狙う企業の参入を招き，各企業の需要は減少するので，需要曲線は左にシフ
　　トする。

d：不適切である。短期的に各企業の利益は正となる。その結果，その利益獲得
　　を狙う企業の参入を招き，その参入は利潤がゼロになるまで続く。しかし，
　　短期的には企業数は一定であり，利潤は正である。

よって，ｂとｃが適切であり，ウが正解である。

第 10 章　産業組織と競争促進

製品差別化と 独占的競争	ランク	1回目	2回目	3回目
	A	/	/	/

■令和 2 年度　第 20 問

　居酒屋は独占的競争市場の一例として考えられている。このような独占的競争市場における居酒屋に関する記述として，最も適切なものの組み合わせを下記の解答群から選べ。

　　a　この居酒屋は，周囲の居酒屋が価格を下げた場合でも，製品差別化のおかげで需要が減少することはない。

　　b　この居酒屋は，正の利潤を見込んで新規の居酒屋が多数参入してくると，製品が差別化されていたとしても，長期的に利潤はゼロになる。

　　c　この居酒屋は，他の居酒屋とは差別化したメニューを出しているので，価格支配力を持つ。

　　d　この居酒屋は，プライス・テイカーである。

〔解答群〕

　ア　a と c

　イ　a と d

　ウ　b と c

　エ　b と d

573

解答	ウ

■解説

　本問は，独占的競争市場に関する問題である。独占的競争市場とは，短期的には独占市場の性質を表し，長期的には競争市場の性質を表すという両方の要素を兼ね備えた市場である。たとえば，市場に新製品が投入された直後はそれを販売する企業が独占的地位を確保するが，その市場が特許などに守られておらず参入障壁が低い場合は，すぐに他の企業が市場に参入し，競争市場になってしまうような市場のことである。競争市場と異なる点は，競争によって財が同質化するのではなく，むしろ，財の差別化が起こる点である。

　本問における居酒屋は，新メニューなどの製品差別化により，短期的には独占企業として超過利潤を得るが，長期的にはその利潤を狙って価格を下げて新規参入をしてくる同業の居酒屋が増えるため，需要は減少し，利潤はゼロになるという特徴を持つ。

　a：不適切である。周囲の居酒屋が価格を下げた場合，製品差別化をしていても，徐々に需要が減少していく。

　b：適切である。aの説明のとおり，この居酒屋は，正の利潤を見込んで新規の居酒屋が多数参入してくると，製品が差別化されていたとしても，長期的に利潤はゼロになる。

　c：適切である。この居酒屋は，他の居酒屋とは差別化したメニューを出しているので，価格支配力を持つ（プライス・メイカー）。

　d：不適切である。cの説明のとおり，この居酒屋は，プライス・テイカーではなく，プライス・メイカーである。プライス・テイカーとは，自由に価格設定を行うことができず，市場で決定される価格に追従して売買を行うことである。

　以上より，選択肢bとcが正しい。

　よってウが正解である。

製品差別化と独占的競争	ランク	1回目	2回目	3回目
	A	/	/	/

■平成 26 年度　第 19 問

下図は，独占市場におけるある企業の短期の状況を描いたものである。AC は平均費用曲線，MC は限界費用曲線，D は需要曲線，MR は限界収入曲線であり，独占企業が選択する最適な生産量は，MC と MR の交点で定まる W となる。この図に関する説明として最も適切なものを下記の解答群から選べ。

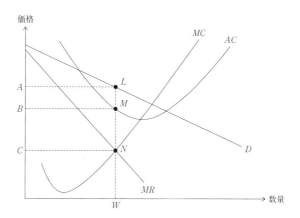

〔解答群〕

ア　この独占企業が得る利潤は，□ALMB で示される。

イ　この独占企業が得る利潤は，□ALNC で示される。

ウ　生産量 W のとき，限界収入曲線が平均費用を下回るため，□BMNC の損失が発生する。

エ　生産量 W のとき，需要曲線が平均費用を上回るため，□ALMB の損失が発生する。

| 解答 | ア |

■解説

独占市場におけるある企業の短期の状況に関する問題である。

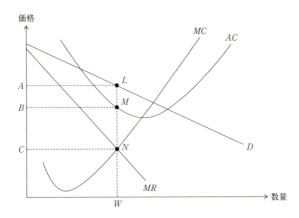

ア：適切である。独占企業は最適な生産量と需要曲線の交点クールノーの点で価格を決定する。上図において，独占企業にとっての最適な生産量 W におけるクールノーの点は点 L であり，価格 A が独占企業にとって最適な価格である。平均費用曲線 AC が線分 LW を分かつ点が利潤と費用の境界となる。したがって，□ALMB が独占企業にとっての利潤となる。

イ：不適切である。上記選択肢アの説明のとおりである。

ウ：不適切である。独占企業は限界収入 MR に基づいて価格を決めるのではない。そのため，損失が出るのは平均費用曲線が需要曲線 D を上回る場合である。

エ：不適切である。生産量 W のとき，需要曲線が平均費用を上回るため，□ALMB の損失が発生するのではなく，□ALMB の利潤が出るのである。

よって，アが正解である。

製品差別化と独占的競争

ランク	1回目	2回目	3回目
A	/	/	/

■平成 23 年度　第 22 問

下図は，自然独占のケースを示したものである。D_0D_1 は需要曲線，MR は限界収入曲線，AC は平均費用曲線，MC は限界費用曲線である。なお，平均可変費用曲線 AVC は限界費用曲線と同一である。

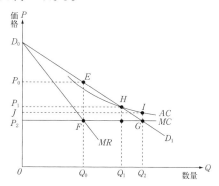

この図の説明として最も適切なものの組み合わせを下記の解答群から選べ。

a　限界費用に等しい価格付けを行うためには，四角形 OP_2GQ_2 に相当する補助金の交付や二部料金制の導入が必要になる。

b　限界費用に等しい価格付けを行う場合，価格は P_2，取引量は Q_2 で示され，企業の利潤は四角形 P_2GIJ の赤字になり，これは固定費用に相当する。

c　独占下において，利潤を最大化にする価格は P_0，取引量は Q_0 であり，全体の経済余剰は四角形 P_0EFP_2 になる。

d　平均費用に等しい価格付けを行う場合，価格は P_1，取引量は Q_1 であり，企業の利潤はゼロになるから独立採算を実現する。

〔解答群〕
ア　a と c　　イ　a と d　　ウ　b と c　　エ　b と d

解答	エ

■解説

　電力や鉄道などの産業においては，大規模な固定費用を必要とするため，特定の企業以外は市場に参入できず，自然に独占状態が形成される。このことを自然独占という。このような産業は，固定費用も大きいが生産規模も大きいため，平均費用が下がり続ける（費用逓減産業）。

　自然独占下の独占企業は独占価格を形成する。しかし，独占価格は高いばかりか，需要が大きいにもかかわらず，生産量が少なくなり十分に供給されなくなる。

　その場合，政府が独占企業に対し価格規制を行ったり，補助金を出して介入し，公益事業としてサービス料金の決定をしていくことになる。

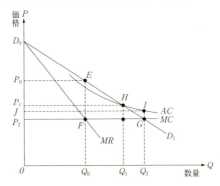

　上記の図を用いて説明する。独占企業は限界収入 MR と限界費用 MC が等しくなるように生産量を決定する。MR と MC の交点 F における生産量 Q_0 が独占均衡の生産量となる。このときの価格は P_0 となる。このときの余剰は以下のとおりである。

　①消費者余剰＝△D_0P_0E
　②生産者余剰＝□P_0P_2FE
　③死荷重＝△EFG
　④総余剰＝△D_0P_2G－△EFG

　この死荷重が社会的な厚生を損失しているため，政府は独占企業に対して価格規制を行ったり，補助金を交付して望ましい生産量を達成させようとする。

　以上を踏まえ，下記選択肢を検証していく。

第 10 章　産業組織と競争促進

a：不適切である。社会的に最適な生産量 Q_2 を達成するためには，独占企業に
　価格を P_2 まで引き下げさせる必要がある（価格規制）。しかし，この価格で
　は独占企業は□ JP_2GI だけ赤字になる。赤字を解消するには 2 つの方法があ
　る。1 つは，固定費用は基本料金設定で徴収し，可変費用を従量料金設定に
　よって徴収する方法（二部料金制）である。2 つめは，補助金である。補助
　金はこの赤字分□ JP_2GI を解消できる大きさでよい。□ OP_2GQ_2 の補助金が
　必要とする本肢は不適切である。

b：適切である。a の解説を参照。

c：不適切である。利潤を最大化にする価格は P_0，取引量は Q_0 であり，全体の
　経済余剰は四角形 P_0EFP_2 になる。独占均衡における経済余剰は消費者余剰
　△ D_0P_0E ＋生産者余剰□ P_0P_2FE ＝□ D_0P_2FE である。

d：適切である。平均費用に等しい価格付けを行う場合，生産量と価格は平均費
　用曲線 AC と需要曲線の交点 H で与えられる。その場合の生産量は Q_1，価
　格は P_1 となる。生産 1 単位当たりの収入である価格と生産 1 単位当たりの
　費用である平均費用が等しいので，企業の利潤はゼロになり，独立採算が実
　現される。

よって，b と d が適切であり，エが正解である。

579

製品差別化と 独占的競争	ランク	1回目	2回目	3回目
	A	/	/	/

■平成 25 年度　第 17 問

　下図は，平均費用が逓減局面にある財市場で企業 Z による自然独占が発生している状況を示している。この図に関する記述として最も適切なものを下記の解答群から選べ。

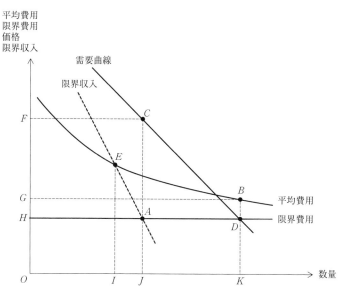

〔解答群〕

　ア　企業 Z が独占企業として振る舞う場合，四角形 ACFH が独占的利潤の大きさを意味する。

　イ　企業 Z に対して政府が限界費用価格形成原理を課す場合，三角形 CAD に相当する死重損失が発生する。

　ウ　企業 Z に対して政府が限界費用価格形成原理を課す場合，四角形 DBGH に相当する損失が発生する。

　エ　企業 Z に対して政府が平均費用価格形成原理を課す場合，当該財の生産量は I となる。

解答	ウ

■解説

ア：不適切である。独占企業の利潤となる生産量は限界費用曲線と限界収入曲線の交点Aを基点とした生産量Jである。生産量Jのときの価格はFであり，四角形JCFOがこの生産量Jのときの企業の総収入となる。総収入から平均費用（四角形JLMO）を引いたものが利潤となるので，独占企業の利潤の大きさは下図の四角形LCFMとなる。

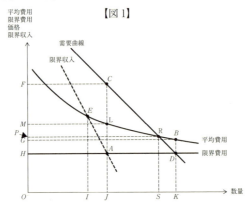

【図1】

イ：不適切である。限界費用価格形成原理とは，限界費用に等しくなるように設定する価格付けの方式である。価格を限界費用に等しくなるように設定した場合，需要曲線と限界費用曲線の交点Dを基点とした価格はHとなり，生産量はKとなる。限界費用とは，産出量1単位の増加によって生じる総費用の増加分のことである。平均費用とは生産量1単位当たりの生産費用額のことである。企業の総平均費用は四角形KBGOであるが，政府の規制により企業はKDHOしか回収できないため，四角形DBGHは企業の損失となる。三角形CADに相当する死重損失が発生するわけではない。

ウ：適切である。上記選択肢イに対する説明のとおりである。

エ：不適切である。平均費用価格形成原理とは，平均費用に等しくなるように設定する価格付けの方式である。価格を平均費用に等しくなるように設定した場合とは図1の需要曲線と平均費用曲線の交点Rのことであり，その場合の価格はPとなり，生産量はSとなる。

製品差別化と独占的競争

ランク	1回目	2回目	3回目
A	/	/	/

■令和2年度　第21問

2部料金制の考え方によれば、電力やガスなどの産業では、政府が補助金の交付をしなくても最適な生産水準が達成される。下図には、需要曲線 D、平均費用曲線 AC、限界費用曲線 MC、限界収入曲線 MR が描かれている。

この図に関する記述として、最も適切なものを下記の解答群から選べ。

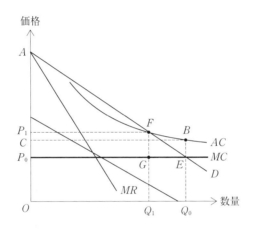

〔解答群〕

ア　最適な生産水準は Q_0 となり、消費者が均等に負担する基本料金は、四角形 OP_0EQ_0 である。

イ　最適な生産水準は Q_0 となり、消費者が均等に負担する基本料金は、四角形 P_0EBC である。

ウ　最適な生産水準は Q_1 となり、消費者が均等に負担する基本料金は、四角形 OP_0GQ_1 である。

エ　最適な生産水準は Q_1 となり、消費者が均等に負担する基本料金は、四角形 P_1FGP_0 である。

| 解答 | イ |

■解説

　本問は，費用逓減産業に関する問題である。費用逓減産業とは，巨大設備などによって生産物を生み出す産業のことで，巨額の固定費用が必要になるが，生産可能領域では規模の経済が働き，平均費用が低下し，放置すると自然に独占状態となる産業のことをいう。鉄道，電力，ガスなどの産業がその代表例である。

　2部料金制とは，電力や電話産業等で導入されることが多く，基本料金と使用料や回数によって増減する料金で構成される。下記余剰分析では，生産量 Q_0 のときに余剰が△ AP_0E で最大化する。Q_1 のときは消費者余剰が△ AP_1F，生産者余剰が□ P_1P_0GF，△FGE が死荷重となる。収支分析では，生産量 Q_0 のとき，費用は□ COQ_0B，収入は□ P_0OQ_0B となり□ P_0EBC 分が赤字，生産量 Q_1 のとき，□ P_1FQ_1O で費用と収支が一致し収支が±0になる。

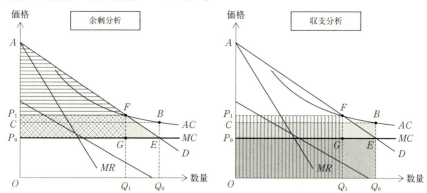

ア：不適切である。最適な生産水準は，社会的余剰が最大（△ AP_0E）となる価格と限界費用 MC の一致する Q_0 である。このとき，平均費用はBとなり，収支は□ COQ_0B の費用に対し，収入が□ P_0OQ_0E となり，企業は□ P_0EBC 分の赤字となる。これを基本料金として徴収する。

イ：適切である。上記アの解説のとおりである。

ウ・エ：不適切である。上記アの解説のとおり，最適な生産水準は Q_0，基本料金は□ P_0EBC となる。

よって，イが正解である。

製品差別化と独占的競争

ランク	1回目	2回目	3回目
A	/	/	/

■平成 30 年度　第 13 問

下図は，独占企業が生産する財の需要曲線 D，限界収入曲線 MR，限界費用曲線 MC を示している。この図に関する記述として，最も適切なものの組み合わせを下記の解答群から選べ。

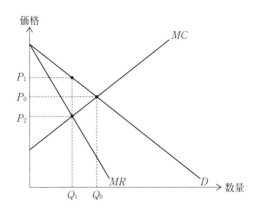

a　独占企業が利潤を最大にするとき，完全競争を想定した場合と比較して，消費者余剰は減少する。

b　独占企業が利潤を最大にするとき，完全競争を想定した場合と比較して，総余剰は増加する。

c　独占企業の利潤が最大になる生産量は Q_1 であり，そのときの価格は P_1 である。

d　独占企業の利潤が最大になる生産量は Q_1 であり，そのときの価格は P_2 である。

〔解答群〕

ア　a と c
イ　a と d
ウ　b と c
エ　b と d

解答	ア

■解説

　本問は，独占市場における独占企業の利潤最大化条件および，独占市場と完全競争市場における余剰の比較に関する内容である。独占企業が利潤最大化する条件としては「限界収入 MR ＝ 限界費用 MC になるように生産量を決定する」ことについて問われている。

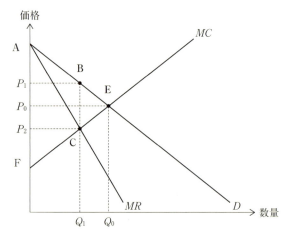

　a：適切である。独占企業は上記の利潤最大化条件により「MR＝MCになるように生産量を決定する」ので，上図の交点 C における生産量 Q_1 を選択する。そして，生産量 Q_1 の価格は P_1 となる。結果として，独占市場における消費者余剰は△ABP_1 となる。完全競争市場における消費者余剰は△AEP_0 なので，消費者余剰は独占市場＜完全競争市場となる。

　b：不適切である。独占企業が利潤を最大にするとき，総余剰は△ABP_1（消費者余剰）＋□$BCFP_1$ となる。完全競争市場における総余剰は△AEF なので，△BEC 分だけ独占市場における総余剰は完全競争市場より少ない。

　c：適切である。選択肢 a の説明のとおり，独占企業の利潤が最大になる生産量は Q_1 であり，そのときの価格は P_1 である。

　d：不適切である。選択肢 d の説明のとおり，独占企業の利潤が最大になる生産量は Q_1 であり，そのときの価格は P_1 である。

　よって，アが正解である。

第 10 章　産業組織と競争促進

3. 規制緩和と民営化

▶▶ 出題項目のポイント

　公共料金などの料金設定に関する論点が出題されることが多い。クリームスキミング、公正報酬率方式、プライス・キャップ方式、フルコスト方式、ヤードスティック方式などのキーワードに対する理解が問われる。

　クリームスキミングとは、通信、運輸などの公共性の高いサービスが規制緩和された場合、参入する新規事業者が、収益性の高い分野のみにサービスを集中させ「いいとこ取り」することをいう。

　ヤードスティック方式は基準比較方式とも呼ばれる。主に公共料金などで採用される料金設定の方式である。複数の事業者のコストを比較し、基準となる標準コストを算定し、標準コストをもとに料金を定める。

　総括原価方式とは、適正な費用に適正な事業報酬を加えたものが総収入に見合うように料金を設定する方式である。

　プライス・キャップ方式とは、料金の上昇率に上限を設定し、その範囲内で自由に料金を決定させるという方式である。

　フルコスト・プライシングとは、通常の限界費用などに基づく価格設定が赤字を生む可能性があることに鑑みて、すべての費用を含めた価格付けをする方法である。

▶▶ 出題の傾向と勉強の方向性

　平成 14 年度第 22 問、平成 15 年度第 20 問、平成 21 年度第 12 問で出題されている。上記のクリームスキミング、公正報酬率方式、プライス・キャップ方式、フルコスト方式、ヤードスティック方式などのキーワードを把握しておこう。

■取組状況チェックリスト

3. 規制緩和と民営化							
問題番号	ランク	1 回目		2 回目		3 回目	
平成 21 年度　第 12 問	B	／		／		／	

587

第 10 章　産業組織と競争促進

規制緩和と民営化	ランク	1回目		2回目		3回目	
	B	/		/		/	

■平成 21 年度　第 12 問

　各事業者の効率化の度合いを相対的に評価し，効率的な事業者を基準に，非効率的な事業者に対して適正な目標値まで効率化を進めるよう促す競争原理の考え方がある。

　この考え方は，規制下に置かれた産業への競争促進策として，これまで活用されてきた。この競争原理を表す言葉として最も適切なものはどれか。

　　ア　クリームスキミング

　　イ　モラルハザード

　　ウ　ヤードスティック

　　エ　レントシーキング

589

解答	ウ

■解説

平成 14 年度第 22 問，平成 15 年度第 20 問と関連性のある問題である。

ア：不適切である。クリームスキミングとは，通信，運輸などの公共性の高いサービスが規制緩和された場合，参入する新規事業者が，収益性の高い分野のみにサービスを集中させ「いいとこ取り」することをいう。これにより，収益性の高い分野で収益性の低い分野をカバーしてユニバーサルサービスを維持してきた既存事業者が収益性の低い分野を切り捨ざるを得なくなり，社会的な利便性が低下してしまうことが問題となる。

イ：不適切である。モラルハザードは，情報の非対称性に属する論点である。契約後において，契約当事者の片方が相手に対して不利益となる行動をとることである。保険契約を例にとれば，病気になっても保険で金銭的心配が緩和されるので，加入者が健康管理に無頓着になり，病気になりやすくなるなどが挙げられる。

ウ：適切である。ヤードスティック方式は基準比較方式とも呼ばれる。主に公共料金などで採用される料金設定の方式である。複数の事業者のコストを比較し，基準となる標準コストを算定し，標準コストをもとに料金を定める。

エ：不適切である。レントとは独占における超過利潤のことである。レントシーキングとは，企業が政府や官庁に働きかけて法制度や政策を変更させ，利益を得ようとする活動のことである。

よって，ウが正解である。

第11章

その他経済学・経済政策に関する事項

1. その他経済学・経済政策に関する事項

▶▶出題項目のポイント

どこにも分類されない事項がこの出題項目に属する。経済学・経済政策に属さない出題がされたこともある。難易度にはばらつきがあるため，見覚えのない問題が出題された場合は，最後に解くなど，時間をかけないようにしよう。

▶▶出題の傾向と勉強の方向性

平成17年度第18問，平成21年度第15問，平成22年度第21問，平成25年度第22問，平成29年度第22問・第23問，令和2年度第23問で出題されたが，ジャンルはバラバラであった。対策は難しいため，新聞などを読んで，時事問題を意識する程度でよい。

■取組状況チェックリスト

1. その他経済学・経済政策に関する事項						
問題番号	ランク	1回目		2回目		3回目
平成21年度 第15問	B	/		/		/
令和2年度 第23問	B	/		/		/
平成25年度 第22問	C*	/		/		/
平成29年度 第22問	C*	/		/		/
平成29年度 第23問	C*	/		/		/

＊ランクCの問題と解説は，「過去問完全マスター」のHP（URL：https://jissen-c.jp/）よりダウンロードできます。

第11章　その他経済学・経済政策に関する事項

その他経済学・経済政策に関する事項	ランク	1回目		2回目		3回目	
	B	/		/		/	

■平成21年度　第15問

　サブプライムローンを組み込んだ金融商品は，そのリスクが十分に認識されないまま，高いリターンを生むものとして積極的に販売された。販売する側にとって，リスク性の認識にかかわらず売れる商品を積極的に販売することは合理的な選択であった。

　しかし，そのような金融商品の販売量が増大して，リスクが経済全体に蓄積していることがひとたび認識されるようになると，経済全体に大きな悪影響を与えるようになった。このように，ミクロ（企業行動）の視点では正しいとしても，それがマクロ（集計量）の世界では意図しない結果が生じることを表す言葉として最も適切なものはどれか。

　　ア　合成の誤謬

　　イ　合理的期待形成

　　ウ　シグナリング効果

　　エ　スピルオーバー効果

593

解答	ア

■解説

ア：適切である。合成の誤謬とは，ミクロ視点では正しい行動だとしても，それがマクロの世界では意図しない結果を生じさせるということである。たとえば，ミクロ視点では美徳とされる貯蓄行動を国民全員が行うと，消費が低迷し，国民所得は低下してしまうことなどが挙げられる。

イ：不適切である。合理的期待形成とは，人間は入手可能なあらゆる情報を効率的に活用して期待形成（予測）を行うとすれば平均的には正しく，継続的・体系的な間違いは生じないというものである。

ウ：不適切である。シグナリング効果とは，ある信号の発信が，その信号の本来的な目的とは別のメッセージを相手に伝える効果である。たとえば，ある商品の価格を高く設定することで，消費者に「この商品は高級品」という印象を与えたり，企業の増配が，投資家にその企業の業績の好調さを印象付けたりすることなどが挙げられる。

エ：スピルオーバーとは「あふれ出す」という意味である。スピルオーバー効果とは，費用を負担した者に提供される便宜が負担しない者にまで及ぶことである。

よって，アが正解である。

第 11 章　その他経済学・経済政策に関する事項

その他経済学・経済政策に関する事項	ランク	1回目		2回目		3回目	
	B	/		/		/	

■令和2年度　第23問
　一般に公正性は，何をもって公正とするかの価値判断が必要とされるため，一義的に決めることは難しいが，公正性の貢献基準によれば，生産活動における各人の貢献の度合いに応じて所得が分配されるとき，公正性が実現する。
　この貢献基準に関する記述として，最も適切なものの組み合わせを下記の解答群から選べ。

　　a　貢献基準は，すべての人々が平等に所得を得ることを前提としている。

　　b　貢献基準では，熟練労働者の方が未熟練労働者よりも，賃金水準が高くなる。

　　c　貢献基準では，資産をどのくらい保有しているかが考慮されている。

　　d　貢献基準では，社会的弱者を救済することは難しい。

〔解答群〕
　ア　aとc

　イ　aとd

　ウ　bとc

　エ　bとd

595

解答	エ

■解説

　本問は，分配の公正基準における貢献基準に関する問題である。公正な分配とは，その分配に対して誰も他者をねたまない状態であることをいう。そのための基準として，貢献基準（貢献原則）と必要基準（必要原則）がある。貢献基準は，各個人が社会に貢献した度合いに応じて分配をされるべきという考え方である。必要基準は，各人の必要性に応じて分配を受けるべきという考え方である。言い換えれば，人間はみな平等であるという考え方である。

　　a：不適切である。必要基準によれば（貢献基準ではない），すべての人々が平
　　　　等に所得を得ることを前提にしている。

　　b：適切である。熟練労働者のほうが未熟練労働者よりも技術力が高いため，未
　　　　熟練労働者よりもたくさんの製品を生産することができる。つまり，生産活
　　　　動における貢献度が高いため，熟練労働者の方が未熟練労働者よりも賃金が
　　　　高くなるのである。

　　c：不適切である。貢献基準によると，生産活動に貢献した度合いに応じて所得
　　　　が分配される。資産をたくさん持っていても，貢献度合いが小さければ配分
　　　　は小さくなる。資産をどのくらい保有しているかが考慮されているわけでは
　　　　ない。

　　d：適切である。社会的弱者は，それぞれの事情により生産活動に貢献しにくい
　　　　ことが多い。貢献基準で所得の分配を考えた場合，生産活動に貢献しにくい
　　　　社会的弱者には分配が少なくなってしまう。つまり，社会的弱者を救済する
　　　　ことは困難となる。必要基準であれば平等に分配されるので，社会的弱者を
　　　　救済することができる。

　以上より，選択肢bとdが正しい。
　よって，エが正解である。

■経済学・経済政策　出題範囲と過去問題の出題実績対比

大分類	中分類	ページ	H23	H24	H25
1. 国民経済計算の基本的概念	国民所得概念と国民経済計算	13〜26	第1問		
	貯蓄と投資	29〜46	第3問	第5問	第12問
	総需要と総供給	49〜86	第6問	第6問，第7問	第2問，第3問，第4問
2. 主要経済指標の読み方	国民所得統計	93〜102	第2問		
	各種統計	103〜116		第2問，第3問，第4問，第24問	第1問
	産業連関表	117〜118			
	景気動向指数	119〜126		第1問	
3. 財政政策と金融政策	IS−LM曲線	130〜148		第9問	
	雇用と物価水準	151〜162			第9問
	AD−AS分析	167〜186			第5問
	資本市場・金融市場	—			
	政府支出と財政政策	191〜205	第7問		第7問，第8問
	マネーサプライ（マネーストック）	209〜220		第8問	第6問
	貨幣理論と金融政策	223〜232	第4問，第5問		第10問
	景気変動と景気循環	—			
4. 国際収支と為替相場	比較生産費	236〜240			
	貿易理論	243〜264	第11問	第15問	
	国際収支と為替変動	269〜272			
	国際資本移動と国際資金フロー	275〜276	第10問		
	マンデル＝フレミングモデル	279〜298	第8問		
5. 主要経済理論	ケインズ理論	—			
	サプライサイド・エコノミクス	—			
	マネタリズム	303〜304			
	古典派と新古典派理論	305〜318	第9問	第11問	第11問
	新保守主義とシカゴ学派	—			
	新制度主義経済学	—			

H26	H27	H28	H29	H30	R1	R2
第1問	第3問	第4問	第3問	第5問		第3問
第6問 第7問	第4問	第9問	第8問		第4問	第7問
第4問		第8問	第4問（設問2）, 第5問	第6問	第5問（設問1）, 第5問（設問2）	第4問（設問1）, 第4問（設問2）, 第5問
		第1問	第4問（設問1）	第2問	第3問	
第3問	第1問, 第2問, 第5問, 第22問	第2問, 第3問, 第5問	第1問, 第2問	第1問, 第4問	第1問, 第2問	第1問, 第2問
第2問			第6問	第3問		
	第6問	第11問	第9問			第6問（設問2）
	第8問	第7問			第9問	第8問, 第9問
	第7問			第7問（設問1）, 第7問（設問2）, 第8問（設問1）, 第8問（設問2）	第8問（設問1）	
第5問		第10問			第8問（設問2）	第6問（設問1）
第9問			第7問		第6問	
						第10問
		第19問	第20問			
第21問	第21問		第21問	第20問	第18問（設問1）, 第18問（設問2）	第17問
第8問	第9問				第7問	
	第10問			第9問（設問1）, 第9問（設問2）		第11問
第10問						
第11問, 第12問	第11問					

大分類	中分類	ページ	H23	H24	H25
6. 市場メカニズム	需要・供給・弾力性の概念	325〜340	第12問	第12問	第15問
	市場均衡・不均衡	343〜346			
	競争的市場の資源配分機能	351〜360	第14問		
	「市場の失敗」と外部性	363〜378	第24問	第21問	第23問
	公共財と政府規制	381〜406	第13問, 第25問	第13問, 第14問, 第22問	第18問
7. 市場と組織の経済学	取引費用概念	409〜415			
	プリンシパル・エージェント概念	416			
	情報の不完全性	419〜422	第15問	第10問	
	ゲームの理論	425〜436	第23問	第23問	第21問
8. 消費者行動と需要曲線	効用理論	441〜450	第16問, 第17問	第16問	
	予算制約と消費者の選択行動	453〜476	第18問		第13問, 第19問, 第20問
	代替効果と所得効果	479〜500	第19問	第17問	第14問
9. 企業行動と供給曲線	利潤最大化仮説	—			
	生産関数と限界生産性	503〜528		第18問	
	費用曲線とサンクコスト	531〜551	第20問	第19問	第16問
	収穫逓増・逓減	553	第21問		
	規模の経済性・範囲の経済性	555〜556			
10. 産業組織と競争促進	市場構造と競争モデル	—			
	独占の弊害と寡占下の協調行動	561〜567		第20問	
	製品差別化と独占的競争	569〜586	第22問		第17問
	参入障壁と市場成果	—			
	研究開発と技術革新	—			
	事業活動の国際化と通商政策	—			
	中小企業と産業政策	—			
	規制緩和と民営化	589〜590			
11. その他経済学・経済政策に関する事項		593〜596			第22問

H26	H27	H28	H29	H30	R1	R2
	第19問	第12問, 第13問	第13問	第12問, 第17問		
	第23問	第14問	第18問	第11問, 第14問	第13問	
			第10問		第10問, 第11問	第12問
第20問		第17問, 第18問		第16問	第21問	第18問
第14問	第18問		第11問, 第19問	第15問	第17問	第19問
第23問						
		第6問			第19問	
第22問	第20問		第17問	第21問		第22問
	第12問		第12問		第12問	第14問
第15問 第17問	第14問	第15問				第13問
第16問	第13問	第16問	第16問			第15問
第13問	第16問	第20問, 第21問	第15問	第10問, 第18問 (設問1), 第18問 (設問2)	第14問, 第15問 (設問1), 第15問 (設問2), 第20問	第16問
第18問	第15問, 第17問		第14問	第19問	第16問	
		第22問				
		第23問				
第19問				第13問		第20問, 第21問
			第22問, 第23問			第23問

参考文献

・茂木喜久雄『らくらくミクロ経済学入門』週刊住宅新聞社
・茂木喜久雄『らくらくマクロ経済学入門』週刊住宅新聞社
・金森久雄・荒憲治郎・森口親司『経済辞典　第5版』有斐閣
・伊東光晴『現代経済学事典』岩波書店
・神戸大学大学院経営学研究室編『経営学大辞典』中央経済社
・井上義朗『コア・テキスト　経済学史』新世社
・天谷憲一『図解で学ぶゲーム理論入門』日本能率協会マネジメントセンター
・経済産業省ホームページ
・総務省ホームページ
・日本銀行ホームページ
・内閣府ホームページ

■編著者

過去問完全マスター製作委員会

中小企業診断士試験第1次試験対策として，複数年度分の過去問題を
論点別に整理して複数回解くことで不得意論点を把握・克服し，効率
的に合格を目指す勉強法を推奨する中小企業診断士が集まった会。

「過去問完全マスター」ホームページ
https://jissen-c.jp/

頻出度ランクCの問題と解説は，ホームページから
ダウンロードできます（最初に，簡単なアンケートがあります）。
また，本書出版後の訂正（正誤表），重要な法改正等も
こちらでお知らせします。

2021年2月5日　第1刷発行

2021年版　中小企業診断士試験
論点別・重要度順 過去問完全マスター
1 経済学・経済政策

編著者　過去問完全マスター製作委員会
発行者　脇　坂　康　弘

発行所　株式会社　同友館

東京都文京区本郷 3-38-1
郵便番号　113-0033
電話　03(3813)3966
FAX　03(3818)2774
https://www.doyukan.co.jp/

落丁・乱丁本はお取替えいたします。
ISBN978-4-496-05507-2

藤原印刷
Printed in Japan

本書の内容を無断で複写・複製（コピー），引用することは，
特定の場合を除き，著作者・出版者の権利侵害となります。
また，代行業者等の第三者に依頼してスキャンやデジタル化
することは，いかなる場合も認められておりません。

同友館 中小企業診断士試験の参考書・問題集

2021年版 ニュー・クイックマスターシリーズ

1 経済学・経済政策 ………………………………… 定価（1,800円＋税）
2 財務・会計 ………………………………………… 定価（1,800円＋税）
3 企業経営理論 ……………………………………… 定価（1,900円＋税）
4 運営管理 …………………………………………… 定価（1,900円＋税）
5 経営法務 …………………………………………… 定価（1,800円＋税）
6 経営情報システム ………………………………… 定価（1,800円＋税）
7 中小企業経営・政策 ……………………………… 定価（1,900円＋税）

2021年版 過去問完全マスターシリーズ

1 経済学・経済政策 ………………………………… 定価（2,800円＋税）
2 財務・会計 ………………………………………… 定価（2,800円＋税）
3 企業経営理論 ……………………………………… 定価（3,300円＋税）
4 運営管理 …………………………………………… 定価（3,300円＋税）
5 経営法務 …………………………………………… 定価（2,800円＋税）
6 経営情報システム ………………………………… 定価（2,800円＋税）
7 中小企業経営・政策 ……………………………… 定価（2,800円＋税）

中小企業診断士試験 1次試験過去問題集 ………… 定価（3,300円＋税）
中小企業診断士試験 2次試験過去問題集 ………… 定価（3,200円＋税）
【財務会計・事例Ⅳ】2ヵ月で合格レベルになる本 ……… 定価（2,000円＋税）
診断士2次試験 事例問題攻略マスター【第2版】……… 定価（2,800円＋税）
診断士2次試験 事例Ⅳの全知識＆全ノウハウ ……… 定価（3,000円＋税）
診断士2次試験 事例Ⅳ合格点突破 計算問題集 ……… 定価（2,400円＋税）
診断士2次試験 ふぞろいな合格答案10年データブック …定価（4,500円＋税）
診断士2次試験 ふぞろいな答案分析5 (2018～2019年度)……… 定価（2,400円＋税）
診断士2次試験 ふぞろいな再現答案5 (2018～2019年度)……… 定価（2,400円＋税）
診断士2次試験 ふぞろいな合格答案エピソード14 ……………… 6月発売
2021年版 2次試験合格者の頭の中にあった全知識 ……………… 7月発売
2021年版 2次試験合格者の頭の中にあった全ノウハウ ………… 7月発売

https://www.doyukan.co.jp/

〒113-0033　東京都文京区本郷 3-38-1
Tel. 03-3813-3966　Fax. 03-3818-2774